1+X 书证融通与学分银行建设研究

钱晓忠 戴 勇 胡俊平 著

机械工业出版社

本书是针对1+X证书制度试点中出现并亟须解决的问题而撰写的专著。

1+X证书制度试点是"职教20条"的重点教改项目，作为职业教育改革发展的新生事物，在试点工作启动期必然会遇到一些疑惑和亟须解决的问题。如：1）一些试点院校对1+X证书制度与先前职业院校推行的"双证书"制度之间的关系梳理不清，不知道它们之间有哪些相同点与不同点，对于1+X证书制度试点的背景和意义了解不够，存在认识不到位现象；2）对职业技能等级标准的供给方情况缺乏了解，尤其是对职业技能等级标准和证书的开发情况缺乏了解，在试点过程中出现了一些理解偏差问题；3）对于1+X书证融通和相关的"学分银行"建设方面缺乏方法论指导，试点工作系统性不够、路径不清晰，"1"与"X"仍然处于"两张皮"状态；4）职业院校在试点过程中急需"案例导航"，期望通过案例的示范辐射作用加快推进试点工作，少走弯路。因此，本专著针对上述问题，在系统研究与实践探索两个方面同时展开，通过梳理、分析、总结、归类，旨在为参与1+X证书制度试点的职业院校提供借鉴，为职业教育事业发展做出应有的贡献。

图书在版编目（CIP）数据

1+X书证融通与学分银行建设研究/钱晓忠，戴勇，胡俊平著. —北京：机械工业出版社，2021.6

ISBN 978-7-111-68130-4

Ⅰ.①1… Ⅱ.①钱… ②戴… ③胡… Ⅲ.①职业教育—教育制度—研究—中国 Ⅳ.①G719.22

中国版本图书馆CIP数据核字（2021）第081099号

机械工业出版社（北京市百万庄大街22号 邮政编码100037）
策划编辑：王莉娜 责任编辑：王莉娜
责任校对：炊小云 封面设计：鞠 杨
责任印制：单爱军
北京虎彩文化传播有限公司印刷
2021年7月第1版第1次印刷
184mm×260mm·17.75印张·427千字
标准书号：ISBN 978-7-111-68130-4
定价：88.00元

电话服务　　　　　　　　　网络服务
客服电话：010-88361066　　机 工 官 网：www.cmpbook.com
　　　　　010-88379833　　机 工 官 博：weibo.com/cmp1952
　　　　　010-68326294　　金 书 网：www.golden-book.com
封底无防伪标均为盗版　机工教育服务网：www.cmpedu.com

《国家职业教育改革实施方案》提出:"深化复合型技术技能人才培养培训模式改革,借鉴国际职业教育培训普遍做法,制订工作方案和具体管理办法,启动1+X证书制度试点工作"。《关于在院校实施"学历证书＋若干职业技能等级证书"制度试点方案》提出:"落实职业院校学历教育和培训并举并重的法定职责,坚持学历教育与职业培训相结合,促进书证融通"。《教育部关于职业院校专业人才培养方案制订与实施工作的指导意见》提出:"促进书证融通,鼓励学校积极参与实施1+X证书制度试点,将职业技能等级标准有关内容及要求有机融入专业课程教学,优化专业人才培养方案。同步参与职业教育国家'学分银行'试点,探索建立有关工作机制,对学历证书和职业技能等级证书所体现的学习成果进行登记和存储,计入个人学习账号,尝试学习成果的认定、积累与转换"。在汲取机械行业职业院校专业建设经验、总结梳理相关研究与实践成果等的基础上,由本书作者组成的课题组通过主持全国机械行业职业教育标准研究所和无锡职业技术学院2019年联合委托课题"机械行业职业教育专业1+X书证融通与学分银行建设"(机标教〔2019〕04号)研究,在"1+X书证融通与'学分银行'建设研究"领域取得了阶段性成果。为贯彻落实1+X证书制度试点文件精神,助推机械行业职业教育高质量发展,将课题研究成果与职教同行分享,根据全国机械职业教育教学指导委员会意见,特著本书。

1+X书证融通与"学分银行"建设研究是一项应用性研究,课题组通过大量的调研发现参与1+X证书制度试点的职业院校在工作推进中通常会提出这样的问题:1+X证书制度试点的工作要求有哪些?职业技能等级标准是怎么开发出来的?"学分银行"建设的具体工作有哪些?1+X书证融通的开发技术或开发方法是什么?1+X证书制度试点如何配套管理制度创新?有1+X书证融通与人才培养方案优化的案例吗?等。课题组将课题研究与1+X证书制度试点的具体实践相结合,在了解企业用人需求、职业院校专业建设和提升人才培养质量需求的基础上,本着回答1+X书证融通原则与方法、配套管理制度和案例导航等关键问题,以1+X证书制度试点工作文件为依据,以试点专业与所选"X"证书的对接为基础,以培养学校所在区域的高素质复合型技术技能人才为目标,以体现"双高"(中国特色高水平高职学校和专业建设)水平的专业课程体系开发为核心的思路展开研究与实践。研究成果从方法论层面回答了1+X书证融通的技术性问题,给出了书证融通的工作流程和两个高职专业分别与一个"X"证书对接、一个高职电子与信息大类专业群与多个"X"证书对接的案例,由此形成了1+X书证融通的典型案例并实现了案例导航;从1+X证书制度试点宣贯会交流项目和江苏无锡1+X证书制度试点联盟的兄弟院校合作交流材料中采集到的丰富试点资源经提炼也纳入了本书相关章节中,为职业院校了解试点情况、寻找适宜的培训评价组织、实现1+X书证融通和"学分银行"建设提供了信息渠道。

本书是一部介绍职业院校开展 1+X 书证融通的案例导航类图书。第 1 章是从 1+X 证书制度试点的工作要求方面进行的相关研究，试图解释试点工作的重要意义并介绍有哪些创新点，1+X 证书制度试点与先前的"双证书"工作有哪些不同。第 2 章主要介绍职业技能等级标准和证书的开发流程及内涵，让读者知道"X"证书是怎么开发出来的，以有利于 1+X 书证融通。第 3 章为基于职业院校开展学分制和"学分银行"及相关平台建设，就其内涵、现处于什么发展阶段所进行的研究，同时结合无锡职业技术学院相关案例进行研讨。第 4 章和第 5 章重点介绍了 1+X 书证融通的原则与方法，包括专业群与"X"群的对接技术问题，试图从方法论视角提出书证融通的工作流程。第 6 章主要介绍了 1+X 证书制度试点中的管理制度改革方面的内容，也为职业院校试点工作提供了部分可供借鉴的文本资料。第 7 章介绍了三个 1+X 书证融通案例，这也是职业院校比较关注的研究成果，以方便读者比较、揣摩、借鉴和"打靶"。

本书由无锡职业技术学院钱晓忠、戴勇、胡俊平三位教授著写。李萍老师为本书提供了物联网应用技术专业群与"X"证书群书证融通的案例，同时对专业群中物联网应用技术专业与传感网应用开发职业技能中级证书的书证融通过程做了介绍；商进老师提供了工业机器人技术专业与工业机器人应用编程中级证书书证融通案例；唐立平老师提供了机械制造与自动化专业与工业机器人应用编程中级证书书证融通案例；本书在编写过程中，还得到了全国机械工业教育发展中心王志强先生和吕冬明女士等相关专家的大力支持和帮助。在此谨对这些老师和专家表示衷心感谢！

著写本书的目的是与同行分享职业院校所设专业与"X"证书实现有效融通的方法与路径及开展相关工作的方法，但限于著者水平，且 1+X 证书制度正处于试点期，学术界中各种观点、术语也未完全得到统一，所以很难全面而又深刻地反映其全貌，恳请同行专家及广大读者批评指正。

为方便回答读者的问题，特提供本书联系人与联系方式：胡俊平（微信号：hu13861870776）。

著 者

目 录
CONTENTS

第1章 CHAPTER 1 1+X 证书制度试点的工作要求与相关研究

"职教 20 条"明确了职业教育是类型教育，并为这一类型教育设计了"学历证书 + 若干职业技能等级证书"制度（即 1+X 证书制度）。1+X 证书制度是基于实践基础上的制度创新，是职业教育制度体系和标准体系的重要组成部分，对于指导职业教育改革、对接科技发展趋势和市场需求、深化产教融合和校企合作具有重大意义，应当引起职业教育界和相关业界的高度重视。

随着 1+X 证书制度试点工作的推进，一定会出现一些新情况和新问题，需要政府相关部门、职业院校、行业企业、相关理论研究机构协同研究与探索，共同打造具有中国特色的职业教育，为世界职业教育的发展提供案例和理论研究成果。

1.1 《国家职业教育改革实施方案》对 1+X 证书制度试点的总体要求

实施 1+X 证书制度试点的总体原则：一是坚持政府引导，社会参与；二是坚持育训结合，保障质量；三是坚持管好两端，规范中间；四是坚持试点先行，稳步推进。

1.1.1 有关 1+X 证书制度的文件精神

"职教 20 条"第六条"启动 1+X 证书制度试点工作"提出："深化复合型技术技能人才培养培训模式改革，借鉴国际职业教育培训普遍做法，制订工作方案和具体管理办法，启动 1+X 证书制度试点工作。试点工作要进一步发挥好学历证书作用，夯实学生可持续发展基础，鼓励职业院校学生在获得学历证书的同时，积极取得多类职业技能等级证书，拓展就业创业本领，缓解结构性就业矛盾。国务院人力资源社会保障行政部门、教育行政部门在职责范围内，分别负责管理监督考核院校外、院校内职业技能等级证书的实施（技工院校内由人力资源社会保障行政部门负责），国务院人力资源社会保障行政部门组织制定职业标准，国务院教育行政部门依照职业标准牵头组织开发教学等相关标准。院校内培训可面向社会人群，院校外培训也可面向在校学生。各类职业技能等级证书具有同等效力，持有证书人员享受同等待遇。院校内实施的职业技能等级证书分为初级、中级、高级，是职业技能水平的凭证，反映职业活动和个人职业生涯发展所需要的综合能力。"

"职教 20 条"第八条"实现学习成果的认定、积累和转换"提出："加快推进职业教育国家'学分银行'建设，从 2019 年开始，探索建立职业教育个人学习账号，实现学习成果可追溯、可查询、可转换。有序开展学历证书和职业技能等级证书所体现的学习成果的认定、积累和转换，为技术技能人才持续成长拓宽通道。职业院校对取得若干职业技能等级证书的社会成员，支持其根据证书等级和类别免修部分课程，在完成规定内容学习后依法依规取得学历证书。对接受职业院校学历教育并取得毕业证书的学生，在参加相应的职业技能等级证书考试时，可免试部分内容。从 2019 年起，在有条件的地区和高校探索实施试点工作，制定符合国情的国家资历框架。"

"职教 20 条"提出了用改革的办法推动职业教育大发展。要构建学历教育与职业培训并重的现代职业教育体系，针对长期以来普教化或技能化两个倾向，下决心解决一些长期制约职业教育发展的体制机制难题；要依法治教，更加强调育训并重、长短结合，在提高学历职业教育质量的同时，更加注重鼓励职业院校开展高质量职业培训；明确要加速职业教育国家"学分银行"和资历框架建设的进程，要与 1+X 证书制度建设结合，协同推进，明确了从试点做起，稳步实施，加大统筹力度，加强顶层设计，有序组织试点单位参与"学分银行"建设、运行与管理，指导培训评价组织梳理细化职业技能等级证书所包含的学习成果单元，开展信息平台开发和认证服务体系建设，组织试点单位开展洽谈，签署转换协议，学习者按程序进入试点院校接受学历教育时，可免修相应课程学分，按程序参加相关职业技能等级证书考核时，可免考有关模块。同时，建立国际化沟通合作机制，提高相关标准及框架的国际可比照性。

1.1.2   1+X 证书制度试点的工作要求

职业技能等级证书是 1+X 证书制度设计的重要内容，是一种新型证书，不是国家职业资格证书的翻版。它与教育部、人力资源与社会保障部两部门目录内的职业技能等级证书具有同等效力，持有证书人员享受同等待遇。职业技能等级证书的开发与实施，将按照"放管服"改革要求，面向社会招募培训评价组织。

职业技能等级证书实行目录管理，建立退出机制，建立失信档案，实行奖惩机制，防止职业技能等级证书放水、乱发、滥发现象，确保证书质量，使得"1+X"真正成为社会欢迎、企业认可、学生愿学的证书。

培训评价组织按有关规定开发职业技能等级标准，负责实施职业技能考核、评价和证书发放。该证书还将被赋予一定的学分，以利于学生进入高一层次职业院校学习的需要。

试点院校要坚持育训结合、内外结合、长短结合，发挥好学历证书的基础作用，夯实学生可持续发展基础。"X"证书是对学历教育在能力提升方面的深化、补充与拓展，要处理好"1"与"X"的关系，促进书证融通。职业技能等级证书不作为学生毕业的强制要求，由学生自主选择。没有职业技能等级证书，拥有学历证书也可毕业。职业技能等级证书作为学历证书的补充，将为持证人员灵活、高质量就业提供支撑，增强就业针对性，拓宽就业本领。

职业院校要对应有关职业技能等级证书，确定参与试点的相关专业，统筹专业（群）资源，加强专业教学团队建设，研究并做好职业技能等级标准与有关专业教学标准的衔接，将证书培训内容及要求有机融入专业人才培养方案，优化课程设置和教学组织。

院校要根据在校学生取证需要，对专业课程未涵盖的内容或者需要特别强化的实训，在培训评价组织指导下，组织开展专门培训，同时面向社会成员开展培训。

1.1.3   1+X 证书制度试点要与国家"学分银行"建设相结合

1+X 证书制度试点要与国家"学分银行"和资历框架建设相结合，对职业技能等级证书赋予一定学分，建立 1+X 证书制度试点的信息服务管理平台，探索建立职业教育个人学习账号，实现学习成果可追溯、可查询、可转换，有序开展学历证书和职业技能等级证书所体现的学习成果的认定、积累和转换，为技术技能人才持续成长拓宽通道。职业院校对取得若干职业技能等级证书的社会成员，支持其根据证书等级和类别免修部分课程，在完成规定内容学习后依法依规取得学历证书。对接受职业院校学历教育并取得毕业证书的学生，在参加相应的职业技能等级证书考试时，可免试部分内容。

"职教 20 条"提出，建立"职教高考"制度，完善"文化素质 + 职业技能"的考试招生办法。2013 年《教育部关于积极推进高等职业教育考试招生制度改革的指导意见》明确了分类考试的以高考为基础的考试招生办法、单独考试招生办法、综合评价招生办法、面向中职毕业生的技能考试招生办法、中高职贯通的招生办法、技能拔尖人才免试招生办法六种形式。探索建立"职教高考"制度是建立在先前教育教学改革成果基础上的新要求。由于普通高考的评价方式和职业教育自身吸引力不强这两方面的影响，职业教育的生源质量整体不高，在培养和选拔上仍存在"普教化"的倾向，用普通教育的基本要求来选拔生源是不适合职业教育培养发展的，必须改革。

1.1.4　分工协作推进 1+X 证书制度试点工作

"职教 20 条"提出，从 2019 年开始，首先在职业院校、应用型本科高校启动"学历证书 + 若干职业技能等级证书"制度试点工作。试点内容应包括若干个技术技能人才紧缺领域"X"标准开发建设、培训大纲及教材开发、考试题库建设、培训站点建设、考核站点建设、信息化平台建设、"学分银行"建设、相关管理体制机制建设以及培训、考核、颁证、信息查询服务、补贴发放等具体工作，此外还涉及标准制订规范、流程、技术等问题研究和相关基础制度建设。1+X 证书制度改革是一个复杂的系统工程，关系到利益相关方众多的具体利益，也将深刻改变职业院校办学活动。为了把握好改革方向，"职教 20 条"明确了人力资源和社会保障部、教育部的职责分工。两政府部门还要负责建立职业技能等级证书培训评价监督管理体系，以及职业教育培训评价组织的遴选及相关管理工作。省级人力资源和社会保障部门与教育行政部门在各自职责范围内做好相关工作。省级教育行政部门指导辖区职业院校开展 1+X 证书制度改革，协调处理改革过程中出现的新情况、新问题。

培训评价组织承担职业技能等级标准的开发建设、培训大纲及教材开发、考试题库建设，与试点职业院校共同开展培训站点建设与考核站点建设，并根据国家"学分银行"相关要求开展信息化平台建设等工作，工作任务繁重且极其重要，直接关系着证书制度改革的成效。制度创建伊始，培训评价组织所代表的社会利益显然要远大于自身利益，要有国家担当、国际视野、长远战略、奉献精神，要有攻坚克难的思想准备，方能承担起重要使命。职业技能等级证书的开发既要适应行业企业转型升级和生产需求实际，更要聚焦职业教育问题和需求对症下药、量身定做。因此，职业技能等级标准的开发建设离不开行业企业、职业院校等多方参与，职业教育培训评价组织还要切实担当起组织协调各方的重要责任。

根据"职教 20 条"精神，职业院校、应用型本科高校等试点学校是 1+X 证书制度的实施主体，也是主要受益方，需要重点做好四个方面的工作。一是组织专业带头人和教师团队，支持、配合、参与培训评价组织对有关职业技能等级证书和标准的开发建设工作，提出职业技能等级证书开发需求建议，为实施试点工作奠定基础；二是创造条件成为职业技能等级证书授权培训或评价站点，做好培训师资等各项条件准备，选定试点班级，协调安排教学计划，完善人才培养方案，在培训评价组织的指导和省级教育行政部门监督下开展"X"证书的培训或评价工作；三是试点参与职业教育"学分银行"建设，有序开展学历证书和职业技能等级证书所体现的学习成果的认定、积累和转换；四是按照要求做好 1+X 证书制度试点工作的宣传、推广、总结工作，并重视加强 1+X 证书制度试验研究，为丰富和发展中国特色职业教育理论贡献力量。

1.2 教育部等四部门关于实施 1+X 证书制度试点的具体要求

1.2.1 实施 1+X 证书制度试点的指导思想和基本原则

根据 2019 年 4 月 4 日教育部、国家发展改革委、财政部和市场监管总局四部门印发《关于在院校实施"学历证书 + 若干职业技能等级证书"制度试点方案》的通知（教职成〔2019〕6 号）（简称《试点方案》）和 2019 年 4 月 23 日人力资源社会保障部和教育部关于印发《职业技能等级证书监督管理办法（试行）》的通知（人社部发〔2019〕34 号）文件精神，1+X 证书制度试点工作进入启动期。

院校实施"学历证书 + 若干职业技能等级证书"制度试点方案是按照"职教 20 条"要求，经国务院职业教育工作部际联席会议研究通过而下发的。其指导思想是以习近平新时代中国特色社会主义思想为指导，深入贯彻落实全国教育大会部署，完善职业教育和培训体系，按照高质量发展要求，坚持以学生为中心，深化复合型技术技能人才培养培训模式和评价模式改革，提高人才培养质量，畅通技术技能人才成长通道，拓展就业创业本领。

其基本原则：一是坚持政府引导、社会参与；二是育训结合、保障质量；三是管好两端、规范中间；四是试点先行、稳步推进。加强政府统筹规划、政策支持、监督指导，引导社会力量积极参与职业教育与培训。落实职业院校学历教育和培训并举并重的法定职责，坚持学历教育与职业培训相结合，促进书证融通。严把证书标准和人才质量两个关口，规范培养培训过程。从试点做起，用改革的办法稳步推进，总结经验、完善机制、防控风险。

1.2.2 国务院相关部门系统部署

人力资源社会保障部 教育部印发《职业技能等级证书监督管理办法（试行）》的通知（人社部发〔2019〕34 号）要求：

一、动员、指导、扶持社会力量积极参与职业教育、职业培训工作。人力资源社会保障部建立完善、发掘、推荐国家职业标准，构建新时代国家职业标准制度体系。教育部依据国家职业标准，牵头组织开发教学等相关标准。培训评价组织按有关规定开发职业技能等级标准。

二、职业技能等级证书按照"三同两别"原则管理。"三同"：同一职业标准和教学标准；同等效力和待遇；同一效能。"两别"：两部委负责管理监督考核的范围不同；职业技能等级证书由参与试点的培训评价组织分别自行印发。

三、人力资源社会保障部、教育部分别依托有关方面，组织开展培训评价组织的招募和遴选工作，入围的培训评价组织实行目录管理。培训评价组织遴选及证书实施情况向国务院职业教育工作部际联席会议报告。两部门严格末端监督执法，定期进行"双随机、一公开"的抽查和监督。

四、人力资源社会保障部、教育部在国务院领导下开展试点工作，遇到具体问题，可通过部门协调机制解决。重大问题可通过国务院职业教育工作部际联席会议协调。

自"职教 20 条"出台后，教育部职业教育与成人教育司和教育部职业技术教育中心研究所在母婴护理、老年服务与管理、家政服务与管理、烹调工艺与营养、物流管理、冷链物流技术、会计、农村电子商务、焊接技术与自动化、机电一体化技术、模具设计与制造（3D 打印技术）、工业机器人应用、汽车运用与维修技术、新能源汽车技术、无人机应用技术、民航机场运行及安全、物联网应用技术、信息与通信技术、数控技术、建筑工程技术等技术技能人才紧缺的专业领域，面向社会公开招募职业技能培训组织，开发相关职业技能等级标准和证书。

与此同时，国务院相关政府部门针对 1+X 证书制度试点工作出台了一系列文件：

2019 年 7 月 27 日，教育部教师工作司关于组织开展 1+X 证书制度试点院校教师培训的通知（教师司函〔2019〕43 号）。

2019 年 10 月 16 日，教育部办公厅等十四部门关于印发《职业院校全面开展职业培训　促进就业创业行动计划》的通知（教职成厅〔2019〕5 号）。

2019 年 10 月 25 日，关于扩大 1+X 证书制度试点规模有关事项的通知（教职成司函〔2019〕98 号）。

2019 年 11 月 9 日，教育部办公厅　国家发展改革委办公厅　财政部办公厅关于推进 1+X 证书制度试点工作的指导意见（教职成厅函〔2019〕19 号）。

2019 年 11 月 13 日，关于印发《"1+X"有关经费使用情况座谈会会议纪要》的通知（教职成司函〔2019〕102 号）。

2019 年 11 月 25 日，关于做好《职业院校全面开展职业培训　促进就业创业行动计划》实施工作有关事项的通知（职成司函〔2019〕104 号）。

2020 年 1 月 22 日，《关于在院校实施的职业技能等级证书考核成本上限设置方案的公告》（教职所〔2020〕22 号）。

2020 年 3 月 2 日，关于《职业技能等级标准开发指南（征求意见稿）》公开征求意见的公告（教职所〔2020〕41 号）。

为加快推进 1+X 证书制度试点，国家发展改革委、教育部关于印发《建设产教融合型企业实施办法（试行）》的通知（发改社会〔2019〕590 号）、教育部　财政部《关于实施中国特色高水平高职学校和专业建设计划的意见》（教职成〔2019〕5 号）、教育部等六部门关于印发《高职扩招专项工作实施方案》的通知（教职成〔2019〕12 号）等都从不同角度要求产教融合型企业和职业院校承担实施 1+X 证书制度试点任务，鼓励学生积极取得多类职业技能等级证书，拓展就业创业本领。

教育部职业技术教育中心研究所分别于 2019 年 3 月、6 月、12 月，分三个批次批准并公布了近 78 家培训评价组织开发的共计 92 个职业技能等级标准名单；于 2019 年 6 月和 10 月分别公布了首批 6 种证书 1988 所试点院校和第二批 10 种证书 3278 所试点院校名单。截至 2020 年 6 月，参加 1+X 证书制度试点院校数共计 3491 所，其中中职学校 1977 所，高职院校 1078 所，本科院校 436 所。

1.2.3　实施 1+X 证书制度试点的具体要求

1. 1+X 证书制度试点的目标任务和试点内容

目标任务：一是从 2019 年开始，重点围绕服务国家需要、市场需求、学生就业能力提升，从 10 个左右领域做起，启动 1+X 证书制度试点工作；二是落实"放管服"改革要求，以社会化机制招募职业教育培训评价组织（简称培训评价组织），开发若干职业技能等级标准和证书；三是要求有关院校将 1+X 证书制度试点与专业建设、课程建设、教师队伍建设等紧密结合，推进"1"和"X"的有机衔接，提升职业教育质量和学生就业能力；四是通过试点，深化教师、教材、教法"三教"改革，促进校企合作，建好用好实训基地，探索建设职业教育国家"学分银行"，构建国家资历框架。

试点内容：一是培育培训评价组织；二是开发职业技能等级标准和证书；三是将职业技能等级证书融入专业人才培养；四是实施高质量职业培训；五是严格职业技能等级考核与证书发放；六是探索建立职业教育国家"学分银行"；七是建立健全管理、监督与服务机制。

2. 1+X 证书制度试点的范围

一是试点职业技能领域：面向现代农业、先进制造业、现代服务业、战略性新兴产业等 20 个技能人才紧缺领域，率先从 10 个左右职业技能领域做起；二是试点院校：试点院校以高等职业学校、中等职业学校（不含技工学校）为主，本科层次职业教育试点学校、应用型本科高校及国家开放大学等积极参与，省级及以上示范（骨干、优质）高等职业学校和"中国特色高水平高职学校和专业建设计划"入选学校要发挥带头作用。

3. 正确认识 1+X 证书制度和以前实行的"双证书"之间的关系

在一个历史时期，学历证书 + 职业资格证书对于提高职业院校毕业生综合素质和就业能力发挥了重要作用。2013 年以来，国务院先后分批取消了大部分职业资格证书，推动职业技能水平评价的市场化、社会化改革。实施 1+X 证书制度试点，是新时代职业教育改革的重要举措。

职业技能等级证书是 1+X 证书制度的重要内容，是落实"放管服"改革要求，以社会化机制建设的一种新型证书，突出职业能力导向，服务于院校人才培养；职业技能等级证书不是原有国家职业资格证书的翻版，不是准入类、资格类证书，不作为行业准入、从业资质的门槛。

根据"职教 20 条"部署，国务院人力资源社会保障行政部门、教育行政部门在职责范围内，分别负责管理监督考核院校外、院校内职业技能等级证书的实施（技工院校内由人力资源社会保障行政部门负责）。院校内培训可面向社会人群，院校外培训也可面向在校学生。各类职业技能等级证书具有同等效力，持有证书人员享受同等待遇。

根据"职教 20 条"部署，新入校园证书必须通过遴选渠道，已取消的国家职业资格证书不得再引入。教育行政部门、院校要建立健全进入院校内的各类证书的质量保障体系，杜绝乱培训、滥发证，保障学生权益。

4. 职业教育培训评价组织的主要职责

进入职业教育培训评价组织目录的培训评价组织是根据在已成熟的品牌中遴选一批、在成长中的品牌中培育一批、在有关评价证书缺失的领域中规划准备一批和本着严格控制试点数量，扶优、扶大、扶强逐步推开的原则，按照社会化机制、公开招募和择优遴选的工作程序而入围的。其主要职责是职业技能等级标准和证书的建设主体，对证书质量、声誉负总责，包括：标准开发、教材和学习资源开发、考核站点建设、考核颁证等，并协助试点院校实施证书培训。培训评价组织的首要工作是开发社会、企业认可度高的职业技能等级标准与证书；二是严格职业技能等级考核与证书发放，不能"放水"；三是对职业技能等级证书体现的学习成果赋予相应学分。

5. 国家教育行政部门的有关职责

国家教育行政部门的主要职责：一是负责做好 1+X 证书制度试点工作的整体规划、部署和宏观指导，对院校内职业技能等级证书的实施工作负监督管理职责；二是建立职业技能等级证书和培训评价组织监督、管理与服务机制，建设培训评价组织遴选专家库和招募遴选管理办法，本着公正公平公开的原则进行公示公告；三是组织制订有关标准化工作指南，指导培训评价组织开发职业技能等级标准；四是组织对培训评价组织行为和院校培训质量进行监测和评估；五是结合 1+X 证书制度试点工作，探索职业教育国家"学分银行"建设。

6. 省级教育行政部门主要职责

省级教育行政部门主要承担指导与监督本区域 1+X 证书制度试点工作的职责，一是根据有关条件和要求，组织做好区域内试点院校的申报和备案工作；二是指导院校证书培训和考核工作，协调解决试点中的新情况、新问题；三是将师资培训纳入省培计划，组织省级专家队伍，做好试点指导工作；四是会同省级有关部门研究制定支持激励教师参与试点工作的有关政策；五是配合省级有关职能部门研究确定证书培训考核收费管理有关政策。

7. 试点院校实施 1+X 证书制度试点工作职责

职业院校是实施 1+X 证书制度试点的主体，其主要工作职责：一是选择有关职业技能等级证书，确定参与试点的专业；二是统筹专业（群）资源，推进"1"和"X"的有机衔接，开展课证融通与专业人才培养方案优化；三是根据在校学生取证需要，组织开展专门培训，同时可面向社会成员开展培训；四是符合条件的院校按程序申请设立为考核站点，配合培训评价组织实施证书考核；五是管理和使用好有关经费。

8. 关于基础条件和经费保障

《试点方案》对于基础条件提出了要求：一是各省（区、市）在政策、资金和项目等方面向参与实施试点的院校倾斜，支持学校教学实训资源与培训考核资源共建共享，推动学校建好用好学校自办、学校间联办、与企业合办、政府开办等各种类型的实训基地；二是要吸引社会投资进入职业教育培训领域；三是通过政府和社会资本合作（PPP 模式）等方式，积极支持社会资本参与实训基地建设和运营；四是产教融合实训基地和产教融合型企业要积极参与实施培训。

《试点方案》对于经费保障提出了要求：一是中央财政建立奖补机制，通过相关转移支付对各省 1+X 证书制度试点工作予以奖补；二是各省（区、市）要加大资金投入，重点支持深化职业教育教学改革、加强技术技能人才培养培训等方面工作，并通过政府购买服务等方式支持开展职业技能等级证书培训和考核工作。

1.2.4 各省积极参与 1+X 证书制度试点

根据《试点方案》要求，江苏省、吉林省、浙江省、陕西省、湖南省等各省教育行政部门积极开展行动，纷纷出台 1+X 证书制度试点的实施工作通知。这些实施工作要求主要有：

1. 加强文件学习

向各地教育行政部门和相关院校转发了教育部职成司《关于做好首批 1+X 证书制度试点工作的通知》（教职成司函〔2019〕36 号）和《教育部等四部门印发＜关于在院校实施"学历证书＋若干职业技能等级证书"制度试点方案＞的通知》（教职成〔2019〕6 号），要求认真学习文件精神，提高思想认识。

2. 加强领导

1+X 证书制度试点是国家职教改革重大制度创新。为保证这项改革顺利进行，要求各地各校高度重视此项工作，组织符合条件院校积极参与试点，统一协调相关事项。

3. 提出首批试点证书范围

要求突出重点，摸清底数。首批启动试点的为建筑信息模型（BIM）、Web 前端开发、物流管理、老年照护、汽车运用与维修、智能新能源汽车 6 个职业技能等级证书。

4. 确定试点院校范围和条件

试点院校以高等职业学校、中等职业学校（不含技工学校）为主，本科层次职业教育试点学校、应用型本科高校及国家开放大学等积极参与。职业院校一般为省级及以上示范（骨干、优质）高等职业学校、国家中等职业教育改革发展示范学校、具有行业特色的有关院校等，一般应具备以下条件。

1）开设有与拟参与试点证书对应的专业，近 3 年连续招生，具备一定相关领域职业培训经验。

2）拟参与试点的专业建设基础好，人才培养质量高，贯彻落实职业教育国家教学标准有力，有较为完备的专业人才培养方案和满足教学、培训需要的教学资源。

3）拟参与试点的专业有具备培训能力的专兼职师资队伍，其中"双师型"教师不少于 50%，行业企业专家比例不低于 20%，具有满足模块化教学需要的结构化教师教学团队。

4）具有满足证书培训需要的教学条件和实习实训设施设备。

5）制度体系健全，教学管理规范，团队保障有力。

不同证书对院校实施培训的有关条件要求由相关职业教育培训评价组织发布。

5. 实施工作要求

1）各院校要高度重视 1+X 证书制度试点工作，认真学习相关政策文件，主动与培训评价组织对接，深入了解职业技能等级证书及其标准、培训考核条件建设等方面问题，确认参与试点的专业和证书等级，结合实际制订本校试点工作方案。省教育厅将 1+X 证书制度试点工作纳入绩效考核范围，对工作推进有力、改革成效明显的单位予以奖补。

2）要求各院校将申报公文、《首批 1+X 证书制度试点院校情况汇总表》《首批 1+X 证书制度试点申报表》等各一式三份于 2019 年 4 月底前报送省厅。

与此同时，首批 5 家培训评价组织纷纷召开专题会议，与试点院校共同启动职业技能等级证书试点工作。

- 物流管理职业技能等级证书有关试点事项的说明会；
- 汽车运用与维修 / 智能新能源汽车职业技能等级证书有关试点事项说明会；
- 老年照护职业技能等级证书有关试点事项说明会；
- 建筑信息模型（BIM）职业技能等级证书有关试点事项说明会；
- Web 前端开发职业技能等级证书试点事项说明会。

2019 年 5 月底得到的统计数据，每个证书有 200 ～ 600 所院校参与试点，学生总规模累计约 30 万人。其中，参与试点的中职备案学生数约 5.6 万人，高职备案学生数约 16.4 万人，应用型本科备案学生数约 1.35 万人，通过培训评价组织报名的学生数约 2.6 万人，国家开放大学拟参与 5 万人。各地申请试点的职业技能等级证书全面涵盖了首批试点的 6 个职业技能等级证书。

1.3　1+X 证书制度是类型教育的制度创新

党的十九大和全国教育大会对职业教育提出了新的要求。新时代职业教育如何服务需求，提升教育教学质量，落实职业院校学历教育与培训并举并重法定职责，需要制度创新。

制度也称规章制度，是国家机关、社会团体、企事业单位为了维护正常的秩序，保证国家各项政策的顺利执行和各项工作的正常开展，依照法律、法令、政策而制订的具有法规性或指导性与约束力的各种行政法规、章程、公约的总称。职业教育需要有与中国特色社会主义制度和教育制度配套的制度体系来保障其有序和有效发展，从而逐步解决目前存在的人才培养不适应社会需求、企业参与度低、课程及教学内容更新慢等许多问题。1+X 证书制度设计是深化复合型技术技能人才培养模式改革和评价模式改革的重要举措，对培养德智体美劳全面发展的社会主义建设者和接班人，构建高水平的职业教育人才培养体系，建立健全我国职业教育标准体系乃至资历框架，建设终身教育体系将有独到的贡献。

1.3.1　职业教育事业发展需要制度创新

建立规范性、操作性强的国家制度体系，不断改进与完善职业教育的制度体系，增强职业教育发展的规范性是未来一段时期我国职业教育改革创新的重要任务。基于我国职业教育发展实际，借鉴国际发展的经验，我国未来需要从如下几方面进行职业教育制度建设创新。

1. 与职业教育法律配套的支撑体系需要制度创新

目前我国职业教育法律建设还比较薄弱，需要完善立法支撑体系。1996 年国家颁布了《中华人民共和国职业教育法》（目前正处于修改完善阶段）。该法为我国的职业教育发展提供了法律保障，但也存在着强制性不足、缺乏实施细则等问题，一些相关规定无法落实。我国缺乏与《中华人民共和国职业教育法》相配套的单项法，例如校企合作还没有专门的法律文件。进行职教体制改革，应完善法律支撑体系。首先，应根据经济社会发展需要，适时调整与修订相关职教领域的法律法规，制定各种实施细则，为改革发展指明方向；其次，以立法形式把国家对职业教育的基本方针和重大政策固定下来，为制定相关配套制度提供依据；最后，依据经济社会发展和职业教育发展需要，建立《中华人民共和国职业教育法》的下位法及各单项法，完善法律保障体系。

2. 保障职业教育有序发展及体系完善需要制度创新

职业教育作为一种重要的教育类型需要有序发展，需要配套的制度体系为其保驾护航。比如涉及普通教育与职业教育相互沟通，职业教育本身如何上下衔接，这就需要出台国家资历框架制度，出台职业教育的招生制度，保障对职业教育稳定投入的经费制度，取消职业院校毕业生在劳动力市场上的某些歧视制度，以及技术技能人才晋升的导向和激励制度等。

3. 促进校企合作需要制度创新

行业企业参与职业教育发展的积极性不高一直是我国面临的老大难问题。如何促进行业企业和利益相关者参与职业教育发展的制度建设，建立各级政府、行业、企业、学校和社会各方面共同参与的制度创新平台，赋予他们相应的责任和利益，创造有利于各方合作的条件，促进产业界与教育界、职业院校与企业层面的产教融合，调动行业企业等利益相关者以各种不同形式积极参与到职业教育活动之中，创新股份制办学和混合所有制办学、职教集团发展的激励机制、运行机制、约束机制等，是职业教育制度建设的关键。这要求制度制定部门综合考虑一系列具体的制度建设要素，包括行业企业参与职业教育的职责、效益及相关激励制度等。

4. 保障职业院校有效运行的制度建设需要创新

《国家中长期教育改革和发展规划纲要（2010—2020 年）》提出，适应中国国情和时代要求，建设"依法办学、自主管理、民主监督、社会参与"的现代学校制度，构建政府、学校、社会之间的新型关系。探索适应不同类型教育和人才成长的学校管理体制与办学模式，避免千校一面。保障职业院校有效运行的制度建设是未来一段时期的重点工作。首先要建立职业院校的学校章程。学校章程是学校自主管理、自律及政府监督管理的基本依据。为保证学校正常运行，学校章程是就办学宗旨、内部管理体制及财务活动等重大的基本的问题做出全面规范而形成的自律性基本文件。其次要配套建立有利于发挥办学积极性的"放管服"制度。在职业院校的办学模式、资源配置、育人方式、人事管理、合作办学、社区服务方面扩大其自主权，以增强职业院校服务能力，体现现代职业教育改革发展的基本方向。这方面具体包括职业院校自主办学制度、职业院校课程设置和专业设置及其更新制度、专业教学标准体系建设制度、"双师型"教师队伍建设制度、职业院校质量评估和保障制度等。

5. 职业教育质量保障体系建设需要制度创新

职业教育质量保障体系建设主要涉及国家职业教育标准体系建设、各级政府的督查制度建设、职业院校的评估制度建设、专业评估制度建设等。而这些制度建设中最重要的、基础性的制度是职业教育标准体系建设，主要有学校设置标准、职业院校校长和教师标准、职业教育拨款标准、师资队伍建设标准、专业教学标准和课程标准、教学评价标准、顶岗实习标准、实训基地建设标准、职业院校智慧校园建设标准、安全设施标准、教材标准、职业技能等级标准等。

1.3.2　1+X 证书制度是推动校企合作的新机制

实行 1+X 证书制度，是推进校企合作的新机制，从而增强校企之间的粘合度。实行 1+X 证书制度，与先前的校企之间增加了培训评价组织。而培训评价组织开发的证书既要反映行业企业某一岗位（群）职员完成主要工作任务所需要的能力，又要结合职业标准设计符合职业教育需要的初、中、高三个等级的职业技能等级证书。职业院校、培训评价组织、用人单位三者之间构成了校企合作的新形态（图 1-1），三者中两两之间形成利益共同体。这种新机制可充分发挥企业在职业教育中的重要办学主体作用，推动职业院校建立产教融合、校企合作的育人机制，促进工学结合、知行合一、精准育人，通过育训结合、书证融通，真正培养出区域经济社会发展和产业转型升级急需的高素质技术技能人才。

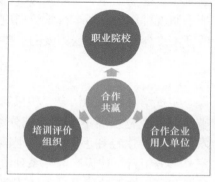

图 1-1　职业院校与企业合作育人两两关系简图

1.3.3　1+X 证书制度是契合类型教育的评价制度

职业教育具有跨界特征，其活动特点可归纳为一对矛盾要素的对立统一，譬如"产教""校企""工学""理实""双元"等，1+X 就是学校学历教育和社会用人需求两个方面要素的对立统一，反映出了职业教育活动的内在规律。在教育行政部门规划和行业专业教学指导委员会指导下开发出台的职业教育标准，不仅是针对学龄人口的国民教育标准（也包括部分成人教育标准），也是针对社会成员的人力资源开发标准，既服务于学校和学生，又服务于接受继续教育者和企业员工。据此，1+X 证书制度既是职业教育制度，也是一种就业制度。

先前的职业教育评价制度主要是学校内部的教学评价制度、教育行政部门组织的学校合格评估、优秀评估，以及部分行业组织的专业评估。将 1+X 证书制度作为学校职业教育的培养模式和评价制度，是反映类型教育特点的一种新型评价制度。该制度促进了将学校内部的教学质量标准与行业企业等社会用人标准有机结合，促进了产教融合、校企合作，促进了学校积极利用企业等外部力量"多元"协同育人，促进了职业院校评价向社会开放。1+X 证书制度综合运用了学校自主评价和社会化评价，从而增强了职业院校的社会影响力，将教育性与社会性的结合提升到了一个新高度。

1+X 证书制度是学历证书与职业技能等级证书的有机结合。"1"与"X"相对独立，发证主体不同，评价标准和规范不同，均有各自的社会公信力。在院校内推广使用的职业技能等级证书是经国务院教育行政部门负责把关后进入目录管理的，它一方面是技术标准、行业企业用人标准要求的准确体现，另一方面也是职业院校实施的教育或培训标准，它是纳入职业教育"学分银行"账户的基础。据此，应该认为职业技能等级证书与国务院其他部门或市场中流行的社会化证书有所不同。当然，职业技能等级证书除了服务于职业院校人才培养之外，也可面向企业职工或其他社会学习者，独立地承担技能评价功能，供用人单位人力资源部门参考使用。

从目前参加 1+X 证书制度试点的院校分析，试点规模居首位的是高职院校，其次是中职院校，国家开放大学数量也不少，普通本科占比最小。在"职教 20 条"的工作具体目标中提到，"到 2022 年一大批普通本科高等学校向应用型转变""从 2019 年开始在职业院校、应用型本科高校启动 1+X 证书制度试点工作"。将这两句话联系起来理解，1+X 证书制度可作为普通本科学校向应用型转变在人才评价方面的一个重要指标；毕业生取得的证书多少可作为转变力度的重要评价指标之一。

1.3.4 1+X 证书制度试点促进了学分制与学分银行建设

实现学习成果的认定、积累和转换，推动学历证书和职业技能等级证书互通衔接，是破解职业教育发展不平衡不充分难题，畅通技术技能人才成长渠道，推动职业教育改革发展的重要途径和手段，也是国际发展趋势。"职教 20 条"提出"加快推进职业教育国家'学分银行'建设"等一系列政策和实施规划，使职业院校学分制建设、国家"学分银行"和资历框架的建设进入加速期。

1. 1+X 证书制度试点与学分制建设紧密相关

学分制是把规定的专业毕业最低总学分作为衡量学生学习量和毕业标准的一种教学管理制度。

实行学分制，要求按照专业人才培养方案中各门课程及教学环节的学时量，确定每门课程的学分，设置必修课、成组限选课和任选课等，规定各类课程的比例，以及准予毕业的最低总学分。

学分制允许学生有一定的选学课程的自由。基于科技发展和知识的时效性，一般对修业年限做一定的限制（常规做法是学制 ×2）。学习者在规定的修业年限内学完规定的课程，完成必要的实践性教学环节，达到毕业最低总学分的要求，思想品德鉴定合格，就可以毕业。学分制是以学分计量学生学习量的一种教学管理制度，有完全学分制和学年学分制之分。当前部分职业院校实行学分制，因限于管理方面的原因，多以学年学分制为主。

"学分银行"是模拟或借鉴银行的某些功能和特点，以学分为计量单位，实现各级各类学习成果的认证、存储、积累与转换的学习激励制度和教育管理制度。其基本功能：一是为个人提供各类学习成果认证、积累与转换服务（建账户、存成果、开证明、引导学等）；二是为学习型组织和院校提供业务指导和定制服务（大数据分析、档案管理、人力资源评价与管理、资源共享、教育教学改革等）；三是推动各级各类教育之间及培训评价组织之间沟通衔接。

1+X 证书制度试点不是一项孤立的行动。根据国家职业教育专业教学标准制定要求，职业院校各专业的人才培养方案中所要求的学习量需要以学分形式呈现；而职业技能等级证书所内含的学习培训量也设定在 8 学分左右，且这些学分需要在国家职业教育"学分银行"中进行认定、积累和转换。没有职业院校的学分制，就不可能进行 1+X 证书制度试点。目前一些职业院校还没有建立学分制，需要加快步伐。

2. 1+X 证书制度试点促进了学分银行建设

"职教 20 条"指出："加快推进职业教育国家'学分银行'建设，从 2019 年开始，探索建立职业教育个人学习账号，实现学习成果可追溯、可查询、可转换。有序开展学历证书和职业技能等级证书所体现的学习成果的认定、积累和转换，为技术技能人才持续成长拓宽通道。职业院校对取得若干职业技能等级证书的社会成员，支持其根据证书等级和类别免修部分课程，在完成规定内容学习后依法依规取得学历证书。对接受职业院校学历教育并取得毕业证书的学生，在参加相应的职业技能等级证书考试时，可免试部分内容。"

职业教育国家学分银行在功能上有效突破了体制机制藩篱和门户之见，系统解决了不同类型学习成果认定、积累和转换中的核心问题，畅通了技术技能人才成长渠道，是立足我国实际，探索制定符合国情的国家资历框架的必要路径。其将在完善职业教育专业教学标准和课程标准，引导行业企业深度参与技术技能人才培养培训，促进职业院校加强教学改革、提升教育教学质量等方面发挥重要作用，尤其在开发职业技能等级标准和证书、推动 1+X 证书制度试点、信息平台和大数据分析等方面提供更为直接的支撑服务。

"学分银行"不仅能及时、真实和完整记录学习成果和学习经历，还能科学地、准确地衡量人才成长发展程度和水平，有效促进人力资源开发，有力推动全民学习、终身学习的学习型社会建设和人力资源强国建设。可以说，"学分银行"建设涉及的利益相关者众多，惠及在校学生和社会成员，相关学习者关注"学分银行"将给自己的学习成长和职业生涯发展带来利好。

《试点方案》指出："参与 1+X 证书制度试点的学生，获取的职业技能等级证书都将进入服务平台，与职业教育国家'学分银行'个人学习账户系统对接，记录学分，并提供网络公开查询等社会化服务，便于用人单位识别和学生就业。运用大数据、云计算、移动互联网、人工智能等信息技术，提升证书考核、培训及管理水平，充分利用新技术平台，开展在线服务，提升学习者体验。"

国家开放大学借鉴国际经验，已提出适应国情的"学分银行"制度模式和技术路径（图 1-2）：一是实现各种成果的统一价值比较，可以解决因体制障碍造成的教育与劳动力市场脱节问题；二是不同体系（市场）均参照统一标准开发各类资源，可以打破各种教育（培训）间的界限，实现不同教育之间的纵向衔接和横向沟通；三是建立具有公信力的标准，可以规范培训市场，提高教育培训质量，促进学历教育教学改革；四是基于独立且具权威性的标准，可以有效推动优质资源共享，促进教育公平；五是保证"学分银行"制度运行质量的有效机制，有利于未来的可持续发展。利用区块链技术，可以保证"学分银行"的安全性。"学分银行"建设难度巨大，是一项长期而复杂的系统工程，需要各方关注、支持与参与！

《教育部关于职业院校专业人才培养方案制订与实施工作的指导意见》（教职成〔2019〕13 号）要求，"促进书证融通，鼓励学校积极参与实施 1+X 证书制度试点，将职业技能等级标准有关内容及要求有机融入专业课程教学，优化专业人才培养方案。同步参与职业教育国家'学分银行'试点，探索建立有关工作机制，对学历证书和职业技能等级证书所体现的学习成果进行登记和存储，计入个人学习账号，尝试学习成果的认定、积累与转换"。教育部投入专项资金，在国家开放大学建设职业教育国家"学分银行"。学分制和"学分银行"建设将成为职业教育标准建设工作的重要组成部分。随着 1+X 证书制度试点工作的深入，必将有力推进职业院校学分制建设，并不断丰富职业教育国家"学分银行"的内涵。

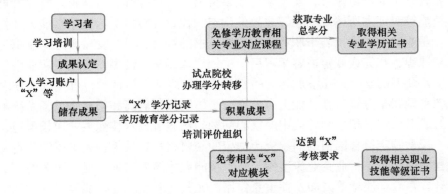

图 1-2　学习成果认定、积累和转换流程示意图

1.4　1+X 证书制度是基于实践基础上的制度创新

早在 1993 年，《中共中央关于建立社会主义市场经济体制若干问题的决定》就正式提出"实行学历文凭和职业资格两种证书制度"。之后的 27 年中，前 10 年在职业院校开展了"两种证书"试点，后 17 年着力推行"双证书"制度。对双证书制度的实践探索不断深化，对促进教育教学改革、培养学生职业技能、提高就业能力发挥了重要作用，积累了宝贵经验。

1.4.1　实行"双证书"制度的背景

1993 年党的十四届三中全会通过的《中共中央关于建立社会主义市场经济体制若干问题的决定》和 1999 年 6 月中共中央国务院下发的《关于深化教育改革，全面推进素质教育的决定》都提出了要在全社会"实行学历证书与职业资格证书并重的制度"。

1995 年颁布实施的《劳动法》，第一次从法律的层面确立实行职业资格证书制度。配套文件《职业资格证书制度暂行办法》（人职发〔1995〕6 号）规定："专业技术人员职业资格是对从事某一职业所必备的学识、技术和能力的基本要求，职业资格包括从业资格和执业资格。"1996 年开始实施的《中华人民共和国职业教育法》规定："实施职业教育应当根据实际需要，同国家制定的职业分类和职业等级标准相适应，实行学历证书、培训证书和职业资格证书制度。"

2001 年教育部、劳动和社会保障部在上海联合召开高等学校"双证书教育"试点院校工作会议，决定在北京、上海、广东、山东、江苏、浙江 6 个发达省市的少数重点高职院校先期进行"双证书教育"试点工作，上海从 2001 年起在全国高校中率先推行"双证书教育"。2002 年，劳动和社会保障部在《关于进一步推动职业学校实施职业资格证书制度的意见》（劳社部发〔2002〕21 号）中指出："鼓励高等学校毕业生参加职业资格考核鉴定，进一步拓宽高等学校毕业生的就业渠道。"在教育、人力资源和社会保障等部委和地方政府的大力推行下，大部分高职院校陆续实施了"双证书"制度。

1. 经济社会发展的需要

新中国成立尤其是改革开放以来，我国经济社会持续快速发展，建成了门类齐全、独立完整的产业体系，有力推动了工业化和现代化进程，显著增强了综合国力，支撑了我国的世界大国地位。然而，与世界先进水平相比，我国产业发展仍然大而不强，在自主创新能力、资源利用效率、产业结构水平、信息化程度、质量效益等方面差距明显，转型升级和跨越发展的任务紧迫而艰巨。

新一轮科技革命和产业变革与我国加快转变经济发展方式形成历史性交汇，国际产业分工格局正在重塑。需要紧紧抓住这一重大历史机遇，按照党中央的战略布局要求，实施强国战略，为实现中华民族伟大复兴的中国梦打下坚实基础。

经济社会发展与人才需求是互动的，相辅相成的。经济社会发展需要有与之相适应的人才支撑。经济社会发展需要人才，人才又反作用于经济社会发展，促进了经济社会更快更好地发展。呈现在我们眼前的一是经济社会发展带来了更多的就业岗位，新职业新岗位如雨后春笋，层出不穷，1999 年 5 月颁布的《中华人民共和国职业分类大典》，发布了 8 个大类、1838 个职业。之后，国务院人力资源部门不断颁布新的职业；二是经济社会发展带来了技术进步，劳动生产率不断提高，与此同时，对从业人员的职业能力也提出了新要求，这就为"双证书"制度的产生提供了土壤。企业要求员工不仅要有过硬的岗位动作技能，还要了解和掌握岗位工作过程的新技术、新工艺、新规范、新要求，企业员工在岗培训逐渐成常态。强化职业教育和技能培训成为职业院校的基本职能。

2. 国家改革开放的需要

我国加入世贸组织后，更多的世界 500 强企业入驻中国，而我国一大批企业也纷纷走出国门，加入到全球贸易中。经济全球化推动了大批跨国企业的诞生，生产力要素中劳动者的职业素质和专业水平发挥着决定性作用。跨国企业在"走出去"的过程中将员工的职业资格标准作为产品质量保障体系的重要组成部分落地于所在国家和地区。另外，许多经济发达国家缺乏劳动力，需要在一些劳动力紧缺行业引进国外劳动者。随着"一带一路"建设和国际产能合作的实施，我国现在和将来有许多企业实施"走出去"战略。如农业方面租用国外土地生产农作物、冶金企业的国外采矿、家电企业的国外生产与销售、"高铁"的海外市场布局等，这些企业走出去必然会引起职业教育的随动，需要职业院校提供人才支持，为提高企业参与全球化竞争能力做出应有的贡献。在此背景下，准备从事某一特定职业的人员经过专门的培训并接受严格的考核，合格者将获得相应的证书，为求职、任职、开业等创造了基本条件。

世界上许多国家建立了与教育和培训紧密相关的职业资格证书制度，这是基于各国对劳动者职业能力重要性的认识。国际竞争，不但要看经济发展的规模和数量，更要看经济发展的水平和质量，而决定经济发展水平和质量的是生产力中最活跃的因素——劳动者的整体素质和职业技能水平。日本和德国等制造业先进国家的经验表明：先进制造业的形成和整个国家高技能人才的供给以及高技能均衡的实现是密切相关的。从生产人员素质对生产的贡献看，据欧洲一些国家的最新资料统计，生产人员的技术水平每提高一级，劳动生产率提高 10% ～ 20%；而劳动生产率每提高或降低 1%，就会影响施工费用成本。

党的十九大提出："加快建设制造强国，加快发展先进制造业，推动互联网、大数据、人工智能和实体经济深度融合""建设知识型、技能型、创新型劳动者大军"。在当今生产要素全球性配置和产业布局全球一体化进程中，人力资源的质量已成为制约一国经济发展的关键因素和企业获取竞争优势的重要方式。

我国实现创新型国家和制造强国的过程，实际是这些高端技能型、高级技术型和工程型等高级技术技能人才（简称高技能人才）作为社会劳动力的主体，实现生产过程连续创新的过程。尽快造就一支有理想守信念、懂技术会创新、敢担当讲奉献的宏大的产业工人队伍是我国当务之急。目前技术工人数量占中国城镇企业职工数量的一半以上，其中，初级工约占 59%，中级工约占 35%，高级工约占 6%，技师约占 1%，高级技师更为稀缺。在发达国家，高级工占工人队伍的 40%（德国 50%），中级工占 50%，初级工占 10%。2018 年，高技能人才占就业人员的 6.2%。高技能人才供求矛盾和技能人才比例严重失调是我国经济高质量发展的重要障碍。2020 年 12 月 18 日，国务院新闻办举行落实五中全会精神壮大高技能人才队伍发布会。人力资源和社会保障部职业技能建设司司长张立新认为："从整个就业和经济发展需求看，我国技能人才总量仍然不足，特别是结构不优、素质不高问题比较突出。"

发达国家一般都通过立法或实行强制性国家政令建立职业教育与培训制度体系，并通过有资质的教育或培训机构对初次进入或再次进入劳动力市场的求职者实施相关职业能力的教育与培训。国家或相关行业组织进行严厉的监察制度，以保证劳动力质量符合用人单位要求。职业介绍机构、各类用人单位和求职者持假证或违规雇佣无合格证书者就业，相关方都将受到惩罚。不可否认的是，我国目前总体上职业技能水平与发达国家仍有差距，一些标准和行业平均水平的差距依然明显。世界技能组织主席西蒙·巴特利认为，中国要缩小与技能领域传统力量的差距，应当按照国际标准和行业要求提高水平。

制造强国，谁来当生产、服务、建设、管理等的一线职工？怎么培养他们？要真正实现高技能人才从目前的 6% 提高到 30% ～ 40% 的目标，需要综合施策，调整教育结构，目的是将教育性与社会性相结合，构建具有中国特色的技能形成体系，系统培养高素质复合型技术技能人才，实现各种人力资本的转化。无论接受哪种类型的教育、有多高的学历的人，都应接受相应的职业训练和考核，这是一个复杂系统的制度创新工程。

3. 职业教育自身发展的需要

随着信息技术革命的深入发展，职业教育内容相比传统要求变化很大，但在我们这样一个发展中国家，人才结构在一个相当长时期内仍呈金字塔形。应当承认，决定科技含量和技术竞争力的人才主要在金字塔的上部，但是决定产业素质和产品质量的仍然是一线高素质技术技能人才，社会用人结构是客观存在的。如何改革与发展职业教育，这是一个长线课题。

随着职业教育的发展，职业教育工作者和相关理论工作者等都在思考一些问题，例如，如何扩大和统筹职业教育资源？如何改革职业教育人才培养方案？如何建立面向大众的职业教育学习与培训制度？如何建立职业教育标准体系？如何构建职业教育质量保证体系？如何创建职业教育评价体系？等等。显然，解决这些问题不可能一蹴而就。但就教育而谈职业教育改革本身就是一个误区，职业教育不是教育自身发展的产物，而是伴随着社会工业化进程而不断发展起来的，属于教育但不源于教育。"双证书"制度给了我们一个解决问题的新视角。

过去我们比较重视学校办学标准、专业教学标准、课程标准及教育教学规范，总是从教育的角度谈标准、建标准，这种标准不是针对学习者进行评价的标准。但如果分别使用过去的学历标准或者职业资格培训标准作为职业教育标准，那么，前者不适应职业教育，容易造成教育与实践的脱节；后者注重了技能教育，不利于职业院校学生的全面发展。因此，需要一种融合教育和职业要求，构建符合职业教育自身发展的标准体系。

职业教育标准是开发职业教育专业人才培养方案的根本依据，也是建立职业教育质量保障和评价体系的重要依据，进而为社会用人单位录用人才增加了可供选择的新标准、新依据。"双证书"制度为职业教育标准体系建设提供了支撑。各省市在推进"双证书"制度方面进行了积极探索。2002 年 5 月，湖北省推进"双证书"之间的互认，对全日制在校生实行"一教两证"，即同时颁发学历文凭和职业资格证书；对于社会学习人员则实行"以证书换取文凭"试点。其做法是：凡是符合一定条件的社会人员，按规定流程和培训成果，将职业资格证书折算为学分，达到规定的修业学分标准，即可获得相应的文凭。2004 年，新疆维吾尔自治区人社厅和教育厅在职业院校试点"双证融通"人才培养模式改革，将专业教学标准与国家职业标准相结合，开发专业课程体系并实施教学与培训。克拉玛依职业技术学院首批试点的电气自动化技术等三个专业在三年期间达到"双证书"能力标准的学生超过了九成。同年，交通部在交通口职业院校开展"双证书"试点，五年间涉及专业近 60 个。2009 年，教育部与中国轻工业联合会发布《关于在高等职业教育食品工程与生物技术专业、玩具设计与制造专业实施"双证书"制度的通知》（教高厅〔2009〕2 号），以推动职业教育人才培养模式改革。2014 年，《国务院关于加快发展现代职业教育的决定》（国发〔2014〕19 号）下发后，在全国范围内，所有的职业院校都实施了"双证书"制度。

1.4.2　实行"双证书"制度所发现的问题

职业院校实施"双证书"制度，在服务社会和人的发展上实现了有效提升：一是实施"双证书"制度使人才培养目标定位更准，职业教育自身价值得到提升；二是实施"双证书"制度对今后构建国家资历框架有促进作用；三是实施"双证书"制度为职业教育课程改革提供了具有现实意义的经验与参考。但随着时代发展和科技进步，实行"双证书"制度也出现了一些新问题。

一是现代科技革命对传统产业体系和社会分工体系产生着巨大影响，相对于不断涌现的新职业，职业资格证书开发速度跟不上形势发展变化；与"互联网+"直接相关的职业资格证书内容及时更新率低。同时，在深化"放管服"改革背景下，国家大幅度减少了职业资格证书的数量，目前保留的不足百种，除了涉及国家财产、人民生命健康安全、消费者权益等资格类证书之外，将职业（工作）规范要求、职业技能评价等责权下放给行业企业。现有职业资格证书覆盖面不够、更新周期长，出现不够用、不好用、跟不上的情况。

二是由行业企业组织开发的社会化证书，总体而言，在通用性、认可度、含金量等方面参差不齐，大多数证书存在着口径宽窄不一、内容交叉重叠、稳定性不足、适用范围不广、规范性不够、证书培训收费标准缺乏相关依据等问题，尚不能满足职业院校教育教学管理和人才培养需要。

三是对"双证书"的理论研究不够。在"摸着石头过河"的境况下实施"双证书"制度，造成国家职业标准与专业教学标准对接质量不高，甚至出现了"唯证书主义"现象。因为对职业资格证书在职业教育中的意义没有清晰认识，有的职业院校将国家职业标准直接作为教学标准，以简单获得职业资格证书作为培养目标，将"人"作为"工具"进行训练，忽视了学生的可持续发展能力的培养。

四是国家职业资格证书、行业企业的社会化证书主要应用于职业领域，并没有考虑学校职业教育的特点和需要。加之"双证书"出自教育部和人社部两个不同体系、适用不同规则、遵循不同逻辑，各有各的标准，彼此融合起来难度较大，难以在同一个课程体系和教育与培训过程中落地。

1.4.3　1+X 证书制度是基于实践与相关研究基础上的制度创新

1+X 证书制度是基于探索实践、相关专题研究和社会共识的产物，有着相当的社会基础和经验积累。

湖南省教育厅按照"专业基本技能—岗位核心技能—跨岗位综合技能"的思路，统筹开发了高职"作品载体"题库和 59 个"能力核心"标准。至今，已连续 11 年实施毕业生技能考核，并组织技能抽查，形成了"以点控面"的质量监控机制，"由果溯因"的质量诊断机制，"从教到学"的质量保证机制。

天津职业大学 2009 年国家高等教育教学成果奖"眼视光技术专业'课证融合'人才培养模式的创新与实践"和深圳职业技术学院 2018 年国家职业教育教学成果奖"深职院——华为培养信息通信技术技能人才'课证共生共长'模式研制与实践"等都是先行先试的成功典范。由此可见，1+X 证书制度的建立和实施已拥有相当的实践基础和成功经验。

德国在原始职业及资格开发，美国在典型职业及资格开发，澳大利亚在职业教育分级标准开发，日本在职业教育的学历与职业技能证书培训等方面拥有大量的成功范例。他们在职业教育与培训方面积累了许多经验并形成了系列开发技术，我国有许多专家学者对这些经验与开发技术进行了长期的研究并形成了众多可借鉴的成果，这为 1+X 证书制度建设提供了许多可借鉴的国际经验。

2018 年 5 月和 7 月，教育部相继下发了《关于开展职业教育专项调研工作的通知》和《关于组织开展职业院校培训情况调查工作的通知》，并分 6 个小组赴各地开展完善职业教育和培训体系建设、行业企业和社会力量参与职业教育、部门政策和地方试点经验等专题调研，并调研了解了护理、老年服务与管理、快递运营管理、工业机器人、物联网应用技术、城市轨道交通运营管理等 20 个专业的培训经验与存在的问题。调研中发现，中国物流与采购联合会、中国社会福利与养老服务协会、中国机械工业联合会等一大批行业和相关龙头企业开发了职业技能标准及职业技能证书，并组织了职业技能培训，在与职业院校合作培养人才方面做了大量工作并取得了许多成绩。他们在 2014 年和 2018 年与职业院校一起，将校企合作所取得的学历教育与培训方面的成果联合申报了国家职业教育教学成果奖，引起了媒体与社会的关注。

　　职业院校为了适应区域经济社会发展和行业企业转型升级，提供更好的供给侧服务，在实行"双证书"制度的基础上，结合本地区实际开发专业人才培养方案，呈现了基于"多元"标准，有选择地开发模式（图 1-3 和图 1-4）。

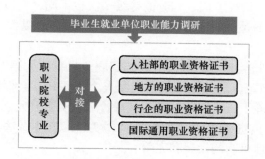

图 1-3　职业教育专业与多种证书有选择地对接框图

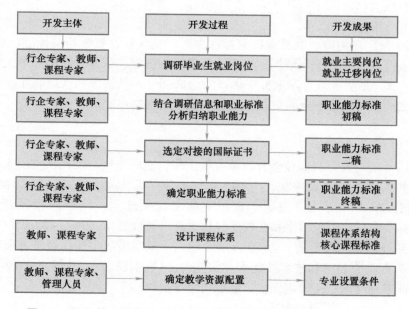

图 1-4　职业教育专业与多种证书有选择地进行课程开发关系示意图

　　"双证书"中关于职业资格证书标准纳入学校职业教育体系的理念无疑是正确的，主要面临的问题是证书覆盖面不够、不能及时反映科技发展趋势和市场需求变化、证书管理存在体制机制不顺等，亟待寻求新的制度支撑。而在职业院校系统化培养技术技能人才过程中，根据毕业生用人单位需求实际，需要设计培养技术技能实用型人才、专业复合型人才和创新创业型人才。江苏省"十三五"教育发展规划中提出"高职院校 20% 的专业要与国际通用职业资格证书对接，以培养具有国际视野、通晓国际规则的技术技能人才和中国企业海外生产经营需要的本土人才。"显然，"双证书"制度不能满足这方面要求，而职业教育专业与多证书有选择地对接，部分解决了"双证书"制度中的选择单一性问题，但其理念与方法等仍属"双证书"制度范畴。"双证书"制度为 1+X 证书制度提供了实践基础，但 1+X 证书制度在概念、定位、职业技能等级证书开发建设主体、运行机制、管理模式等方面都发生了根本的变化，更重要的是 1+X 证书制度作为一个整体，成为学校职业教育的制度基础，"1"与"X"教育培训对象相同、内容互补、目标同向，相比"双证书"中两种证书之间的关系有了质的区别。将"X"定义为职业技能等级证书，与国家职业资格证书概念不同、口径不同、划分的等级层次也不同，所以 1+X 证书制度不是"双证书"制度的延续，也不是"双证书"制度的"升级版"。所以，1+X 证书制度是基于实践基础上的制度创新。

职业技能等级证书归类于《中华人民共和国职业教育法》第八条"培训证书"范畴。按照"职教 20 条"的规定，这类证书是在国家人力资源和社会保障行政部门、教育行政部门统筹指导和监督管理下，由职业教育培训评价组织负责开发、考核、颁证，采用社会化建设机制，职业院校负责 1+X 证书制度的具体实施。这些做法都是对传统意义上培训证书的开发、建设和管理机制的发展和完善。

1.5 1+X 证书制度是职业教育国家标准体系的重要组成部分

"职教 20 条"在构建职业教育国家标准中对"完善教育教学相关标准、启动 1+X 证书制度试点、开展高质量职业培训、实现学习成果的认定、积累和转换"等工作进行了部署。"1"与"X"是职业教育国家标准体系的组成部分，是指导和管理职业院校教学工作的主要依据之一，是保证职业教育教学质量的基本文件之一。

1.5.1 职业教育国家标准体系建设的意义与背景

党中央国务院高度重视职业教育改革发展工作，把职业教育摆在了前所未有的突出位置，职业教育实现了跨越式的发展。2018 年，全国有职业院校 1.17 万所，年招生 928.24 万人，在校生 2685.54 万人。中职学校招生和在校生分别占高中阶段教育的 41.37%、39.47%；高职（专科）院校招生和在校生分别占高等教育的 46.63%、40.05%（图 1-5）。全国职业院校共开设近千个专业、近 10 万个专业点，基本覆盖了国民经济各领域，具备了大规模培养高素质劳动者和技术技能人才的能力。（数据源自 2019 年 7 月 19 日在杭州召开的"1+X 证书制度试点工作培训会"职成司领导报告。）

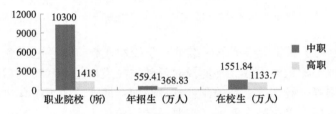

图 1-5　2018 年职业教育培养规模简况

面对产业转型升级、新一轮科技革命和产业革命等的新要求，服务中国制造 2025 等战略，加快构建现代职业教育体系、实现职业教育现代化，我国职业教育发展的重点正转移到内涵发展和质量提升上来，进一步增强服务经济社会发展的支撑力以适应产业转型升级需要，进一步增强服务人的全面发展的吸引力以适应提高人才培养质量需要。没有规矩不成方圆，没有标准何谈质量。教育部部长陈宝生在讲职业教育时强调"亮不亮，看质量"，并强调"质量是有标准的，没有标准就没有质量"。职业教育国家标准体系建设对于加快发展现代职业教育、加快实现职业教育现代化具有重要意义。

1. 职业教育国家标准体系的建设水平是衡量职业教育现代化水平的重要标志

加快国家教育标准体系建设，是完善中国特色社会主义教育制度、推进教育治理体系和治理能力现代化的重要举措，是实现教育现代化的基础性、战略性工程。职业教育国家标准体系是现代职教体系不可或缺的组成部分，职业教育人才培养从过去的"参照普通教育做"到现在的"依据专门制度和标准办"，标志着我国现代职业教育体系建设向前迈进了一大步。

2. 职业教育国家标准体系是职业教育内涵发展的根本保障

当前经济社会飞速发展，新业态、新职业、新岗位不断涌现，加强职业教育国家标准体系建设，建立健全紧跟产业最新发展、不断完善并动态更新的职业教育国家标准体系建设机制，有利于推动职业教育提升内涵和可持续发展，为提高技术技能人才培养质量提供明确的规范和引领。

3. 职业教育国家标准体系是教育与产业深度融合发展的生动体现

产教融合、校企合作是职业教育的基本特征，职业教育国家标准研制工作建立起教育行政部门与行业、企业、学校、职业教育理论研究机构等各方联动的工作机制，将新技术、新工艺、新规范、新要求引入教学内容要求，将职业能力要求转换为人才培养目标要求，政府主导、行业指导、学校主体、企业参与得到充分体现。

4. 职业教育国家标准体系是评价技术技能人才培养质量的重要依据

职业教育国家标准体系对培养目标与规格、课程体系与教学内容、专业办学基本条件和教学建议等提出了明确要求，为有关机构和社会评价监督职业教育质量提供了标尺，也为行业企业选用职业院校毕业生提供了参考。

5. 职业教育国家标准体系是中国职业教育走向世界舞台的靓丽名片

我国职业教育正在迈向世界舞台中心的路上，中国职业教育的实践和成就赢得了国际广泛认可和赞许。服务"一带一路"建设和国际产能合作，中国职业教育正在"走出去"。职业教育国家标准体系可以说是"走出去"的必备之物。

1.5.2 职业教育国家标准体系建设的主要成果和特点

改革开放以来，党中央、全国人大和国务院十分重视职业教育的法律法规建设，并持续推出相关的政策措施，启动了职业教育国家标准体系建设。1996 年《中华人民共和国职业教育法》问世，该法为制定职业教育相关标准提供了最根本的依据。《中华人民共和国职业教育法》提出，实施职业教育要"同国家制定的职业分类和职业等级标准相适应""有符合规定标准的教学场所、与职业教育相适应的设施、设备""省、自治区、直辖市人民政府应当制定本地区职业学校学生人数平均经费标准；国务院有关部门应当会同国务院财政部门制定本部门职业学校学生人数平均经费标准；职业学校举办者应当按照学生人数平均经费标准足额拨付职业教育经费"。

通过多年持续建设，在职业教育国家标准的政策措施层面出台了一系列文件。1999年，《中共中央国务院关于深化教育改革，全面推进素质教育的决定》明确："要依法抓紧制定国家职业（技能）标准，明确对各类劳动者的岗位要求。" 2002年，《国务院关于大力推进职业教育改革与发展的决定》提出"省级人民政府要制定本地区职业学校生均经费标准，并依法督促各类职业学校举办者足额拨付职业教育经费。省级教育行政部门、劳动保障部门要会同价格主管部门合理确定职业学校和职业培训机构的学费标准"。2003年，《国务院关于进一步加强农村教育工作的决定》强调，要抓紧制订和实施职业学校和成人学校的教职工编制标准。2005年，《国务院关于大力发展职业教育的决定》明确要建立"具有职业教育特点的人才培养、选拔与评价的标准和制度"。2012年，《国务院关于加强教师队伍建设的意见》提出进一步完善"职业学校教师资格标准""教师职务（职称）评定标准"和"教师考核评价标准"。2014年，《国务院关于加快发展现代职业教育的决定》明确要"制定校长任职资格标准"，完善教师资格标准，实施教师专业标准；分类制定中等职业学校、高等职业院校办学标准。2018年，《国务院关于推行终身职业技能培训制度的意见》提出要"加快职业标准开发工作"，对"职业技能标准开发"等基础工作给予支持。2019年，"职教20条"提出"将标准化建设作为统领职业教育发展的突破口"。

改革开放40多年来，我国职业教育领域基本形成了以学校设置、师资队伍、教学教材、信息化建设、安全设施等构成的办学标准体系；以专业目录、专业教学标准、课程教学标准、顶岗实习标准、实训条件建设（仪器设备装备配置规范）五个部分构成的国家教学标准体系；以体现专业教学标准规定的各要素和人才培养的主要环节要求，包括专业名称及代码、入学要求、修业年限、职业面向、培养目标与培养规格、课程设置、学时安排、教学进程总体安排、实施保障、毕业要求等内容，并附教学进程安排表等构成的专业人才培养方案制订与实施标准；以人才培养工作水平评估、教学工作诊断与改进等构成的办学质量与人才培养质量评估标准。截至2019年6月，仅在职业教育教学口获得的统计数据，发布新修订高职专业目录761个（其中专业大类19个，专业类99个），410个高职专业教学标准，230个中职专业教学标准，136个职业学校专业（类）顶岗实习标准，30个职业学校专业实训教学条件建设标准。高职专业教学标准、顶岗实习标准、仪器设备装备规范等从无到有，填补了我国职业教育史上的空白；中职专业目录、中职专业教学标准等已经历了一轮或几轮的修订，逐步建立起随产业发展动态调整的机制。可以说，具有中国特色、比较系统的职业教育国家教学标准体系框架基本形成。职业教育国家标准系列的特点主要体现在以下几个方面。

一是贯彻教育方针，体现国家意志。职业教育标准体系体现国家意志，承载着在职业教育领域贯彻落实好培养什么人、如何培养人、为谁培养人的历史使命。各专业教育教学标准把育人方向放在第一位，落实立德树人根本任务，坚持面向市场、服务发展、促进就业的办学方向，健全德技并修、工学结合的育人机制，构建德智体美劳全面发展的人才培养体系，突出职业教育的类型特点，深化产教融合、校企合作，推进教师、教材、教法改革，规范人才培养全过程，培养复合型技术技能人才。

二是服务国家战略，契合产业发展。在标准制定过程中，紧紧围绕"中国制造2025""一带一路""互联网+"等国家重大战略或倡议，职业教育相关标准建设均建立在深刻分析战略性新兴产业、先进制造业、现代服务业和现代农业发展的新形势，关注新技术、新业态、新产业、新模式等基础之上，都充分体现了服务产业转型升级对人才培养的新要求，对接产业发展中高端水平。

三是体现产教融合，促进就业创业。标准制定工作注重遵循职业教育规律，通过行业企业的深度参与，及时将行业企业的新技术、新工艺、新规范、新要求等转化为专业的培养规格和课程体系中，对接行业企业用人标准、职业岗位（群）需求。同时注意引导学校在标准应用、教学实施中深化校企合作、创新人才培养模式和教学模式。标准还涵盖了职业技能等级证书（含职业资格证书及社会认可的相关证书）举例等内容。

四是强调系统培养，推进终身学习。标准体系具有开放性，体现了纵向贯通、横向融通，促进技术技能人才系统培养。一方面注重中等和高等职业教育在培养目标、专业内涵、教学内容等方面的分层与衔接，另一方面列举了毕业生继续学习的方式和接受更高层次教育的专业面向，关注了学生的全面可持续发展，体现了终身学习理念。中、高职目录都设置了"继续学习专业举例"栏目。在长学制、贯通培养等方面也进行了制度安排和配套标准建设。

五是确保基本要求，鼓励特色创新。职业教育国家标准体现了国家关于职业教育教学的系列基本要求。在努力体现标准的引领性、指导性的同时，也注意到区域差异和校际差异，为不同区域和不同学校留出了发挥空间。教育部配套专业目录同步发布了中、高职专业设置管理办法，并支持地方和学校按照相关要求，结合实际灵活设置专业，鼓励发达地区和优质学校高于标准办学，办出特色、办出水平。

六是洋为中用，少走弯路。职业教育标准的研制还充分学习借鉴了发达国家的经验和做法，主要有以下几点。一是政府高度重视。职业教育在发达国家具有崇高的地位并拥有战略之重要性。二是立法保障。依法治教是发达国家职业教育迅速发展的又一重要特点。三是资金支持。资金支持是发达国家职业教育发展的重要保证和重视职业教育的具体体现。四是产学结合。发达国家职业教育的共同特点就是"产学合作"。五是完善的教育体系和灵活的办学机制，使职业教育获得了全面、协调、可持续的发展空间。六是建强职业教育师资队伍。发展职业教育除了思想重视、立法保障、资金支持和机制保证外，归根结底还要落实到师资队伍的建设上。通过立法、资金、薪酬等倾斜政策和灵活多样的形式，建立数量庞大、质量极高的教师队伍。

1.5.3 1+X 证书制度是教育与培训的相生相长标准体系

当前，职业教育在发展过程中遇到了一些重点与难点问题。例如，如何有效地打通学历教育与职业培训间的壁垒，构建起基于学历教育与职业培训互通、互融、互认的运行机制？"职教 20 条"在完善教育教学相关标准中提出"启动 1+X 证书制度试点工作"，这为破解该难题提供了问题解决方案。随后出台的《试点方案》提出了培育培训评价组织，开发职业技能等级证书，融入专业人才培养，实施高质量职业培训，严格职业技能等级考核与证书发放，探索建立职业教育国家"学分银行"，建立健全监督、管理与服务机制七个方面的系列工作要求。

2019 年 4 月 23 日，人力资源社会保障部、教育部联合印发《职业技能等级证书监督管理办法（试行）》，提出要"动员、指导、扶持社会力量积极参与职业教育、职业培训工作。人力资源社会保障部建立完善、发掘、推荐国家职业标准，构建新时代国家职业标准制度体系。教育部依据国家职业标准，牵头组织开发教学等相关标准。培训评价组织按有关规定开发职业技能等级标准。"这为构建基于学历教育与职业培训互通、互融、互认的运行机制，开展相关标准建设进行了两部门的工作分工及相关工作部署。

"1"与"X"是教育与培训的相生相长标准体系，是职业教育国家标准的组成部分，具体体现在如下三个方面。

1."1"与"X"作用互补、不可分离

"职教 20 条"提到，"要进一步发挥好学历证书作用，夯实学生可持续发展基础，鼓励职业院校学生在获得学历证书的同时，积极取得多类职业技能等级证书，拓展就业创业本领，缓解结构性就业矛盾"。也就是说，学历证书"1"与职业技能等级证书"X"是基础与拓展关系，"1"具有基础性、主体性，要解决德智体美劳全面发展与职业对应的专业技术技能教育，为学生可持续发展打下基础；"X"具有针对性（聚焦毕业生就业岗位、具有完成工作任务的胜任力）、适应性（快速反映新技术、新工艺、新规范、新要求，缩短毕业生适应工作岗位的时间）、灵活性（灵活实施、快速迭代），解决职业技能、职业素质或新技术、新工艺、新规范、新要求的深化、补充或拓展问题。从职业院校育人角度看，"1"与"X"是一个整体，构成完整的教育目标，"1"与"X"作用互补、不可分离。

2."1"与"X"有融合、迭代、补充三种关系

"融合"是指在同一个人才培养过程中，"1"与"X"的学习时间与获得学历证书的时间基本重叠，"X"的口径与专业口径一致或基本一致（取决于"X"的丰富性），覆盖毕业生就业岗位（群），有较强的行业通用性，"1"与"X"的学习与培训内容基本融合；"迭代"是指同一个人才培养过程有些课程或有些课程的部分内容，由负责"X"标准制定和开发的培训评价组织提供并迭代"1"中相关的课程内容，适用范围视行业或区域具体情况而定；"补充"是指面对新出现的职业或者传统职业出现的新技术、新要求，职业院校暂时没有能力开发出的教学内容，由培训评价组织来承担，"X"的口径对应专项能力或技术技能单元，适用范围视专业而定。以上三种情况，第一种情况目前看是"巧合"，随着培训评价组织开发能力的增强，将有更多的专业与之融合；第二种情况比较普遍，大部分专业或课程开发能力不是太强的职业院校会选择该做法；第三种情况可能在两种情况下发生：一是及时将类似"AI"的新教学内容引入专业，二是学校为学生提供与所修专业相关的多证书选择服务而采用的课程开发方法。

3.1+X 是相生相长的标准体系

因为"1"与"X"都以职业院校的专业及其对应的职业岗位（群）为背景进行开发，并共同应用于同一个教育过程中，所以两者结合得好，将有利于增强学习者的职业技术技能水平和综合职业素质，有利于推动产教融合，促进高质量就业，提升职业教育的服务能力。"1"与"X"的相生相长还体现在它们之间的"配伍"关系，不能简单、机械地将中职、高职、本科层次职业教育同职业技能等级证书的初级、中级、高级——对应，这样的话容易将职业技能等级变成又一套学历体系，"书证同质"会失去 1+X 证书制度的改革意义。在试点安排中，中职学校主要考虑初级与中级，高职院校因专业数多，主要考虑中级，但从试点院校办学实际分析，也有初级、中级、高级均选，或者选择其中两个不同级别。

如何建立起"1"与"X"的"配伍"关系？关键是要以行业企业的社会用人层次和标准来确定"1"的学历层次与"X"证书等级的对应关系。如某行业中若干家企业的同一个人力资源层次要求是高职毕业生（"1"＝高职）、中级职业技能等级（"X"＝中级），则形成了这个专业对应的这类企业用人层次的"1"与"X"的匹配关系。所以，1+X证书制度还有一个非常重要的基础工作就是做好专业调研和企业职业岗位与用人需求分析，绝不是随便拿来一个"X"就行，否则"1"与"X"就称不上相生相长了。

1.6 职业技能等级证书与职业资格证书的不同之处

职业技能等级标准和证书的开发主体是培训评价组织，其组织性质是企业；职业资格证书的开发主体是人社部，是国务院所属行政机构。虽然两者都是证书，但仅从开发主体就能发现其中的不同。

1.6.1 什么是职业技能等级证书

《试点方案》指出："职业技能等级证书以社会需求、企业岗位（群）需求和职业技能等级标准为依据，对学习者职业技能进行综合评价，如实反映学习者职业技术能力，证书分为初级、中级、高级。"对职业技能等级证书的界定：

性质：是职业技能水平的凭证，反映职业活动和个人职业生涯发展所需要的综合能力。在职业院校内实施的职业技能等级证书，本质上仍然是一种学习结果（职业技能水平）的凭证。

特征：是反映完成某一典型工作任务具备的综合能力。不是准入式的资格鉴定，也不是岗位工作经验和业绩的认定。

功能：对于学生而言，有利于个人自我职业能力的认知、个人职业选择与发展。对用人单位而言，有利于用人单位选人用人，将人力配置到最合适的岗位。

责任主体：培训评价组织。《试点方案》指出："培训评价组织按照相关规范，联合行业、企业和院校等，依据国家职业标准，借鉴国际国内先进标准，体现新技术、新工艺、新规范、新要求等，开发有关职业技能等级标准。……试点实践中充分发挥培训评价组织的作用，鼓励其不断开发更科学、更符合社会实际需要的职业技能等级标准和证书。"

管理主体：国务院教育行政部门。《试点方案》指出："国务院教育行政部门根据国家标准化工作要求设立有关技术组织，做好职业教育与培训标准化工作的顶层设计，创新标准建设机制，编制标准化工作指南，指导职业技能等级标准开发。"人社部和教育部印发《职业技能等级证书监督管理办法（试行）》（人社部发〔2019〕34号）指出："人力资源社会保障部、教育部分别依托有关方面，组织开展培训评价组织的招募和遴选工作，入围的培训评价组织实行目录管理。培训评价组织遴选及证书实施情况向国务院职业教育工作部际联席会议报告。两部门严格末端监督执法，定期进行'双随机、一公开'的抽查和监督。"

受训主体：主要是职业院校学生在校期间结合专业学习接受相关培训；部分社会成员和企业员工通过职业院校和社会培训组织的专项培训，也将从中受益。

"职教20条"规定从2019年起启动1+X证书制度试点工作，以深化复合型技术技能人才培养培训模式改革。

1.6.2　什么是职业资格证书

职业资格证书是表明劳动者具有从事某一职业所必备的学识和技能的证明。它是劳动者求职、任职、开业的资格凭证，是用人单位招聘、录用劳动者的主要依据，也是境外就业、对外劳务合作人员办理技能水平公证的有效证件。职业资格证书与职业劳动活动密切相连，反映特定职业的实际工作标准和规范。

人力资源和社会保障部规定：职业资格是对从事某一职业所必备的学识、技术和能力的基本要求。职业资格包括从业资格和执业资格。从业资格是指从事某一专业（职业）学识、技术和能力的起点标准。执业资格是指政府对某些责任较大，社会通用性强，关系公共利益的专业（职业）实行准入控制，是依法独立开业或从事某一特定专业（职业）学识、技术和能力的必备标准。

职业资格证书制度（职业资格认证或是鉴定）是劳动就业制度的一项重要内容，也是一种特殊形式的国家（含行业或龙头企业）考试制度。它是指按照国家制定的职业技能标准或任职资格条件，通过国家认定的考核鉴定机构，对劳动者的技能水平或职业资格进行客观公正、科学规范的评价和鉴定，对合格者授予相应的国家职业资格证书的政策规定和实施办法。

根据《国家职业标准制定技术规程》，我国国家职业资格等级由低到高分为五级，分别为：国家职业资格五级（初级）、国家职业资格四级（中级）、国家职业资格三级（高级）、国家职业资格二级（技师）、国家职业资格一级（高级技师）。

1.6.3　妥善处理"X"与职业资格证书的关系

各国的职业资格证书各具特色。根据职业资格证书等级划分所依据的标准的不同，不同国家的职业资格证书划分为三种基本的模式，即基于职业的职业资格证书模式（以反映职业岗位所要承担的工作任务为主，需要一定的管理能力）、基于能力的职业资格证书模式（以反映从业者个人技能为主，需要一定的工作业绩）和基于教育的职业资格证书模式（以反映专业教育所需要达成的基本专业能力为主）。我国的职业资格证书可归类于基于能力的职业资格证书模式范畴。通过学习"职教20条"和《试点方案》等文件精神，职业技能等级证书应该是介于基于能力的职业资格证书模式和基于教育的职业资格证书模式之间的证书模式。这两种证书虽然在服务岗位需求方面有共同点，但出自不同体系、适用不同规则、遵循不同逻辑，各有各的标准。实行1+X证书制度之后，职业学校是否继续推行"双证书"制度，如何处理职业技能等级证书与职业资格证书等的关系，需要做一些研究。

1. 在职业学校开展职业资格证书教育和培训活动仍有普遍意义

《中华人民共和国职业教育法》第八条规定："实施职业教育应当根据实际需要，同国家制定的职业分类和职业技能等级标准相适应，实行学历证书、培训证书和职业资格证书制度。"职业学校开展职业资格证书教育有法律依据。我国部分行业从业条件设置了必须取得相应的职业资格证书的要求，例如海事行业对于从事航海作业人员有专业合格证书、适任证书等 10 余种证书要求，又如从事医疗服务、教育服务分别需要有医护资格证、教师资格证等，类似这种情况还有很多。目前职业学校承担了大量面向社会从业人员的职业资格培训工作，这是职业学校的重要办学功能，需要保留。因此，在将来广泛推行 1+X 证书制度，是否保留国家职业资格证书教育需要综合考虑专业人才培养需要、就业需要和职业院校培训服务功能需要等，由各职业学校自主确定。

实际情况是职业学校所在地政府根据产业发展需要，开发了一些具有区域特点的职业资格证书，以购买公共服务的方式要求学校承担这些培训任务。职业学校所在地的一些品牌企业也有自己的入职培训证书，他们往往与职业学校合作，培训员工并对订单班的学生进行专门的培训。可以预言，1+X 证书制度全面实行后，在职业学校仍将同时承担职业资格证书（含地方政府开发的）和社会认可的有影响力的专项证书培训任务。

2. 妥善处理职业技能等级证书与其他社会性培训证书的关系

目前由行业企业组织等开发的社会化证书非常多，这些证书总体上应归类于《中华人民共和国职业教育法》第八条"培训证书"范畴，少数由行业颁发的带有准入性质或权威性水平评价的证书也具有资格证书功能，在一定范围内对从业者适用。对那些水平较高、具有职业资格性质的证书仍可以归为"双证书"制度教育的范畴在职业学校中推广使用；对那些不够规范、认可度不高、通行性不强又确属市场需要的，应当鼓励和支持职业教育培训评价组织对其进行专门研究，经梳理、规范后开发为便于职业院校采用的"职业技能等级证书"。

截至 2019 年年底，纳入国务院教育行政部门目录管理的"X"共计 92 种。目前社会上仍有许多培训组织在积极申报"职业教育培训评价组织"。根据《试点方案》中"在已成熟的品牌中遴选一批、在成长中的品牌中培育一批、在有关评价证书缺失的领域中规划准备一批的原则"，后续新的"X"将逐步进入目录管理范畴，但数量的增长不会很快，原因是新事物的生长和完善需要过程。故不宜对其他社会性培训证书持"边缘化"的态度。

1.6.4 "X"开发与应用采用了政府指导下的竞争性管理模式

"职教 20 条"规定了"X"开发采用竞争性管理体制，以发挥市场机制作用，让职业教育向政府统筹、社会多元参与方向发展，体现了治理体系新变化。纵观世界各国职业资格证书制度变迁和培训市场发育，总体上有两种管理模式。

一种是竞争性分权管理模式。就是由自由竞争产生的各种非政府性证书机构来推行和分别管理职业资格证书，也称为西方模式。西方大多数国家的职业资格证书制度采取分权管理模式，由竞争产生的非政府性证书机构来分别管理职业资格证书，以英国、美国、德国等国家为代表。采取分权管理模式的优点在于重视质量且能够紧密结合经济与生产的实际需要，并能够适应劳动力市场的变化。通过竞争取得的社会承认和社会地位也往往比政府更具有权威性。由于政府与证书的发放完全没有直接利益联系，就能够很好地担任管理者或仲裁人的角色。

另一种是非竞争性集中管理模式。就是由政府或者政府授权的权威机构来集中统一地推行和管理职业资格证书，也称为东方模式。东方大多数发展中国家的职业资格证书制度都采用非竞争性集中管理模式，由政府或者政府授权的权威机构来集中管理职业资格证书，以日本、韩国等国家为代表。采用非竞争性集中管理模式在政府行政效率高的前提下，资格认证和证书的权威性、推广效率高，有可能迅速建立标准规范的证书认证体系，容易做到集中统一，对于国民素质的提高和先进技能的推广有较大促进作用。

"职教 20 条"规定："培训评价组织应对接职业标准，与国际先进标准接轨，按有关规定开发职业技能等级标准，负责实施职业技能考核、评价和证书发放。"这说明职业技能等级证书"X"的开发主体不是政府机构，不是职业院校，也不是行业协会或其他研究机构、事业单位，而是"职业教育培训评价组织"，其性质是企业，这是一个新概念，也是制度设计的要点之一。

职业教育培训评价组织的入门条件是什么？"职教 20 条"中提出："优先从制订过国家职业标准并完成标准教材编写，具有专家、师资团队、资金实力和 5 年以上优秀培训业绩的机构中选择。"可见，培训评价组织的原形是培训机构，应具有职业培训资质、标准开发经验、技能评价能力、优秀培训业绩、合法经营记录，有基础、有实力、有队伍、有影响，受到业界广泛认可。目前，我国职业培训机构虽然比较多，但普遍以开展培训为主，较少涉及标准制订和管理。看来，从以培训为主业调整为培训与评价兼有，甚至以证书标准开发、培训资源建设与供给、培训指导、评价考核、证书管理为主，还需要加快现有培训机构的转型、提质、升级。培训评价组织作为一个新鲜事物出现，尚有一个扶植培育的过程。各级政府部门、职业院校、行业企业和社会各界应善待新鲜事物，热心支持培训评价组织健康规范发展，加快"打造一批优秀职业教育培训评价组织"。

《试点方案》指出："培训评价组织作为职业技能等级标准和证书的建设主体，对证书质量、声誉负总责，主要职责包括标准开发、教材和学习资源开发、考核站点建设、考核颁证等，并协助试点院校实施证书培训"。让职业教育培训评价组织成为职业技能等级标准及证书的开发建设主体，对考核、颁证等相关业务活动以及证书水平、质量、声誉负总责，体现了国务院在职业教育和培训体系建设中实行"放管服"改革的决心，是国家推进职业教育治理体系和治理能力现代化的重大举措。职业教育培训评价组织是政府统筹管理、社会多元办学大格局中的一块重要"拼图"，是职业教育治理模式和治理体系的新变化，对于促进办学模式由参照普通教育向企业社会参与、专业特色鲜明的类型教育转变有积极意义。为此，"职教 20 条"中还专门就政府职能转变和职责定位问题提出"政府通过放宽准入，严格末端监督执法，严格控制数量，扶优、扶大、扶强，保证培训质量和学生能力水平。要按照在已成熟的品牌中遴选一批、在成长的品牌中培育一批、在有需要但还没有建立项目的领域中规划一批的原则，以社会化机制公开招募并择优遴选培训评价组织"。同时要求"行业协会要积极配合政府，为培训评价组织提供好服务环境支持，不得以任何方式收取费用或干预企业办学行为"。

1.7　1+X 证书制度试点的相关研究

1+X 证书制度试点与其他试点工作一样，必定要经历启动→阶段小结→推进→阶段总结→大面积推广→持续改进与完善。回顾 2019 年试点工作，思考 2020 年和今后职业教育事业发展，有必要对其中的一些相关工作开展研究。

1.7.1　1+X 证书制度试点启动阶段的情况研究

2019 年是 1+X 证书制度试点启动年，各责任主体开始了启动阶段的相关工作，基于对试点工作的意义、目的、性质、内容的认识，难免工作中会有一些引起关注，需要研究的问题。

1. 1+X 证书制度试点启动阶段的相关活动

2019 年 5 月 28 日～30 日，教育部及相关部门在江苏省常州市召开首次 1+X 证书制度试点工作培训会议；2019 年 7 月 18 日～21 日，教育部及相关部门在浙江省杭州市召开第二次 1+X 证书制度试点工作培训会议。这两次会议的主要参会者是各级教育行政部门分管职业教育的领导、职业教育科研机构、职业院校领导和骨干教师、培训评价组织代表、1+X 证书制度试点院校和参与 1+X 证书试点工作的相关人员。

在 1+X 证书制度试点工作培训会议上，教育部职业教育与成人教育司领导就《国家职业教育改革实施方案》《关于在院校实施"学历证书 + 若干职业技能等级证书"制度试点方案》做了解读；教育部职业技术教育中心研究所领导就"1+X 证书制度"做了专题报告；地方教育行政部门代表就"履行监督、管理、服务职责，推进 1+X 证书制试点"做了表态发言；高等教育出版社有限公司代表就"1+X 证书制度与教学资源开发"、培训评价组织就"职业技能等级标准开发如何与行业标准衔接、与专业教学标准对应"做了专题介绍；相关专家就"职业教育国家'学分银行'建设方案研究进展""落实主体责任，推进 1+X 证书制度实施""高职院校落实 1+X 证书制度的思考与探索""1+X 证书制度与职业院校人才培养方案设计（案例）"等做了专题讲座。会议期间就"1+X 证书制度试点工作中的问题与建议"召开了座谈会，听取了试点院校和培训评价组织的意见与建议。

截至 2019 年 12 月初，全国各省、自治区和直辖市教育行政部门均就 1+X 证书制度试点工作进行了部署；培训评价组织相继开展了职业技能等级标准和证书的宣贯活动；部分试点院校会同培训评价组织开始了职业技能等级证书的培训和考核活动。

2019 年 6 月 17 日，教育部职业技术教育中心研究所印发《关于首批 1+X 证书制度试点院校名单的公告》（教职所〔2019〕141 号），公布了全国首批 1+X 证书制度试点院校名单（见表 1-1），共计含 1991 个职业技能等级证书试点院校。

表 1-1　首批 1+X 试点证书名称与试点院校数

序　号	证 书 名 称	试点院校数
1	建筑信息模型（BIM）	320
2	Web 前端开发	424
3	老年照护	233
4	物流管理	354
5	汽车运用与维修	466
6	智能新能源汽车	194
合计		1991

2019 年 10 月 12 日，教育部职业技术教育中心研究所印发《关于第二批 1+X 证书制度试点院校名单的公告》（教职所〔2019〕257 号），公布了全国第二批 1+X 证书制度试点

院校名单（见表 1-2），共计含 3278 个职业技能等级证书试点院校。

表 1-2　第二批 1+X 试点证书名称与试点院校数

序　号	证 书 名 称	试点院校数
1	电子商务数据分析	375
2	网店运营推广	570
3	工业机器人操作与运维	397
4	工业机器人应用编程	325
5	特殊焊接技术	155
6	智能财税	468
7	母婴护理	241
8	传感网应用开发	303
9	失智老年人照护	156
10	云计算平台运维与开发	288
	合计	3278

2. 1+X 证书制度试点启动阶段的期刊论文发表情况

在中国知网（CNKI）上检索 2018 年 11 月至 2020 年 2 月有关"1+X""职业"的期刊论文，共计 120 篇。根据试点工作相关性要求，笔者选择了 19 个有关 1+X 证书制度试点的主题词进行排序分析（图 1-6），词频较高的前 4 位均为职业院校内涵建设顶层设计领域，方法、实施路径、考核、难点、教学能力等推进"1+X"实操方面的文章仅各为 2 篇，与后面 10 个主题词相关的文章更少，甚至没有。这种情况从实施主体方面反映了 1+X 证书制度试点启动阶段的实际情况之一。

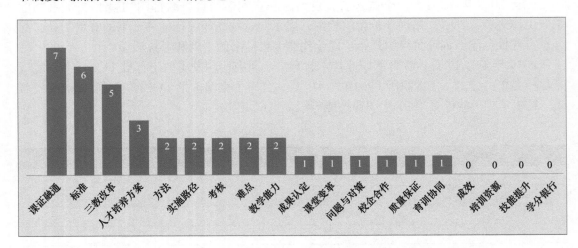

图 1-6　2018 年 11 月至 2020 年 2 月"1+X"相关论文主要主题词分布图

3. 1+X 证书制度试点启动阶段的相关问题分析研究

在推进 1+X 证书制度试点启动阶段，职业院校作为实施试点工作的主要责任主体，在顶层设计方面还应该考虑质量保证体系建设和"学分银行"构建，这两项工作将直接影响后续工作的开展；在操作层面，职业院校与培训评价组织合作，与毕业生用人单位合作十分重要，直接关系到试点工作如何开好头、收好尾；培训资源是试点工作过程中的基本保障，因启动阶段试点单位真正投入的并不多，矛盾暴露得不充分，故尚未引起足够重视；育训协同在大面积推进试点工作时涉及职业院校资源统筹、管理协调水平发挥问题。总之，在试点启动阶段，论文所反映的主要关注点为下一个阶段工作的精准施策奠定了基础。

1.7.2　1+X 证书制度试点推进阶段的问题研究

2019 年进入目录管理的职业技能等级标准达 92 个，2020 年后有更多的证书进入目录管理，此后这些证书将在职业院校大面积推广应用。为此，有诸如"1"与"X"书证融通和优化专业人才培养方案、与"X"相关的培训费用、"X"标准的标准等问题需要开展专题研讨，以有利于 1+X 证书制度试点工作顺利开展。

1. 1+X 书证融通问题研究

职业院校开展"1"与"X"书证融通和优化专业人才培养方案，应综合考虑落实《国家职业教育改革实施方案》《关于在院校实施"学历证书＋若干职业技能等级证书"制度试点方案》《关于职业院校专业人才培养方案制订与实施工作的指导意见》（简称《指导意见》）等文件精神，着力解决《指导意见》所指出的"在实际工作中还一定程度存在着专业人才培养方案概念不够清晰、制订程序不够规范、内容更新不够及时、监督机制不够健全等问题"。

如何解决这些问题？《指导意见》提出了四个坚持的原则。即坚持育人为本，促进全面发展；坚持标准引领，确保科学规范；坚持遵循规律，体现培养特色；坚持完善机制，推动持续改进。各职业院校要在落实立德树人根本任务，坚持面向市场、服务发展、促进就业的办学方向，健全德技并修、工学结合育人机制，构建德智体美劳全面发展的人才培养体系，突出职业教育的类型特点，深化产教融合、校企合作，推进教师、教材、教法改革，规范人才培养全过程，加快培养复合型技术技能人才上下功夫。

现有学历教育内容对于实施 1+X 证书制度试点存在三个问题：一是总学时约束，多数专业现有学历教育的内容已经排满，在此基础上既要落实《指导意见》对公共基础课程和专业（技能）课的要求，且"1"与"X"又有个配伍关系，还要考虑专业群的平台课程等内容，如果不对课程进行整合，提升课程设置的效率，整个专业的课程内容和总学时将出问题；二是学生自主选择课程的空间不足，多数专业的现有学历教育课程设置更多地是考虑了专门化职业岗位对职业能力的需求，如何为学生职业能力的多方向发展提供帮助，使学生有一定的自主选择空间则考虑不足；三是针对"1"与"X"的学习指导处于空白状态，引导学生学习并取得一张或多张技能等级证书，会给学生学习带来资金成本和时间成本的较大幅度提升。为了充分挖掘"X"的效果，需要建立对学生如何选择"X"进行专业化指导的体系，但因这是新生事物，需要探索。

根据《试点方案》要求："试点院校要根据职业技能等级标准和专业教学标准要求，将证书培训内容有机融入专业人才培养方案，优化课程设置和教学内容，统筹教学组织与实施，深化教学方式方法改革，提高人才培养的灵活性、适应性、针对性。"因"1"与

"X"书证融通问题涉及许多内容，限于篇幅，这些内容安排在第4、第5章中进行专门阐述。

2."X"培训与考核收费问题研究

2019年11月5日，教育部职成司与财务司联合召开了有吉林、江苏等七省教育厅职业教育与财务相关处室负责同志参加的"1+X"有关经费使用情况座谈会，并于11月13日下发了关于印发《"1+X"有关经费使用情况座谈会会议纪要》的通知（教职成司函〔2019〕102号）。座谈会主要集中在"1+X"的经费来源、中央奖补资金的分配标准及使用范围、培训评价组织开展师资培训的收费标准三个方面。两司领导布置了相关工作。

为规范职业技能等级证书考核颁证，教育部职业技术教育中心研究所受教育部委托，根据《教育部办公厅 国家发展改革委办公厅 财政部办公厅关于推进1+X证书制度试点工作的指导意见》（教职成厅函〔2019〕19号）精神，组织专家对参与1+X证书制度试点工作的职业技能等级证书考核成本进行论证，形成了职业技能等级证书考核成本上限设置方案。2019年11月25日，教育部职业技术教育中心研究所发布了《关于在院校实施的职业技能等级证书考核成本上限设置方案的公示》（教职所〔2019〕314号）。

"教职所〔2019〕314号"对考核成本和考核形式做了如下规定："考核成本包括考场租赁、考务保障报名、考场布置、监考、设备调试、耗材、安保、题库建设、组卷、试卷印制、阅卷、证书印制及发放、考评员劳务、考试系统的技术支持与运维等发生的费用。考核形式主要分为四类，包括纸笔考试、机考、基于一般实训设备和场地的实操考试、基于特殊要求实训设备和场地的实操考试。试点期间，四类形式考核成本原则上分别不超过200元/人次、300元/人次、500元/人次、700元/人次。若为混合型考试，则根据各类型考核分值所占比例确定成本上限。"

"教职所〔2019〕314号"对"X"的培训费用问题没有明示。但 "教职成厅函〔2019〕19号"对培训评价组织和试点院校提出了要求："培训评价组织要坚持公益性原则，把社会效益放在首位，依法依规制订有关培训方案及收费标准，并提前公示公告，接受各方监督，试点院校结合实际自愿参加。" "试点院校可将教师额外承担的职业技能等级证书培训工作量，按一定比例折算成全日制学生培养工作量，纳入绩效工资分配因素范围；在内部绩效工资分配时向承担证书培训任务的一线教师倾斜。" "培训评价组织……要及时提供并适时更新案例库、习题库等线上配套资源，广泛免费共享，满足试点院校工作需要，确需有偿提供的，应本着公益性原则，严格控制成本，不得额外增加学生负担。" "试点院校可统筹财政拨款、学费及其他事业收入等办学经费分担培训考核费用，保障试点学生至少参与一个职业技能等级证书的考核。要严格按照国家有关规定，规范使用相关经费。承担考核站点任务的试点院校，应统筹用好学校场地、设备、耗材、人员等资源，降低考核颁证费用。"

分析文件精神，与"X"相关的培训费用是客观存在的。对培训费用的来源和支付有了许多规定，但并没有全部、也不可能全部界定清楚培训费用的来源与支付方式。原因是培训的路径很多，因校因专业因证书不同而不同，难以在一个文件中界定清楚。故培训费用的"分担机制"是一个研究课题。在当前试点启动阶段因培训规模不大，矛盾不会突出，但当开展大规模"X"培训时，该问题就不可回避了。职业院校在类似问题上的教训是比较多的，需要尽早研究，制定预案。

3. 职业技能等级标准的标准问题研究

"X"标准的标准问题是一个研究"X"如何开发的问题。2018 年 5 月 25 日和 2018 年 7 月 5 日，教育部职成司下发了《关于开展职业教育专项调研工作的通知》（教职成司函〔2018〕77 号）和《关于组织开展职业院校培训情况调查工作的通知（印发稿）》（教职成司函〔2018〕93 号），就职业院校证书培训工作开展专题调研。

为贯彻落实党的十九大和全国教育大会精神，完善职业教育和培训体系，进一步加强复合型技术技能人才培养，教育部推动建立和实施 1+X 证书制度试点。为发挥社会力量的作用，受教育部职业教育与成人教育司委托，教育部职业技术教育中心研究所在若干个技术技能人才紧缺的专业领域，面向社会公开招募职业技能培训组织，参与做好相关工作。教育部职业技术教育中心研究所于 2018 年 9 月 30 日发布了《关于招募职业技能培训组织的公告》（教职所〔2018〕144 号）（简称《公告》。

《公告》就重点申报的"母婴护理、老年服务与管理、物流管理、冷链物流技术、工业机器人应用、汽车运用与维修技术、数控技术、建筑工程技术等"20 个领域做了介绍；对申报条件的"在本行业（专业）领域具有一定的影响力，参与制订过国家、行业相关职业技能标准，有依据有关标准自行编写的专业技能教材"等 5 个方面提出了要求；对申报材料需要提供"与申报专业领域相关的标准、培训、考核、颁证等方面支撑材料，主要包括培训标准、考核大纲、题库样例、教材等培训资源，考核站点清单、培训站点清单、有关管理制度、协议文本，及其他支撑材料" 等 4 个方面提出了要求。要求申报者填报：①单位基本情况。②培训工作基础，主要包括：近年来在所申报领域组织开展培训，特别是与学校合作开展培训的情况，如培训的层次、结构、各地布点数量、合作院校数量、年培训规模等；有关管理规章制度等，具体文本、支撑材料另附，下同。③培训标准情况，主要包括：目前培训所使用标准的情况，如使用国家、行业、企业有关标准或自主开发的标准等；本单位参与该标准制订的情况，如牵头开发、参与开发等；参与标准开发的主要单位（成员）；标准的特点、先进性。④培训资源情况，主要包括：目前培训所使用课程教材等资源的情况；本单位参与有关资源开发的情况，如牵头开发、参与开发等。⑤证书情况，主要包括：现有培训证书名称、样式、等级划分、证书开发单位、证书颁发单位、取证条件、效力、近年来取证规模、考核通过率、社会认可度及收费情况等。⑥培训师资情况，主要包括：目前开展培训的高素质专家、师资团队、工作机制等情况。⑦场地及设施设备情况，主要包括：目前开展培训的场地、设施设备等情况。⑧收费情况，主要包括：目前培训、考核、发证的各环节收费单位、收费标准、收费标准核定单位、收费方式等。⑨实施职业技能培训有关考虑，主要包括：下一步参与有关职业技能等级证书建设的有关工作考虑，能够提供的条件保障等。

《职业技能等级标准开发指南（试行）》（2020 版）正式出台于 2020 年 6 月，第四批标准与证书正式按该版要求执行。从前几期《公告》内容分析，"X"标准就是基于各培训评价组织先前的工作基础和相关标准，尚没有提出统一的职业技能等级证书开发标准。故进入目录管理的三批共 92 个职业技能等级标准有些参差不齐。因相关研究内容较多，本书安排在第 2 章进行专题研讨。

1.7.3　1+X 证书制度试点与三个相关专题的初步研讨

与 1+X 证书制度相关的研究内容比较多，且该项试点工作启动不久，有些问题尚未凸现出来，目前就以下三个问题做初步研讨。

1. 1+X 证书制度与职业仓的关系研究

"1"与"X"都有一个职业面向的问题。因为两者出自不同的系统，但却需要安排在同一专业人才培养方案中进行设计，作为"X"的标准开发就面临着一个问题，其开发依据是什么？或者说主要的开发依据是什么？"职教 20 条"对"X"的定义是"反映职业活动和个人职业生涯发展所需要的综合能力"。《试点方案》要求："按照相关规范，联合行业、企业和院校等，依据国家职业标准，借鉴国际国内先进标准，体现新技术、新工艺、新规范、新要求等，开发有关职业技能等级标准。"综观第一批、第二批、第三批共92 个职业技能等级标准和证书内容，其标准面对的工作岗位（群）大部分比较宽泛，梳理和归纳有些欠缺。这是新事物开发过程中遇到的问题，其原因也是多方面的。

从目前了解到的针对职业教育的证书标准开发方法有不少，既有发达国家的也有中国本土的，但从整体上分析，笔者认为北京电子科技职业学院孙善学教授倡导的"职业仓"比较适合 X 标准的开发。"职业仓"分析法兼顾了"1"和"X"的关系（具体可见孙善学所著《职业教育分级制度理论与实践》，高等教育出版社 2018 年 5 月出版）。

作为企业组织，需要明确职业定位、职能职责、标准规范。建立职业图谱（图 1-7）和"职业仓"分析方法（图 1-8）是企业建立人力资源管理体系及制度的过程，是每一个现代企业都要完成的一项基础性、制度性工作。职业图谱的纵向表示技术或技能等级；横向表示可能是工作性质，或是管理职能，或是专业或技术类别，具体视需要而定。职业图谱既回答了"1"中人才培养目标设定的依据，也明确了"X"的开发依据，为"1"与"X"的课程融通奠定了工作基础。

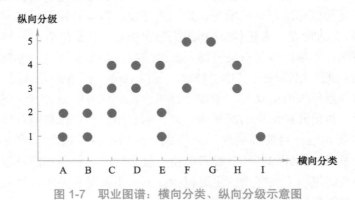

图 1-7　职业图谱：横向分类、纵向分级示意图

2."X"与职业教育资历框架的关系研究

资历框架是由等级和等级描述（即对达到该等级所应具备的知识、技能和能力的描述）组成的，便于对各类资历进行统一分级和管理的架构设计，本质上是一个标准体系或制度体系。资历框架的基本功能：一是便于各领域依据资历框架制定相应标准；二是通过

标准设计证书体系、搭建课程体系、指导资源建设、规范教育培训；三是依据标准进行比对，推动各级各类学习成果转换。其核心功能是通过建立一个可供参照的标尺，作为建立各级各类资历之间融通与衔接的纽带和桥梁。

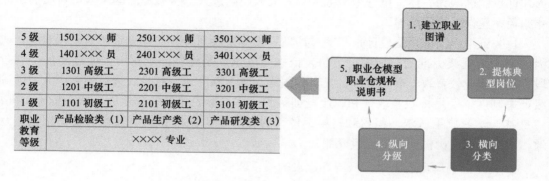

5 级	1501×××师	2501×××师	3501×××师
4 级	1401×××员	2401×××员	3401×××员
3 级	1301 高级工	2301 高级工	3301 高级工
2 级	1201 中级工	2201 中级工	3201 中级工
1 级	1101 初级工	2101 初级工	3101 初级工
职业教育等级	产品检验类（1）	产品生产类（2）	产品研发类（3）
	××××专业		

图 1-8　职业仓分析方法示意图

　　2014 年 6 月，教育部等六部门发布的《现代职业教育体系建设规划（2014—2020 年）》，提出了我国现代职业教育体系的基本框架（图 1-9），这是职业教育"部门资历框架"的国家版。

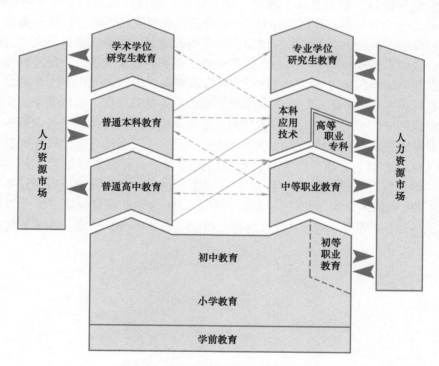

图 1-9　我国教育体系基本框架示意图

　　国家版的职业教育资历框架，目的是系统构建从初等、中职、专科、本科到专业学位研究生的职业教育人才培养体系，形成定位清晰、分工合理的职业教育层次结构和办学体系。重点是推动职业教育与普通教育相互沟通，以及职业教育内部贯通的"H"型教育体系，力图建立有助于人们终身学习的多样化发展的"立交桥"。

建立国家资历框架制度，主要目的是突破学历教育、学校教育的局限性，承认非正式教育与培训、实践成才等所形成的成果，全面评价人的素质、知识和技能，使教育制度和人才评价制度融为一体，更好地服务人、发展人、解放人，探索提高国家人口素质的多元化路径，建设人力资源强国。

1+X 证书制度的顶层设计是"1"与"X"的标准相对接，与国家资历框架相对应，成为国家资历框架标准的组成部分。1+X 证书制度试点是建立国家资历框架制度的探索阶段，既有职业教育教学改革意义，又有我国终身学习制度建设意义。通过实施职业技能等级证书制度，一是将职业教育和职业培训融为一体，形成完整的职业教育资历框架制度；二是基于学习成果认定、积累和转换，使普通教育资历框架和职业教育资历框架横向互通，成为国家资历框架制度的组成部分。

3. 1+X 证书制度与"学分银行"建设的关系研究

落实"职教 20 条"提出的"启动 1+X 证书制度试点工作""实现学习成果的认定、积累和转换"等任务，需要配套相应的标准、工具、工作机制等。为此需要加快推进职业教育国家"学分银行"建设，将"学分银行"建设试点工作和 1+X 证书制度试点工作统筹安排，按照"服务为先、同步设计、有机结合、协同推进"的原则有序开展。

建设"学分银行"的意义在于建立"学分银行"制度，以推动全民学习、终身学习的学习型社会建设和人力资源强国建设。"学分银行"制度通过搭建各级各类教育之间沟通与衔接的桥梁，推动教育市场和劳动力市场之间的融通，畅通技术技能人才持续成长渠道，为社会成员提供多样化学习机会，提高就业水平和职业发展能力，促进教育公平，增强人民群众的成就感和获得感，为世界职业教育发展提供中国案例和中国方案。

职业教育国家"学分银行"是国家资历框架的重要基础支撑，是国家个人征信体系建设的重要组成部分，承担着个人学习信息记录查询系统、用人单位信誉查询系统、公民终身学习账号系统等功能，对推动全民学习、终身学习的学习型社会建设具有重要意义。

根据《试点方案》要求，在教育行政部门的指导下，需要制定配套文件，如"职业教育国家'学分银行'建设试点方案"，以明确指导思想、基本原则、目标任务、试点内容等；"学习成果认定、积累和转换操作指南"，以明确职业教育国家"学分银行"的核心业务以及各机构的职责分工；"院校外职业技能等级证书成果认定、积累和转换工作细则"等。

第2章 CHAPTER 2 职业技能等级标准的开发研究

在职业院校实施 1+X 证书制度试点过程中，相关的教师和管理人员需要了解职业技能等级证书从何处来、怎么产生的、如何进行管理等，以有利于书证融通，优化人才培养方案。为此，需要进行专题研究。

2.1 与"X"开发相关的各责任主体

1+X 证书制度试点工作是一个系统工程，涉及政府部门、培训评价组织、职业院校等，其管理体制与工作机制在"职教 20 条"和《试点方案》中做了规定，与"X"（本章 X 特指职业技能等级证书）开发相关的各责任主体及主要工作职责如图 2-1 所示。

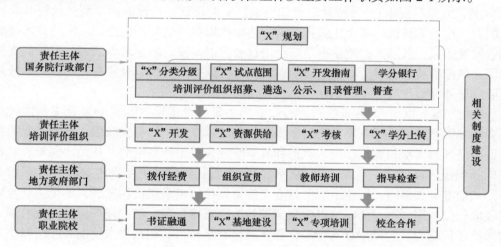

图 2-1　与"X"开发相关的各责任主体及主要工作职责

2.1.1 国务院相关部门负责 1+X 证书制度试点的顶层设计与管理

"职教 20 条"和《试点方案》明确了"放管服"相关内容，国务院相关部门负责"X"的顶层设计与管理，确定了指导思想、基本原则、制度创新、目标任务、试点内容等。

"职教 20 条"指出："国务院人力资源社会保障行政部门、教育行政部门在职责范围内，分别负责管理监督考核院校外、院校内职业技能等级证书的实施（技工院校内由人力资源社会保障行政部门负责），国务院人力资源社会保障行政部门组织制定职业标准，国务院教育行政部门依照职业标准牵头组织开发教学等相关标准。""政府通过放宽准入，严格末端监督执法，严格控制数量，扶优、扶大、扶强，保证培训质量和学生能力水平。要按照在已成熟的品牌中遴选一批、在成长中的品牌中培育一批、在有需要但还没有建立项目的领域中规划一批的原则，以社会化机制公开招募并择优遴选培训评价组织，优先从制订过国家职业标准并完成标准教材编写，具有专家、师资团队、资金实力和 5 年以上优秀培训业绩的机构中选择。""定期对职业技能等级证书有关工作进行'双随机、一公开'的抽查和监督，从 2019 年起，对培训评价组织行为和职业院校培训质量进行监测和评估。"

《试点方案》指出："国务院教育行政部门根据国家标准化工作要求设立有关技术组织，做好职业教育与培训标准化工作的顶层设计，创新标准建设机制，编制标准化工作指南，指导职业技能等级标准开发。""国务院教育行政部门负责做好 1+X 证书制度试点工作的整体规划、部署和宏观指导，对院校职业技能等级证书的实施工作负监督管理职责。国务院市场监督管理部门（国家标准化管理委员会）负责协调指导职业教育与培训标准化建设。""国务院教育行政部门探索建立职业教育'学分银行'制度，研制相关规范，建设信息系统，对学历证书和职业技能等级证书所体现的学习成果进行登记和存储，计入个人学习账号，尝试学习成果的认定、积累与转换。"

2.1.2　省市和自治区等地方相关部门负责 1+X 证书制度试点的实施指导

"职教 20 条"要求："各级政府要积极支持职业培训，行政部门要简政放权并履行好监管职责，相关下属机构要优化服务，对于违规收取费用的要严肃处理。畅通技术技能人才职业发展通道，鼓励其持续获得适应经济社会发展需要的职业培训证书，引导和支持企业等用人单位落实相关待遇。对取得职业技能等级证书的离校未就业高校毕业生，按规定落实职业培训补贴政策。"

《试点方案》指出："各省级教育行政部门主要负责指导本区域 1+X 证书制度试点工作，会同省级有关部门研究制定支持激励教师参与试点工作的有关政策，将参与职业技能等级证书培训与考核相关工作列入教师和教学管理人员工作量范畴，帮助协调解决试点中出现的新情况、新问题。省级有关职能部门负责研究确定证书培训考核收费管理相关政策。""地方有关部门、行业组织要热心支持培训评价组织建设和发展，不得违规收取或变相收取任何费用。""面向试点院校定期开展师资培训和交流，提高教师实施教学、培训和考核评价能力。""重点支持深化职业教育教学改革、加强技术技能人才培养培训等方面，并通过政府购买服务等方式支持开展职业技能等级证书培训和考核工作。参加职业技能等级证书考核的建档立卡等家庭经济困难学生免除有关考核费用。"

省市和自治区等地方相关部门的主要工作是组织、指导与检查本区域"X"的开发、申报工作和核查相关申报事项；组织或委托相关机构开展与"X"相关的宣贯、试点申报及备案工作；组织职业院校教师针对"X"取证要求开展培训，形成"X"培训能力；试点期间拨付专项经费并督查使用情况；指导院校证书培训和考核工作，协调解决试点中的新情况、新问题，并与国务院相关部门进行有效沟通；会同省级有关部门研究制定相关配套政策，形成推进 1+X 证书制度试点的激励机制、运行机制和约束机制。

2.1.3　培训评价组织负责"X"开发与考核

"职教 20 条"指出："培训评价组织应对接职业标准，与国际先进标准接轨，按有关规定开发职业技能等级标准，负责实施职业技能考核、评价和证书发放。""院校内实施的职业技能等级证书分为初级、中级、高级，是职业技能水平的凭证，反映职业活动和个人职业生涯发展所需要的综合能力。"

《试点方案》指出："培训评价组织按照相关规范，联合行业、企业和院校等，依据国家职业标准，借鉴国际国内先进标准，体现新技术、新工艺、新规范、新要求等，开发有关职业技能等级标准……鼓励其不断开发更科学、更符合社会实际需要的职业技能等级标准和证书。"

培训评价组织是职业技能等级标准和证书的建设主体，对证书质量、声誉负总责；包括：标准开发、教材和学习资源开发、考核站点建设、考核颁证等，并协助试点院校实施证书培训。培训评价组织一要开发社会、企业认可度高的职业技能等级标准与证书；二要严格按标准开展职业技能等级考核与证书发放，不能为了追求经济利益而"放水"；三要根据"学分银行"工作规程，对职业技能等级证书体现的学习成果赋予相应学分并上传至国家职业教育"学分银行"。

2.1.4　职业院校负责 1+X 书证融通与培训

"职教 20 条"指出："要进一步发挥好学历证书作用，夯实学生可持续发展基础，鼓励职业院校学生在获得学历证书的同时，积极取得多类职业技能等级证书，拓展就业创业本领，缓解结构性就业矛盾……院校外培训也可面向在校学生。""落实职业院校实施学历教育与培训并举的法定职责，按照育训结合、长短结合、内外结合的要求，面向在校学生和全体社会成员开展职业培训。自 2019 年开始，围绕现代农业、先进制造业、现代服务业、战略性新兴产业，推动职业院校在 10 个左右技术技能人才紧缺领域大力开展职业培训。引导行业企业深度参与技术技能人才培养培训，促进职业院校加强专业建设、深化课程改革、增强实训内容、提高师资水平，全面提升教育教学质量。""职业院校对取得若干职业技能等级证书的社会成员，支持其根据证书等级和类别免修部分课程，在完成规定内容学习后依法依规取得学历证书。对接受职业院校学历教育并取得毕业证书的学生，在参加相应的职业技能等级证书考试时，可免试部分内容。"

《试点方案》指出："落实职业院校学历教育和培训并举并重的法定职责，坚持学历教育与职业培训相结合，促进书证融通。严把证书标准和人才质量两个关口，规范培养培训过程。从试点做起，用改革的办法稳步推进，总结经验、完善机制、防控风险。""有关院校将 1+X 证书制度试点与专业建设、课程建设、教师队伍建设等紧密结合，推进'1'和'X'的有机衔接，提升职业教育质量和学生就业能力。通过试点，深化教师、教材、教法'三教'改革；促进校企合作；建好用好实训基地；探索建设职业教育国家'学分银行'。""试点院校要根据职业技能等级标准和专业教学标准要求，将证书培训内容有机融入专业人才培养方案，优化课程设置和教学内容，统筹教学组织与实施，深化教学方式方法改革，提高人才培养的灵活性、适应性、针对性。""深化校企合作，坚持工学结合，充分利用院校和企业场所、资源，与评价组织协同实施教学、培训。加强对有关领域校企合作项目与试点工作的统筹。""院校要建立健全进入院校内的各类证书的质量保障机制，杜绝乱培训、滥发证，保障学生权益。""院校和学生自主选择'X'证书，同时加强引导，避免出现片面的'考证热'。""试点院校党委要加强对试点工作的领导，按有关规定加大资源统筹调配力度。""试点院校要加强专兼结合的师资队伍建设，打造能够满足教学与培训需求的教学创新团队，促进教育培训质量全面提升。"

职业院校是实施 1+X 证书制度试点的主体，其主要工作分为三个层面：第一层面是校企合作，通过向企业介绍相关"X"内容，确定毕业生用人单位对"X"的认可度，进而选择参与试点的专业和对口的"X"，并与相关培训评价组织接洽谈判合作事宜（培训资源、考核站点、费用、教师培训等）；第二层面是推进"1"和"X"的有机衔接，开展书证融通和专业人才培养方案开发，开展"三教改革"，开展与"X"相关的培训基地建设，开展教师专项能力培训；第三个层面是根据在校学生取证需要，组织开展专门培训，管理和使用好有关经费，探索将相关专业课程考试与职业技能等级考核统筹安排，配合培训评价组织实施证书考核或课证同步考试（评价），同时也面向校外学生及社会成员开展培训，通过培训、评价使学生获得职业技能等级证书和相应学分，提升学生的获得感和人才培养质量。

2.2 "X"开发的几种模式

"职教 20 条"指出："职业技能等级证书分为初级、中级、高级，是职业技能水平的凭证，反映职业活动和个人职业生涯发展所需要的综合能力。"

《试点方案》指出："培训评价组织作为职业技能等级证书及标准的建设主体，对证书质量、声誉负总责，主要职责包括标准开发、教材和学习资源开发、考核站点建设、考核颁证等，并协助试点院校实施证书培训。""职业技能等级证书以社会需求、企业岗位（群）需求和职业技能等级标准为依据，对学习者职业技能进行综合评价，如实反映学习者职业技术能力，证书分为初级、中级、高级。培训评价组织按照相关规范，联合行业、企业和院校等，依据国家职业标准，借鉴国际国内先进标准，体现新技术、新工艺、新规范、新要求等，开发有关职业技能等级标准。""参与 1+X 证书制度试点的学生，获取的职业技能等级证书都将进入服务平台，与职业教育国家'学分银行'个人学习账户系统对接，记录学分，并提供网络公开查询等社会化服务，便于用人单位识别和学生就业。"

2.2.1 "X"开发要素与开发流程

1."X"开发要素

根据"职教 20 条"和《试点方案》要求，职业技能等级证书的开发主要涉及调研、职业技能等级标准、教材和学习资源、培训与考核基地标准、学分设置等要素。

（1）"X"开发标准 指开发职业技能等级证书的规范要求，即标准的标准。考察目前进入目录管理的"X"群，一般有适用范围、规范性引用文件、术语和定义、面向工作岗位（群）、面向院校专业、职业技能等级要求、参考文献等。

（2）调研 调研范围根据培训评价组织拟选的职业技能等级证书而定。其依据一是"招募公告"所示领域，二是相关的国家职业标准（有些领域因行业特征强，目前人社部尚未列出），三是培训评价组织原有的工作基础。需要了解目前社会上类似的证书有哪些，了解竞争对象，拟选"X"面向的职业院校与专业类型等，进而制订调研计划；针对哪些行业企业的职业岗位开展调研？这些行业企业的性质和规模？选择哪些院校开展合作与调研？总体样本数取多大？进而着手调研、梳理、归纳等。

（3）职业技能等级标准与课程　职业技能等级标准是在调研基础上，经梳理、归纳、排序等并征求专家意见后所形成的"工作领域、工作任务和技能要求"，由此开发出培训课程或培训模块。与"X"培训课程或培训模块相关的培训资源可分为软件与硬件两大类。软件一部分是基于培训课程或培训模块开发的纸质培训教材（含培训指导书），一般是活页式的，图文并茂；另一部分是与培训教材相配套的数字化培训资源，包括 PPT、视频、课件、专用软件等。硬件是培训过程中需要使用的各种仪器设备及数字化装备等。

（4）培训与考核基地标准　主要是设备选型与设施配套、仪器设备（其中大型专用仪器设备台 / 套和总值）、培训和考核场地面积及布置要求、环境设计要求等。

（5）学分标准　包括培训课程或培训模块数量、培训学时数、考核要求、规定学分等。

2."X"开发流程

图 2-2 所示为"X"开发流程简图。各培训评价组织根据教育部《关于招募职业技能培训组织的公告》（教职所〔2018〕144 号）和《关于持续招募职业教育培训评价组织的公告》（教职所〔2019〕101 号）等职业技能等级证书招募公告要求，组织"X"开发队伍（企校合作、企企合作等），面向现代农业、智能制造、高端装备、新一代信息技术、生物医药、节能环保、新能源、新材料、数字创意、现代交通运输等急需产业领域，养老、家政、托幼、健康、旅游等社会服务领域，以及技术技能人才紧缺的其他领域，选择具备与其有培训基础的领域制订"X"开发方案。依据开发方案，开展各种调研；基于调研材料开展职业技能分析，拟出"X"初稿并征求相关方的意见与建议，形成终稿；对照招募公告所提的入门条件要求，准备"X"申报材料；最后呈送教育部职业技术教育中心研究所，根据教育部职成司和教育部职业技术教育中心研究所组织的专家评审结论，由教育部决定批准并公示进入目录管理的名单。

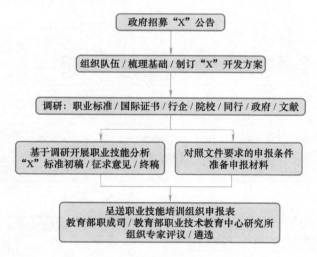

图 2-2　职业技能等级证书开发流程

2.2.2　"X"开发模式

基于职业教育的全球共识——职业教育与经济社会发展关联的紧密程度是衡量一个国

家职业教育水平高低的重要指标。《试点方案》要求："培训评价组织按照相关规范，联合行业、企业和院校等，依据国家职业标准，借鉴国际国内先进标准，体现新技术、新工艺、新规范、新要求等，开发有关职业技能等级标准。"1+X 书证融通的目的是以职业技能等级标准和学校教育标准为共同依据来开发专业课程，以避免职业院校和培训评价组织等各自为战，使得职业教育资源得到合理配置，职业教育质量易于评价，促进职业教育整体水平提高，提升其服务经济社会发展的能力。

图 2-3 所示为职业技能等级标准开发的通用模式。"X"标准开发依据主要来自国家职业标准分析、相关行业企业工作岗位分析、国家专业教学标准分析等。通常一个国家职业标准包含一个或几个工作岗位（工种）的职业能力要求。目前开发的职业技能等级标准部分可从《中华人民共和国职业分类大典》（2015 年版）中找到对应的国家职业标准，部分因国家职业标准开发速度没有跟上而处于空白状态。行业企业岗位分析和国家专业标准分析的样本数，即矩阵大小是基于"X"标准准备面向的工作岗位数和面向的院校专业数而选择的。培训评价组织选择这些样本和数据的目的有两个：一是服务职业院校的专业建设与人才培养；二是其商业行为，即职业院校的培训市场占有率和盈利模式。"X"标准面向的工作岗位数和面向的院校专业数决定了"X"开发模式的不同，直接决定了职业技能等级标准的深、浅、宽、窄。现通过讨论职业技能等级标准与证书开发的通用模式和基于对接职业院校专业的"X"开发思路（图 2-4），分析以下两种"X"开发模式（实际情况不止这些）及其给 1+X 书证融通带来的影响。

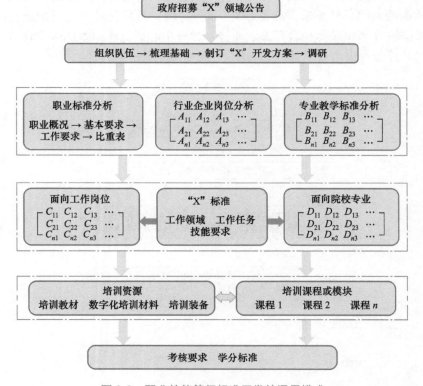

图 2-3　职业技能等级标准开发的通用模式

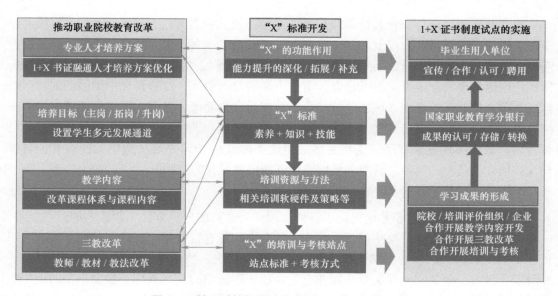

图 2-4　基于对接职业院校专业的"X"开发思路

1. 覆盖型开发模式

采用覆盖型开发模式所形成的"X"标准，在图 2-3 所示的"面向工作岗位"矩阵中，覆盖了众多的工作岗位，其显著特征是跨工种、跨专业、跨学科，类似一个"X"证书族。例如，当前机械行业技术发展的趋势之一就是工序集中，数控车铣复合机床的出现使得机械加工的工艺链缩短，产品的加工精度和加工质量得到提升，进而对数控车铣这类复合型技术技能型人才有了新的需求。业内人士分析了第三批入围教育部目录管理的《数控车铣加工职业技能等级标准》，比照《中华人民共和国职业分类大典》（2015 年版）中国家职业标准"6-04-01-01 车工（含数控车工）"和"6-04-01-02 铣工（含数控铣工）"，在该标准的工作领域中数控编程、数控加工和数控机床维护这三块均与以上两个职业标准相关，该"X"标准属典型的跨工种的"X"标准与证书。该标准与证书的开发回应了行业企业对机械加工类人才的综合性要求。这类标准在对传统技能与数字化技术的有机结合、在对传统工艺与先进工艺有效整合等方面仍有研究的空间。

在第三批入围教育部目录管理的"X"标准中，《数字创意建模职业技能等级标准》是定义为"数字 + 艺术 + 建模"的跨专业的"X"标准与证书。其开发思路是服务数字产业——含互联网、影视游戏、VR 等数字媒体行业，也包括文旅、医疗、建筑、工业等传统行业在数字领域的拓展；强调设计和创意，输出产品符合大众审美，具有创新性和艺术效果，而非单纯的机械生产；经培训形成使用计算机三维软件制作数字模型的职业技能。该标准的开发考虑了企业发展需求：从新兴数字行业到传统行业的数字领域拓展，数字建模岗位已成为影视游戏、工业设计、建筑家居、虚拟仿真等领域不可或缺的一环；职业发展需求：随着互联网数字行业的发展，数字内容制作的相关岗位日益细分，其中三维数字建模作为数字内容制作的核心模块，对制作者的建模技术和设计审美能力均有较高要求，已成为数字行业具有大规模招聘需求的岗位。但这类标准对院校专业的对接宽度方面仍有研究的空间。

而《健康财富规划职业技能等级标准》是第三批入围教育部目录管理的"X"标准中横跨了医疗卫生健康和财经管理两大学科的一个比较特殊的"X"标准和证书。其开发思路是在我国进入长寿时代的社会背景下，研究了欧美等发达国家的健康、养老产业发展，借鉴德国退休规划职业资质先进理念，定位中高端收入群体，打造符合中国国情的健康财富规划职业技能等级标准。该职业技能等级标准旨在为健康、养老、财富管理领域培养一批具备多学科知识的复合型技术技能人才，帮助人民群众进行全生命周期的健康管理和财富管理，最终实现健康富足的老年生活。但这类标准在 1+X 书证融通中如何设置前置课程及如何开发具有"灰箱"特质的培训模块方面仍有研究的空间。

2. 职业仓型开发模式

孙善学教授认为："职业仓提供了一种从职业到教育的分析方法。职业仓的开发要求，一是对职业教育某专业所对应的行业或企业的众多职业进行分析；二是按照职业功能、职责、类型、结构、性质的不同进行分类，按照职业层次、技术等级或技术标准进行分级，并与职业教育分级建立对照关系。职业仓是从职业图谱中归纳、提炼、抽象出来的用于职业教育的结构化职业集合体。职业仓分析的目的是将纷繁复杂的职业类型与职业教育的专业建立起联系，明确职业教育专业所培养人才的能力标准、职业定位、职业发展方向等。""X"标准采用职业仓型开发模式，其总体上还是遵循职业技能等级标准开发通用模式，但在开发路径和策略上有其特色。现以新道科技股份有限公司的《财务数字化应用职业技能等级标准》为例做一重点简介。

开发一种"X"标准，从公布的材料目录可分为适用范围、规范性引用文件、术语及定义、面向院校专业、面向工作岗位（群）、职业技能要求等，职业技能等级划分及其标准描述是开发重点。因为职业教育的课程开发有其特殊性，一般是基于工作任务和职业能力清单，其与"X"相关的课程开发涉及两类课程，一类是针对"X"证书的专项培训课程，另一类是 1+X 书证融通课程（专业课程体系和课程标准）。这些课程都将利用"课程矩阵表"或其他工具和方法，将"X"中的工作领域、工作任务和职业技能等转换成专业教学内容。

2.3 "X"开发与试点启动中发现的问题

职业技能等级标准开发是一项新生事物。1+X 证书制度试点工作刚启动，相关工作中难免有一些问题存在，需要梳理并逐步解决，以实现"职教 20 条"和《试点方案》提出的工作目标。

2.3.1 "X"开发中需要研讨的问题

职业技能等级标准和证书的开发涉及众多要素，但最主要的还是职业技能等级标准是否能反映行业企业用工实际，是否与专业标准契合。根据"职教 20 条"和《试点方案》要求，职业技能等级标准的开发需要依据国家职业标准，借鉴国际国内先进标准，对接科技发展趋势、市场需求和专业教学标准。职业技能等级标准的编制应遵循科学性原则，依据职业标准并结合岗位工作任务，客观、准确地确定标准的范围、等级及职业技能要求；

应依据规范性原则，参照国家标准编制规定的标准框架、程序与方法等，表述要准确、规范，层次清晰，逻辑严谨，专业术语符合所属行业现行国家标准和规范，内容应及时反映产业主流技术、体现行业最新要求等。

从国家标准编制框架而言，职业技能等级标准可归属于"推荐标准"，即不属于强制性执行标准。在现已入围目录管理的职业技能等级标准中，有的培训评价组织所开发的标准采用"功能分析法"，有的采用"典型职业工作任务分析法（Berufliche Arbeitsaufgaben，BAG）"。开发职业技能等级标准，究竟用哪种方法为宜？《国家职业技能标准编制技术规程》（2018年版）》附录 A 给出了国家职业标准结构图（图 2-5）。其编制程序如下：

（1）职业标准立项　其流程：提出申请→初审→下发计划。

（2）职业标准开发　其流程：成立工作组→开展职业调查和职业分析→召开职业标准编制启动会→编写职业标准初稿。

（3）职业标准审定　其流程：预审→初审→征求意见→修改→终审。

（4）颁布

《国家职业技能标准编制技术规程》（2018年版）》附录 B 给出了职业技能等级划分依据：

五级/初级工：能够运用基本技能独立完成本职业的常规工作。

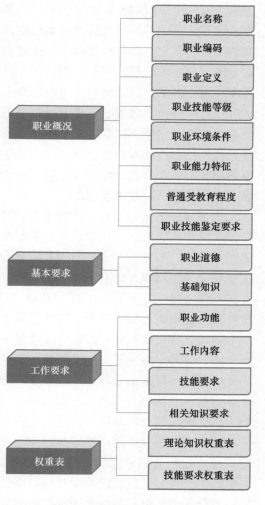

图 2-5　国家职业标准结构图

四级/中级工：能够熟练运用基本技能独立完成本职业的常规工作；在特定情况下，能够运用专门技能完成技术较为复杂的工作；能够与他人合作。

三级/高级工：能够熟练运用基本技能和专门技能完成本职业较为复杂的工作，包括完成部分非常规性的工作；能够独立处理工作中出现的问题；能够指导和培训初、中级工。

二级/技师：能够熟练运用专门技能和特殊技能完成本职业复杂的、非常规性的工作；掌握本职业的关键技术技能，能够独立处理和解决技术或工艺难题；在技术技能方面有创新；能够指导和培训初、中、高级工；具有一定的技术管理能力。

一级/高级技师：能够熟练运用专门技能和特殊技能在本职业的各个领域完成复杂的、非常规性工作；熟练掌握本职业的关键技术技能，能够独立处理和解决高难度的技术问题或工艺难题；在技术攻关和工艺革新方面有创新；能够组织开展技术改造、技术革新活动；能够组织开展系统的专业技术培训；具有技术管理能力。

原人社部国家职业标准开发总监李怀康先生认为：职业技能等级标准究竟用哪种开发

方法为宜？这个问题要彻底解决需要从源头，从坐标原点去思考。现在课程开发的技术和方法太多了，也都不失先进性和实用性，十八般武器我任选，总有一款适合我们，我们也会改造一下再用。职业技能等级标准究竟用哪一种方法为宜这个问题太关键了，是说中国职业教育面对的问题太复杂，而且现在有各自为政的态势，基本上是各有各的路数，八仙过海也是个办法，但总要有个基本思路上的一致。现在能让大家保持一致的只有国家职业标准及技术规范，政策上说课程内容要与职业标准统一，但真正要做到这一点，还有很多问题没解决，包括国家职业标准本身也还需要进一步系统化。先不管国家职业标准要怎么样，我们做职业教育的自己要有一个系统思维，不能只着眼课程开发的技术，要有一个完整的职业观、能力观，然后才能确立一个自己的职业教育课程观。职业教育不仅要从教育看职业，也要从职业来看教育。

李怀康先生认为：职业技能等级标准特别强调是为了职业教育改革，特别是为职业院校学生的特殊需求，但只要定性是职业技能等级标准，这其中的职业就没有特殊，总是要走出校门的，所以它一定要与现有国家产业结构及职业发展现状保持一致，而且一定要与国家职业分类及职业标准体系保持一致。我们可以重新界定什么是职业技能，工作领域以及工作任务等，但不可能脱离原有职业分类的维度。如果没有一个完整的职业结构体系，这些概念在现实开发中就难以科学客观地定位，也难以对接及实施。

各培训评价组织开发的职业技能等级标准有的是依据多年的培训经验和相关数据开发出来的，有的是借鉴了《国家职业技能标准编制技术规程》（2018 年版）开发出来的，有的是借鉴了教育部职业教育专业教学资源库的开发建设思想开发出来的，有的是学习了发达国家的一些课程开发技术开发出来的。但最终还是需要出台一种适合我国国情的职业技能等级标准编制技术规程。当然，这需要时间，需要探索。技术规程是对标准化的对象提出技术要求，也就是用于规定标准化对象的能力。技术规程是标准文件的一种形式，是规定产品、过程或服务应满足技术要求的文件。笔者于 2020 年年初调研了几家完成证书试点考核的院校，普遍反映职业技能等级证书的考核通过率偏低。其原因是复杂的，但缺乏职业技能等级标准编制技术规程是重要原因，这些将在后续章节中深入研讨。

2.3.2　试点院校与培训评价组织合作中的问题

根据《关于做好首批 1+X 证书制度试点工作的通知》（教职成司函〔2019〕36 号）精神，培训评价组织要按照《试点方案》要求，做好有关信息发布、标准解读、师资培训等工作，安排专人对有关院校提供咨询服务，指导试点院校加强条件建设，并协助实施证书培训。1+X 证书制度试点工作需要培训评价组织与试点院校对接，共同研究商讨如何开展向试点院校师生解读职业技能等级证书标准并向院校毕业生主要用人单位推介适用的证书、证书培训或考核基地建设、院校教学资源和培训评价组织提供的资源如何配伍、培训师与考核专员的资格认定、相关费用的收取、内部质量监控体系构建、廉政要求等有关事项，并签署协议。

1. 校企合作中院校的关注点

按照高质量发展要求，坚持以学生为中心，深化复合型技术技能人才培养培训模式和评价模式改革，落实职业院校学历教育和培训并举并重的法定职责，坚持学历教育与职业培训相结合的基本原则，为实施高质量职业培训，确保证书质量、声誉。2019 年 12 月，首批和第二批入围目录管理的 15 家培训评价组织对试点院校所提问题给出了回复，院校主要关注点如下：

（1）关于进入目录管理的职业技能等级证书的社会认可度问题　人社部的职业资格证书是由政府主导开发出来的证书，因其系统性以及由各级政府部门"埋单"，其影响力在社会上是公认的。因此，职业技能等级证书在行业内认可度如何，是推进 1+X 证书制度试点的关键之一。

（2）关于职业院校选定的职业技能等级证书所需要的软硬件配置问题　主要涉及三个方面：一是培训软件（含培训教材与课件、考纲与题库、考核系统与练习题库等）提供的及时性及实际操作时的稳定性（在线学习平台和培训工具包等）问题；二是培训所需装备的型号与台套数及易耗品问题；三是软硬件总投入的承受能力及如何利用院校现有软硬件问题。

（3）关于师资培训问题　主要涉及四个方面：一是培训要求问题，许多院校教师反映职业技能等级证书内容较难，培训时间紧、压力大，培训结束时考核成绩不理想；二是培训内容与学员考证内容针对性不强问题，缺少必要的考证题库；三是部分教师认为证书内容与专业课程内容相距较大；四是师资培训费用问题，证书试点启动阶段部分培训评价组织收费偏高。

（4）考务管理工作问题　培训评价组织发布了考试要求，其考试组织工作繁重，包括学生照片按规定格式、像素和文件大小上传；学生身份证复印件收集、扫描和上传；学生中英文信息收集和上传；监考人员、巡考人员、保安人员、技术支持人员等安排；考试环境布置等，考试组织规格与要求类似于英文四、六级考试。这就需要成立专门的机构组织来协调关系，管理考场装备、考试系统和相关软件，组织学生报名，安排教师进行考务培训、考务安排等工作。

（5）培训评价组织的收费问题　与职业技能等级证书相关的项目经费很多，如培训准备（包括设备设施改造、师资培训、培训方案设计等）、教材以外的教学资源开发费用、教师给学生进行培训的劳务费用、培训评价组织的考核费用（包括场地费、监考及服务人员的劳务、培训机构巡考人员的差旅及劳务、考评员差旅及劳务、考核支持、日常管理）等。目前职成司出台了文件，定了考核收费标准，其主要考虑的成本项目见表 2-1。

表 2-1　职业技能等级证书考核收费项目和标准样例

×× 职业技能等级证书考核收费项目和标准				
序　号	项　　目	中级（元）	考试规模	
			40 人 / 批次	
1	题库建设	100	用于题库建设与维护管理费用，包括题库管理平台开发费用、征题、初审、题平台开发维护等费用；每次组织 3 名专家，专家 1000 元 / 人·天	
2	试卷导入	20	技术人员完成题库整理和录入，并保证多套试题应用于每场考试，需要 1 名技术人员参与；时间 1 天，系统维护人员 800 元 / 人·天	
3	阅卷	190	包括阅卷劳务费、租用阅卷场地、阅卷设备以及成绩复审、成绩统计、考试评估等费用；每次 3 名专家，2.5 天，专家劳务费 1000 元 / 人·天	
4	考评员劳务	35	用于考评员差旅及劳务等；650 元 / 人·天，2 人·天工作量	
5	考试系统的运维	55	用于考试系统开发、维护、运营费用	
6	证书印制及发放	10	证书制作工本费、邮寄费用、人工费用等	

（续）

序　号	项　　目		中级（元）	考 试 规 模
				40 人 / 批次
7	考场租赁		10	用于考试场地、教室等考核场地使用费；400 元 / 场
8	考务保障	报名	5	用于报名工作人员劳务，200 元 / 人·天，1 人·天工作量
		考场布置	10	用于考场布置工作人员劳务，200 元 / 人·天，2 人·天工作量
		监考	15	监考人员劳务费，100 元 / 人·小时，每考场 2 人
		设备调试	15	设备调试人员劳务，400 元 / 人·天，2 人·天工作量
		耗材	20	考场监控设备使用、考核过程耗材等约 800 元 / 场
		安保	5	安保人员劳务费 200 元 / 人·天，每考点 1 人
9	税金		10	国家税金
合　计				500
备注：证书标准开发、教材开发、配套学习资源建设、机构人员工资、日常运营管理费用等不得计入证书考核成本。				

表头标题：×× 职业技能等级证书考核收费项目和标准

　　本样例不能涵盖所有证书标准的成本核算和收费标准。那么职业技能等级标准制定与培训相关的由培训评价组织发生的费用是否需要试点院校承担一部分？或者试点院校在考核站点建设过程中因投入装备而发生的折旧费用是否要求培训评价组织分摊一部分？这些问题可在试点实践中逐步明晰并妥善处理好。因为培训评价组织是企业，合理收费和收益是允许的，而职业院校是社会公益组织，是不能盈利的。

　　2. 校企合作的主要做法

　　在推进 1+X 证书制度试点的过程中，企业一方面回应院校的关切，另一方面也在调整工作思路与方法。校企合作做好试点工作的主要做法如下：

　　（1）关于职业技能等级证书的知名度问题需要一个过程　目前入围的培训评价组织一方面与行业组织及行业龙头企业合作开发职业技能等级标准，另一方面也在开发行业证书标准。职业技能等级标准开发有个领域问题，有些标准能在国家职业标准中找到对应关系，有的则不行，尤其是因"互联网 +"而派生出大量的新职业，故需要创新开发模式。如北京中物联物流采购培训中心与招商局物流集团、顺丰、苏宁等行业龙头企业共同开发了《物流管理职业技能等级及要求》行业标准，并共同编写培训教材，以解决职业技能等级证书在行业中的影响力问题。

　　（2）职业技能等级证书的培训与考核所需要的软硬件问题比较复杂　根据《试点方案》要求，培训评价组织需要提供相关培训软件，但不能指定相关硬件的品牌，以防止单一采购而引发的廉政风险。从 2019 年 12 月的"培训评价组织对试点院校所提问题回复汇总"中可以看到，培训软件开发工作正在跟进；有的证书培训所需要的资源与教育部职业教育专业教学资源库中的资源对应，经协商可直接采用；有的培训评价组织与试点院校和专业教学指导委员会合作，共同开发软件资源。关于培训硬件问题，培训评价组织根据培训与考纲要求指导试点院校建设培训和考核基地。

　　（3）教师培训是目前师资培训工作中的一个难点　该项工作不同于其他师资培训项目，实际上应该是职业技能等级证书高级水平的专项培训，如果教师没有通过高级证书考核，也就没有资格培训学生。但培训模式可以多样，如北京中物联物流采购中心的物流管理 1+X 师资培训采用了国际培训通用的 TTT（Training The Trainer）讲师培训模式。其开发配套的培训工具包（KIT），培训工具采用新型活页式，内容包括考纲、样题、教学建议、课证融通建议方案、标准化授课 PPT 与资源、培训工具与方法、在线训练系统等，通过职业培训工具与方法培训 1+X 讲师，不仅帮助学员从教师身份向培训师角色"惊险一跳"，还确保了培训质量和培训效率。2019 年年底，已经举办 15 期标准宣贯暨师资培训班，共培训 320 所院校的 1727 名教师，其中免费培训企业讲师 63 人。教育部对教师培训工作十分重视。2019 年 11 月 1 日，教育部教师工作司下发了"关于开展职业院校教师素质提高计划暨 1+X 证书试点师资培训视导调研工作的通知"，并派遣调研专家组赴天津、上海、江苏、浙江等 11 个省（市）和宁波与深圳两个计划单列市开展实地调研。专家组对职业院校教师素质提高计划暨 1+X 证书试点师资培训工作的成效予以充分肯定，并对教师培训工作制度建设提出了中肯的意见与建议。各培训评价组织遵循循序渐进的培训工作规律，分地区分级别开展教师培训，对于教师培训收费问题在教育部及时指导下做了妥善调整。例：表 2-2 为某职业技能等级证书教师培训情况。

表 2-2　2019 年某培训评价组织开展教师培训情况（部分）

序　号	时　间	名　称	地　点	培训人数	通过率（%）
1	10 月下旬	X 证书师资培训班（中级班）	江苏	29	72
2	10 月下旬	X 证书师资培训班（初级班）	浙江	29	68
3	11 月上旬	X 证书师资培训班（中级班）	山东	36	68
4	11 月上旬	X 证书师资培训班（高级班）	福建	37	78
5	11 月上旬	X 证书师资培训班（中级班）	广东	40	70
6	11 月上旬	X 证书师资培训班（中级班）	上海	29	69
7	11 月中旬	X 证书师资培训班（中级班）	江苏	36	80
8	11 月中旬	X 证书师资培训班（中级班）	甘肃	17	88
9	11 月下旬	X 证书师资培训班（中级班）	北京	27	63
10	11 月下旬	X 证书师资培训班（中级班）	安徽	24	67
11	11 月下旬	X 证书师资培训班（中级班）	重庆	29	60
平均通过率					70.9%

（4）关于考务管理工作问题　截至 2019 年年底，前两批 15 家培训评价组织开展了证书的试点测评。笔者了解了其中 5 家的测评结果，参差不齐。这里既有校企之间的磨合问题，也有管理和指导力量不足问题。各试点院校总体来说执行力较强，但培训评价组织摊子过大，难免照顾不过来。但也有比较成功的案例，如截至 2019 年 12 月 22 日，物流管理证书已经举办了两次试测、5 次统一考核，累计考核 3.18 万人（初级 0.44 万人，中级 2.63 万人，高级 0.11 万人），总体通过率为 70% 左右。这些考核中包括 79 名留学生参加培训，67 人取得证书，企业员工 109 人取得证书。

"职教 20 条"提出："加快推进职业教育国家'学分银行'建设，探索建立职业教育个人学习账号，实现学习成果可追溯、可查询、可转换。"教育部委托国家开放大学开发的职业技能等级证书信息管理服务平台（简称 "X 证书服务平台"）和职业教育国家"学分银行"信息平台（简称 "学分银行信息平台"）已于 2020 年 1 月 13 日起上线试运行。上线试运行的 "X 证书服务平台"集政策发布、过程监管、证书查询、监督评价等功能于一体，参与 1+X 证书制度试点的学生获取的职业技能等级证书信息都将进入服务平台，与"学分银行信息平台"个人学习账户系统对接，记录学分，并提供网络公开查询等社会化服务。这两个平台的服务对象包括省级教育行政部门、职业教育培训评价组织、试点院校、学习者个人和用人单位等。

（5）关于证书的培训收费问题目前还没有完全解决 《关于在院校实施的职业技能等级证书考核成本上限设置方案的公告》（教职所〔2020〕22 号）明确了在院校实施的职业技能等级证书考核要坚持公益性和成本补偿原则。培训评价组织对职业技能等级证书的考核成本进行单独核算。考核成本包括考场租赁、考务保障（报名、考场布置、监考、设备调试、耗材、安保等）、题库建设、组卷、试卷印制、阅卷、证书印制及发放、考评员劳务、考试系统的技术支持与运维等发生的费用。考核形式主要分为纸笔考试、机考、实操考试、特殊要求考试等。试点期间，考核成本原则上在 200 元 / 人·次、300 元 / 人·次、500 元 / 人·次、700 元 / 人·次。培训评价组织可根据相应职业技能等级证书考核形式，在相应上限范围内提出面向职业院校学生收取考核费用。具体工作可结合各地实际，与省级教育行政部门、试点院校具体协商确定考核费用。确有特殊情况的，有关培训评价组织按程序报备同意后实施。在 2019 年年底前，证书试点测试费用基本上是培训评价组织自己垫付的，之后将会进入规范收费阶段。从试点院校得到的信息，因试点阶段中央政府和省市地方政府有专项经费支持，培训与考核费用由院校负责支出。这里仍然有两个问题需要研究：一是今后大规模开展 1+X 证书制度试点，其经费问题如何解决；二是培训是个过程，其中需要更多经费支持，有些证书所需要的培训装备达数百万元之多，这些经费可以学院自筹，可以培训评价组织提供，也可以其他企业提供。但不同经费提供者的成本分担机制是什么？培训评价组织是企业，这本身也有个盈利空间问题。这些问题目前难以解决，还有待于在实践中边探索边寻找逐步解决问题的途径与方法。

2.3.3 1+X 书证融通中的问题

1+X 证书制度试点涉及的工作很多。书证融通是一项比较艰巨的工作，在"培训评价组织对试点院校所提问题回复汇总"中所提到的问题与书证融通的关联度不大，其原因是试点启动期的工作主要针对职业技能等级标准的验证和院校的响应能力进行检测。从这个意义上分析，2019 年年底前对院校而言仅是一项比较独立的职业技能等级证书培训与考核工作，还没有真正深入到书证融通和优化专业人才培养方案工作中去。

目前梳理出的书证融通中需要考虑的主要问题如下：

（1）企业用工需求 院校选择职业技能等级证书的首要任务应该是征求毕业生用人单位意见。因客观存在区域发展不平衡，某一证书在 A 地区企业受欢迎，在 B 地区则不一定。在试点启动阶段，企业调研工作尤为重要，随着时间推移，其重要性将逐步显现出来。

（2）学生需求 《试点方案》明确学生在校期间可以选或不选职业技能等级证书，或者不选本人所在专业推介的职业技能等级证书。随着生活水平的提高，学生对证书的选择存在多样性，可考虑今后去工作单位就业，选一种或几种证书，为实现职业理想掌握一项本领，提升就业竞争力；也有可能不一定是为了就业，可能考虑的是融入社会的社交需要，或是生活的需要，或是今后学习的需要，例如，有可能会选"汽车运用与维修职业技能初级证书""工业机器人操作与运维职业技能初级证书""云计算应用职业技能初级证书"等证书中的一种或几种。

（3）学校顶层设计需要　职业院校领导贯彻落实"职教 20 条"和《试点方案》精神，积极开展 1+X 证书制度试点是当前教育教学改革工作的主流。但工作落地到各所学校，情况将是多种多样的。学校建设发展有规划，人财物情况也有不同，地区和主管部门支持力度也是一个影响因素。是大面积推行 1+X 证书制度试点还是小范围大幅度搞改革，学校领导的决策很重要。

（4）教职成〔2019〕13 号文件要求　为贯彻党的十九大精神及全国教育大会部署，落实立德树人根本任务，弘扬工匠精神，适应技术进步和产业发展新要求，需要完善专业人才培养方案和课程体系，并落实到教学上。"职教 20 条"对职业教育标准建设、提高人才培养质量做出了新部署。目前职业教育国家教学标准体系框架基本形成，需要进一步明确职业院校在人才培养方案制订与实施中的职责，进一步增强标准意识、质量意识，以标准为基本依据办出水平、办出特色。传统的教学计划已经不适应职业院校教学组织实施的新需求，存在专业人才培养方案概念不够清晰、制订程序不够规范、内容更新不够及时、监督机制不够健全等问题。同时有的职业院校存在学时缩水、有关文件要求的必修课程未按规定开足开齐、教师教案陈旧等问题，需要进一步明确有关要求、指导规范。为此，教育部《关于职业院校专业人才培养方案制订与实施工作的指导意见》（教职成〔2019〕13 号）下发。这是新时代对职业院校科学制订和实施专业人才培养方案、提高人才培养质量提出的新的更高要求。该文件在基本要求规范方面提出：在依据标准上，以国家专业教学标准为基本依据；在课程设置上，提出要"严格按照国家有关规定开齐开足公共基础课程"；在专业（技能）课程上，提出设置专业基础课程 6～8 门，专业核心课程 6～8 门，还要设置专业拓展课程。该文件也要求综合考虑 1+X 书证融通。综上所述，整个专业课程体系有了变化，需要统筹考虑课程设置问题。

（5）学时约束　教职成〔2019〕13 号文件在学时学分上做了规定：三年制高职不低于 2500 学时，一般 16～18 学时计 1 学分，公共基础课程学时不少于总学时的 1/4，实践性教学学时原则上占总学时数的 50% 以上，顶岗实习时间一般为 6 个月。现在一个职业技能等级证书的设计培训学时为 100～130 学时，但培训内容与培训学时是否匹配仍然难说，需要实践检验。从服务学生多元发展的视角，还应留出一定时间让学生选择他所喜欢的课程。所以整个专业课程体系光做"加法"，不做"减法"是不行的。回顾 20 世纪 90 年代初的机电一体化专业课程体系与课程内容大讨论，情况与此十分相像。

（6）专业群建设要求　《教育部　财政部关于实施国家示范性高等职业院校建设计划加快高等职业教育改革与发展的意见》（教高〔2006〕14 号）提出了"重点建成 500 个左右产业覆盖广、办学条件好、产学结合紧密、人才培养质量高的特色专业群"。高职教育界开始进行专业群建设的探索。2015～2018 年，在"三年行动计划"的推动下，专业群开始成为各地立项建设的重点，出现了特色专业群、一流专业群、重点专业群、示范性专业群、现代化专业群等概念。《教育部　财政部关于实施中国特色高水平高职学校和专业建设计划的意见》（教职成〔2019〕5 号）提出："为深入贯彻落实全国教育大会精神，落实《国家职业教育改革实施方案》，集中力量建设一批引领改革、支撑发展、中国特色、世界水平的高职学校和专业群，带动职业教育持续深化改革，强化内涵建设，实现高质量发展"。一个专业群应与多少个职业技能等级证书对接？选择怎么样的职业技能等级证书为宜？其对接的原则与方法是什么？我们又面临着新挑战！

（7）书证融通的原则与方法　1+X 书证融通涉及许多问题，如图 2-6 所示，其框架涉及三大领域。根据教职成〔2019〕13 号文件要求，与专业直接相关的课程主要有素质教育课程、公共（平台）课程、专业（群）共享课程、专业（群）课程等，及与"X"直接相关的培训与考核课程，这些课程需要视该职业技能等级证书的类型、等级、学习量（课程容量，见图 2-7）等而定；考虑学生多元发展，需要设置创新创业课程、社会认可度比较高的其他证书课程、跨专业大类课程、专业群互选课程等，这些课程的排列组合则派生出需要专门研究的 1+X 书证融通的原则与方法。本章不做专门论述，具体内容见本书第 4章、第 5 章和第 7 章。

图 2-6　1+X 书证融通关系

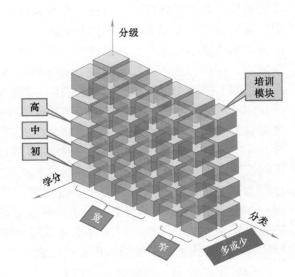

图 2-7　职业技能等级证书学习量框架

2.3.4　1+X 证书制度试点过程中对问题的及时处置

1+X 证书制度试点过程中总会出现这样那样的问题，如何健全协同推进机制？如何保障有序开展相关师资培训？如何规范考核颁证？如何完善财政支持方式？如何实行严格的监督管理等？教育部办公厅、国家发展改革委办公厅和财政部办公厅联合下发了《关于推进 1+X 证书制度试点工作的指导意见》（教职成厅函〔2019〕19 号），向各省、自治区、直辖市相关政府部门、向培训评价组织、向试点院校提出了许多具体的工作指导意见。

在健全协同推进机制方面：提出了健全工作机构，要求建立由省级教研机构或区域牵头职业院校或专家组织等组成的试点工作指导协调机构，协调不同证书的实施工作，指导试点院校开展有关工作，协调解决有关难题，推进试点工作。要求试点院校建立由主要负责人牵头的工作机构，统筹推进本校试点工作。在加强沟通对接方面，要求培训评价组织及时向省相关部门联系汇报，开展标准宣贯、师资培训、考核等试点相关工作。要求各省级教育行政部门、培训评价组织、试点院校认真落实好试点工作动态定期报送制度，不断总结经验，汇聚典型案例，反映有关困难问题，提出政策建议等。

在开展师资培训方面：要求对接试点任务中相关的职业技能等级标准和证书，结合2019 年项目实施，及时调整培训计划，积极开展 1+X 证书制度试点师资培训工作。要求培训评价组织坚持公益性原则，把社会效益放在首位，依法依规制订有关培训方案及收费标准，并提前公示公告，接受各方监督。鼓励教师积极承担证书培训任务，将教师参与证书培训的工作量纳入绩效工资分配因素范围；在内部绩效工资分配时向承担证书培训任务的一线教师倾斜。要求将 1+X 证书制度试点工作与推进教师、教材、教法改革结合起来，由学校统筹用好有关资源和项目，结合教学组织实施。

在规范考核颁证方面：综合考虑省内有关院校和专业布局设置考核站点，统筹利用各种类型的实训基地，支持考核站点建设，原则上有试点院校的地级市至少设置一个相关证书考核站点。加强证书考核成本核算，统筹用好学校场地、设备、耗材、人员等资源，降低考核颁证费用。保障试点学生至少参与一个职业技能等级证书的考核。做好证书信息公开服务和学习成果积累，要求对接职业教育国家"学分银行"，推进学习成果积累。

在完善财政支持方式方面：加大地方财政投入，统筹用好中央奖补资金，积极筹措社会资源，健全考核机制，完善分配因素，及时将有关资金拨付至试点院校。试点院校要确保资金使用规范有效。

在严格监督管理方面：要求健全制度约束，参与试点工作的培训评价组织，发布的有关通知、公告、宣传口径，要规范行文，确保内容真实，不擅自标注"教育部指导""职成司指导""指定"等字样。应与教育部委托的有关机构签署协议，明确约束条款和违约责任。国家层面针对每个试点证书在 10 个左右试点院校设立监测点，及时发现、分析和研究试点工作各环节有关问题。教育部将通过职业技能等级证书信息管理服务平台，及时关注并回应社会各方有关监督评价意见。培训评价组织和试点院校出现违规问题的，将取消其参与试点的资格。

在各省教育行政等部门指导下，各试点院校积极与培训评价组织沟通联系，成立学校1+X 证书认证领导小组和工作办公室，围绕产教融合、校企合作的主线，积极开展 1+X证书制度试点工作，按时完成教育部平台周报、省教育厅协作组周报报送。各试点院校积极探索专业设置与产业需求对接、课程内容与职业标准对接、教学过程与生产过程对接的实施路径，探索书证融通、优化专业人才培养方案的方式方法，实践教师、教材、教法三教改革，以培养更多"一专多能"的复合型技术技能人才，拓展学生的就业创业本领，满足行业企业的需求，为服务于产业转型升级和高质量发展做出应有贡献。

2.4 "X"开发与应用的质量保障体系建设

1+X 证书制度试点是一项系统工程，如何保证试点质量，涉及方方面面。笔者现就"X"标准编制技术、政府层面制度配套、培训评价组织构建"X"开发与应用的质量保障体系、试点院校实施 1+X 证书制度试点的质量保证体系构建等展开研讨。

2.4.1 研究"X"标准和编制技术规程

《试点方案》对"X"标准开发提出"依据国家职业标准，借鉴国际国内先进标准，体现新技术、新工艺、新规范、新要求等，开发有关职业技能等级标准"。为落实《国家职业教育改革实施方案》，指导职业教育培训评价组织开发职业技能等级标准，推进在院校实施的1+X证书制度试点工作，受教育部委托，教育部职业技术教育中心研究所组织研制了《职业技能等级标准开发指南（征求意见稿）》（简称《开发指南》）。

《开发指南》是开发职业技能等级标准的一个工作流程，说明了"X"标准谁来做，怎么做；规范"X"的分级要求、"X"的分类要求、与"X"标准相关的工作内容和素质、知识与技能要求等。但该《开发指南》属于开发"X"标准的什么技术或方法，《开发指南》没有交代。有的专家认为，对"X"标准制定的技术方法研究，实际上就是采用什么技术为宜的关键问题。《开发指南》中提到以工作任务分析为前提实行三级分析，但这是一个什么技术方法，没有明确说明。也许大家认为这不是问题，我们手里有的是先进的技术方法，总有适合我们的。但笔者认为，全世界150多个国家和地区建有国家资历框架，而我国尚处于研究的启动阶段，在没有国家资历框架的背景下开发"X"标准，其开发的科学性和准确性会受到质疑，这在现已入围目录管理的"X"标准中已有显现。

发达国家所形成的资历框架不仅有先进的技术方法，最重要的是其开发理念和指导思想，他们都有科学完整的职业观及能力观，这需要我们学习借鉴。对比英国国家职业资格体系（NVQ），它是一个与整个社会职业分类相契合的完整的职业能力结构体系，并且有一个能支持这个开发工作的指导思想和技术方法，这些我国职业教育界有所借鉴，但理解的深度还不够。德国与英国不同，他们有一个基于行业的职业岗位分析及岗位能力结构体系，也有一套支持这个开发工作的指导思想和技术方法。英国人采用的是职业功能分析法，德国人采用的是工作过程分析法，二者的侧重点和维度各有不同，我们可以学习借鉴其技术。对参与标准制定的各类人员来说，技术规程比工作流程的指导更重要。也就是说，从《开发指南》到技术规程仍有一段路要走，《开发指南》仍有完善的空间。"职教20条"指出："制定符合国情的国家资历框架。"其中就有这方面的思考。

图2-8反映了理想状态下"X"标准编制要素关联框图。该图比较理想地描绘了"X"标准开发中相关因素之间的关系，期望在每一个职业技能等级标准的等级中找到对应的职业教育层级。当然，在目前情况下该设想无法实现。

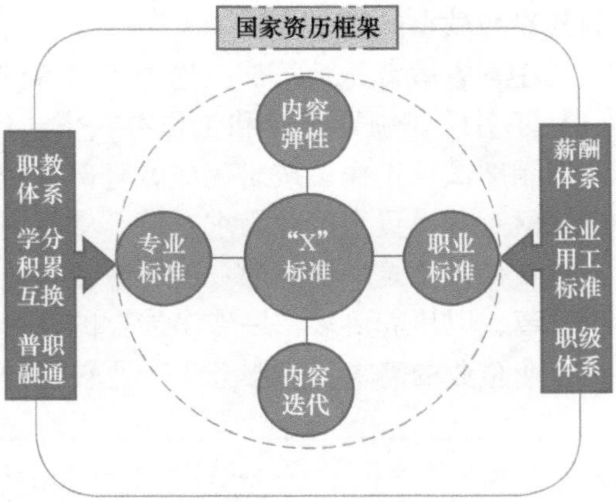

图2-8 理想状态下"X"标准编制要素关联框图

1. "X"标准开发中的职业仓分析法

在没有国家资历框架背景下开发"X"标准，需要研究的要素在《开发指南》中已有不少描述。但能否找到一种兼顾职业标准和职业教育专业教学标准的"X"标准开发技术呢？因为"X"是专为职业教育设计的一种能力证书，先前的开发技术可以借鉴，但不宜照搬。笔者从孙善学教授所著的《职业教育分级制度理论与实践》中发现了可采用的一种技术——职业仓分析法。该方法的目的是将纷繁复杂的职业类型与职业教育的专业建立起联系，至少该技术中的主要方法可以运用到"X"标准的开发中来，其框架如图 2-8 所示。

在本章 2.2 节"X"开发的几种模式中，我们以《财务数字化应用职业技能等级标准》为例介绍了运用职业仓分析法开发"X"标准的过程，但对其一般的技术方法需要做进一步的介绍，现对应图 2-9 进行描述。

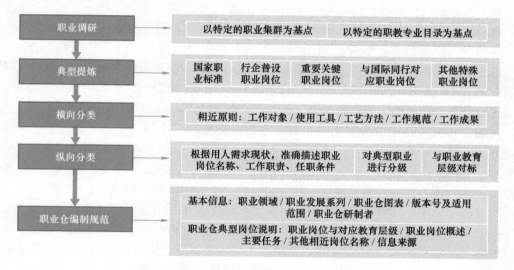

图 2-9　职业仓分析法开发"X"标准流程

第一步，职业调研。制定职业调研方案可能会有许多种，但主要有两种。第一种是按教育部颁布的职业教育专业目录为基点，分析所定专业（群）所服务的职业范围，建立相应的职业仓。这种方法的优点是容易与职业院校开设的专业对接，问题是同一个专业（群）因区域经济社会发展水平不同而存在差异性，所在区域院校的具体办学定位随之有一定程度的不同，因此职业仓的通用性、可推广性将会引起质疑。《开发指南》对此已做出回应——"职业技能等级证书的每一级别学习培训内容，原则上以不超过 8 学分为宜，其中 30% 左右的学习培训内容具有一定柔性，以适应区域产业发展对职业技能的差异化要求。"第二种是根据行业和产业分类作为分析的基点，建立以边界较清晰的职业集群为基础的职业仓。这种方法的优点是社会需求与职业教育服务领域对接紧密，可以培养出该行业领域中所需要的各层级人才。但其也有问题，职业院校的专业从名称上不一定与该职业集群称呼相吻合，需要进行专业名称或专业方向的适应性调整，以方便学习者和用人单位了解其内涵并给予认可（目前的专业群建设中就遇到这类问题）。

这两种调研分析方法由培训评价组织决定取舍，也有可能两头兼顾走中间道路，或创造出一种新方法，其着眼点主要以"X"的具体开发目标（职教市场细分）而定。

调研内容主要有：行业发展现状及前景、该领域人才需求情况（供应侧和需求侧）、国家职业标准和行业企业实际就业岗位设置情况、国际同行职业岗位设置情况、职业院校专业设置情况等。

第二步，典型提炼。提炼典型职业是调研工作结束后紧接着的第二道工序。它一是查看国家职业分类与职业标准，而实际上有些职业技能等级证书或是针对"互联网+"等新生岗位派生出来的新需求，或是现有职业标准与现状有错位，但没有比对就没有后续工作的发言权；二是在行业中各企业普遍设置的通用型岗位，这类职业岗位需求量大，今后开发出来的"X"易于推广；三是生产、技术、管理、服务类职业岗位中有着重要作用的典型岗位，或是经提炼而冠名的社会上认同的重要岗位；四是从世界500强或国际行业龙头企业设立的职业岗位中进行查询，比对类似的职业岗位设置；五是其他特别重要但并不是面广量大的职业岗位，准备预案防止今后特殊需要之急。这些准备工作一方面解决这些典型职业岗位的全面性和代表性问题，另一方面为下面的横向分类和纵向分级提供依据。

第三步，横向分类。职业仓的横向分类必须是在行业专家主持下开展的工作。该项工作是在前期典型提炼的基础上，按照职业发展的需要和职业发展方向，兼顾了学习者在该职业领域学习路径的导向需要进行综合考虑。在所确定的领域内，采用职业岗位相近性原则进行分类，其中相关要素可以是工作对象、使用工具、工艺方法、工作规范、工作成果。预期工作成果是岗位分类中最关键的要素。例如设定金属制造的多轴数控冷加工领域，其工作对象：难加工金属零件；使用工具：数控车床+数控铣床+机器人的柔性加工单元，五轴等高端装备、特种机床，NX CAM 软件、VERICUT 软件、AdvantEdge FEM 软件，自动夹具、自动检测工具；工艺方法：难加工金属零件的制造工艺方法、加工仿真和预测方法、相关工具软件使用方法、夹具和检测工具选用方法等；工作规范：难加工金属零件的工艺设计规范；工作成果：研制出难加工金属零件的工艺并加工出产品。

根据北京市职业教育分级制度试点经验，在一个职业仓中横向分类一般不超过5个，以3～4个为宜。每一个类别中将由低到高进行分级，其分级方法见下文。

第四步，纵向分级。职业仓的纵向分级主要解决两个方面问题。一是将该职业仓内所有典型职业按从低到高分类全部列出，反映出该职业仓全貌。以前职业院校做专业调研时经常使用跟踪调研法，追踪本专业毕业生的工作岗位（群），根据毕业生工作岗位需要完成的工作任务、知识能力与素质来确定职业能力标准，进而开发专业课程。这种方法有一定道理，但不全面，难以观察到整个职业全景。二是通过纵向分级，比较准确地将职业仓内的岗位按高低实际情况对应学历结构进行分级。需要注意：学历教育层次与岗位职级有关联，但不一定是一一对应的关系。如学士学位≠技师一样，这是两个不同的系列。职业技能等级证书的初、中、高三级由此而诞生。职业仓纵向分级的一般工作流程如下：

（1）罗列典型职业岗位清单　列出典型职业岗位名称、工作职责、任职条件等。每一个典型工作岗位的工作职责描述控制在80字左右。工作职责与工作任务紧密关联，该项工作成果为确定职业技能等级证书奠定了基础。

（2）对典型职业进行分级　首先是基于职业岗位调研结果，在此基础上查询国家职业分类与职业标准、行业龙头企业人力资源职业体系中的用人要求，进行综合分析后进行分级。其次是尽早发现在国家职业标准中无法找到对应职业仓中典型职业的情况。这种情况在快速发展的今天大量存在，基于行业企业的用工实际来判定典型职业层次是其主要路径。这里需要特别予以说明的是，职业仓的分级不是与学历层次一一对应的（一些培训评价组织根据自身的开发经验，正在探索将职业仓的分级与职业技能等级证书的分级，以及学历分层进行对应开发），而是基于行业企业用人体系，即行业企业内部的"职业资历框架"，有些熟练工并不需要接受学校的职业教育也能胜任职业岗位工作。接下来的任务就是与职业教育层次进行对标。这种对标方法是基于调研工作中所获得的大数据，并以此按统计学规律进行分析，进而为设置职业技能等级证书提供依据，确定初级、中级和高级证书的边界。目前许多培训评价组织在宣贯所开发职业技能等级证书时，声明其初级证书对应中职院校专业，中级证书对应高职院校专业，高级证书对应本科院校专业。但实际情况并不完全如此，即每个层次院校的专业学员不能仅限修初级证书或中级证书或高级证书。证书选择既有院校决策因素，也有学员学习能力和兴趣爱好因素等。

随着职业技能等级标准和证书开发的经验积累，以及逐步形成的开发技术，还有行业企业用人需求实际的变化，"X"标准开发将呈现丰富性和复杂性。即使有了更多的"X"标准，因用人单位、专业建设和学员爱好使然等，仍要求培训评价组织对"X"标准和证书进行多样性开发。图 2-10 所示为职业技能等级证书可能的分级框图。

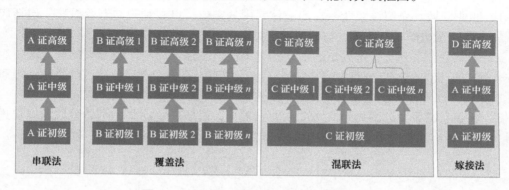

图 2-10　职业技能等级证书可能的分级框图

1）串联法：这种方法是《开发指南》规定的职业技能等级证书设定方法，而且也是今后常用的职业技能等级标准和证书设置方法。

2）覆盖法：这种方法目前有个别职业技能等级证书采用。例如第一批"X"标准中的"汽车运用与维修职业技能等级证书"，其 10 个模块各成体系，均有初、中、高 3 个等级，修完其中任一模块即可获取一张证书。覆盖法形成独特的证书领域，形成相对垄断局面，但按目前教育部等政府部门文件精神，在同一领域准备布局多张同类证书，以体现市场性，竞争才能出精品。

3）混联法：这种方法目前已经有一些培训评价组织开始采用。例如第一批"X"标准中的《建筑信息模型（BIM）职业技能等级标准》，其初级证书主要解决"建模"问题。但在中级证书层面，则提出专业方向问题，分别设置了"城乡规划与建筑设计类专业""结构工程类专业""建筑设备类专业""建设工程管理类专业"四个方向。该类证书初、中、高升级通道有两种，一种是在该证书领域选择一个中级和高级证书，走直线型升级路径；另一种是通过选学数张中级证书，经考核合格后可认定为获取高级证书。这在先前的培训市场上并不鲜见，主要培养复合型人才，走综合培养之路。

4）嫁接法：这种方法目前尚未采用，但有其一定的合理性。如机械类专业人才培养从简单到复杂、从易到难，一般走的是"二维"→"三维"→"四～五维"，学员不太可能一下子触摸复杂加工。这是机械行业人才成长的规律，是常识。但目前进入目录管理的个别职业技能等级标准有些让人看不懂，有违行业共识。在院校专业高级证书选择上，这种方法有可能被采用，即采用错位选择的方法将其纳入专业人才培养方案。但有可能出现的问题是中级证书与高级证书之间因证书序列不同而需要处理其衔接关系，需要在相关专业课程中进行内容调整。

随着职业技能等级标准开发工作的深入，可能因需求的多样性而导致服务的细化，证书开发呈现百花齐放的局面。这是我们所希望看到的。

第五步，职业仓编制规范。职业仓编制是在国家职业分类和职业标准框架下的一项工作。在完成分类后，纵向基本分成 5 级及 "+"，形成某领域一个完整的职业岗位图谱。该图谱使我们能清晰地看到整个领域内各职业岗位的定位，对初、中、高证书准确定位十分有益。基于目前职业技能等级标准和证书开发实际，职业仓编制规范的主要内容如下：

（1）基本信息

1）职业领域。介绍该职业仓在职业体系中的定位，以有利于与专业对接，包括职业领域的名称、覆盖的职业范围、与职业标准关联情况等。

2）职业发展系列。这是列出职业仓图谱的前道工序，介绍横向分类的职业岗位组成情况，每个职业岗位处于分级中哪个位置。必须说明，这些职业岗位不可能全部纳入职业技能等级标准序列，该职业仓有些职业岗位需要一定实践经验和业绩方能入职。

3）职业仓图表。以图表形式建立职业仓模型，对职业仓内每一个典型职业岗位进行编号，见表 2-3（北京电子科技职业学院辛秀兰，2013）。

表 2-3 生物技术及应用职业仓图表

分级/分类	产品检验类（1）	产品生产类（2）	产品研发类（3）
1级	1101 初级化学检验工	2101 溶液配制工	
2级	1201 中级化学检验工 1202 菌种培育工	2201 微生物发酵工 2202 药物制剂工	
3级	1301 高级化学检验工	2301 细胞培育工 2302 分离纯化工	
4级	1401 药品化验员	2401 高级药物制剂工 2402 生物制品工 2403 基因工程产品工	
5级	1501 高级药品化验员		3501 药品研发助理
6级	1601 药品化验工程师		3601 生物药物研发员

4）版本号及适用范围。版本号可参照《开发指南》要求的 "20××年×.0版" 填写。职业仓研制者须对职业仓适用范围提出建议，以有利培训评价组织和职业院校对此有一个较深刻的理解，方便后续职业技能等级标准和证书开发及专业人才培养方案的制订。

5）职业仓研制者。说明该知识产权拥有者信息，包括主持职业仓开发的单位与个人、参与职业仓开发的单位与个人等相关信息，开发职业仓的地点（省、市或自治区等）及完成开发的最后时间。

（2）职业仓典型岗位说明

1）职业岗位与对应教育层级。职业仓的分类分级主要根据行业企业人力资源结构而进行的归纳、提炼、排序等得出的研究成果，是否很准确地对应职业教育层级，尚不能武断下结论，只能给出建议。因为在开发职业技能等级标准时对职业教育层级也是经过认真分析的，因区域经济社会发展水平不同、院校发展实际状况不同，所给出的职业岗位编号、名称和类别等为信息需求者提供判断的依据。

2）职业岗位概述。反映该职业岗位的工作职责和工作内容，为后续"X"标准和证书开发工作提供依据，为专业人才培养规格提供参考。

3）其他相近岗位名称与工作职责。与典型职业岗位相近、关联的必须关注的其他职业岗位的工作职责和工作内容。此信息为开发职业技能等级标准和证书提供必要的约束信息和边界确定。

4）信息来源。所调研的行业企业及所得到的职业岗位信息。

2."1"与"X"开发流程比对关系研讨

专业人才培养方案开发和职业技能等级标准开发都是基于职业岗位的，但前者侧重于学员的德、智、体、美、劳全面发展，后者侧重于"一技之长"；前者有学制和学分要求，后者仅有学分要求（见《开发指南》）；前者有比较成熟的开发技术（实际存在流派之分，但殊途同归），后者尚未形成公认的典型开发技术。图 2-11 给出了专业人才培养方案开发与职业技能等级证书开发的流程比对关系。

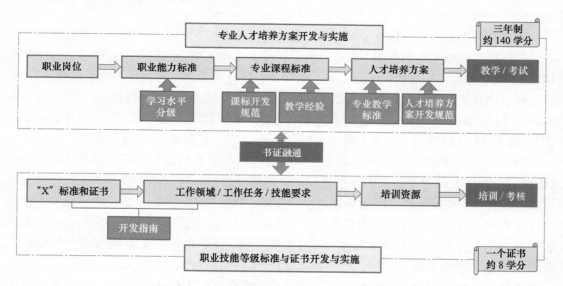

图 2-11 "1"与"X"开发流程比对关系

在专业人才培养方案开发的前期工作中，在明确该专业毕业生今后就业的主岗位、拓展岗位和升迁岗位后，需要开发职业能力标准，之后以此为基础开发专业课程标准。为什么不能直接开发专业课程标准呢？原因是这里有个职业教育理念指导下的开发流程问题。职业能力标准源自毕业生就业岗位的工作职责及相关的工作任务与职业技能要求，这些信息来自行业企业。但人才培养需要教育学和心理学等理论指导。根据职业教育人才培养规律和教育理论，职业教育的课程开发应考虑一般教育应该遵循的"由表及里、由浅入深"等教育规律，但还应该遵循职业教育特殊的"从形象到抽象、从特殊到一般"的教育教学规律。表 2-4 给出了职业能力标准开发的模板，这是方法论中最基本的开发流程之一。为在教学过程中区分难度，将学习水平分为三级："L1"表示在教师指导下能完成学习任务；"L2"表示能独立完成学习任务；"L3"表示能灵活处理工作中的问题，创造性地完成工作任务。（该表源自华东师范大学徐国庆教授。）

表 2-4　职业能力标准开发模板

职 业 能 力		学 习 水 平
工作领域 1　YYY		
模块 1-1　WWW		
职业能力 1-1-1	……	L1
职业能力 1-1-2	……	L2
……	……	L3
工作领域 2　YYY		
模块 2-1　WWW		
职业能力 2-1-1	……	L3
职业能力 2-1-2	……	L1
职业能力 2-1-3	……	L1
……	……	L2

　　开发专业人才培养方案至少要遵循两个文件提出的开发要求。一个是教育部出台的专业教学标准，例如《高等职业学校专业教学标准》体例框架及编写要求：专业名称（专业代码）、入学要求、基本修业年限、职业面向（不提就业面向，与国家职业大典对应）、培养目标、培养规格（毕业要求：素质、知识、能力等）、课程设置及学时安排（专业核心课程 6 ~ 8 门，2500 ~ 2800 学时）、教学基本条件［师资队伍：生：师 =25 ： 1（不含公共课）、教学设施（粗线条，但要求用"国标"表示）、教学资源等］、质量保证等。

　　另一个是"教育部《关于职业院校专业人才培养方案制订与实施工作的指导意见》（教职成〔2019〕13 号）"，其内容主要有：明确培养目标、规范课程设置（规定开设关于国家安全教育、节能减排、绿色环保、金融知识、社会责任、人口资源、海洋科学、管理等人文素养、科学素养方面的选修课程、拓展课程或专题讲座、确定 6 ~ 8 门专业核心课程和若干门专业课程）、合理安排学时（三年制中职、高职每学年安排 40 周教学活动。三年制中职总学时数不低于 3000，公共基础课程学时一般占总学时的 1/3；三年制高职总学时数不低于 2500，公共基础课程学时应当不少于总学时的 1/4。中、高职选修课教学时数占总学时的比例均应当不少于 10%）、强化实践环节（实践性教学学时原则上占总学时数的 50% 以上，学生顶岗实习时间一般为 6 个月）等。

　　《试点方案》要求"1"与"X"实现书证融通，优化专业人才培养方案。当我们比较清楚地了解到"1"与"X"的开发过程及其内涵，则《试点方案》的目的要求就比较容易实现。

2.4.2　完善"X"的顶层设计

　　《试点方案》指出："国务院教育行政部门根据国家标准化工作要求设立有关技术组织，做好职业教育与培训标准化工作的顶层设计，创新标准建设机制，编制标准化工作指南，指导职业技能等级标准开发。试点实践中充分发挥培训评价组织的作用，鼓励其不断开发更科学、更符合社会实际需要的职业技能等级标准和证书。"政府在"X"的开发、批准、实施、监管等方面的制度框架如图 2-12 所示。

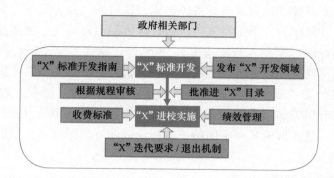

图 2-12 政府在"X"的开发、批准、实施、监管等方面的制度框架

1. 提升"X"的含金量

实施 1+X 证书制度试点，最重要的一个关注点是职业院校毕业生用人单位对其的认可度。回顾"双证书"时代，有国家文件规定要求，又因职业资格证书出自人社部之手，即由政府"埋单"，公信力较大，且各级政府部门也是其积极的推行者和指导者，企业自然"认账"。目前推出的职业技能等级证书虽然经过规范审核，进入目录管理，但其开发主体是一个个培训评价组织，这些机构的知名度一般不高，其证书的含金量究竟如何？职业院校毕业生用人单位对其不了解，需要实践来检验，需要一个判别的过程。这种通过市场机制推出的证书必然要通过一场优胜劣汰的激烈竞争，当一批品牌职业技能等级标准树立起来了，证书含金量问题将会得到解决。处于试点启动阶段，提升职业技能等级标准和证书的含金量，应该重点做几项工作：一是培训评价组织、试点院校、行业龙头骨干企业形成试点联盟，边探索、边完善，逐步培育职业技能等级标准品牌，作为市场主体，培训评价组织应该是该联盟的纽带；二是行业组织也是职业技能等级标准品牌创建的积极推动者，因为行业组织对其领域的技术、生产、管理、服务了如指掌，对进入该行业的职业技能等级标准和证书的质量有发言权，召开一定的专题会议开展研讨，协调试点过程中的部分工作也是十分有益的；三是根据人力资源社会保障部与教育部关于印发《职业技能等级证书监督管理办法（试行）》的通知（人社部发〔2019〕34 号）要求，"建立监督管理制度，教育行政部门和职业教育指导咨询委员会要加强对职业技能等级证书有关工作的指导，定期开展"双随机、一公开"的抽查和监督，对培训评价组织行为和院校培训质量进行监测和评估，培训评价组织的行为同时接受学校、社会、学生、家长等的监督评价。"形成市场退出机制，倒逼职业技能等级标准和证书的含金量提升。

2. 建立"X"开发技术研制的长效机制

关于"X"开发技术及其关联问题，我们在前述章节中进行了一些讨论，对现已进入目录管理的三批职业技能等级标准和证书的开发模式、出现的部分问题、技术路径等展开了研讨。回顾前一阶段"双证书"的推进过程，职业院校和行业企业对职业资格证书反映的问题主要有两条：一是职业资格证书的更新率比较慢，个别证书内容的迭代时间长达十年左右；二是因"互联网＋"等技术革命带动了产业发展，催生了一大批新的产业和商业模式，新工作岗位的诞生缺乏相关职业资格证书与此配套，服务没有跟上。但对职业资格证书的开发技术质疑声较少，原因是对其还是比较认可的，或者说还没有比它更好的开发技术出现。因为人社部作为一个国家机构，拥有开发职业资格证书的体制和机制优势。但目前指导职业技能等级标准的《开发指南》，虽然经过许多专家论证，但由于没有一个常设机构的持续研究，究竟采用什么开发技术为宜，仍需要仔细思考。德国"双元制"的成功，与其拥有一支研究"双元制"的国家队密不可分。作为一项职业教育改革的重大项目，建立一支由政府相关部门指导，有专门研究机构主责，由相关行业组织和职业院校专家组成的基本研究力量，形成具有中国特色的职业技能等级标准和证书的开发技术一定会实现。

3."X"培训与考核费用

根据《关于在院校实施的职业技能等级证书考核成本上限设置方案的公告》（教职所〔2020〕22 号）精神，培训评价组织在文件许可范围内"提出面向院校学生的考核费用"。在目前试点启动阶段，绝大部分试点院校并不向学生收取证书考核费用，且许多培训评价组织也没有向学生收取考核费用。这里既有政府部门对试点院校予以的专项经费支持，也有职业院校领导对试点工作的态度使然；当然，还有培训评价组织对试点工作的贡献。但随着试点工作的深入，大面积推进职业技能等级证书将成常态，"X"培训与考核的费用问题将不可回避。这里涉及几笔费用需要研究：一是证书考核费用，按照市场化原则，谁得益谁付钱，应该没有疑问，关键是职业院校与培训评价组织的收费分割比例，其因素比较复杂，需要双方协商，培训评价组织有个成本和基本收益的底线；二是证书培训所涉及的两大块费用，第一块是培训和考核设备投入（部分院校没有考核职能），作为公办院校，如经费情况许可，可不考虑这块收费，第二块是培训教师的培训课时支出，虽然有文件规定此块教师收入不占教师个人绩效工资，但没有院校主管部门的操作文件，则也无法实施。这涉及一个关键问题，培训责任主体是院校，但该项工作不属于"1"的范畴，如向学生收费，其依据和标准是什么？当大面积推行"X"时，该问题将浮出水面，需要政府政策导向与协调。

2.4.3　培训评价组织构建"X"开发与应用的质量保障体系

培训评价组织作为职业技能等级标准和证书的开发主体和应用的重要责任者，对职业技能等级标准和证书的质量承担着重要责任。质量保障体系建设是职业技能等级标准品牌建设不可缺失的制度保障。

如图 2-13 所示，培训评价组织构建"X"开发与应用的质量保障体系有两个重要的组成部分。第一个是职业技能等级标准和证书的开发环节（图 2-13 右侧部分），除遵循一般产品开发需要采用的 ISO 质量管理体系外，《开发指南》也是其中的一个约束条件，行业企业对职业技能等级标准和证书的认可是关键。因职业技能等级标准入围管理目录是一个"竞选"过程，层层筛选本身需要"过五关斩六将"，故其质量保障体系中，教育部专家把关起到了独特作用，至少其开发质量处于"比较先进"的水平。

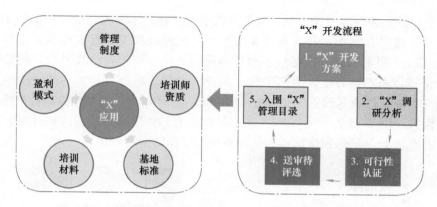

图 2-13 培训评价组织构建"X"开发与应用的质量保障体系

第二个是职业技能等级标准的应用环节，其质量生成不仅仅是培训评价组织单一方面所能决定的，但其也应有自己的质量保障体系，归并进入"X"应用的质量保障体系。作为培训评价组织，其实施的质量保障体系主要由培训师资质、基地标准、培训材料（活页手册、数字资源等）、盈利模式和管理制度等组成。但核心的是在保证培训质量的前提下如何实现盈利或保本。如果没有成功的盈利或保本模式，则该证书必然退出市场，因为培训评价组织是企业，是市场主体。培训师包括职业院校教师和培训评价组织的培训师，从目前总体培训情况分析，一种情况是培训效果不是太理想，这个问题既是对教师双师能力的挑战，也是对职业技能等级标准开发的科学性和准确性的挑战。另一种情况是不少培训评价组织自身职工数有限，缺乏培训院校教师的能力，即培训专家和考官的数量不足，这直接影响了培训的源头质量。培训与考核基地建设涉及标准体系构建，是否能利用部分职业院校现有实训装备是基地标准的柔性化设计的重点之一，这对于大面积推广"X"有帮助，可减轻院校经费压力。按照试点文件精神，培训评价组织"对证书质量、声誉负总责，主要职责包括标准开发、教材和学习资源开发、考核站点建设、考核颁证等"，培训教材和学习资源开发是一项渐进过程，培训评价组织开办历史长，这方面问题就小，如果开办时间短，则要汇聚各方力量进行攻关。这也应该是校企合作的一项工作。所有这些工作最后还是要依靠制度的系统化构建，在提升"X"品牌过程中形成质量保障的长效机制。

2.4.4 试点院校构建实施 1+X 证书制度试点的质量保障体系

根据《教育部办公厅关于建立职业院校教学工作诊断与改进制度的通知》（教职成厅〔2015〕2 号）精神，为贯彻《国务院关于加快发展现代职业教育的决定》，建立常态化的职业院校自主保证人才培养质量的机制，根据《教育部 2015 年工作要点》，决定从 2015 年秋季学期开始，逐步在全国职业院校推进建立教学工作诊断与改进制度，全面开展教学诊断与改进工作。教育部在高职和中职院校精选了一批院校启动了"诊断与改进"试点工作。目前，已有数百所职业院校进入了诊断与改进工作之中。

诊断与改进的目的是加强事中和事后监管，把握诊改制度建设方向，突出职业院校质量保障主体的地位和责任，督促职业院校有效落实内部质量保障体系建设与运行实施方案，以智能化信息平台建设为支撑，以诊改为手段，加快内部质量保障体系建设，建立常态化的自主保证人才培养质量机制，营造现代质量文化，不断提高师生员工的满意度和获得感，进一步提升办学水平和人才培养质量。各试点院校按照诊改培训要求的"55821"（五纵、五横、8 字形质量改进螺旋、制度与质量文化、智能化诊改平台）的架构制定了内部质量保障体系实施方案，聚焦学校、专业、课程、教师、学生不同层面的目标与标准、监测与预警、诊断与改进的机制建设展开试点工作。图 2-14 所示为职业院校诊断与改进工作模式。图 2-15 所示为将 1+X 证书制度试点纳入学校诊断与改进体系，从工作逻辑和流程上梳理 1+X 证书制度试点如何与各层面工作紧密结合。

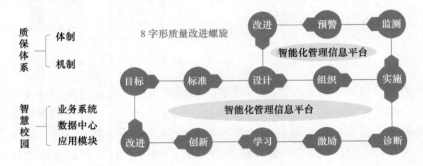

图 2-14　职业院校诊断与改进工作模式

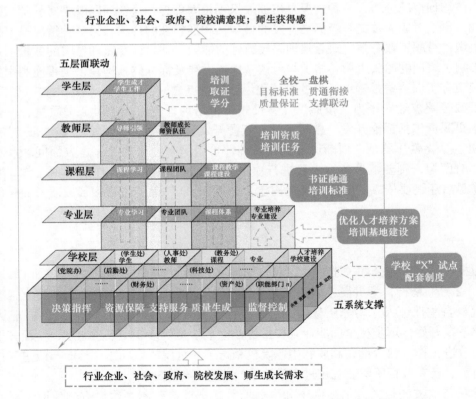

图 2-15　1+X 证书制度试点纳入学校诊断与改进体系

　　诊断与改进工作的第一个层面是学校。将 1+X 证书制度试点工作纳入学校层的决策指挥、资源保障、支持服务、质量生成、监督控制等工作体系，深化教师、教材、教法"三教"改革，统筹安排教学组织与实施，盘活高职院校教学资源。诊断与改进工作的第二个层面是专业。将 1+X 所要求的专业人才培养方案优化和培训基地建设纳入专业层面，通过基础分析、需求分析和问题分析，确定工作目标和工作流程，加快教学实训资源与培训考核资源共建共享，建设资源共享，融实践教学、社会培训、技术开发与服务于一体的高水平职业教育实训基地。诊断与改进工作的第三个层面是课程。1+X 证书制度试点要求书证融通，这是一篇有关课程开发技术与校企合作的重要文章，关联的还有职业技能等级证书的培训标准研究与实施，这方面可以借鉴先前的"双证书"经验。开展专业配套教材的开发与论证工作，完成与专业相关的特色教材、活页式教材、校本教材编写工作也是课程层面的重点工作。诊断与改进工作的第四个层面是教师。职业院校教师承担职业技能等级证书培训任务的前提是拿到培训师资质，在前述的材料中已经介绍了教师的培训情况，有些情况并不乐观，因此需要教师学习新技术、新工艺、新规范、新要求。从培训师要求上分析，应该拿到高级证书才能胜任培训工作，因专业群建设是当前热点话题，专业群与"X"群对接，必然需要部分教师拥有数张培训师证书才行。诊断与改进工作的第五个层面是学生。了解职业技能等级证书内涵、选择证书、接受培训、参加证书等级考核、获取证书并转换成学分，这一系列学习培训任务是提升专业能力的必修课。由许多证书的考核要求发现，考核达到 60 分就可合格。为什么设置这个门槛？查询国家职业技能标准编制技术规程（2018 年版）中对职业技能鉴定的要求，发现该版要求也是这样规定的［理论知识考试、技能考核和综合评审均实行百分制，成绩皆达 60 分（含）以上者为合格］。在企业，一个产品加工中，十道工序中有一道出错，就是废品，这是产品标准规定的。在驾校学开车，每项考核必须全部合格才行，当然这背后是人命关天。从培训质量保障体系思考，从职业素养培养视角，这 60 分合格的规定是否低了些？

第3章
CHAPTER 3 "学分银行"与信息管理平台建设研究

3.1 职业教育国家"学分银行"建设分析

2014年5月，《国务院关于加快发展现代职业教育的决定》（国发〔2014〕19号）提出，"加强职业教育与普通教育沟通，为学生多样化选择、多路径成才搭建'立交桥'""建立学分积累与转换制度，推进学习成果互认衔接"。2019年1月，《国家职业教育改革实施方案》（国发〔2019〕4号）提出，"实现学习成果的认定、积累和转换""加快推进职业教育国家'学分银行'建设，从2019年开始，探索建立职业教育个人学习账号，实现学习成果可追溯、可查询、可转换"。2019年4月，教育部等四部门印发《关于在院校实施"学历证书+若干职业技能等级证书"制度试点方案》的通知（教职成〔2019〕6号）中提出，"国务院教育行政部门探索建立职业教育'学分银行'制度，研制相关规范，建设信息系统，对学历证书和职业技能等级证书所体现的学习成果进行登记和存储，计入个人学习账号，尝试学习成果的认定、积累与转换。学生和社会成员在按规定程序进入试点院校接受相关专业学历教育时，可按规定兑换学分，免修相应课程或模块，促进学历证书与职业技能等级证书互通。研究探索构建符合国情的国家资历框架"。党中央、国务院高度重视职业教育类型发展，其中职业教育国家"学分银行"建设成为搭建终身学习"立交桥"的重要抓手。

3.1.1 制度架构

1."学分银行"制度建立的目标与功能

（1）"学分银行"制度建立的目标　"学分银行"制度建立的总目标是形成"学分银行"制度模式和科学合理的技术路径，形成"学分银行"的运行组织、运行机制和运行平台，形成可持续的"学分银行"质量保障体系，实现不同类型学习成果的认证、积累与转换。以满足人民群众多样化学习和发展需要为目的，探索建立多种形式学习成果认定机制，畅通不同类型学历教育、学历教育与非学历教育、校内教育与校外教育之间的转换通道，促进优质教育资源开放共享，建立具有中国特色的学习成果认定和转换体系，促进各级各类教育纵向衔接、横向沟通，推动建设全民学习、终身学习的学习型社会。

（2）"学分银行"制度建立的功能　搭建高等教育学分存储、认定和转换国家公共服务平台，形成良好的支撑和服务环境。"学分银行"制度建立的核心功能是推动各级各类教育之间的沟通与衔接，其基本功能主要有：一是为学习成果携带者提供各类学习成果的认证、积累与转换服务，学习成果携带者可以就近到学习成果认证中心、分中心（认证点）申请学习成果认证，可以通过移动客户端、个人计算机或到认证服务机构申请建立"学分银行"账户，并积累学习成果，凭借"学分银行"开具的学习成果转换证明，到相应的颁证机构申请学分转换；二是为学习型组织提供业务指导和定制服务，为政府、行业、企业提供信息管理服务，提供发展水平评估报告、咨询报告、分析报告等，为领导决策提供充分有力的依据。

2."学分银行"制度的架构

在我国，由国家开放大学主持进行"学分银行"制度基本架构的设计。制度的架构构成了制度的支撑骨架，通常包括内核、运行与保障。"学分银行"制度的内核包括学习成果框架和标准体系；"学分银行"制度的运行包括运行组织、运行机制和运行平台；"学分银行"的保障包括政策法规、质量监控和经费等方面（图 3-1）。

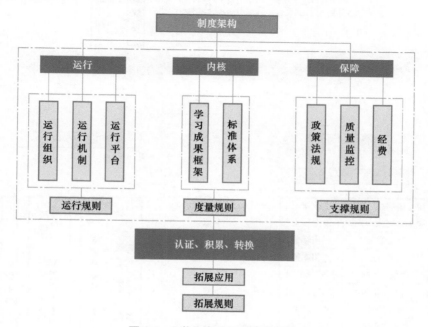

图 3-1 "学分银行"制度的架构

"学分银行"制度以运行规则、度量规则和支撑规则实现学习成果的认证、积累与转换。同时，该制度还可按照拓展规则，提供各种终身学习的定制服务以及标签化资源、档案管理、能力测评、大数据分析等拓展服务。

（1）"学分银行"制度的内核 "学分银行"制度的内核是由学习成果框架和标准体系组成的学习成果框架体系，是制度建设的主要内容和核心（图 3-2）。学习成果框架的主要要素包括等级、等级描述、学分和学衔；标准体系包括基础标准（学分标准、单元标准、学衔标准）和工作标准（业务规范、业务流程）。

学习成果框架通过对学习成果知识、技能、能力的等级描述和相应的标准，为各级各类学习成果提供共同参照系，使各级各类学习成果得以互认与转换。不同类型的学习成果除来自于教育体系外，还有大量来自于劳动力市场，这些学习成果大都没有明确的等级划分。国家开放大学"学分银行"制度中，立足于我国国情，从社会认可度较高的学历教育学习成果的划分入手，参照国家职业分类标准和职业资格等级划分，结合职业教育学历证书与职业资格证书"双证书"的融通实践，按照便于学习成果对应、转换与积累的原则，将框架设计为10级，如图3-3所示。

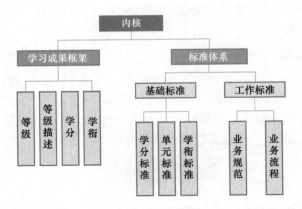

图 3-2 "学分银行"制度的内核

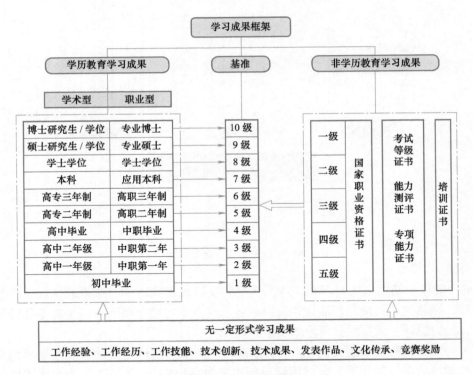

图 3-3 学习成果框架

在学习成果认证、积累与转换制度中，学分作为学习成果的"度量衡"，可用于所有学习成果的计量。为便于学习的认证、积累与转换，根据我国继续教育领域学习成果的不同呈现形式，"学分银行"制度将学习成果分为三种类型，即学历教育学习成果、非学历教育学习成果和无一定形式学习成果。其中，学历教育学习成果可分为普通教育学习成果和职业教育学习成果两个类别。

（2）标准体系 学习成果认证、积累与转换制度的标准体系是开展学习成果认证、积累与转换制度的一系列标准按其内在联系形成的有机整体，包括基础标准和工作标准两部分。基础标准主要包括学分标准、单元标准和学衔标准。工作标准主要包括业务规范和业务流程。

1）学分标准。大部分学校课程学分的计算方法是按全日制普通高校相应课程的授课时数及其所需的课外作业时数和该课程在教学计划中的地位来确定的，一般 1 学分为 16 学时。

2）单元标准（认证单元）。单元标准是标准体系建设的重点和核心。认证单元是具有连贯而明确的学习结果和评价标准的内容模块，是用于学习成果认证的最小单位。所有的认证单元都使用相同的模板进行描述，包括学习结果、评价标准、学分分值和学习成果框架等级等要素。

3）学衔标准。构建国家资格框架，实现学分标准和单元标准的统一，并且建立不同类型、不同级别的学衔标准，使各颁证机构可以依据统一的学分标准、单元标准和学衔标准形成各自的资格标准，并通过单元标准引导开发资格标准所包含的资源，以便于实现不同类型学习成果的认证、积累和转换。

4）业务规范和业务流程。业务规范和业务流程主要包括：认证单元制定及应用工作规程、认证单元制定及应用指导手册、学习成果互认联盟工作规程、机构审核工作规程、资源标签工作指导手册。

（3）"学分银行"制度的运行 "学分银行"制度的运行包括运行组织、管理体制和运行平台。

运行组织的性质是指刻意设计一个正式组织的角色结构，使组织对环境有较强的审视和快速应对能力，给组织管理者一些实现自己想法的自主权，使组织内部充满创新精神。学习成果认证组织的建立是为了保证和实现制度目标，全面落实制度，高效运行制度，其目标为：形成统一执行国家认证标准、分布式认证和分布拓展服务业务的管理运行体制；统一建设和管理学习成果认证标准库、终身学习档案库、学习资源信息库、认证专家库、认证机构信息库等；建立学习成果认证质量评价体系，实施质量监控，改进和发展质量管理制度；创新人才评价方法和人力资源管理体制，满足个性化的学习和发展需要，完善终身教育体系的管理与服务。

管理体制是指管理系统的结构和组成方式，即采用怎样的组织形式以及如何将这些组织形式结合成为一个合理的有机系统，并以怎样的手段、方法来实现管理的任务和目的。运行机制是引导和制约各项决策，指导与人、财、物相关的各项活动的基本准则及相应制度，是决定行为的内外因素及其相互关系的总称。

运行平台为覆盖全国的学习成果认证服务体系提供不同权限的认证服务，为每个学习者建立"学分银行"账户，实现对社会成员终身教育学习成果的认证、学分积累与转换，实现各级各类不同类型学习成果之间的沟通与衔接。

3.1.2 信息平台建设

职业教育国家学分银行信息平台在 2015 年 12 月正式开通，支撑亿万级用户开户、学分积累与转换，其功能按国家"学分银行"制度体系需求设计开发，包括机构管理、框架管理、标准管理、服务体系管理等功能。随着 1+X 证书制度的推进落实，近两年来，它已经成为越来越多省级学分银行信息平台的参照建设标准。职业教育国家学分银行信息平台与中国高等教育学生信息系统、国家职业资格证书全国联网查询系统、公民网络身份识别系统三大系统实现互联互通，确保公民身份、学历证书和职业资格证书的真实性和有效性。平台首页如图 3-4 所示。

图 3-4　职业教育国家学分银行信息平台首页

3.2　校级"学分银行"建设研究

3.2.1　职业院校学分制改革研究

学分制是以学分为计算学习量的单位，以学分衡量学生学习完成情况，并以学生必须取得最低学分作为毕业标准的，为学生发展提供更多选择余地的教学制度。学分制是相对于学年制而言的，是以学分为单位衡量教师的教学量和学生的学习量的，而学年制是用时间和课程来衡量与控制教学量和学习量的，其相应的教学制度就是学年制。虽然学分制和学年制都是计算教师的教学量和学生的学习量的标尺，但两者反映的教学理念不同。按学分收费是深化高等职业教育管理体制改革、落实职业院校育训并举的法定职责和要求的必然趋势。

1. 建立健全学分制管理规章制度

教学制度总是伴随着教学思想和教学管理理念的创新发展，并与其一脉相承的。围绕切实提高职业教育教学质量，充分满足学生日益增长的个性化发展、享有较高教育需求的需要，培养高素质、高质量的创新型技术技能人才，从 1999 年首批高等职业院校获批办学以来，高等职业教育经历了规模扩张期、示范建设期，到现在的高质量发展期，人才培养始终是核心，教学制度建设是根本保障。从高职院校创办初期的学年制到学年学分制，随着教学改革的进一步深化，近年来，各高职院校逐步开展学分制改革试点工作，陆续制定和完善了各类教学管理制度和实施细则。以无锡职业技术学院为例，从 2001 年起就开始试行学年学分制，出台了《无锡职业技术学院学分制管理办法》，并于 2003 年、2005 年进行了两次修订，提出"从学年学分制逐渐过渡到完善的学分制"。2006 年 12 月江苏省教育厅、江苏省物价局、江苏省财政厅印发《江苏省高等学校学分制收费管理暂行办法》，明确"学分制是以学生取得的学分数作为衡量和计算学生学习量的基本单位，以取得最低毕业总学分作为学生毕业的主要标准的教学管理制度。学分制以选课为中心，允许学生在一定范围内自主选择专业及专业方向，自主选修课程，自主安排学习进程，自主选择教师等""学分制收费是指按学生修读的学分数计收学费的教育收费管理制度。学分制收费一般由专业学费和学分学费两部分组成"，由此进一步推动了学校的学分制改革，逐步加大专业选修课与通识类选修课比例。同时，对学生获得职业资格证书、创新创业活动、学科技能竞赛、论文与专利等给予学分认定，但仅作为任选课学分并且不计入学生档案。随着我国高等教育改革的深化，取消了补考和毕业清考，促进学生将功夫用在平时，培养学生对自己的行为负责、强化学业规划意识。2011 年开始，无锡职业技术学院针对经学期补考后不及格、缓考不及格、取消考试资格、已合格课程成绩不满意的等 10 种情况开设重新学习课程，出台《无锡职业技术学院学分制课程重新学习实施细则》，采用学分制收费管理，逐步拓展学生个性化发展、激发创新创业热情、拓宽学生完成学业通道。随着学分制改革的不断深化，又于 2015 年、2019 年分别对《无锡职业技术学院学分制管理办法》进行了第 3、第 4 次修订，进一步优化推进全面素质教育与创新创业教育、加强中职教育与高职教育的贯通衔接、高职教育与应用本科教育的贯通衔接。2020 年，为服务 1+X 证书制度试点工作，对《无锡职业技术学院学分制管理办法》进行了第 5 次修订，明确了"积极探索 'C-C-I'（双证实用型 Certified、专业复合型 Compound、创新创业型 Innovative）技术技能人才系统化培养，深化'双主体两融合多通道'人才培养模式改革""高职专科学制为三年，学生修业年限可缩至二年或延长至六年""学分包括理论教学学分、实践教学学分、素质教育学分、成果奖励学分、证书培训学分等""证书培训学分包括职业资格证书、职业技能等级证书、行业知名企业认可的证书等，其学分额定与置换由《无锡职业技术学院学分银行管理办法》规定""学生可在学业导师的指导下，根据专业教学计划的要求和自身兴趣、职业规划、学业基础等情况安排学分修读""修读人工智能微专业取得相应培养方案额定学分者，可以取得人工智能微证书"等。

2. 学分制相关管理办法案例

（1）教育部关于职业院校专业人才培养方案制订与实施工作的指导意见 2019 年 6 月，教育部发布《关于职业院校专业人才培养方案制订与实施工作的指导意见》（教职成〔2019〕13 号）（简称《指导意见》）文件，明确提出了"鼓励将学生取得的行业企业认可度高的有关职业技能等级证书或已掌握的有关技术技能，按一定规则折算为学历教育相应学分""对学历证书和职业技能等级证书所体现的学习成果进行登记和存储，计入个人学习账号，尝试学习成果的认定、积累与转换"等。《指导意见》从明确培养目标、规范课程设置、合理安排学时、强化实践环节、严格毕业要求、推动书证融通、加强分类指导 7 个方面对职业院校专业人才培养方案制订提出了具体要求。

《指导意见》提出，做好人才培养方案的制订和实施必须坚持四项原则，一是坚持育人为本，促进全面发展，全面推动习近平新时代中国特色社会主义思想进教材进课堂进头脑，积极培育和践行社会主义核心价值观，传授基础知识与培养专业能力并重，强化学生职业素养养成和专业技术积累，将专业精神、职业精神和工匠精神融入人才培养全过程；二是坚持标准引领，确保科学规范，以职业教育国家教学标准为基本遵循，贯彻落实党和国家在课程设置、教学内容等方面的基本要求，强化专业人才培养方案的科学性、适应性和可操作性；三是坚持遵循规律，体现培养特色，遵循职业教育、技术技能人才成长和学生身心发展规律，处理好公共基础课程与专业课程、理论教学与实践教学、学历证书与各类职业培训证书之间的关系，整体设计教学活动；四是坚持完善机制，推动持续改进，紧跟产业发展趋势和行业人才需求，建立健全行业企业、第三方评价机构等多方参与的专业人才培养方案动态调整机制，强化教师参与教学和课程改革的效果评价与激励，做好人才培养质量评价与反馈。

（2）无锡职业技术学院学分制管理办法（案例）

第一条 为了进一步深化教育教学改革，提升人才培养质量，创新人才培养模式，全面推进素质教育，适应社会和经济发展的需要，促进学生自主发展，培养德、智、体、美、劳全面发展，具有工匠精神和创新创业能力的高素质技术技能型人才，积极探索"C-C-I"（双证实用型 Certified、专业复合型 Compound、创新创业型 Innovative）技术技能人才系统化培养，深化"双主体两融合多通道"人才培养模式改革，在 2001 级起试行学年学分制基础上，根据教育部、江苏省教育厅有关文件精神，不断完善管理办法，积极推行学分制改革。为使学分制改革进一步适应新时代职业教育改革要求，根据《国家职业教育改革实施方案》《教育部 财政部关于实施中国特色高水平高职学校和专业建设计划的意见》《关于在院校实施"学历证书＋若干职业技能等级证书"制度试点方案》《关于职业院校专业人才培养方案制订与实施工作的指导意见》等文件精神，结合无锡职业技术学院的实际情况，制定本管理办法。

第二条 高职专科学制为三年，学生修业年限可缩至二年或延长至六年。学生可以分阶段完成学业，学生在校最长年限（含休学）由《无锡职业技术学院学籍管理办法》规定。

第三条 学分包括理论教学学分、实践教学学分、素质教育学分、成果奖励学分、证书培训学分等。

理论教学学分额定方法为：16 学时计 1 学分。实行项目化课程改革的，按课程标准规定的学分额计。

实践教学学分包括军训、专业实习、课程设计、专用周、毕业设计（论文）、毕业实践等，每周计 1 学分。毕业教育（含毕业典礼与离校）计 1 学分。

素质教育学分包括文化素质、公共艺术、军事理论、大学生心理健康教育、体质健康、国家安全教育、节能减排、绿色环保、金融知识、社会责任、人口资源、海洋科学、管理等人文素养和科学素养方面的课程，按相应模块规定额计学分。

成果奖励学分包括学术论文、专利、技术开发项目、教学研究项目、学科技能大赛、创新创业大赛等，其学分额定与置换由《无锡职业技术学院学分银行管理办法》规定。

证书培训学分包括职业资格证书、职业技能等级证书、行业知名企业认可的证书等，其学分额定与置换由《无锡职业技术学院学分银行管理办法》规定。

第四条 专业人才培养方案额定总学分一般不低于 138 学分，其中公共平台课程 37 学分左右（含大学生职业生涯规划与就业指导 2 学分），素质教育类课程 9 学分，专业类课程 56 学分左右，专项能力训练课程（含军训 2 学分）36 学分左右。半年期顶岗实习可根据专业人才培养方案制定情况统筹考虑。

各专业可在培养方案中根据专业特点和教学改革需要，适当调整前款额定学分的具体标准。

第五条 学生应修读并取得专业人才培养方案规定的各类额定学分。学生在校学习期间取得各类成果奖励学分或证书培训学分，可按《无锡职业技术学院学分银行管理办法》申请学分置换。

第六条 学生可按专业人才培养方案的教学计划表安排学分修读时间。

第七条 学生可在学业导师的指导下，根据专业教学计划的要求和自身兴趣、职业规划、学业基础等情况安排学分修读。

原则上公共平台课程、专业基础课程和专项能力训练课程由学校统一安排教学进程，学生必须修读。

课程如有先修模块的要求，学生必须在完成先修模块课程后，才可修读其后续课程。

学生每学期修读学分应在 18 至 28 学分之间，原则上不得超过 28 学分，重新学习课程学分纳入原修读学期计算。符合以下条件的学生可适当放宽学期修读学分上限：

学生的累积学分绩点（指入学以来所有修读课程的平均绩点）达到 3.0 及以上的，在选修下一学期的课程时，最多可修读 32 学分。

第八条 选课原则

——培养目标与本人发展方向相符合；

——具备选修课程条件；

——先必修课，后选修课；

——学校教学条件允许；

——不足 25 人的课程不开班，由教务处会同各教学业务部门通知报该课程的学生改选其他课程；

——跨专业选课须经开课专业批准；

——文化素质教育选修课自由选择，在教师指导下单独选课。

第九条 学生所修读课程必须经过考核方可取得成绩。

考核分为考试与考查两种。考核成绩达 60 分以上或者及格以上者，可以取得该门课程的规定学分和相应绩点。

第十条 课程考核不及格的给予一次学期补考机会，补考及格者成绩计为 60 分（或及格），并可获得该课程的学分；补考不及格或不按规定参加补考者，须报名参加重新学习，考核成绩达 60 分以上或者及格以上者，可以取得该门课程的规定学分和相应绩点。

使用到机床设备和固定实习工位的实践课程，如考试不及格者不予补考，学生应重新学习该课程。

第十一条 学生因病或其他特殊原因申请缓考并经批准的，与学期补考的学生一起参加课程考核，课程考试成绩原则上以实际成绩计入补考成绩，并取得相应学分和绩点；缓考不及格的，不再安排补考，可报名参加重新学习。

第十二条 取消课程考核资格的，该课程成绩在记分登记时注明"取消考试资格"，并不得参加学期补考，须报名参加重新学习。任课教师须在考试前一周将取消考试资格的学生名单报教务处审批。

无课程实验的理论课程，有下列情况者取消该课程的考核资格：

——该课程旷课累计达到 8 学时（含）以上者；

——缺课超过该课程的 1/3 者；

——作业缺交 1/3（含）以上者（按教师规定时间逾期一周不交者，以缺交论处）。

有课程实验的理论课程，课程标准对实验课无特别要求的，按无课程实验的理论课程相同处理；课程标准对实验课有特别要求的，实验课按课程标准规定执行。

单独设课的实验课、专用周、课程设计、毕业设计（论文）、实训、实习等实践课程缺课超过该课程的 1/3 的，实验报告或作业缺交 1/3（含）以上者（按教师规定时间逾期一周不交者，以缺交论处），取消该课程的考核资格。

第十三条　实施分层教学的课程，不同层次间总评成绩可按一定比例进行折算，具体实施方案由课程所属部门负责制定。

第十四条　学生成绩实行绩点制。绩点是综合评价学生学习质量的依据。每门课程的考核成绩、学分、绩点均记入学生的学籍档案。

课程考核百分制成绩与绩点对应标准见表 3-1。

表 3-1　百分制成绩与绩点对应标准

等　　级	百分制课程考核成绩	成 绩 绩 点
A	90 ～ 100	4.0 ～ 5.0
B	80 ～ < 90	3.0 ～ < 4.0
C	70 ～ < 80	2.0 ～ < 3.0
D	60 ～ < 70	1.0 ～ < 2.0
E	0 ～ < 60	0 ～ < 1.0

等级制成绩与绩点对应标准见表 3-2。

表 3-2　等级制成绩与绩点对应标准

等　级　制	折合百分制	成 绩 绩 点
优秀	95	4.5
良好	85	3.5
中等	75	2.5
及格	65	1.5
不及格	50	0

其他计分方式情况：

1）合格/不合格计分制课程，按照以下标准计成绩绩点：合格成绩绩点为 3.5，不合格成绩绩点为 0。

2）申请免修或学分置换的课程，成绩绩点按《无锡职业技术学院学分银行管理办法》规定执行。

课程学分绩点与平均学分绩点计算方式如下：

① 课程学分绩点由所修课程的学分与学分绩点的乘积构成。课程学分绩点 = 该课程的学分 × 成绩绩点。

② 平均学分绩点是综合评价学生学习质量的主要指标，是免修、评优的重要依据。

平均学分绩点 = 课程学分绩点之和 ÷ 所修课程学分之和。

第十五条　取得我校承认的外校课程成绩及学分,经本人申请,由教务处(分院)审核后予以认定。

第十六条　学生在规定学制内取得专业人才培养方案各类额定学分者可以毕业,发给毕业证书。

修读人工智能微专业取得相应培养方案额定学分者,可以取得人工智能微证书。

第十七条　学生在规定学制内提前修满本专业额定学分者,可向所在学院提出提前毕业申请,报教务处审核、校长办公会议讨论批准。

申请提前毕业学生的毕业设计(论文)、毕业实践工作由学院安排。

提前毕业的学生所修课程平均绩点应当不低于3.0。

提前毕业学生的毕业证书等按江苏省教育厅规定的发证时间办理。

第十八条　本办法适用于学校全日制高职专科生。外国留学生及港澳台侨学生相关管理事宜参照本办法执行。

第十九条　本办法所称以上及以下均包括本数。

第二十条　本办法自公布之日起施行,由教务处负责解释。

(3)无锡职业技术学院学分银行管理办法(案例)　依据《国家职业教育改革实施方案》(国发〔2019〕4号)、教育部等四部门印发《关于在院校实施"学历证书 + 若干职业技能等级证书"制度试点方案》的通知(教职成〔2019〕6号)、《国务院关于加快发展现代职业教育的决定》(国发〔2014〕19号)、《高等职业教育创新发展行动计划(2015—2018年)》(教职成〔2015〕9号)等文件精神,为了扎实推进无锡职业技术学院教育教学改革,构建多元成才质量体系,鼓励学生积极参与各级各类科学研究、技能大赛、创新创业等活动,积极推进1+X证书制度试点,特制定本办法。

第一条　学分认定计分项目

对于学生参与的各类科研项目与竞赛,可列入计分的项目见表3-3。

表3-3　学分认定类别及计分项目

分　类	计分项目类别	级　别
科学研究	学术论文	一级类、二级类、三级类
	专利	
	科研类课题	国家级、省部级、市厅级、校级
	教研类课题	
	创新创业项目	
专项能力证书	职业技能等级证书	初级、中级、高级
	国家职业资格证书	一级、二级、三级、四级、五级
	行业企业认可的证书	初级、中级、高级
各类竞赛	创新创业大赛	国家级、省部级、市厅级、校级
	技能大赛	

第二条　学分存放

学生在校期间所获学分经认定后均存放于无锡职业技术学院学分银行管理平台,学生可随时登录查看所获学分,并根据自己的课程置换需求进行自助式学分置换。

第三条　学分置换规则

各类计分项目按级别详细分类,根据取得成果排名或获奖级别认定相应学分、可置换课程类别及置换成绩,具体规定可置换课程类别见表3-4,认定学分值及可置换课程成绩见表3-5。

相同类别成果取得的学分可以累积,学分置换时,选择需置换课程,申请学分置换,管理员审核通过后,课程成绩增加记录"学分置换",成绩相应改变,累积的可置换学分相应减去已置换课程的学分,剩余学分还可以继续使用。

不同类别成果取得的学分不可以累积。

第四条　本规定自颁布之日起执行。

第五条　本规定由教务处负责解释。

(4)学分制改革的难点问题探析　在学分制条件下,基于职业教育的类型特点和学制、生源类型的多样性,在学分互认、学分转换与学分衔接等环节中,由于教育理念的差异、教学资源的差异、教学标准的规范性等问题,在职业院校学分制改革中还存在着诸多难点问题,需要在实施学分制的过程中,不断借鉴和创新相关管理方法和信息化管理技术。

1)学分转换的认可性问题。学分互认是指不同层次的学历教育之间和不同的院校之间互认,学历教育与非学历教育之间的学分互换。职业院校的学分互认主要有以下几种情况:一是高一层次课程的学分互认问题,主要是指学生在低一层次学习阶段,通过业余时间利用各种官方认定的学习资源或特定学习渠道已通过的高一层次课程的考试,如何科学地转换认定为当前学习阶段的学分;二是同一层次课程的学分互认问题,这主要是指异地转学或异校选学已获得的学分,如何科学地转换认定为当前学习阶段的学分;三是低一层次课程的学分互认问题,尽管是低一层次,但相关课程和成绩已达到当前学习阶段某些课程的课程要求,如何科学地转换认定为当前学习阶段的学分;四是在当前或前一阶段学习中通过自身努力获取的专项能力证书、创新创业与比赛获奖等成果的学分互认问题,如何科学地转换认定为当前学历教育中相关课程的学分;五是在当前学历教育学习中已获取的相关课程学分,如何科学地转换认定为相关专项能力证书的培训学分。

2)学分折算标准与鉴定问题。学分折算是指学生获得的前述各类学习成果如何进行鉴定并折合成毕业所需的有效学分或证书培训学分。学分折算与鉴定主要有以下几种情况:一是学历教育课程学分,通常按各校规定学分直接认定;二是学生所取得的各类专项能力证书,如国家职业资格证书、职业技能等级证书、行业企业证书等,如何根据证书培训学时、证书级别等进行折算;三是学生参加各类创新创业活动与比赛获奖,如何进行级别鉴定与学分折算;四是学生参加教师的科学研究课题、发表学术论文或申获相关专利等,如何进行鉴定与学分折算。以上学分折算是我国职业教育改革与学生个性化发展的重要前提,其关键难点在于各类学习成果与专业学历教育之间的关联性鉴定、知识能力结构体系构建、学习量的衡量与鉴定等方面。

3)学分衔接问题。学分衔接是指各种不同类型、不同层次的教育,如何通过相互之间的学分联系加以贯通,使之能够较为顺利地从一种教育类型转换成另一种教育类型,或从低一层次教育转换为高一层次教育。例如,高等职业教育与普通应用型本科教育之间的衔接、中等职业教育与高等职业教育之间的衔接、职业教育的学历教育与职业技能等级证书之间的衔接等。

4)信息化管理平台建设问题。信息化管理平台的建设是学分制改革的基础保障。首先,选课制是学分制的最基本特征,也是衡量学分制改革深入与否的重要标志,目前高职院校普遍为万人以上规模,一个支持微服务弹性扩展、高并发、个性化消息推送、云计算选课、成绩安全预警机制、多元个性化人才培养方案的先进教学管理系统是必不可少的;其次,为便于实现学分认定、积累、转换,必须建立"学分银行"制度,配套开发保障"学分银行"制度顺利运行的学分银行管理系统,理想状态是建立职业教育国家学分银行管理系统,为实现各类学分互认建立基础平台,此项工作由国家开放大学在牵头实施,但国家学分银行管理系统涉及国家资历框架的建立、相关制度的建设要统筹兼顾、平衡各方面的影响因素,只能采取"统筹规划、整体设计、分步实施""先易后难、由内及外、试点先行"等原则,因此在国家"学分银行"建设过程中,考虑院校先行试点,可以先建设校级"学分银行"制度和配套管理系统,逐步从单个学校内部运行扩展到同类院校联盟体,再逐步实现省级层面的"学分银行"制度运行,最终实现与国家"学分银行"的对接与融合。

3.2.2 校级"学分银行"制度架构(以无锡职业技术学院为例)

1.校级"学分银行"理念定位

无锡职业技术学院为了进一步深化教育教学改革,提升人才培养质量,创新人才培养模式,全面推进素质教育,适应社会和经济发展的需要,促进学生自主发展,培养德、智、体、美、劳全面发展,具有工匠精神和创新创业能力的高素质技术技能型人才,积极探索"C-C-I"(双证实用型、专业复合型、创新创业型)技术技能人才系统化培养,以深化"双主体两融合多通道"人才培养模式改革提供机制保障为主要抓手,深入推进新时代学分制改革,创新完善相关教学管理制度,形成学生自主学习、主动学习、个性发展的科学机制和良好成才环境,拓宽学生个性化发展通道,鼓励引导学生积极参与各级各类科学研究与技术创新研究、创新创业活动、学科技能大赛、专项能力培训与考证等,于2019年起试行学分银行管理制度。"学分银行"以"制度先行、建立通道、终身教育、服务学生"为建设理念,定位于面向校内全体学生,逐步外延至"无锡市 1+X 证书制度试点联盟"内所有中高职学校,打通各类学历教育、非学历教育成果互认通道。

2.校级"学分银行"组织架构

校级"学分银行"组织架构主要包括:学分银行管理委员会(也可由教学工作委员会兼),主要负责"学分银行"制度体系的构建与"学分银行"运行宏观指导与决策;学分银行管理中心(一般设在教务处),负责"学分银行"的运行管理与具体业务工作,根据学校教学部门机构设置情况,组织进行有关学分认定、学分转换等具体各项配套细则的制订和运行过程中的审核工作。

3.校级"学分银行"制度体系

校级"学分银行"主要制度包括:《无锡职业技术学院学籍管理办法》《无锡职业技术学院学分制管理办法》《无锡职业技术学院学分银行管理办法》《无锡职业技术学院学分制课程重新学习实施细则》《学习成果认证标准制定指导意见》《学习成果认证、积累和转换管理办法》《1+X 书证融通学分认证标准制定指导意见》等。

3.2.3 学习成果分级分类方法

学习成果类别主要可分为学历教育学习成果、非学历教育学习成果、无一定形式学习成果三大类，而每一大类又可进行细分，具体分类如图 3-5 所示。

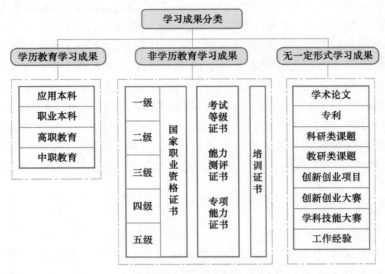

图 3-5 学习成果分类

学历教育学习成果一般直接以课程为学习成果衡量单位，分级方法主要依据教育层次进行划分。非学历教育学习成果主要依据相关证书，以证书为学习成果衡量单位，分级方法主要依据证书级别进行划分。无一定形式学习成果种类多、学习时数特征不显性，难以形成统一的学习成果衡量单位，可基于学校相关成果管理和奖励办法，以单一项目或成果为衡量单位，分级方法主要依据相关项目或成果的级别与难度进行划分。针对非学历教育学习成果和无一定形式学习成果，无锡职业技术学院结合学分银行管理办法与相关教科研管理办法、创新创业教育管理办法等，对此两大类学习成果进行了分类、分级与学分转换属性的规定，见表 3-4，各类学习成果的认定学分及可置换成绩见表 3-5。

表 3-4 各计分项目详细分类及可置换课程说明

级 别	成果类别	成果名称	可置换课程类别
一级类	学术论文	SCI、SSCI、《中国科学》《中国社会科学》《新华文摘》（全文转载）	专业课（含专业基础课）、通识课、素质类课程
		EI 源刊、A&HCI、CSSCI 源刊（核心）；人大复印资料（全文转载）、《人民日报》《光明日报》理论版（超过 1500 字）	
		CSSCI（扩展）、CSCD 收录、《新华文摘》论点摘编	
		中文核心期刊、《中国教育报》理论版（超过 1500 字）注：北大中文核心期刊要目总览	
	专利	发明专利权	
二级类	学术论文	学院办期刊（无锡职业技术学院学报，机械职业教育）	专业课（含专业基础课）、通识课、素质类课程
		一般中外文期刊（具有 CN 刊号的一般学术期刊，或一般有 ISSN 刊号的国际期刊）	
	专利	实用新型专利	
三级类	专利	计算机软件著作	专业课（含专业基础课）、素质类课程
		外观设计专利	
	专项能力证书	职业技能等级证书、国家职业资格证书、行业企业认可的证书	

（续）

级 别	成果类别	成果名称	可置换课程类别
国家级	科研类课题	国家自然科学基金、国家社科基金、国家科技攻关	专业课（含专业基础课）、通识课、素质类课程
	创新创业大赛	国家级创新创业大赛	
	创新创业项目	国家级创新创业项目	
	技能大赛	国家级技能大赛	
	教研类课题	国家教育教改研究课题	
省部级	科研类课题	省级自然科学基金、社科基金、科学技术、人文社科	专业课（含专业基础课）、通识课、素质类课程
	创新创业大赛	省级创新创业大赛	
	创新创业项目	省级创新创业项目	
	技能大赛	省级技能大赛	
	教研类课题	省级、全国一级协会教育教改研究课题	
市厅级	科研类课题	市级科研研究课题	专业课（含专业基础课）、素质类课程
	创新创业大赛	市级创新创业大赛	
	创新创业项目	市级创新创业项目	
	技能大赛	市级技能大赛	
	教研类课题	市级、省高教学会教育教改研究课题	
校级	科研类课题	校级科研项目	素质类课程
		其他来源科研项目	
	创新创业大赛	校级创新创业大赛	
	创新创业项目	校级创新创业项目	
	技能大赛	校级技能大赛	
	教研类课题	校级教育教改研究课题	
		其他来源教学研究项目	

注：1. 创新创业大赛为挑战杯、互联网＋大学生创新创业大赛、大学生电子商务"创新、创意及创业"挑战赛、"外研社杯"英语演讲大赛。艺术与设计类专业创新创业大赛还可以有德国红点、德国 IF、美国 IDEA、金犊奖、大师奖、全国大学生广告艺术大赛、全国高校数字艺术作品大赛。

2. 除校级类成果外，其余成果均应与学生所学专业相关。

表 3-5 成果排名或等级、学分及可置换成绩标准

成 果		排名或等级	学 分	可置换成绩
学术论文	SCI、SSCI、《中国科学》《中国社会科学》《新华文摘》（全文转载）	1	28	90
		2	10	90
		3	2	90
	EI 源刊、A&HCI、CSSCI 源刊（核心）；人大复印资料（全文转载）、《人民日报》《光明日报》理论版（超过 1500 字）	1	20	90
		2	7	90
		3	2	90
	CSSCI（扩展）、CSCD 收录、《新华文摘》论点摘编	1	16	90
		2	5	90
		3	2	90
	中文核心期刊、《中国教育报》理论版（超过 1500 字）	1	12	90
		2	4	90
		3	2	90

（续）

成　果		排名或等级	学　分	可置换成绩
学术论文	学院办期刊	1	5	80
		2	2	80
	一般中外文期刊	1	4	80
		2	1	80
专利	发明专利	1	28	90
		2	10	90
		3	2	90
	实用新型专利	1	5	80
		2	2	80
	计算机软件著作权	1	2	80
	外观设计专利	1	2	80
创新创业大赛	国家级创新创业大赛	特等奖	28	90
		一等奖	24	90
		二等奖	18	90
		三等奖	10	90
	省级创新创业大赛	特等奖	12	90
		一等奖	10	90
		二等奖	8	90
		三等奖	4	90
	市级创新创业大赛	特等奖	6	80
		一等奖	4	80
		二等奖	2	80
	校级创新创业大赛	一等奖	1	80
技能大赛	国家级技能大赛	一等奖	28	90
		二等奖	20	90
		三等奖	12	90
	省级技能大赛	一等奖	12	90
		二等奖	8	90
		三等奖	4	90
	市级技能大赛	一等奖	4	80
		二等奖	2	80
	校级技能大赛	一等奖	1	80
科研、教研类课题、创新创业项目		学生参与教师主持的各级各类科学研究和教学研究课题，由课题负责人在课题结题后申请一名学生，根据学生参与课题情况给予2～4学分认定，可换算课程类型及换算成绩与同级别其他计分项目一致　学生主持的各级各类创新创业项目，主持人在课题结题后，申请两名学生（含主持人），分别给予省级项目各4学分、校级项目各2学分的学分认定		
专项能力证书		根据相关证书内涵、级别与培训学时，由学生所在专业院系根据学校1+X证书试点管理办法进行学分与成绩的认定		

3.2.4 "学分银行"应用模式

1. 专业群与证书群对接模式

专业群建设是近年来职业教育专业建设中专业复合型人才培养的有效途径，一个专业群中一般包含3～5个专业，健全对接产业、动态调整、自我完善的专业群建设发展机制，促进专业资源整合和结构优化，发挥专业群的集聚效应和服务功能，实现人才培养供给侧和产业需求侧结构要素全方位融合。契合当今技术发展与生产模式转型的协同化生产模式对复合型专业人才的需求，通过群内各专业之间的协同与融合，专业群课程体系的重构与优化，培养专业复合型人才。另一方面，按照高质量发展要求，坚持以学生为中心，深化复合型技术技能人才培养培训模式和评价模式改革，提高人才培养质量，畅通技术技能人才成长通道，拓展就业创业本领。落实职业院校学历教育和培训并举并重的法定职责，坚持学历教育与职业培训相结合，促进书证融通。将1+X证书制度试点与专业建设、课程建设、教师队伍建设等紧密结合，推进"1"和"X"的有机衔接，提升职业教育质量和学生就业能力。国务院教育行政部门探索建立职业教育"学分银行"制度，研制相关规范，建设信息系统，对学历证书和职业技能等级证书所体现的学习成果进行登记和存储，计入个人学习账号，尝试学习成果的认定、积累与转换。学生和社会成员在按规定程序进入试点院校接受相关专业学历教育时，可按规定兑换学分，免修相应课程或模块，促进学历证书与职业技能等级证书互通。在一个专业群内，根据专业群内专业设置情况，可以选择若干个职业技能等级证书，按照"结构化融通、个性化选择、专门化发展"原则，群内专业与证书对接可以有以下几种方式：一个专业对接一个证书（一对一）、一个专业对接多个证书（一对多）、多个专业对接一个证书（多对一）、多个专业对接多个证书（多对多），如图3-6所示。专业群与证书群对接模式通过"X"证书为纽带，可实现校内专业群各专业之间的学分互认。

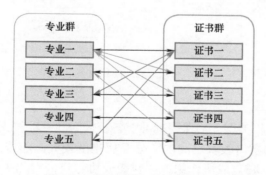

图 3-6 专业群与证书群对接模式

2. 校内学历教育与非学历教育学分互换模式

随着职业教育改革的不断深化、技术技能人才培养培训模式和评价模式改革的不断推进，更快适应职业教育复合型、双创型人才培养与学生个性化发展的需求，大多职业院校都已在进行学分互认的探索，一般采用单向认定和双证书制两种模式。2019年随着1+X证书制度试点的开展，提出了书证融通的设计理念，实现了学历教育和非学历教育

（"X"证书）之间的双向认定模式。

单向认定模式是指学习者已获得的职业资格证书、职业技能等级证书、能力测评证书、岗位培训证书以及专利论文等无一定形式学习成果经学校相关管理规定可以转换为与之相匹配的学历教育专业部分课程的学分。

双证书制模式是指职业院校在制定专业人才培养方案时，将学历教育课程体系与职业资格证书进行系统化设计后，在人才培养方案中规定学生在毕业时除需获得人才培养方案规定的课程总学分外，还需获得在人才培养方案中规定的相关职业资格证书，即"学历证书＋职业资格证书"双证书。

双向认定模式是指在专业人才培养方案制定中结合专业选定职业技能等级证书，对专业课程体系与职业技能等级证书进行一体化设计，在课程体系中明确"X"证书的前导课程、接口课程，学生在完成专业学历教育课程时同步完成了相关"X"证书的部分培训内容，在后续参加"X"证书培训与考核时予以认定，只需完成此"X"证书的专用模块的培训即可参加证书考核，双向认定基于"书证融通"系统化设计得以实现。此模式仅适用于1+X证书制度试点专业的在校学生，试点院校要会同培训评价组织，对照专业教学标准、课程标准与相关证书的职业技能等级标准，依据有关规则研制具体的学习成果转换办法，实现课证双向互认，即职业技能等级证书可认定为相关课程学分，相关课程学分可冲抵相应证书考核的部分或全部内容。

校内学历教育与非学历教育学分互换模式如图3-7所示。

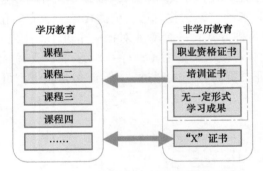

图 3-7　校内学历教育与非学历教育学分互换模式

3. 校内校外院校联盟学分互认模式

由于职业教育在课程类型上、课程标准上各校之间的差异较大，在标准的执行上也存在差异，导致校内校外学历教育之间的学分互认难度较大。随着1+X证书制度试点的推进，通过建立1+X试点联盟或协作组，在联盟或协作组内对相关证书、接口课程标准等进行协商后，制定科学的认定标准和认定规范，对探索学历教育院校之间的学分互认具有积极意义。例如，江苏省教育厅组织成立江苏省职业院校1+X证书制度试点工作办公室，以专业大类成立江苏省职业院校1+X证书制度试点工作协作组，提出"推动学分转换。试点院校要会同培训评价组织，对照专业教学标准、课程标准与相关证书的职业技能等级标准，依据有关规则研制具体的学习成果转换办法，实现课证双向互认（即职业技能等级证书可认定为相关课程学分，相关课程学分可冲抵相应证书考核的部分或全部内容），并在'学分银行'备案发布""开展典型专业学分认定试点。依托'双高计划'建设学校和职业教育本科试点学校，选择具代表性的典型专业开展学分认定试点。一是跨校学分互认，学生获取典型专业相关课程的学分后，在省内开设同一专业的其他职业院校可直接认定，无须重复学习；二是课证学分互认，典型专业学历教育课程与关联的职业技能等级证书相同课程学分互认。全省首批将确定 10 个典型专业，以此形成一批可复制、可借鉴的'学分银行'应用模式和典型案例"。

校内校外院校联盟学分互认模式如图 3-8 所示。

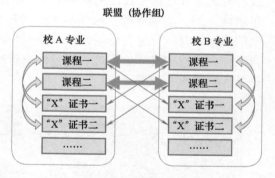

图 3-8　校内校外院校联盟学分互认模式

4. 不同层次学历教育之间的学分衔接与互认模式

不同层次、不同类型学历教育之间，通过彼此之间的学分联系加以贯通，使之能够较为顺利地从低一层次向高一层次或从一种教育类型向另一种教育类型转换。例如，中等职业教育与高等职业教育的衔接培养，主要通过系统设计两个学历教育阶段的课程体系，在高一层次的学历教育阶段对低一层次的学历教育阶段的相关课程进行学分认定，同时在高一层次的学历教育阶段进行技术拓展和向高技能人才方向培养。再如职业教育与普通教育之间的分段培养，打通两种类型教育之间的转换，可以是由中等职业教育与变通本科教育之间的"3+4"分段培养，也可是由高等职业教育与普通本科教育之间的"3+2"分段培养。以上不同层次、不同类型学历教育之间的学分衔接，一方面可以通过两个阶段学校之间的试点项目方式，进行课程体系的衔接设计完成；另一方面可以通过相应职业技能等级证书的初、中、高级，以证书为纽带，实现不同学历层次之间、不同类型之间的学分互认。

不同层次学历教育之间的学分衔接与互认模式如图 3-9 所示。

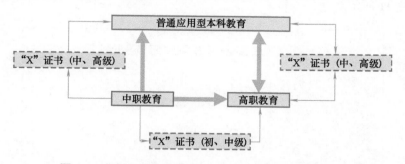

图 3-9　不同层次学历教育之间的学分衔接与互认模式

3.3　信息管理平台建设研究

3.3.1　"X"证书信息管理服务平台

职业技能等级证书信息管理服务平台是教育部专门为各参与 1+X 试点项目的院校建

设的专属业务管理平台，主要用于试点院校向培训评价组织申报培训站点、考核站点、发布培训计划、培训课程，组织学生报名参与 1+X 证书培训与考试，并对职业技能等级证书的培训学时学分进行记录，对"X"证书进行管理、查询等。试点院校业务平台主要包含工作台、机构管理、标准管理、证书管理、考试管理、周报管理、系统管理七个栏目，登录入口如图 3-10 所示。

图 3-10　职业技能等级证书信息管理服务平台登录入口

1. 登录页面

使用试点院校负责人或试点院校业务管理员账号和密码登录，即可进入业务平台。登录页面如图 3-11 所示。

图 3-11　职业技能等级证书信息管理服务平台登录页面

2. 机构管理

在机构管理模块中，试点院校可查看经审批通过的试点证书对应的培训评价组织机构信息及其发布的证书情况，如图 3-12 和图 3-13 所示。

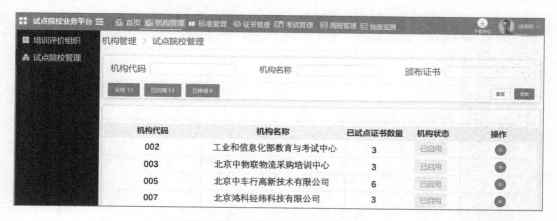

图 3-12　培训评价组织机构查询

图 3-13　培训评价组织 "X" 证书查询

3. 标准管理

在标准管理模块中，试点院校可查看经审批通过的试点证书清单及对应的培训评价组织发布的证书标准，如图 3-14 和图 3-15 所示。

图 3-14　标准管理模块中职业技能等级标准查询

图 3-15　职业技能等级证书标准查询

4. 证书管理

在证书管理模块中，设置有"证书信息管理""证书发放管理""证书试点申报"三个功能，如图 3-16 所示。

在"证书信息管理"功能中，可查看所有已开展试点的证书名称、证书等级、颁证机构等信息，并通过单击"操作"按钮查看证书详情，如"证书名称""开设时间""考试方式""学时""所对应的职业教育专业大类""适用人群""对应专业""取证要求"等，如图 3-17 所示。

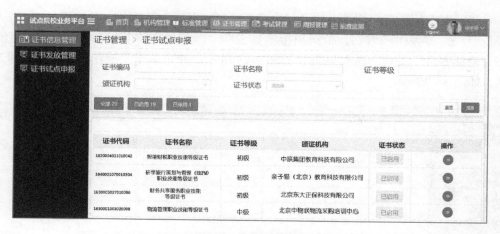

图 3-16 证书管理模块

图 3-17 查看证书详情

在"证书发放管理"功能中，可查询所有已参加考证人员的证书考核情况，可按"培训评价组织待签发""培训评价组织拒绝签发""考核站点待签发""考核站点拒绝签发""确认签发"等进行统计查询，如图 3-18 所示。通过单击"操作"按钮可查询发证详情，如图 3-19 所示。

图 3-18 "证书发放管理"功能

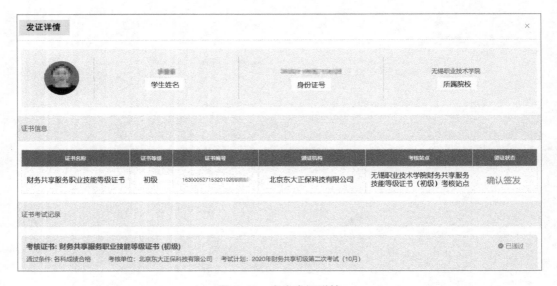

图 3-19 查询发证详情

在"证书试点申报"功能中，可在省级教育行政部门的统一规划时间段内进行试点证书申报，如图 3-20 所示。

5. 考试管理

试点院校在完成本年度的证书申报工作后，省厅已批准试点的证书，均可根据证书对应的培训评价组织的考试计划，在试点院校业务平台上完成考点申报、考场设置、考生信息管理、为学生报考，根据培训评价组织的排考安排，设置监考人员，下载考场签到表、桌贴、门贴等用于组织考试，考试结束后可以查看。考试管理模块如图 3-21 所示。

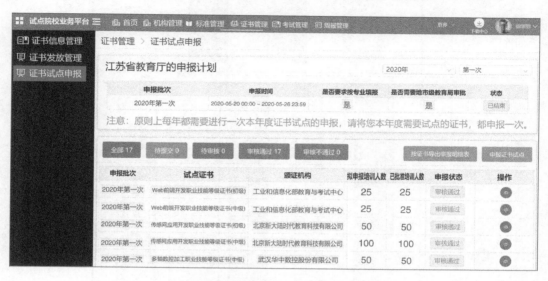

图 3-20 证书试点申报

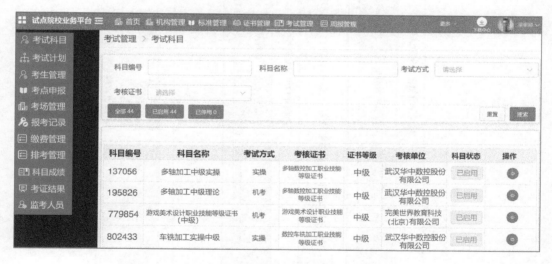

图 3-21 考试管理模块

考试组织流程如图 3-22 所示，各角色的蓝色部分为该角色要做的主要事项，培训评价组织和试点院校在 1+X 证书平台上主要完成考务组织部分工作。学生考试平台、命题组卷平台、阅卷平台、考试收费系统等考试实施系统由各培训评价组织各自建设。试点院校在自己的试点院校业务平台上完成考点申报、考场管理、考生管理、报考记录、排考管理、核准发证等工作即可。

证书发放流程如图 3-23 所示，学生通过证书考试后，需要培训评价组织和试点院校进行在线审核签发证书。签发通过后，系统会生成学生的电子证书。培训评价组织可以下载电子证书，打印成纸质证书加盖公章发放给学生。学生拿到证书后，可以根据证书编

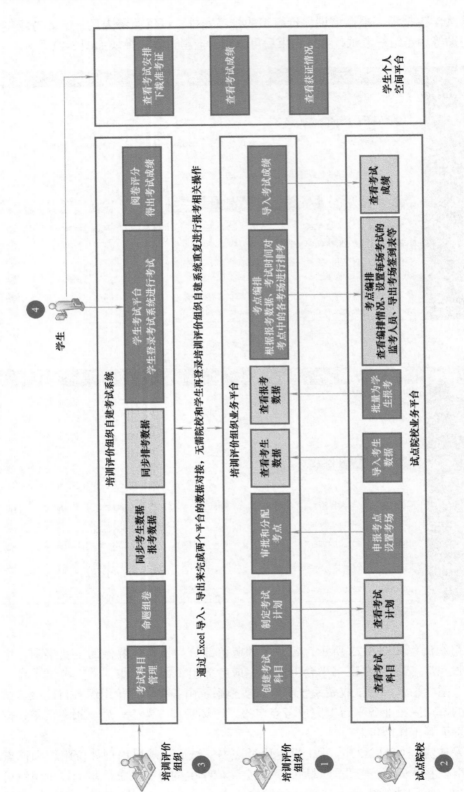

图 3-22　考试组织流程

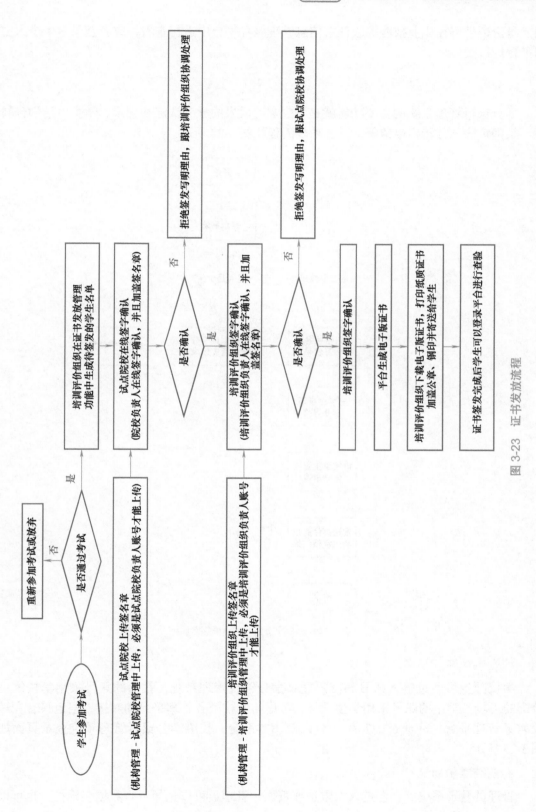

图 3-23 证书发放流程

码、身份证号码在职业技能等级证书信息管理服务平台中进行查看，或者登录学生个人空间平台进行查验。

3.3.2 校级学分银行管理平台（登记、认定、积累、转换）

学分银行管理系统的主要功能就是学生学习成果的学分认定和积累、学生申请学分转换、教师审核学分转换申请等，系统功能流程如图 3-24 所示。

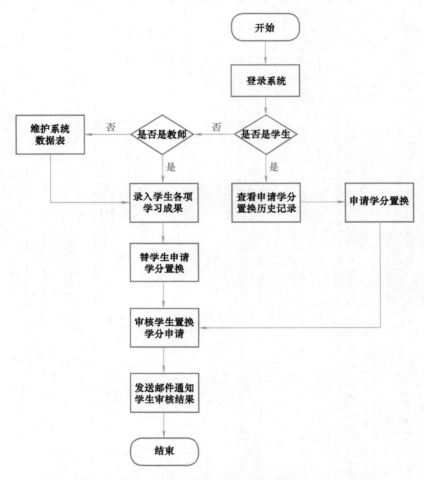

图 3-24　学分银行管理系统功能流程图

1. 登录功能

学校师生可通过输入账号和密码登录学分银行管理系统，教师的账号采用学校统一分配的工号，学生的账号采用学生学号，考虑与学校教务管理平台的对接，限定只有在学校教务管理平台中注册过的师生才可以使用本系统。校级学分银行管理系统登录页面如图 3-25 所示。

2. 系统维护功能

管理员登录系统后，会进入权限选择页面，管理员可以选择进行数据表维护，也可以选择行使教师的职责。管理员选择页面如图 3-26 所示。

图 3-25　系统登录页面

图 3-26　管理员选择页面

　　数据表维护是管理员对系统的各张数据表进行增删查改的维护，基础数据维护只能根据国家或者无锡职业技术学院发布的管理文件进行维护，数据维护页面如图 3-27 所示。

　　教师职责是对学生的各项学习成果进行管理并进行学分兑换申请操作和审核学分兑换申请操作，对学生各项学习成果操作就是录入学生的论文成果、专利成果、科研研究成果、教研研究成果、技能大赛成绩、创新创业大赛成绩、专项能力证书获取等。教师职责页面如图 3-28 所示。

图 3-27　数据维护页面

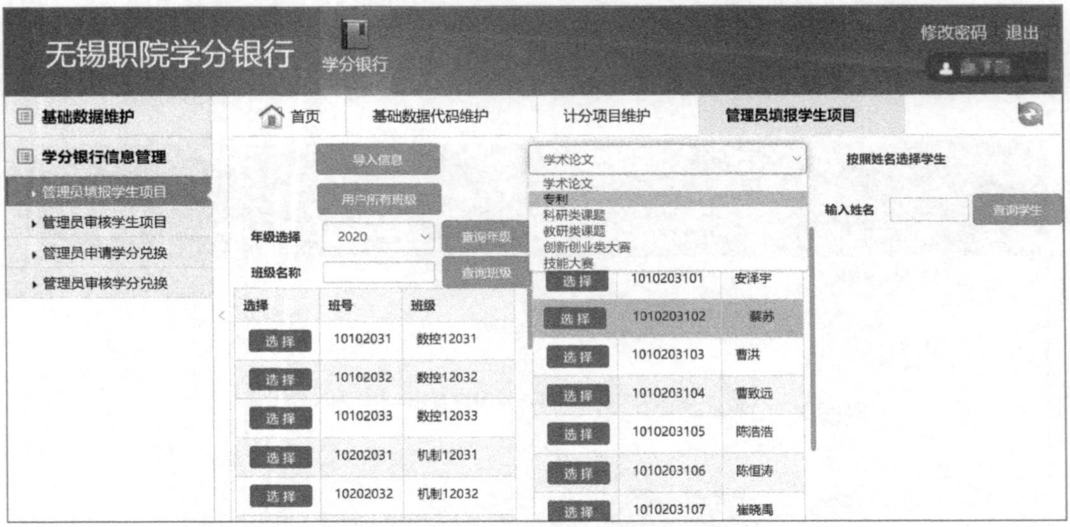

图 3-28　教师职责页面

　　管理员在进入数据维护页面后，如果选择了"基础数据代码维护"选项，会进入基础数据代码维护页面，包括成果分类表、成果级别表、成果科类表、学年表四张表。成果分类表把系统包含的所有学习成果都划分为两个层次，即科学研究和竞赛；成果级别表将几个计分项目下的具体学习成果划分成不同的级别，学术论文和专利分为一级、二级、三级三个等级，研究课题、技能大赛和创新创业类大赛分为国家级、省部级、市厅级、校级四个等级；成果科类表则用来划分学生发表论文的性质，分为工科和文科；学年表就是学校的年度上课时间。基础数据维护页面如图 3-29 所示。

　　管理员如果选择了基础数据代码维护、计分项目维护、成果编码维护选项，会进入相应数据维护页面，因这三张数据表的维护页面性质一样，此处仅展示计分项目维护页面，如图 3-30 所示。

图 3-29　基础数据维护页面

图 3-30　计分项目维护页面

管理员如果选择了教师职责选项，系统角色依然是管理员，但是行使的却是教师的权限，其教师职责页面及教师权限同教师角色一样。

3. 学分认定和积累

学生在校期间所获学习成果经认定后均存放于无锡职业技术学院学分银行管理系统，学生可随时登录查看所获学分，并根据自己的课程兑换需求进行自助式学分兑换。各类计分项目按级别详细分类，根据取得成果排名或获奖级别认定相应学分、可兑换课程类别及兑换成绩，具体认定学分值及可兑换课程成绩按《无锡职业技术学院学分银行管理办法》执行。

使用教师身份登录系统后，会进入教师主页，学分银行管理系统的学分认定功能由教师负责，学生向学校提交纸质证明材料，教师在检查证明确认其真实性后向系统中录入该生的学习成果。例如，学术论文成果录入页面如图 3-31 所示。

图 3-31　学术论文成果录入页面

　　在学术论文成果录入页面，教师将学生的相关信息以及学生提交的关于自己发表论文的各项信息录入系统。学期一栏是指学生发表论文的时间。学生所在学院、专业等信息可以通过访问无锡职业技术学院的教务系统读取，论文代码、论文题目、发表时间都由学生提供，可兑换的分值以及成绩都在成果换算详情表中规定过了，是根据不同级别的刊物和排名决定的，都是不可更改的。页面左侧显示的列表是已经录入系统的所有学生发表论文的记录，教师可以根据某一种刊物，快速查找在该种刊物中发表过论文的学生。另外，教师还可以在学生学号一栏中输入要查找的学生的学号，可以更加快速地查找到某个学生发表过的所有论文的记录，如果这一栏没有输入学号，则查询的是所有学生发表论文的记录。专利成果录入页面、研究课题成果录入页面、创新创业大赛成绩录入页面、技能大赛成绩录入页面说明和功能同学术论文成果录入页面。

　　4. 申请学分兑换功能

　　学生在"学分银行"中存入"个人学分"后，可以进入学分兑换页面查看自己的学分总数以及学分详情，选择可兑换课程后，提交兑换该门课程学分的申请。学分兑换页面如图 **3-32** 所示。

图 3-32　学分兑换页面

　　页面左侧上方的列表显示登录学生的各项学习成果,列表的第一栏和第二栏显示的是登录学生的两类信息,成果名称列的信息是学生获得各项学习成果的名称,总学分列是指学生在该项学习成果中所有成果所获得的可兑换学分总和,即相同类别成果取得的学分可以累积,已兑换学分列是指在该项学习成果中已经兑换课程成绩所消耗的学分,剩余学分列是该项学习成果中"总学分"减去"已兑换学分"得到的学分,即该项学习成果实际可兑换学分。例如:学生王宜鹏登录进入页面后,在 SCI 上一共发表两篇论文,一篇论文获得 2 学分,另外一篇论文获得 3 学分,则王宜鹏在 SCI 成果中一共有 5 学分,之前已使用 4 学分兑换大学英语 I 课程的成绩,所以剩余学分是 1 学分。

　　当学生选定要兑换的学习成果类别后,单击"查询课程",页面右侧上方的列表就会显示学生可以选择兑换成绩的课程,列表上方的文本框显示实际可兑换学分,选择需要兑换的课程,可申请学分兑换。此时,累积的可兑换学分相应减去已兑换课程的学分,剩余学分还可以继续使用。不同类别成果取得的学分不可以累积,如果学生选择两种类别的学习成果进行查询,则会跳出提示,如图 3-33 所示。

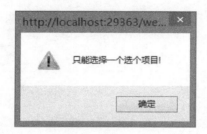

图 3-33　选择类别错误提示

　　如果学生忘记选择学习成果类别,或者选择的学习成果类别实际可兑换学分为 0,则会跳出提示,如图 3-34 所示。

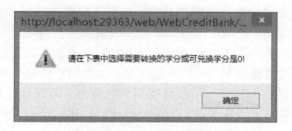

图 3-34　未选择需兑换学分错误提示

　　学分兑换页面下方列表显示登录学生所有的已申请学分兑换的记录,无论是申请中、审核失败还是审核成功的记录,如果学生对审核结果有异议,均可到所在班级负责人处反映情况。

　　学分兑换申请除了可以学生自助选择课程提交申请外,教师也可以根据学生意愿代为提交申请,教师代为申请学分兑换页面和学生申请学分兑换页面的不同之处,在于教师需要访问无锡职业技术学院教务管理系统的数据库读取学生信息,查到学生的各项学习成果记录,才可以进行学分兑换申请。

5. 审核学分兑换申请

学生自行提交学分兑换申请或者教师代学生提交学分兑换申请后，教师或管理员可以进入学分兑换申请审核页面，如图 3-35 所示。

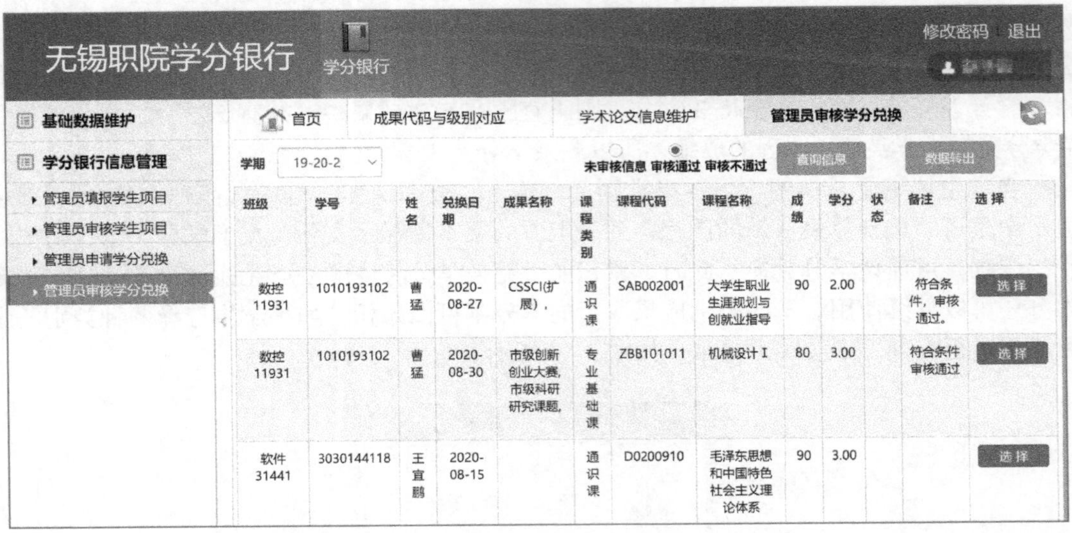

图 3-35 学分兑换申请审核页面

教师进入到审核页面后，一开始显示的是无锡职业技术学院所有分院学生的学分兑换申请记录。列表前四列显示的是提交申请的学生的各项信息，兑换日期即学生提交申请的时间，成果名称即要兑换课程学分的学习成果，后面三列显示的是从无锡职业技术学院教务管理系统调出的所要兑换的课程的各项信息，如课程代码、课程名称、课程类别，成绩和学分列显示的是兑换成功后该门课程将会获得的成绩和课程学分。如果需要审核某个分院的学生的学分兑换申请记录，只需要单击分院的下拉菜单即可，学期指的是审核时间。为了快速区分未审核信息、已审核信息、审核失败信息，在列表上方设置了三个选项。教师单击"选择"按钮，选中所要审核的申请，下方的文本框会显示此条申请记录的各项信息，便于教师快速、清楚地看到记录的主要信息，从而审核信息的真实性。教师在审核过信息的真实性后，可以在备注中写下同意或拒绝的理由。若同意兑换，也可不填写备注；若不同意兑换，则必须填写备注信息，写明拒绝原因，然后单击"审核确定"按钮，完成审核。

第4章
CHAPTER 4   1+X 书证融通的原则与方法

2019 年 1 月，国务院印发了《国家职业教育改革实施方案》，提出了 1+X 证书制度试点。2019 年 4 月，教育部等四部委印发《关于在院校实施"学历证书＋若干职业技能等级证书"制度试点方案》（以下简称《试点方案》），明确了学历证书与职业技能等级证书的书证融通要求，指出要坚持学历教育与职业培训相结合，促进书证融通，即"1"与"X"有机衔接。2019 年 6 月，《教育部关于职业院校专业人才培养方案制订与实施工作的指导意见》（以下简称《指导意见》）进一步明确了职业技能等级标准要融入职业教育人才培养方案中，强化复合型人才培养。因此，职业院校开展 1+X 证书制度试点，是落实国家相关文件精神，紧贴技术进步和产业发展新要求，承担立德树人根本任务，弘扬工匠精神，培养复合型技术技能人才和提高教育教学质量的重要举措。

从职业院校育人角度看，"1+X"是一个有机整体，共同构建完整的职业教育专业体系，书证融通是 1+X 证书制度的基本表现形式，也是 1+X 证书制度的精髓所在。通过书证融通，可以实现职业教育供给与产业需求相结合，进一步凸显学校与企业协同育人的"跨界性"特征，同时也是职业教育保持与社会经济发展良性互动、与行业产业融合发展的重要途径。如何科学进行书证融通、优化人才培养方案，依据什么原则，遵循什么步骤，需要进行深入研究与实践。

4.1   1+X 书证融通的原则

1+X 书证融通需要进行专业人才培养方案优化，涉及相关的职业教育质量标准、原有的专业人才培养方案更新及"中国特色高水平高职学校和专业建设计划"（以下简称"双高计划"）项目中专业群建设等综合性问题，亟待统一在《指导意见》框架之下进行分析研究，提出具体解决方案。

《指导意见》中针对人才培养方案制定提出了四个原则。即坚持育人为本，促进全面发展；坚持标准引领，确保科学规范；坚持遵循规律，体现培养特色；坚持完善机制，推动持续改进。以解决当前存在的专业人才培养方案概念不够清晰、程序制订不够规范、内容更新不够及时、监督机制不够健全，以及有的职业院校专业人才培养方案总学时缩水、文件要求的必修课程未按规定开足开齐等问题。

从文件精神和职业院校实践分析，除了遵循上述四项总体原则外，针对 1+X 书证融通与专业人才培养方案优化，还应考虑以下几点。

4.1.1   兼顾多方需求

1. 着眼学生需求

人才培养是学校办学的首要功能，全体学生是 1+X 证书制度试点的对象。书证融通要以促进学生多元成长成才为目标，尊重学生的选择权，以激发学生学习兴趣为目标，梳理"1"与"X"相融合的科学路径；要对接有助于反映学生未来岗位需求的职业技能等级标准与证书，结合学生的知识基础、就业岗位，科学合理开发 1+X 书证融通的专业课程体系。同时也要注意，在开展 1+X 证书制度试点的同时系统学习贯彻上级文件精神，关注学生人文精神培养，要将工匠精神、劳模精神、专业精神和职业素养等融入人才培养方案，强化学生职业素养和专业技术技能积累。

需要注意的是，"X"证书等级中的初、中、高是个统计概念，是一种数据分布，并不是职业院校专业特定证书的唯一选择。书证融通在顶层设计上要考虑"留空"，在总学分安排上要给学生留出选择的空间。从学校层面还应安排一些与本人所修专业不一定对口的证书学习和培训机会，尽可能帮助学生，给他们一定的"X"证书选择机会。

2. 关注企业需求

职业院校要以服务为宗旨、就业为导向，要精准对接新旧动能转换期间企业对技术技能人才需求的新变化，体现类型教育特色，通过培养德技并修的复合型技术技能人才，满足行业企业在转型升级中对用人的新需求；要认真调研各类用人企业对"X"证书的认可度，精选对接证书，通过调研结果分析，解决本地区企业需求方面的针对性问题，完善"X"证书培训中的不足，提高证书含金量；要大力开展宣传工作，避免出现学校热、企业冷的情况，提高试点工作美誉度，实现企业欢迎、学生认可、家长满意。

3. 服务经济社会发展

职业院校 1+X 书证融通与专业人才培养方案优化，其重要任务是填补经济社会发展中的"空缺"和国家及地区支柱产业发展的新需求。《试点方案》提出："面向现代农业、先进制造业、现代服务业、战略性新兴产业等 20 个技能人才紧缺领域，率先从 10 个左右职业技能领域做起。"1+X 证书制度试点要求培训评价组织和职业院校在服务经济社会发展方面做出应有贡献，这从前几批入围教育部目录管理的证书名称上可得到印证。职业院校要深入学习和掌握新时代职业教育特点和规律，服务经济社会发展需要，稳步推进 1+X 证书试点，凸显社会效益。

4.1.2　校企多元协同

1. 深化产教融合、校企协同育人

校企合作是职业教育发展的必由之路。1+X 证书制度创新了以需求为导向的校企合作运行机制，使学校与企业的合作关系变得更加紧密，使人才需求供给侧培养杠杆作用更加明显，有利于推进职业院校内部治理体系的优化。职业院校要以书证融通实施为契机，与本地区用人单位充分沟通，强化引企入校，充分依托企业资源、技术优势补足学校实践教育短板，探索协同育人新模式。通过共建生产性实训基地，育训并举，开展企业员工培训与技术服务，建立互惠共赢机制，实现校企双向良性互动，积极推进办学模式与人才培养模式变革。

2. 加强与培训评价组织沟通合作

培训评价组织承担了标准开发、教材和学习资源开发、考核站点建设、考核颁证等职

责,同时承担着职业院校学生技能培养和企业用工需求之间的桥梁作用。培训评价组织的公信力、组织力、号召力及其对职业教育内涵的理解和责任感等,都直接影响 1+X 证书试点的信度和效度。职业院校必须加强与培训评价组织沟通与协调,积极参与证书标准开发,既可以利用培训评价组织对行业能力需求把握准确优势,实现将新技术、新工艺、新规范、新要求融入人才培养体系,缓解校企合作中资源不足、信息不畅、合作不顺等问题,又可以从教育教学规律的角度引导标准制定、课程开发、评价考核等,提高证书在业内的公信力和含金量。与此同时,职业院校需要积极开展政行企校系列合作,塑造职业教育人才培养质量优化的整体生态。

4.1.3　发挥证书功能

1. 证书选择

职业技能等级证书内容反映了学习者完成某一职业岗位主要工作领域的典型工作任务和职业生涯发展所需要的特定相关职业素养、知识和技能。1+X 证书制度当前主要解决的是增强职业教育的针对性、适应性和灵活性,提高职业教育促进经济社会发展的能力等问题。因此,某一专业所选择的职业技能等级证书应该是聚焦对接专业的毕业生工作岗位,能准确反映专业领域的新技术、新工艺、新规范和新要求,经学习培训后毕业生具有胜任岗位工作任务的能力,有利于缩短毕业生适应工作岗位的时间,适应企业转型升级对职工任职能力的新要求。对接证书的等级要根据专业培养目标及企业需求确定,基本前提是要符合就业区域内更高质量更充分就业、创业岗位的真实需求。

2. 证书功能

前文分析过,"1"与"X"是基础与拓展的关系,"1"解决的是德、智、体、美、劳全面发展的问题,为学生可持续发展打下基础,"X"解决的是职业技能、职业素质或新技术新技能的强化、补充或拓展问题。二者体现校企跨界,有机融合,共同构成完整的教育目标,作用互补、不可分离。在书证融通时既不能贪大求全,选择一大批相近的"X"证书进行融合,造成对接困顿,增加试点工作难度;更不能无边无际放大"X"证书的功能,或者简单以初、中、高级的"X"证书来对应学历证书教育的"1",甚至以技能培训来替代学历教育。要发挥好"X"在专业人才培养中的作用,科学认识"1"与"X"的跨界性和互补性,使得所选证书充分发挥其补充、强化、拓展三方面功能。对某一具体专业而言,应视需要重点发挥职业技能等级证书对人才培养的强化、补充、拓展之中的某一方面功能,实现"跨"得有度、"融"得合理。

4.1.4　成果导向与考核改革

1. 坚持成果导向

成果导向是职业教育综合改革的重要成果和业界共识,其主要思想是以学生预期能力获得为导向进行反向设计和正向实施教学,将教学的重点聚焦于学习成果,注重学生创新、实践等能力的培养。进行课程重组时应先设计成果项目,研制质量评判标准,确定保障"X"任务达成的核心模块,最终以"1"为基础设计书证融通的配套内容。以"X"证书的学习成果为导向有利于师生教与学观念的转变,有利于整体提高专业教育教学质量,培养复合型技术技能人才。"X"证书的多样性、可选择性及与专业的相关性有利于促进学生的个性化发展，有利于学习者学习，同时，以"X"证书的学习成果为导向进行课程开发有利于教师专业能力的提高，促进教与学相长。

2. 改进考核评价制度

作为一项国家考核标准，"X"证书考核内容包括应知、应会两部分，既涉及基本理论知识，又涉及实践操作，是一套完整的知识与技能考核体系。职业院校需要改进校内考核体系，加强与培训评价组织协作，将校内相关"X"对接课程的日常考核、阶段测试、期中（末）考核与"X"证书的综合考核、技能考核等项目结合，实现"证考融合"或"以证代考"，实现人才培养考核结果与"X"证书考核结果互认或等效。同时，为保证"X"证书含金量，可以与培训评价组织商定，设定一次通过率或建立排名靠后学生的重新学习制度等，促进学生之间公平竞争，逐年提高培养培训质量。

4.2　1+X 书证融通的方法

《指导意见》提出"鼓励学校积极参与实施 1+X 证书制度试点，将职业技能等级标准有关内容及要求有机融入专业课程教学，优化专业人才培养方案""同步参与职业教育国家'学分银行'试点，探索建立有关工作机制，对学历证书和职业技能等级证书所体现的学习成果进行登记和存储，计入个人学习账号，尝试学习成果的认定、积累与转换"。可见优化专业人才培养方案是书证融通的前提和基础。

制订 1+X 书证融通的专业人才培养方案涉及的要素很多，有培养目标、课程体系、课程标准、师资队伍、教学设施、教学方法、考核方式及质量管理等。从优化人才培养方案而言，需要抓重点，落细、落实，一般可从课程体系和课程标准结构两个方面入手，在以任务驱动和项目导向专业课程开发为核心，以质量和特色为导向等先进理念的指导下，基于职业能力标准，按照专业开发流程，系统进行课程体系梳理和课程标准优化。因此，涉及巨大的调研、梳理等组织和文字工作，同时也涉及相关方法论层面上的研究工作。

4.2.1　"X"与"1"对接的方法

从宏观和中观层面看，"X"证书与"1"对接，根据需要，既可以基于专业课程体系进行，又可以基于课程标准进行，因此可以归纳为几种方法，以下进行详细阐述。

1. 基于专业课程体系的"X"证书对接

基于专业课程体系的"X"对接，有"一对一""一对多"及"多对多"等几种模式。其中"一对一"指一个"X"证书（为简单描述，作者将该证书的高、中、初级证书归类后统称为一个证书，下章相同）适用于一个专业。一般来讲，该类"X"证书是面向特定行业的职业技能开发的，面向较窄，但这类"X"证书比较容易与专业人才培养方案对接，书证融通难度不大，专业学习和证书培训合一，实现了针对具体岗位的深化学习与培训。"一对多"指一个"X"证书适用于多个专业。该类"X"证书是面向某一专业大类的职业技能开发的，面向的职业岗位和专业比较宽泛，职业能力不够聚焦，在对接时要根据具体专业需求，通过对"X"证书的技能标准进行分析，将所需要的知识、能力与素养整合到专业职业能力标准中去，而且一般需要对应开发前置课程、接口课程或专门培训课程，否则难以实现"X"的强化功能。"多对多"指多个证书适用于多个专业，一般指"X群"和专业群的对接，第 5 章将进行具体阐述。

基于专业课程体系的"X"对接一般有融入法、接口法、单列法、嵌入法及混搭法等，需要根据不同情况选择使用。其中混搭法一般应用于"X 群"与专业群对接，其余几种方法应用的综合示例如图 4-1 所示。

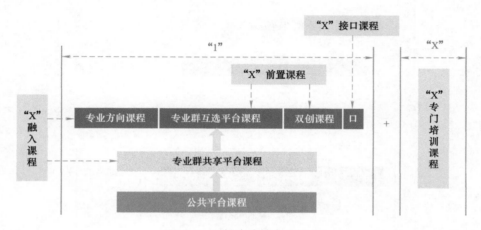

图 4-1 对接方式综合示例

（1）融入法 该方法适用于专业与所选择的"X"证书对接度高，"X"证书所含的素质、知识和技能要求与该专业教育教学内容高度吻合；经调研、分析、归纳、排序后，将"X"证书培训及考核内容全部融入专业课程体系（图 4-2），学生学完该专业课程（也包括微调专业中的若干门课程的情况）后可直接参加"X"证书考核。

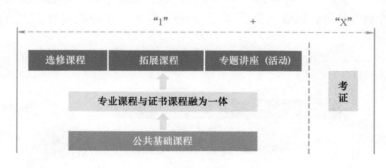

图 4-2 融入法

（2）接口法 该方法适用于专业与所选择的"X"证书对接度较高，"X"证书所含的素质、知识和技能要求与该专业大部分教育教学内容吻合；经调研、分析、归纳、排序后，将"X"证书大部分培训及考核内容融入专业课程体系（图 4-3），但仍需要安排 1～2 个小的课程模块进行单独授课培训，之后参加"X"证书考核。

（3）单列法 该方法适用于学生跨专业选择所喜欢的"X"证书，"X"所含的素质、知识和技能要求与该专业教育教学内容吻合度较低，为适应学生的多元需求，根据"X"证书学习培训要求单列一组课程（图4-4）。该方法需要与学分管理制度配套使用，学生根据兴趣自主选择，修完该组课程可转换专业中的若干学分，可保证 1+X 证书制度试点框架下整个专业人才培养方案的总学分可控。

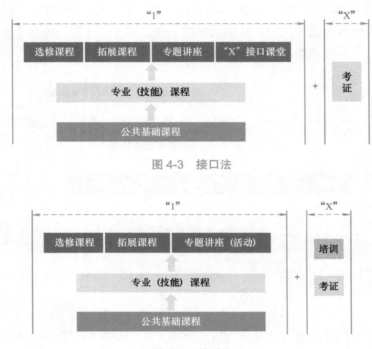

图 4-3　接口法

图 4-4　单列法

（4）嵌入法　该方法适用于专业与"X"证书对接度较高，但有相当部分学生不选择该证书时的课程体系设计（图4-5）。在专业（技能）课程平台上增加"X"专修课程，学生通过"1"的学历教育，已经具备了"X"的技能要求，可根据自身情况，自由选择是否考取该"X"证书。

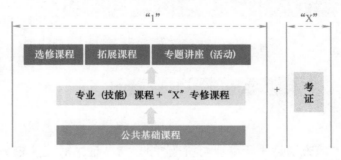

图 4-5　嵌入法

2. 基于专业课程标准的"X"证书对接

基于专业课程标准在与"X"对接时，有可能对整门课程进行迭代，也有可能对某门课程的部分内容进行更新或增减。无论哪种方式，都需要对该门课程标准进行全面更新。

（1）迭代法　专业的部分课程标准或课程标准的部分内容需要用"X"证书的学习培训内容来迭代。根据教育部职成司的要求，职业院校每年填报的"状态数据采集与管理平台"上的课程分为理论课程（称为 A 类课程）、理实一体化课程（称为 B 类课程）和实践类课程（称为 C 类课程）。"X"证书的课程内容主要与 B 类课程和 C 类课程内容相关，故迭代一般发生在 B 类和 C 类课程中。"X"证书课程可能迭代整门课程或某门课程的部分内容，如对 B1 课程、C3 课程进行整体迭代（图 4-6），或对 C2 课程第二节、第三节内容进行迭代（图 4-7）。迭代法一般与专业课程体系的接口法和混搭法综合使用。

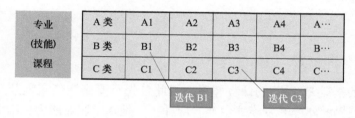

图 4-6　整体迭代

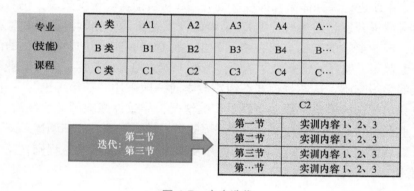

图 4-7　内容迭代

（2）加减法　专业的部分课程或课程标准的部分内容根据"X"证书的学习培训要求进行增减。在 B 类和 C 类课程中删除或增加数门课程，如删除 B1 课程、增加 C5 课程（图 4-8），或者在 B 类和 C 类课程中删除或增加某门课程的部分内容，如 C1 课程中删除第二节、增加第五节（图 4-9）。加减法一般与专业课程体系对接的融入法、接口法和混搭法综合使用。

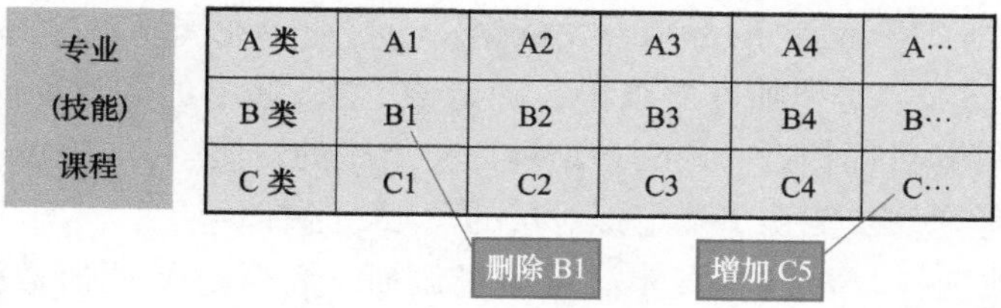

图 4-8　课程数量增减

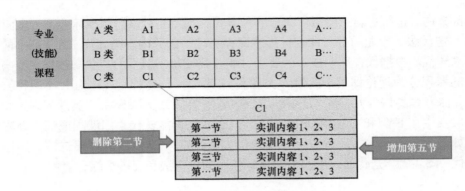

图 4-9　课程内容增减

4.2.2　书证融通流程

书证融通的基础是 "1" 的课程体系，因此首先需要搞清楚课程开发的思路和方法。目前，国内职教界的课程开发模式主要有两种：一是基于职业能力标准的课程开发模式，二是借鉴 OBE 理念的课程开发模式。前者的课程开发逻辑是任务驱动、项目导向，以职业能力培养为主线进行课程体系和课程标准开发（从目前实际情况来看，仍有部分课程采用或借鉴学科课程开发思路进行开发）；后者的开发逻辑是依据学科课程或工程教育的要求进行开发，毕业要求的指标点落在一系列相关课程中，实现达成度 "1" 的配平，但在某些课程中也融入了项目、任务、案例等体现职业能力培养的要素。基于职业教育的类型特征和学生的学习基础，这两种模式在组织教学时一般采用 "灰箱理论"。一些学校在课程开发中也会出现两种模式混用、逻辑不清的情况，导致许多教师无法搞清二者的区别。因此，下文重点以基于职业能力标准开发课程的开发模式为例，详细阐述 "X" 与 "1" 的融通流程，然后简述基于 OBE 理念的课程开发模式，其书证融通流程则在第 7 章中通过案例进行描述。

1. 基于职业能力标准的课程开发与书证融通

前文已经从宏观和中观层面对 "X" 与 "1" 的对接方法进行了阐述。为了更清晰地展示书证融通的专业课程体系的开发步骤，下文以固高科技（深圳）有限公司主持开发的《运动控制系统开发与应用》技能等级标准（中级）融入机电一体化技术专业职业能力标准为案例，从微观层面呈现将 "X" 技能、知识、素养融入 "1" 课程体系的基本方法，其具体流程如图 4-10 所示。

（1）开展各方调研　在确定对接 "X" 证书前，必须对相关培训评价组织进行细致考察，了解拟选定的 "X" 证书的标准开发依据、与行业企业岗聘对标对级情况、培训设备要求、培训学时要求、培训师资要求等，确定该 "X" 证书的职业面向是否与专业契合、岗位职责是否与培养目标相近。同时，培训评价组织的资质、公信力、影响力、考证费用等方面也要综合考虑，才能初步确定拟对接的 "X" 证书。

1）调研对象选择。要开展人才需求市场调研，科学分析调研数据所反映的人才需求标准，准确表达专业人才培养规格，为构建人才培养方案提供精准的框架条目。根据小样本理论，选择 30 家左右主要用人单位聚集区内的大型企业、中型企业和小微企业

（图4-11），并依据国有企业、外资企业和民营企业的用人特点等实际展开调研，调研对象一般包括企业领导、人事部门负责人、车间主管、往届毕业生等，主要调研毕业生就业岗位、升迁路径、工作任务等，并向用人单位介绍所选"X"证书内涵并听取相关意见和建议。

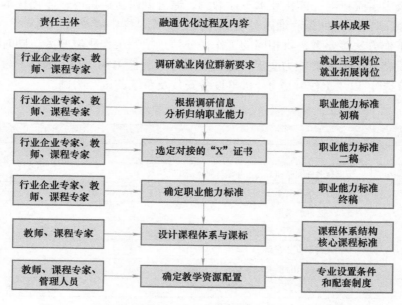

图 4-10　基于职业能力标准的课程开发与"X"证书融通流程

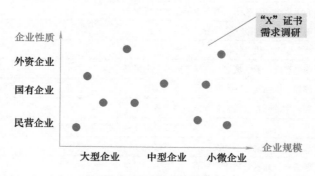

图 4-11　调研企业类型

2）调研内容归纳。一是确定毕业生生涯路径，按比例调研高职毕业生所面向的就业主要岗位、迁移岗位和今后工作五年左右的升迁岗位。从人事部门经理处调研毕业生从业岗位群、从业年限、薪资水平等信息；从车间领导（毕业生工作部门）调研毕业生的岗位具体工作、现有技能水平等；从往届毕业生处调研毕业后的工作情况及岗位升迁经历，所涉技术与技能、对学校教学的建议等；从企业领导处调研毕业生应具备的职业素养和各校同类毕业生特点等，综合形成毕业生职业生涯路径图，初步确定"1"的培养目标。二是归纳岗位工作任务，从调研信息中整合毕业生就业岗位信息和具体承担的工作，汇总后获得 80～100 条毕业生岗位工作任务信息，以此作为确定该专业需要的职业能力标准的基本依据。

3）形成职业能力分析表初稿。经行业企业专家、课程专家和骨干教师合作，将调研内容归纳为若干典型工作任务，并按照工作领域进行归类、排序，明确能力要求，形成与就业岗位工作任务紧密关联的职业能力标准初稿，为形成"1"的专业课程体系奠定基础。以无锡职业技术学院机电一体化技术专业为例，通过调研获得机电一体化技术专业毕业生就业岗位典型工作任务 99 条。通过分析工作任务完成过程中涉及的工作对象、工作内容、工作手段、工作方法等要素，将相同的工作任务信息按照工作领域归类，同时结合维修电工中级职业资格证书的职业能力要求，整合形成了职业能力第一稿。表 4-1 为职业能力分析表初稿（节选），以"工作领域 2　机电设备安装及系统调试"为例。

表 4-1　机电一体化技术专业职业能力分析表初稿（节选）

工作领域 2　机电设备安装及系统调试		学习水平
模块 2-1　装配工艺编制		
职业能力 2-1-1	能安排装配顺序和工艺，并编写简单的工艺文件	L1
职业能力 2-1-2	能编写易损件清单	L1
职业能力 2-1-3	能编写标准件清单	L1
模块 2-2　电量的测量和检验		
职业能力 2-2-1	能识读简单电子线路图	L1
职业能力 2-2-2	能制订电气元件的替代方案	L2
职业能力 2-2-3	能使用测量工具进行电路板板级诊断	L2
职业能力 2-2-4	能用测量工具判断传感器是否失效	L2
模块 2-3　电器组件和部件的安装		
职业能力 2-3-1	能识读电气系统图、手工绘制电气系统图	L1
职业能力 2-3-2	能用软件绘制电气系统图	L2
职业能力 2-3-3	能安装电动机并接线	L1
职业能力 2-3-4	能进行变频器的接线、更换变频器的电风扇	L1
职业能力 2-3-5	能焊接电路板（更换器件）	L2
职业能力 2-3-6	能利用传感器测量温度和压力等参数	L2
模块 2-4　液压系统安装与调试		
职业能力 2-4-1	能识读液压系统原理图	L1
职业能力 2-4-2	能进行液压系统的定期保养	L1
职业能力 2-4-3	能更换液压元件	L2
模块 2-5　气动系统安装与调试		
职业能力 2-5-1	能识读气动系统原理图	L1
职业能力 2-5-2	能进行气动系统的定期保养	L1
职业能力 2-5-3	能更换气动元件（气缸和电磁阀）的密封圈	L2
模块 2-6　PLC 控制系统安装与调试		
职业能力 2-6-1	能按照系统流程编写 PLC 程序	L2
职业能力 2-6-2	能修改生产线 PLC 程序中的运行参数	L2
职业能力 2-6-3	能进行 PLC 的接线、更换 PLC 的电池	L1
职业能力 2-6-4	能更换 PLC 接线端子和外围器件	L1

（续）

工作领域 2 机电设备安装及系统调试		学 习 水 平
职业能力 2-6-5	能诊断 PLC 控制系统的一般故障	L3
模块 2-7 运动控制系统安装调试与运行		
职业能力 2-7-1	能对三相异步电动机运动控制系统进行调速控制	L2
职业能力 2-7-2	能对步进电动机运动控制系统进行调速控制	L2
职业能力 2-7-3	能对伺服电动机控制系统进行安装与调试	L2
职业能力 2-7-4	能设计电动机闭环运动控制系统	L3
职业能力 2-7-5	能对位置随动系统进行数学建模与校正设计	L2
模块 2-8 整机的组装与调试		
职业能力 2-8-1	能使用常用装配工具装配生产线	L1
职业能力 2-8-2	能使用常用工具拆卸生产线机械部件	L1
职业能力 2-8-3	能调整液压、气动系统的参数	L2
职业能力 2-8-4	能进行自动化仪表的安装、接线	L2

注：1. 工作领域：指岗位工作内容的主要方面。

2. 模块：在工作领域中，根据需要完成的工作任务，对工作领域的进一步划分。

3. 学习水平分为三级：

"L1"表示在教师指导下能完成学习任务；

"L2"表示能独立完成学习任务；

"L3"表示能灵活处理工作中的问题，创造性完成工作任务；

如果没有这方面学习要求，则学习水平栏为空白。

（2）对接证书分析 通过教育部职业技能等级证书信息管理服务平台查询可知，《运动控制系统开发与应用》技能等级标准按照 GB/T 1.1—2009 给出的规则起草，引用了控制电机基本技术要求（GB/T 7345—2008）、人机界面标志标识的基本和安全规则、操作规则（GB/T 4205—2010）、机械安全 控制系统安全相关部件 第 1 部分：设计通则（GB/T 16855.1—2018）等国家、行业、企业有关标准及规范，其主要内容如下：

1）面向工作岗位（群）：主要面向机器人本体制造、数控装备制造、自动化设备制造等各类企业，从事产品开发、系统设计、操作编程、运行维护；工业机器人系统离线编程及仿真、工业机器人系统二次开发；数控系统编程及仿真、数控系统二次开发；自动化系统方案设计、智能制造单元操作编程与维护；机电设备升级改造与维护等岗位。

2）面向院校专业领域。

① 中职：机械制造技术、机械加工技术、机电技术应用、工业自动化仪表及应用、电机电器制造与维修、电气运行与控制、电气技术应用、电子与信息技术、数控技术应用、金属热加工、焊接技术应用、机电设备安装与维修、计算机应用、计算机网络技术、网络安防系统安装与维护等专业。

② 高职：机械设计与制造、机械制造与自动化、数控技术、精密机械技术、特种加工技术、材料成型与控制技术、焊接技术与自动化、电机与电器技术、机械装备制造技术、自动化生产设备应用、数控设备应用与维护、机电一体化技术、电气自动化技术、工业过程自动化技术、智能控制技术、工业网络技术、工业机器人技术等专业。

③ 应用型本科：机械设计制造及其自动化、机械工程、机械电子工程、材料成型及

控制工程、焊接技术与工程、电气工程及其自动化、过程装备与控制工程、自动化技术与应用、电子信息工程等专业。

3）职业技能等级划分：《运动控制系统开发与应用》职业技能等级分为三个等级：初级、中级、高级，三个级别依次递进，高级别涵盖低级别职业技能要求。

本案例对接《运动控制系统开发与应用》中级技能等级证书，主要对接方法是"融人法"，因此首先要仔细研究证书等级标准中的工作任务及职业技能要求。《运动控制系统开发与应用》职业技能等级要求（中级）见表4-2。

表 4-2 《运动控制系统开发与应用》职业技能等级要求（中级）

工 作 领 域	工 作 任 务	职 业 技 能 要 求
1 运动控制函数库的基本使用	1.1 Windows 环境下动态链接库的使用	1.1.1 掌握 Visual C++6.0 中的使用
		1.1.2 掌握 Visual Basic6.0 中的使用
		1.1.3 掌握 Delphi 中的使用
		1.1.4 掌握 Visual C# 中的使用
	1.2 指令返回及意义	1.2.1 基本指令介绍
		1.2.2 编写各指令例程
2 系统参数配置	2.1 系统配置的基本概念	2.1.1 掌握硬件资源配置
		2.1.2 掌握软件资源配置
		2.1.3 掌握机电系统信号接入与配置
		2.1.4 掌握机电传动匹配关系和运动参数
	2.2 配置文件的使用	2.2.1 掌握系统配置文件的生成
		2.2.2 掌握系统配置文件的下载
		2.2.3 掌握配置文件加载及指令修改
		2.2.4 掌握配置控制器初始化状态
3 基本运动控制模式编程	3.1 运动状态检测	3.1.1 掌握轴状态定义
		3.1.2 掌握轴运动参数调整
		3.1.3 掌握各种回零方式实例编程
	3.2 运动模式开发	3.2.1 掌握点位运动模式编程
		3.2.2 掌握 Jog 运动模式编程
		3.2.3 掌握电子齿轮模式编程
		3.2.4 掌握插补运动模式编程
		3.2.5 掌握一维误差补偿和二维误差补偿
	3.3 访问硬件资源	3.3.1 了解运动控制器底层函数库的使用方法
		3.3.2 掌握访问内部寄存器的方法
		3.3.3 掌握访问内部定时器的方法
		3.3.4 掌握访问内部脉冲计数器的方法
	3.4 自动化设备系统应用开发	3.4.1 设备系统界面开发
		3.4.2 复杂轨迹编程
		3.4.3 多线程处理和线程保护

注：引用固高科技（深圳）有限公司主持，东莞市技师学院、深圳职业技术学院、固高派动（东莞）智能科技有限公司等单位共同制订的《运动控制系统开发与应用》职业技能等级标准。

经过对《运动控制系统开发与应用》证书内涵的仔细分析，该证书主要涉及工程制图、机械设计基础、工程力学、机电传动与控制、气动技术、电气控制、总线控制技术、

C 语言编程、运动控制系统、误差理论、机电一体化系统设计等方面的内容，需要在机电一体化技术专业的职业能力分析表中进行逐项对接与整合。同时，该证书中涉及的运动控制是通过运动控制卡实现的，须调用函数库实现对应控制功能，因此对学生运动控制系统设计与实现、C 语言编程、精密机械设计等方面的要求较高，是对学生机电一体化系统设计、安装与调试能力的深化。

（3）开发课程体系

1）形成职业能力分析表终稿。在职业能力标准初稿的基础上，选定与本专业适宜的"X"职业技能标准进行对接、同级比照、同类整合，结合证书培训大纲要求，将对应的知识、素质及能力要求纳入专业职业能力分析表中，将没有纳入的重要的职业能力描述增补进去，同时对较大的工作领域进行拆分，通过梳理、整合和对接形成职业能力标准第二稿，召集行业企业专家、课程开发专家、骨干教师讨论与定稿。该阶段是对职业能力标准的精雕细琢，需要进一步提炼描述的内容并予以完善，形成职业能力分析表终稿。

按照上述步骤，形成了对接《运动控制系统开发与应用》职业技能等级标准的机电一体化技术专业职业能力分析表终稿。表 4-3 为《运动控制系统开发与应用》职业技能等级标准与机电一体化技术专业职业能力标准对接后的终稿（节选），以"工作领域 7 运动控制系统安装调试与运行"部分为例。

表 4-3 机电一体化技术专业职业能力分析表终稿（节选）

工作领域 7 运动控制系统安装调试与运行		学 习 水 平
模块 7-1 三相异步电动机运动控制系统的调速控制		
职业能力 7-1-1	能根据控制要求选择合适的控制元器件	L1
职业能力 7-1-2	能正确设计、连接系统硬件电路图	L1
职业能力 7-1-3	能正确设置变频器控制参数	L2
职业能力 7-1-4	能正确编制 PLC、触摸屏控制程序▲	L3
职业能力 7-1-5	能对三相异步电动机控制系统进行调试运行◎	L2
模块 7-2 步进电动机运动控制系统的调速控制		
职业能力 7-2-1	能根据控制要求选择合适的控制元器件	L1
职业能力 7-2-2	能正确设计、连接系统硬件电路图	L1
职业能力 7-2-3	能对步进控制系统相关参数进行计算和设置	L2
职业能力 7-2-4	能正确编制 PLC、触摸屏控制程序▲	L3
职业能力 7-2-5	能对步进电动机控制系统进行调试运行◎	L2
模块 7-3 伺服电动机控制系统的安装与调试		
职业能力 7-3-1	能根据控制要求选择合适的控制元器件	L1
职业能力 7-3-2	能正确设计、连接系统硬件电路图	L1
职业能力 7-3-3	能对伺服电动机控制系统相关参数进行计算和设置	L2
职业能力 7-3-4	能正确编制 PLC、触摸屏控制程序▲	L3
职业能力 7-3-5	能对交流伺服电动机控制系统进行调试运行◎	L2
模块 7-4 电动机闭环运动控制系统设计		
职业能力 7-4-1	能正确画出单闭环直流调速系统原理图	L2
职业能力 7-4-2	能正确画出双闭环直流调速系统原理图	L2
职业能力 7-4-3	能设计转速、电流双闭环调速系统◎	L3

（续）

工作领域 7　运动控制系统安装调试与运行		学习水平
模块 7-5　位置随动系统的数学建模与校正设计		
职业能力 7-5-1	能正确画出位置随动系统原理图	L2
职业能力 7-5-2	能求出系统闭环传递函数并进行数学建模◎	L2
职业能力 7-5-3	能设计校正装置并计算出超前校正的传递函数◎	L2

注：1. 工作领域：指岗位工作内容的主要方面。

　　2. 模块：在工作领域中，根据需要完成的工作任务，对工作领域的进一步划分。

　　3.“◎”表示融入《运动控制系统开发与应用》（中级）的职业能力。

　　4.“▲”表示根据《运动控制系统开发与应用》（中级）职业能力对原有描述进行调整。

　　5. 未加任何标识则表示区域行业企业岗位通用的职业能力。

2）列出专业核心课程的主要内容与要求。在职业能力分析表终稿的基础上，开发专业核心课程的主要内容与要求。专业核心课程是专业人才培养方案的重要组成部分，需要依据学生的成长阶段进行序化，将与毕业生就业岗位工作任务紧密关联的专业核心课程搭建成将职业能力培养全程贯穿、阶段深化的学习递进台阶。表 4-4 为机电一体化技术专业"运动控制系统安装调试与运行"课程的主要内容与要求。

表 4-4　机电一体化技术专业"运动控制系统安装调试与运行"课程的主要内容与要求

适用对象	高职（三年）
课程目标	能对三相异步电动机、步进电动机、伺服电动机进行调速控制
	能对电动机、变频器、PLC、触摸屏及各驱动器等构建运动控制系统，并进行调试运行
	能对闭环运动控制系统进行数学建模
	能对位置随动系统进行数学建模并进行校正设计
课程主要内容与要求	
模块 7-1　三相异步电动机运动控制系统的调速控制	
职业能力 7-1-1　能根据控制要求选择合适的控制元器件	知识要求
	了解三相异步电动机的工作原理
	熟悉交流调速原理
	掌握通用变频器基本知识
	熟悉外围开关器件的基本知识
	技能要求
	能正确选择控制元器件
职业能力 7-1-2　能正确设计、连接系统硬件电路图	知识要求
	了解通用变频器的工作原理
	识记通用变频器的接线端子定义
	熟悉触摸屏接线基本知识
	掌握 PLC 输入输出端子
	技能要求
	能正确设计连接通用变频器、PLC、触摸屏与电动机之间的硬件接线图

（续）

适 用 对 象	高职（三年）
职业能力 7-1-3 能正确设置变频器控制参数	知识要求
	识记变频器参数设置基本知识
	掌握变频器频率给定方式（面板操作、升 / 降速控制、多段速、模拟量、通信方式）
	技能要求
	能根据不同频率给定方式正确设置变频器基本功能参数
职业能力 7-1-4 能正确编制 PLC、触摸屏控制程序	知识要求
	识记 PLC I/O 端子的分配
	掌握 PLC 的编程规范
	描述触摸屏组态画面
	技能要求
	能根据控制要求编写 PLC 控制程序和触摸屏程序
职业能力 7-1-5 能对三相异步电动机控制系统进行调试运行	知识要求
	熟悉 PLC 通信基本知识
	熟悉触摸屏通信基本知识
	技能要求
	能正确设置通信参数，进行数据的上传下载，并对系统运行过程进行调试
模块 7-2 步进电动机运动控制系统的调速控制	
职业能力 7-2-1 能根据控制要求选择合适的控制元器件	知识要求
	熟悉步进驱动器工作原理
	掌握步进电动机工作原理
	技能要求
	能正确选择控制元器件
职业能力 7-2-2 能正确设计、连接系统硬件电路图	知识要求
	识记步进驱动器的接线端子
	识记 PLC 接线端子和触摸屏接线端子
	技能要求
	能正确设计连接通用变频器、PLC、触摸屏与电动机之间的硬件接线图
职业能力 7-2-3 能对步进控制系统相关参数进行计算和设置	知识要求
	熟悉步进驱动器工作方式和工作参数设置的基本知识
	掌握步进电动机的控制参数知识
	技能要求
	能根据控制要求正确设置步进驱动器功能参数
	能根据控制要求正确计算步进电动机控制参数
职业能力 7-2-4 能正确编制 PLC、触摸屏控制程序	知识要求
	识记 PLC I/O 端子的分配
	掌握 PLC 的编程规范
	熟悉触摸屏组态基本知识
	技能要求
	能根据控制要求编写 PLC 控制程序和触摸屏程序

（续）

适 用 对 象	高职（三年）
职业能力 7-2-5　能对步进电动机控制系统进行调试运行	知识要求
	熟悉 PLC 通信基本知识
	熟悉触摸屏通信基本知识
	技能要求
	能正确设置通信参数，进行数据的上传下载，并对系统运行过程进行调试和故障排除
模块 7-3　伺服电动机控制系统的安装与调试	
职业能力 7-3-1　能根据控制要求选择合适的控制元器件	知识要求
	熟悉交流伺服电动机工作原理
	掌握伺服驱动器工作原理
	技能要求
	能正确选择控制元器件
职业能力 7-3-2　能正确设计、连接系统硬件电路图	知识要求
	识记伺服驱动器的接线端子
	识记 PLC 接线端子和触摸屏接线端子
	技能要求
	能正确设计连接伺服驱动器、PLC、触摸屏与电动机之间的硬件接线图
职业能力 7-3-3　能对伺服电动机控制系统相关参数进行计算和设置	知识要求
	熟悉伺服驱动器工作模式和参数设置的基本知识
	掌握伺服系统控制参数基本知识
	技能要求
	能根据控制要求正确设置伺服驱动器工作模式
	能根据控制要求正确设置伺服驱动器功能参数
职业能力 7-3-4　能正确编制 PLC、触摸屏控制程序	知识要求
	识记 PLC I/O 端子的分配
	掌握 PLC 的编程规范
	技能要求
	能根据控制要求编写 PLC 控制程序和触摸屏程序
职业能力 7-3-5　能对交流伺服电动机控制系统进行调试运行	知识要求
	熟悉 PLC 通信基本知识
	熟悉触摸屏通信基本知识
	技能要求
	能正确设置通信参数，进行数据的上传下载，并对系统运行过程进行调试和故障排除
模块 7-4　电动机闭环运动控制系统设计	
职业能力 7-4-1　能正确画出单闭环直流调速系统原理图	知识要求
	熟悉无静差调速系统基本知识
	技能要求
	能正确画出无静差调速系统原理图

（续）

适用对象	高职（三年）
职业能力 7-4-2 能正确画出双闭环直流调速系统原理图	知识要求
	熟悉转速、电流双闭环调速系统基本知识
	技能要求
	能正确画出转速、电流双闭环调速系统原理图
职业能力 7-4-3 能设计转速、电流双闭环调速系统	知识要求
	掌握电流调节器基本知识
	掌握转速调节器基本知识
	技能要求
	能设计转速、电流双闭环调速系统
模块 7-5 位置随动系统的数学建模与校正设计	
职业能力 7-5-1 能正确画出位置随动系统原理图	知识要求
	熟悉位置随动系统基本概念
	熟悉位置随动系统基本组成
	技能要求
	能正确画出位置随动系统原理图
职业能力 7-5-2 能求出系统闭环传递函数并进行数学建模	知识要求
	掌握位置随动系统各组成部分的传递函数
	技能要求
	能求出系统闭环传递函数并进行数学建模
职业能力 7-5-3 能设计校正装置并计算出超前校正的传递函数	知识要求
	了解超前校正原理
	掌握超前校正特性
	技能要求
	能设计校正装置并计算超前校正的传递函数

3）形成完整的课程体系。根据专业人才培养目标及规格要求，梳理一般能力与专业能力、通用技能与核心技能、传授知识与提高素养各要素之间的关系，确定专业课程结构，坚持立德树人贯穿始终，将大思政教育、服务学生全面发展的学生社团、科技创新和社会活动纳入课程体系；完善数学、英语、物理、体育等基础课程的教学目标、内容和方法，一方面强化具有服务专业功能的教学内容，另一方面精简部分与专业培养目标相距较远的理论教学内容，凸显高职基础课程的类型特色，最终开发形成有序衔接、相互协调的书证融通课程体系。以机电一体化技术专业为例，其对接《运动控制系统开发与应用》证书后的课程体系见表 4-5。

4）形成指导性人才培养方案。以专业课程体系为基础，以核心课程教学内容为重点进行拓展，可形成指导性人才培养方案。具体为，第一部分反映专业基本信息、入学要求、修业年限、职业面向、培养目标及规格等；第二部分阐述课程体系及核心课程描述，增加教学安排表（实践安排表、理论课安排表、教学进程表等），明确课程类别、学时、学分、考核方式及学期安排，然后列出学生需获得的职业技能等级证书，提出实施建议，包括教学资源要求、教学模式及教学评价等；第三部分增加教学基本条件（师资条件、教学实施条件、教学资源）、质量保障等。如此则形成了指导性的人才培养方案，与教育部专业教学标准格式体例要求基本相同，具体内容此处不再赘述。

表 4-5　机电一体化技术专业课程体系

课 程 类 别		理实一体课程		专业技能训练课程	
专门方向课程平台（必修＋选修）	专业选修课	机电技术与专利开发、产品造型技术、精益生产、经济类课程等		CAD 实训、大型 PLC 应用技术、工业机器人实训、双创实践等	
	专业必修课	*机械技术基础、*电气系统的控制与调试、*PLC 控制系统构建与调试、*机电设备中传感器的连接与信号获取、*液压与气动系统的控制、机械加工及工艺、机床与编程、机器人技术应用、自动控制原理、*运动控制系统安装调试与运行、*自动生产线的安装调试与维护等		电子实训、*电气控制实训、机械技术基础实训、PLC 技术专项训练、液压与气动实训、*运动控制系统实训（课证融通课程）、机电综合实训、自动生产线的安装调试与维护实训、顶岗实习、机电毕业设计、机电毕业实践等	
技术基础课程平台	机械制造类课程	电工电子类课程	程序设计类课程	机械设计类课程	入门技能类课程
通识公共课程平台	两课课程	文化素质类课程	语言及自然科学基础类课程	身心素质类课程	创业素质类课程

注：1. 标记为 "*" 的为专业核心课程。
　　2. 专业必修课中，"运动控制系统实训"为课证融通课程，结合《运动控制系统开发与应用》中级证书考核要求实施，实现学生对应职业能力的深化；选修课中的"工业机器人实训"是"X"接口课程，作为学生职业能力的拓展，供学生在选择"工业机器人操作编程"证书时自主选修。

5）开发核心课程的课程标准。重点开发 6 ～ 8 门专业核心课程的课程标准，作为课程建设及教学实施的重要依据。根据课程开发理论和无锡职业技术学院 2009 年、2014 年国家级教学成果奖经验，在高职领域达成共识的核心课程标准一般应由"制定课程标准的依据、课程的性质与作用、本课程与其他课程的关系、课程教学目标、课程的教学内容与建议学时、课程教学设计指导框架、教学基本条件及其他说明"8 个方面组成。下文为"运动控制系统安装调试与运行"课程标准案例。

"运动控制系统安装调试与运行"课程标准

制定人：_____　　　　　　　　　　　　　　批准人：_____

一、制定课程标准的依据

本门课程标准依据机电一体化技术专业人才培养指导方案"专业方向课程"中"运动控制系统安装调试与运行"工作领域的职业能力（7-1 ～ 7-5）分析，结合本专业人才培养目标以及"运动控制系统安装调试与运行"课程教学目标要求而制定，用于指导"运动控制系统安装调试与运行"课程教学与课程建设。

二、课程性质与作用

在机电一体化技术专业课程体系中，本课程是一门理论性、实践性、综合性较强的专业课程，属于专项能力培养课程，也可作为其他自动化控制类专业的主修课程。本课程主要采取理实一体的教学方法，使学生在实践操作中掌握运动控制系统的构建与调试运行规律，并具备系统的综合应用和工程设计能力。本课程在提高学生专业技能的基础上，更培养了学生的职业素养。本课程计划学时为 48 学时，计 3 学分。

三、本课程与其他课程的关系

本课程学习和训练之前，学生应已修完相应前导课程，同时拟将学习相关后续课程，前导课程、后续课程和本课程的关系见表 4-6。

表 4-6 "运动控制系统安装调试与运行"课程与其他课程的关系

序 号	前导课程名称	为本课程提供的主要支撑点（知识、技能、素质）
1	电工与电子技术基础	使学生掌握电路分析思维与方法，具备电路分析与应用的能力
2	PLC 控制系统的构建与运行	使学生具备按规范对 PLC 控制系统进行安装、调试的能力
3	电气系统的控制与调试	使学生具备基本电气系统安装与调试的能力
4	自动控制原理	使学生具备应用自动控制规律进行系统分析与设计的能力
序 号	后续课程名称	为后续课程提供的主要支撑点（知识、技能、素质）
1	自动生产线的安装调试与维护	使学生具备在自动线安装调试领域合理选用、配置运动控制系统各组成元件的能力
2	自动生产线安装调试与维护综合实训	使学生具备在自动线安装调试、维护领域对运动控制系统各组成元件进行合理配置、调试与故障维修的能力
3	顶岗实习	使学生具备在生产实践中对运动控制系统各组成元件进行合理配置、调试与故障维修的能力

四、课程教育目标

通过本课程的学习，使学生能了解三相异步电动机、步进电动机、伺服电动机运动控制系统的调速原理，掌握电动机运动控制系统的安装调试与运行过程，掌握闭环控制系统、位置随动系统的工作原理以及数学建模的具体设计过程，培养学生对运动控制系统的综合应用和工程设计能力，为学生从事运动控制方面的工作打下良好的应用基础。

1) 掌握电动机工作原理及调速方式。

2) 了解三相异步电动机、步进电动机、伺服电动机运动控制系统的元件配置。

3) 掌握运动控制系统的工作原理和运行规律。

4) 掌握运动控制系统的调试方法，能进行基本故障的检修处理。

5) 掌握闭环运动控制系统的工作原理及数学建模设计过程。

6) 掌握位置随动系统的工作原理及数学建模与校正设计过程。

7) 培养学生的自学能力、工具应用（如资料检索等）能力、技术文件写作表达能力、沟通与团队协作能力等。

五、课程的教学内容及建议学时

"运动控制系统安装调试与运行"课程的教学内容与建议学时见表 4-7。

六、课程教学设计指导框架

"运动控制系统安装调试与运行"课程教学设计指导框架见表 4-8。

表 4-7 "运动控制系统安装调试与运行"课程的教学内容与建议学时

序号	单元名称	学时	教学形式	备注
1	认识异步电动机及其调速方法	4	课堂理论教学	
2	简易通用型变频器的安装与调试	12	理实一体化教学	
3	步进控制系统的安装与调试	6	理实一体化教学	
4	伺服控制系统的安装与调试	6	理实一体化教学	
5	综合控制系统的安装与调试	4	理实一体化教学	
6	单闭环直流调速系统	4	理实一体化教学	
7	双闭环直流调速系统	4	课堂理论教学	
8	位置随动系统	8	课堂理论教学	
合计		48		

表 4-8　"运动控制系统安装调试与运行"课程教学设计指导框架

学习单元	教学目标	学习内容	载体选择	学时建议	教学方法与教学资源	教学环境要求	考核评价
单元 1 认识异步电动机及其调速方法	1. 认识交流调速的各种电动机，含普通异步电动机、变频调速电动机、电磁调速电动机、力矩异步电动机，知道由各种电动机组成的调速系统的优缺点 2. 了解三相异步电动机的组成结构、原理及特性 3. 了解软启动器及其使用方法	学习的内容 1. 三相异步电动机的组成结构 2. 三相异步电动机的工作原理 3. 三相异步电动机的机械特性 4. 三相异步电动机的调压调速 5. 软启动器的特点及应用 实践的项目 1. 了解三相异步电动机的铭牌参数 2. 掌握三相异步电动机的接线方法	技术文件、应用案例、三相异步电动机	4	教学方法：任务驱动教学法 宏观：同题引导，微观：做中学、讲授、启发、互动讨论、答辩等 教学资源 教材、教学课件、项目任务、视频文件、产品实物、网络、数字化资源等	1. 提供学生上网环境 2. 提供学生收集资料的环境（图书馆、实训室、资料室） 3. 提供实训设备、工具、陈列产品及相关技术资料	考核方式 1. 作业测验 2. 章节测验 3. 课堂提问测试 4. 考勤、讨论 考核标准 1. 电动机工作原理 2. 变频调速原理 成绩权重：5%
单元 2 简易通用变频器安装调试与运行	1. 了解电力电子器件及 SPWM 调制技术 2. 了解三相异步电动机的变频调速方式 3. 了解变频器主电路和控制电路 4. 掌握变频器面板操作及变频器功能给定方式设置方法 5. 会利用硬件接线及变频器功能参数设置实现 UP/DOWN 功能 6. 掌握通用变频器多段速变频率给定方式的硬件接线及变频器功能参数设置方法 7. 掌握通用变频器模拟量给定方式的硬件接线及变频器功能参数设置方法 8. 掌握通用变频器通信频率给定方式的硬件接线及变频器功能参数设置方法 9. 了解三相异步变频器、异步电动机的四象限运行，会对简易变频器运行、调速系统进行制动运行	学习的内容 1. 变频调速方式 2. 简易变频器主回路、控制电路的组成 3. 调速系统的构建思路 4. 简易变频器、异步电动机交流调速的功能、组成 5. 变频器功能参数设置 实践的项目 1. 通过变频器控制电动机正反转 2. 通过变频器面板操作控制电动机转速 3. 通过变频器实现电动机的多段速控制 4. 通过变频器模拟量给定对电动机进行无级调速 5. 通过变频器通信参数设置对电动机进行调速	三相异步电动机、变频器、PLC、触摸屏	12	教学方法：任务驱动教学法 宏观：同题引导，互动讨论、微观：做中学、讲授、启发、现场教学、理实一体、答辩、技术报告等 教学资源 教材、教学课件、项目任务、产品实物、网络资源、多媒体设备、实训室等	1. 教学内容安排在电气控制实训室进行 2. 实训室配制实训 24 套运动控制装置（2～3 学生一组开展教学）、提供维修工具 12 套 3. 工作环境规范与施工示范工作岗位职责 4. 提供学生上网环境 5. 提供学生收集技术资料的环境	考核方式 1. 章节测验 2. 操作过程 3. 考勤、讨论 考核标准 1. 系统元器件的选择 2. 参数设置的正确性 3. 系统运行的正确性 4. 技术报告的完整、正确性 5. 创新与创新性 成绩权重：40%

（续）

学习单元	教学目标	学习内容	载体选择	学时建议	教学方法与教学资源	教学环境要求	考核评价
单元3 步进控制系统安装与调试	1. 了解步进电动机及驱动控制器的使用与选择方法 2. 了解步进电动机与步进控制器的互连方法，会设计步进电动机与步进控制器的互连电路，并完成互连接线 3. 会设计步进电动机与PLC的互连电路，并完成互连电路接线 4. 会使用步进电动机实现位置控制	学习的内容 1. 步进控制系统的组成 2. 步进电动机及驱动控制器的使用与选择 3. 步进控制器与PLC的互连 4. 用步进电动机实现位置控制 实践的项目 1. 步进电动机与PLC互连接线 2. 步进电动机的调速控制	步进电动机、PLC、步进驱动器、触摸屏	6	教学方法 宏观：任务驱动教学法 微观：问题引导、讲授、互动讨论、现场教学、理实一体、启发、答辩、技术报告等 教学资源 教材、教学课件、项目任务、网络资源、产品实物、多媒体设备、实训室等	1. 教学内容安排在电气控制实训室进行 2. 实训室提供24套运动控制实训装置（2～3名学生一组开展教学）、提供维修工具12套 3. 工作环境中明示工作规范与工作职责 4. 提供学生上网环境 5. 提供资料收集技术资料的环境	考核方式 1. 章节测验 2. 操作过程 3. 考勤、讨论 考核标准 1. 系统元器件的选择 2. 参数设置的正确性 3. 系统运行的正确性 4. 技术报告的完整正确与创新性 成绩权重：15%
单元4 伺服控制系统安装与调试	1. 了解伺服电动机的原理、特性及伺服控制系统的组成、应用场合 2. 了解伺服控制器，知道伺服电动机驱动控制器的使用与选择方法 3. 学会伺服电动机与伺服控制器的互连方法 4. 学会伺服控制器与PLC的互连方法 5. 学会伺服电动机不同输入信号的控制方法 6. 会学简单伺服控制系统的安装与调试方法	学习的内容 1. 伺服电动机工作原理 2. 伺服电动机与伺服控制器的连接方法 3. 伺服控制器与PLC的连接方法 实践的项目 1. 伺服电动机的速度控制 2. 伺服电动机的转矩控制 3. 伺服电动机的位置控制	伺服驱动器、伺服电动机、PLC、触摸屏	6	教学方法 宏观：任务驱动教学法 微观：问题引导、讲授、互动讨论、现场教学、理实一体、启发、答辩、技术报告等 教学资源 教材、教学课件、项目任务、网络资源、产品实物、多媒体设备、实训室等	1. 教学内容安排在电气控制实训室进行 2. 实训室提供24套运动控制实训装置（2～3名学生一组开展教学）、提供维修工具12套 3. 工作环境中明示工作规范与工作职责 4. 提供学生上网环境 5. 提供资料收集技术资料的环境	考核方式 1. 章节测验 2. 操作过程 3. 考勤、讨论 考核标准 1. 系统元器件的选择 2. 参数设置的正确性 3. 系统运行的正确性 4. 技术报告的完整正确与创新性 成绩权重：15%

单元	学习目标	学习的内容/实践的项目		学时	教学方法与资源	教学内容安排	考核
单元5 综合控制系统安装与调试	1. 掌握二轴桁架机器人的控制原理 2. 伺服驱动器动参数的设置 3. 会识读二轴桁架机器人电气原理图并能正确接线 4. 会进行二轴桁架系统程序设计与调试、运行 5. 会进行综合控制系统（变频器、伺服系统、PLC）的硬件连接 6. 会对变频器和伺服系统的参数进行设定 7. 掌握PCB板下载检测线控制系统安装调试及运行中故障的排除方法	学习的内容： 1. 二轴桁架机器人伺服控制系统程序设计与调试、运行 2. PCB板下载检测线控制系统安装与调试 3. PCB板下载检测线控制系统安装与调试中故障的排除 实践的项目： 1. 对二轴桁架机器人动作过程的控制 2. 用PLC对PCB板下载检测线进行控制	工程案例、技术文件、应用案例、PLC	4	教学方法 宏观：任务驱动教学法 微观：问题引导、互动讨论、现场教学、理实一体、启发、答辩、典型案例、技术报告等 教学资源 教材、教学课件、项目任务、网络资源、产品实物、多媒体设备、实训室等	1. 教学内容安排在电气控制实训室进行 2. 实训室提供24套运动控制实训装置（2～3名学生一组开展教学），提供维修工具12套 3. 工作环境中明示工作规范与工作职责 4. 提供学生上网环境 5. 提供学生收集技术资料的环境	考核方式 1. 章节测验 2. 操作过程 3. 考勤、讨论 考核标准 1. 系统元器件的选择 2. 参数设置运行的正确性 3. 系统运行的正确性 4. 技术报告的完整、正确与创新性 成绩权重：5%
单元6 单闭环直流调速系统	1. 理解开环调速的缺点及其改进方法 2. 掌握转速负反馈调速系统的组成，能画出其原理图 3. 掌握转速负反馈调速系统的工作原理，会分析其干扰特性 4. 通过与开环调速比较，掌握闭环调速系统的优点 5. 理解单闭环系统的开环放大倍数对系统性能的影响	学习的内容： 1. 单闭环调速系统的组成及工作原理 2. 单闭环调速系统各主要单元部件的工作原理 3. 无静差调速系统 实践的项目： 1. 单闭环调速系统的接线与调试 2. 测试单闭环调速系统的静特性	工程案例、闭环实验操作台	4	教学方法 宏观：任务驱动教学法 微观：问题引导、互动讨论、现场教学、理实一体、启发、答辩、典型案例、技术报告等 教学资源 教材、教学课件、项目任务、网络资源、产品实物、多媒体设备、实训室等	1. 教学内容安排在电气控制实训室进行 2. 实训室提供24套运动控制实训装置（2～3名学生一组开展教学），提供维修工具12套 3. 工作环境中明示工作规范与工作职责 4. 提供学生上网环境 5. 提供学生收集技术资料的环境	考核方式 1. 章节测验 2. 操作过程 3. 考勤、讨论 考核标准 1. 系统元器件的选择 2. 参数设计的正确性 3. 系统运行的正确性 4. 技术报告的完整、正确与创新性 成绩权重：10%

（续）

单元	学习目标	学习的内容/实践的项目		课时	教学方法/教学资源	教学内容安排	考核方式/考核标准
单元7 双闭环直流调速系统	1. 掌握转速、电流双闭环直流调速系统的组成及其静特性 2. 能画出转速、电流双闭环直流调速系统的原理图 3. 掌握调节器的工程设计方法 4. 掌握双闭环直流调速系统的设计方法	学习的内容 1. 双闭环调速系统的组成及工作原理 2. 用工程设计方法设计双闭环直流调速系统的电流和转速调节器 实践的项目 1. 电流和转速调节器参数设计 2. 电流和转速调节器放大电路设计	工程案例、闭环实验操作台	4	教学方法 宏观: 任务驱动教学法 微观: 问题引导、做中学、讲授、互动讨论、现场教学、理实一体、启发、答辩、典型案例、技术报告等 教学资源 教材、教学课件、项目任务、视频文件、产品实物、网络资源、多媒体设备、实训室等	1. 教学内容安排在电气控制实训室进行 2. 实训室提供实训装置（2～3名学生一组开展教学），提供维修工具12套 3. 工作环境中明示工作规范与当职责 4. 提供学生上网环境 5. 提供学生收集技术资料的环境	考核方式 1. 章节测验 2. 操作过程 3. 考勤、讨论 考核标准 1. 系统元器件的选择 2. 参数设计的正确性 3. 技术报告的完整、正确与创新性 成绩权重: 5%
单元8 位置随动系统	1. 掌握位置随动系统的主要组成部件及其工作原理 2. 掌握位置随动系统中的位置检测装置 3. 了解位置随动系统的基本特征 4. 掌握位置随动系统的性能分析方法 5. 掌握超前校正方法	学习的内容 1. 位置随动系统的组成及工作原理 2. 位置随动系统的数学建模 实践的项目 1. 位置随动系统数学建模 2. 校正前后比较	计算机、仿真软件	8	教学方法 宏观: 任务驱动教学法 微观: 问题引导、做中学、讲授、互动讨论、现场教学、理实一体、启发、答辩、典型案例、技术报告等 教学资源 教材、教学课件、项目任务、视频文件、产品实物、网络资源、多媒体设备、实训室等	1. 教学内容安排在电气控制实训室进行 2. 实训室提供实训装置（2～3名学生一组开展教学），提供维修工具12套 3. 工作环境中明示工作规范与当职责 4. 提供学生上网环境 5. 提供学生收集技术资料的环境	考核方式 1. 章节测验 2. 操作过程 3. 考勤、讨论 考核标准 1. 系统元器件的选择 2. 参数设计的正确性 3. 技术报告的完整、正确与创新性 成绩权重: 5%

七、教学基本条件（教学资源）

1. 教学团队的基本要求

团队规模：基于每届 4～6 个教学班的规模，专兼职教师 5 人左右。

课程负责人：熟悉运动控制原理和高职教育规律、实践经验丰富、教学效果良好、具有高级职称的"双师"型教师。

教师能力要求：熟悉运动控制技术和机电设备基本知识，具有从事工程项目技术开发的经历或能力，具有实施理论教学和实践教学的能力，具有强烈的工作责任心和认真负责的工作态度。建议选择具有丰富工程实践经历的"双师"素质教师或企业兼职教师担任教学任务。

2. 教学硬件的基本要求

教学硬件的基本要求见表 4-9。

表 4-9 教学硬件的基本要求

序 号	名 称	基本配置要求	场地面积 /m²	环 境 要 求
1	电气控制实训室	计算机 24 套、PLC 设备 24 套、变频器 24 套、三相异步电动机 24 套、步进电动机 24 套、步进驱动器 24 套、伺服电动机 24 套、伺服驱动器 24 套、闭环实验台 24 套	100	1）明示实训室安全要求 2）明示实训操作规范与要求 3）实训室功能说明 4）多媒体教学设备 1 套（计算机、打印机、扫描仪、投影仪等）
2	配件室	相关测试设备如数字万用表、试电笔、开关元器件若干；电路接线若干	40	1）明示配件室安全要求 2）明示配件借用及操作规范与要求

注：电气控制实训室建议配置实训装置 24 套（2 人一组，一个标准班 40 人；最低配置 12 套，实施分批重复教学）。

3. 教学软件的基本要求

国家标准、国际标准、系统元器件产品标准等标准。

教材、教案、学习指导书、学习任务书、传感器产品手册、电子器件手册、电路应用手册等。

多媒体课件、图片、录像、动画、微课、教学软件、网络信息资源等。

八、其他说明

1. 学生学习基础要求

已完成自动控制类课程的相关学习，具备一定的专项技能运用能力。

2. 需要与企业开展合作教学的特别说明

"运动控制系统安装调试与运行"课程是专项技能培养层次课程，其课程教学载体大都选择企业工程案例，因此课程的开发设计、实践项目的开发、课程的教学实施必须与企业紧密合作。

3. 教学实施的相关说明

（1）教学方法建议　按照基于工作过程导向的课程改革理念，在专项能力培养课程的教学设计中，选择和实施项目驱动教学的课程教学方式。在真实的电动机运行实验环境中，以实际工作过程为导向，以来自企业和生活中的应用任务为载体，以学生实际动手为主要教学途径，以学生为主体开展理实一体教学，将课程教学内容与实际工作任务融为一体，提高学生的工程实践能力和服务社会的意识。应关注有一定学习困难学生的现状，采用个别指导和小组帮带形式提升其学习效果。

（2）教师配置建议　在实施项目教学时，每一位任课教师直接指导的学生数不能太多，否则无法达到有效的教学效果。建议采用小班教学或分组教学的教学模式，并且每一位任课教师直接指导的学生数以不超过 10 人为宜。

（3）考核评价建议　"运动控制系统安装调试与运行"课程以综合评定方式进行考核，采用工作成果评定为主、兼顾团队合作、工作态度及工作规范，评价成绩采用百分制，期末将进行期末测试，课程的考核评价建议见表 4-10。

表 4-10　"运动控制系统安装调试与运行"课程的考核评价建议

评价内容	评价方法	说　明	
1. 工作态度	考勤情况	平时成绩，占 20%	
2. 团队精神	合作与协调情况		
3. 安全与环保	有无轻微事故发生		
4. 遵守工作规范	规范的工作行为习惯		
5. 学生自评和互评	客观地评价自己和别人		
6. 实验与实训	完成任务过程撰写技术报告	三相异步电动机的调速控制任务	成果评价，占 50%
		步进电动机的调速控制任务	
		伺服电动机的调速控制任务	
		单闭环调速系统静特性的测试任务	
7. 期末考试	开卷或闭卷考试	占 30%	

注：如因不遵守操作规程而导致严重安全事故发生，该课程成绩以不及格处理。

2. 基于 OBE 理念的课程开发与书证融通

我国于 2016 年 6 月正式成为《华盛顿协议》成员国，工程教育专业认证秉持学生中心、成果导向、持续改进三大核心理念，保障和提高了工程教育人才培养质量。成果导向教育（Outcome Based Education，OBE）是一种以学生的学习成果为导向的教育理念，认为教学设计和教学实施的目标是学生通过教育过程最后所取得的学习成果，要求接受认证的专业必须明确学习成果，也就是毕业要求。OBE 的教学设计遵循反向设计原则，即从需求开始，由需求确定培养目标，由培养目标决定毕业要求，再由毕业要求决定课程体系，根据课程体系确定教学要求和教学内容，通过校内外教学评价，评价培养目标和毕业要求的符合度和达成度。

基于 OBE 理念的课程开发与基于职业能力标准的课程开发方法迥异。前者是基于毕业要求，通过毕业要求与课程的矩阵表，梳理出各门课程标准；后者是基于职业能力标准梳理出一系列课程标准。两种课程开发模式的不同导致其与"X"的对接流程不同。基于职业能力标准的课程开发在进行职业能力分析时就可以融入"X"的要求，基于 OBE 的课程开发则需先开发出"1"的课程体系，然后再对涉及"X"的相关课程标准进行迭代或升级。此处结合部分基于 OBE 理念的先行先试职业院校的案例，介绍"1"的课程体系开发流程（图 4-12），其与"X"的融通流程通过第 7 章的具体案例进行展示。

在图 4-12 中，最后两个步骤"修订完善课程标准"与"确定教学资源配置"与前文基于职业标准开发课程中的内容基本类似，下文将不再赘述。

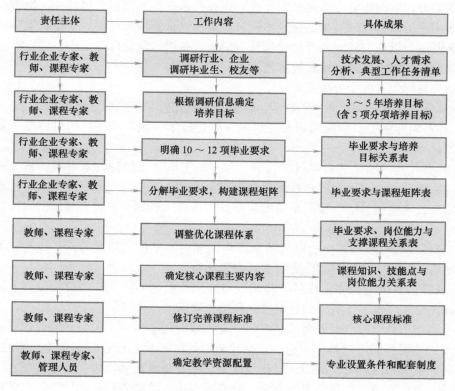

责任主体	工作内容	具体成果
行业企业专家、教师、课程专家	调研行业、企业调研毕业生、校友等	技术发展、人才需求分析、典型工作任务清单
行业企业专家、教师、课程专家	根据调研信息确定培养目标	3～5 年培养目标（含 5 项分项培养目标）
行业企业专家、教师、课程专家	明确 10～12 项毕业要求	毕业要求与培养目标关系表
行业企业专家、教师、课程专家	分解毕业要求，构建课程矩阵	毕业要求与课程矩阵表
教师、课程专家	调整优化课程体系	毕业要求、岗位能力与支撑课程关系表
教师、课程专家	确定核心课程主要内容	课程知识、技能点与岗位能力关系表
教师、课程专家	修订完善课程标准	核心课程标准
教师、课程专家、管理人员	确定教学资源配置	专业设置条件和配套制度

图 4-12　基于 OBE 理念的课程开发流程

（1）开展各方调研　基于 OBE 的课程开发，前期调研的对象和应调研内容分两个方面，一是要调研区域行业企业技术发展状况、人才需求状况和就业岗位典型工作任务等，以确定培养目标及毕业要求；二是要调研本专业毕业两年内的毕业生、毕业 3～5 年内的毕业生、毕业 5 年以上校友、校内任课教师、核心雇主、行业内专家等，重点了解核心能力对毕业生学习生活的支持度、对培养目标的支撑度、对企业岗位工作的需求度、对行业社会需求的匹配度等，用于后期优化毕业要求与课程矩阵表中的每门课程权重。在调研中要有覆盖面，并舍弃小样本数据，保证数据客观真实。

（2）明确培养目标　培养目标要围绕毕业生"有什么"设计，即应明确毕业生在毕业 3～5 年后能够达到的预期目标（职业和技术技能领域成就）。职业教育是培养服务区域发展的高素质技术技能人才，因此必须注重对区域行业企业技术发展状况、人才需求状况的深入调研，以突出人才培养的区域性、职业性、应用性、技能性。在拟定人才培养目标时，要突出体现面向生产、建设、服务和管理第一线所需要的高素质技术技能人才的特征，并对培养目标进行分解，包含适应社会经济发展需要（工程通识教育目标）、素质与意识（校本教育目标）、数学、自然科学基础及专业知识（知识目标）、实践与表达能力目标（5 年在专业领域预期成就培养目标定位）等方面的要求。

以无锡职业技术学院机电一体化技术专业为例，经过组织调研与论证后将培养目标确定为：本专业培养理想信念坚定，德、智、体、美、劳全面发展，具有一定的科学文化水平，良好的人文素养、职业道德和创新意识，精益求精的工匠精神，较强的就业能力和可持续发展能力；掌握机电一体化技术专业知识和技术技能，面向金属制品、机械和设备修理业、通用设备制造业的机械工程技术人员、机械设备修理人员等职业群，能够从事机电设备安装调试与维修、机电产品辅助设计、机电设备操作与管理等工作，适应产业转型升级和企业技术创新需要的高素质技术技能型人才。

本培养目标包含 5 个分项点：

1）具备良好的人文社会科学素养，具有社会责任感和工程职业道德；

2）具备国际视野、创新意识和在机电一体化技术领域取得良好的可持续发展及终身学习能力；

3）具备扎实的数学和自然科学基础，掌握电工电子、机械技术基础、机械加工及工艺、电气系统控制与调试、PLC控制系统构建与调试、液压与气动系统控制、自动控制原理、机器人技术应用、运动控制系统安装调试与运行、自动生产线安装调试与维护等专业知识；

4）具备现场分析与解决机电设备装调问题能力及工程实践能力，并能在相关工程活动中使用语言及文字表达与团队进行有效沟通与合作；

5）具备从事机电一体化设备安装调试与维修、机电一体化产品辅助设计、机电一体化设备操作与管理等工作所需的技术技能和综合素质。

（3）确定毕业要求　毕业要求是学生学业完成时的整体学习成果，是对学生毕业时所应该掌握的知识和能力的具体描述，支撑培养目标的达成。毕业要求包含工程技术知识、设计解决方案、研究、工具运用、工程与社会、环境与可持续发展、职业规范、个人与团队、沟通、项目管理、终身学习等方面，受高职专业人才培养目标定位及学制限制，部分毕业要求（如研究）应淡化，部分毕业要求（如问题分析、设计解决方案等）需调整或合并（如工程与社会、项目管理等），因此条目数一般不超过12条。毕业要求必须做到明确、公开、可衡量，既是实现培养目标的保证，又是专业构建素质、知识、能力结构，形成课程体系和开展教学活动的基本依据。因此，专业需要建构毕业要求对培养目标的支撑关系（以机电一体化技术专业为例，见表4-11），体现毕业要求对培养目标职业发展预期的有效支撑，同时要结合专业实际，对毕业要求逐条加以分解、说明与细化，通过规范阐述使每一条表达明确化、具体化，并在人才培养全过程中落实。

表 4-11　机电一体化技术专业毕业要求与分项培养目标对应关系

序号	毕 业 要 求	分项培养目标				
		目标①	目标②	目标③	目标④	目标⑤
1	能够将数学、自然科学、工程基础和专业知识用于解决机电领域的工程问题			√		√
2	能够应用数学、自然科学和工程科学的基本原理，结合文献研究对机械系统、机电控制方面一般工程问题进行识别与表达			√	√	√

（续）

序号	毕业要求	分项培养目标				
		目标①	目标②	目标③	目标④	目标⑤
3	能够针对机电专业的工程问题，设计复杂程度中等的机电系统及机械单元安装调试与维修方案，并能体现出创新意识		√	√	√	
4	能够在工程实践中选择与使用恰当的技术、资源、现代工程工具和信息技术工具			√	√	
5	能够考虑安全、法律、文化以及环境等因素，理解机电工程实践对环境、社会可持续发展的影响	√			√	
6	具有人文社会科学素养、社会责任感，能够在机电工程实践中遵守工程职业道德和规范，履行岗位职责	√				
7	能够在项目团队中处理好个人与团队的关系，并与团队成员及业界同行有效沟通与交流				√	√
8	初步具备机电领域的国际视野和国际交流能力，具备外语说明书的阅读翻译能力		√			
9	了解机电行业前沿发展现状及机电工程方面的管理、经济决策等相关知识，并能够应用于工程实践	√				√
10	面对机电行业不断发展，技术不断更新，具有自主学习和适应发展的能力		√			√

注：因表格篇幅限制，分项培养目标内容具体见上文，此表仅写出序号进行示例。

（4）构建毕业要求与课程矩阵 将教学的重点聚焦于"学习成果"，注重学生创新、实践等能力的培养。以学生的毕业要求为学习成果，科学构建毕业要求与支撑课程关系矩阵（见表 4-12），实施学习成果的达成度评价，保障人才培养目标实现。

表 4-12 毕业要求与课程矩阵（样例）

毕业要求		课程 1	课程 2	课程 3	课程 4	课程 5	课程 6	课程 N	Σ
学分		3	4	4	5	5	2	……	140
毕业要求一	指标点 1A		0.2		0.4				1.0
	指标点 1B	0.2	0.3			0.3			1.0
	指标点 1C			0.3	0.3		0.2		1.0
毕业要求二	指标点 2A			0.3	0.5				1.0
	指标点 2B			0.4	0.2				1.0
	指标点 2C	0.2			0.2				1.0
	指标点 2D		0.3			0.2			1.0
……	……								
能力培养课程达成度要求		0.6	1.1	1.2	1.3	1.3	0.6	……	35
课程支撑指标点数		3	4	4	4	4	3	……	

合理设定每门课程支撑毕业要求的指标点权重。按照 5 级分值，通过前期的分类型多次调研，整理原始数据，采用 MIN-MAX 标准化法，放大数值之间的差异性，然后确定权重范围和指标点权重值。经过 2～3 年实践检验后，再进行权重值的逐步调整与优化。每

学期课程实施后，都要根据矩阵进行课程达成度评价，促进持续改进。

（5）完善课程体系　毕业要求必须落实到每一门具体课程中，通过课程体系支撑毕业要求的达成。要将毕业要求按照具体、明确、可评价的要求分解为若干个指标点，并细化为核心岗位能力，明确支撑课程，形成毕业要求、岗位能力与支撑课程对应关系表（以机电一体化技术专业毕业要求三为例，见表4-13），然后以提高教学质量为核心，以凸显特色为重点，对课程体系进行再次梳理与完善，教学内容有重合、交叉的课程需要进行调整和重组，指标点重复的课程进行慎重取舍。

表 4-13　毕业要求、岗位能力与支撑课程的关系

毕业要求	指标点	岗位能力	支撑课程
毕业要求三：能够针对机电专业的工程问题，设计复杂程度中等的机电系统及机械单元安装调试与维修方案，并能体现出创新意识	指标点 3A：能够对机电工程问题进行分析和提炼	3A1：机电设备故障诊断能力 3A2：自动生产线机械系统分析能力 3A3：自动生产线控制系统分析能力	机械技术基础、自动生产线的安装调试与维护
	指标点 3B：能够设计满足需求的机电控制、机械系统或工艺流程	3B1：机械零部件加工及装配工艺设计能力 3B2：传感器选用与检测系统设计能力 3B3：简单液压与气动系统设计能力 3B4：简单 PLC 程序编制及调试能力 3B5：采用 PLC 解决工业控制系统中等复杂程度的自动控制技术问题的能力	机械加工及工艺、电气系统的控制与调试、液压与气动系统的控制、机电设备中传感器的连接与信号获取、PLC 控制系统与调试
	指标点 3C：能够对解决方案的可行性进行初步分析与论证	3C1：传感器常规检测与故障维修方案分析能力 3C2：自动生产线设备常见故障维修方案分析能力 3C3：维修及保养成本估算能力	机电设备中传感器的连接与信号获取实训、自动生产线安装调试与维护实训、精益生产
	指标点 3D：设计过程中能够体现创新意识，综合考虑经济、环境、法律等因素	3D1：PLC、常用电气元件选型能力 3D2：机电产品创新设计能力	电气控制实训、产品造型技术、经济类课程
	……	……	……

依次列出核心课程名称、知识点与岗位能力的关系（以机电一体化技术专业"PLC 控制系统与调试"为例，见表4-14），作为课程标准制定、课程实施及考核核心能力达成的主要绩效标准。

表 4-14　课程名称、知识点与岗位能力的关系

课程名称	知识点（单元）	岗位能力	是否测试	成绩占比（%）
PLC 控制系统与调试	项目 1　三相异步电动机的控制与调试	能力 3B4、3D1	是	15
	项目 2　十字路口交通灯的控制与调试	能力 3B4、3D1	是	15
	项目 3　洗衣机电动机寿命测试仪的控制与调试	能力 3A3、3B4	是	15
	项目 4　箱体折边机的控制与调试	能力 3A3、3B4	是	10
	项目 5　工业氮气管道流量监控系统的控制与调试	能力 3B4、3B5	是	10
	项目 6　电炉温度的控制与调试	能力 3B4、3B5	是	15
	项目 7　称量设备的控制与调试	能力 3B4、3B5	是	20

在专业课程体系构建完成后，要根据区域经济社会发展需求和学校办学定位，以《指导文件》为根本遵循与具体指引，以教育部公布的《高等职业学校专业教学标准》为基础，进一步明确配套设备、资源等保障条件，不断完善校本特色的人才培养方案并实施。

（6）推进持续改进　根据《工程教育认证通用标准（2018 版）》要求，专业要建立教学过程质量监控机制，各主要教学环节要有明确的质量要求，定期开展课程体系设置和课程质量评价；要建立毕业要求达成情况评价机制，定期开展毕业要求达成情况评价；要建立毕业生跟踪反馈机制以及有教育系统以外有关各方参与的社会评价机制，对培养目标的达成情况进行定期分析；同时要将能证明评价质量的结果用于专业的持续改进等。这些都需要在制度层面进行周密设计。

1）教学过程质量监控机制。从学校层面，需要系统建立校、院、系三级教学质量监控体系，明晰质量监控主体、质量监控教学环节、质量监控教学流程、质量监控教学具体措施、质量监控分析反馈等方面的工作要求，确保教学质量监控有效实施。如建立校、院、系三级教学管理组织机构，明确教务处、督导组、分院教学副院长、分院教学指导委员会、二级督导组、教学秘书、系主任、专业负责人、课程负责人、任课教师等质量主体的工作职责。建立校、院、系三级教学质量文件，完善教学指导和督导制度、听课和学生评教制度、教学文件检查与试卷审核制度、课程达成度计算分析和审核制度、毕业设计全程监控制度、任课教师资格审查与教学质量评估制度。

专业层面根据学校教学质量控制的规章制度，规定主要教学环节的质量要求及评价要求，主要涉及专业人才培养方案的制定与修订、毕业要求达成度评价、教学大纲制定与修订、课堂教学、课程考核、实验教学、综合实践及课程设计、实习、毕业设计等环节，同时需明确考核评价的责任者、考核基于的基本数据、考核周期等。根据考核结果，提出相应的改进措施，以全面掌控课程教学过程的质量，促进毕业要求达成。

制定课程体系设置评价制度，定期评价课程体系设置能否支撑毕业要求和培养目标达成。结合应届毕业生反馈信息、用人单位反馈信息及行业企业专家建议，对原课程体系中的部分课程提出改进建议，并对评价过程与处理方式进行记录，形成记录文档。规范课程教学管理，定期进行教学质量评价，对质量主体是否遵守教学质量监控办法进行评价，并对每次的评价方式、评价时间、评价依据、评价结果及处理方式等进行记录，归档留存。

2）毕业要求达成情况评价机制。毕业要求达成情况评价要覆盖重点教学环节，涉及人才培养方案审核、教学大纲审核、教学环节检查、课程达成度和毕业要求达成度等方面，通过制定毕业要求达成情况评价管理办法，明确各方面的评价责任人、考核评价周期、评价内容等。毕业要求达成情况评价一般从课程目标达成度和毕业要求达成度两个方面进行评价。课程目标达成度以毕业要求与课程矩阵表为基本依据；毕业要求达成度以每届学生所修课程对毕业要求分指标点的达成度评价为起点，依次获得相应毕业要求达成度、专业毕业要求整体达成情况。通过对近三年毕业生的毕业要求达成情况分析，证明本专业毕业生是否达到毕业要求。

3）毕业生跟踪反馈及各方参与的社会评价机制。健全毕业生跟踪反馈及社会评价制度，定期组织开展校友、应届毕业生及社会评价。毕业生跟踪反馈的调研对象为全体应届毕业生和毕业 5 年及以上校友，每年分别对两类对象进行一次调研，重点了解应届毕业生对专业建设、课程体系、课程内容的建议意见，了解校友职业情况、工作满意度、职业发展能力、职业匹配度及对学校的建议及意见等。社会评价的调研对象为主要合作企业及用人单位、部分校友、企业行业专家等，重点了解行业技术发展动态、用人需求变化、对毕业生综合素质能力的评价、专业培养目标与课程体系的合理性等。通过对各类调研结果的汇总分析，形成毕业生就业质量报告、校友职业发展调查报告、专业调研及社会评价报告等。

4）评价结果的应用。完善内部和外部的持续改进机制，在评价结果应用制度中明确各类评价过程、评价人、评价方式、涉及内容、改进措施、改进责任人、督促责任人等方面的内容要求，确保评价结果得以应用。如在针对课程大纲编制、课堂教学、实践教学、毕业设计等教学环节进行评价后，可从大纲修订、课堂教学等方面提出改进措施，经过一轮改进后，分析改进效果并记录存档；在进行应届毕业生、校友及社会评价后，可从培养目标完善、课程体系调整、毕业要求修订、课程达成度权重调整等方面提出改进措施，经过一个培养周期实践后，分析改进成效并记录存档。

5）通过信息手段支撑持续改进。建好学校教学管理系统、网络教学平台、质量控制系统、专业调研系统等相关业务系统，为教学过程质量监控、课堂教学质量评价、毕业生要求达成度评价等提供强力支撑。建好教学管理系统，助力精细化管理，教师使用系统进行课程大纲维护、教学资料填报（教学日志、教学辅导、成绩及达成度计算等）、调课补课、考勤与缺课预警、超期填报预警、毕业设计及实训实习指导、教师评学、学生评教、督导及同行评价等，实现教学过程透明管理。建好网络教学平台，助力课堂教学灰箱白化，促进教与学的良性互动，通过平台支撑推进线上线下混合教学新模式应用，实施课前预习、课中互动、课后辅导及测试，应用平台随堂测试、试题库随机组卷等软件进行课堂互动，精准定位学生短板，帮助教师及时调整课堂策略；通过课后对资源利用活跃性进行监测，实现对学生投入、学习成果的分析诊断，推进高质量教学资源的建设与应用。建设学分银行系统，对学生的各类大赛、创新训练项目、"X"及其他证书、发表论文、申获专利等成果进行积累与转化，促进专业教育与创新教育深度融合，服务学生多元成长成才。建设专业调研系统，进行毕业生跟踪调研与反馈，开展用人单位调研及社会评价等。建好数据仓库，打通信息孤岛，提升数据治理水平，提高数据来源的客观性和自采率，既为持续改进提供海量数据支撑，又可进一步提升师生的获得感。

4.2.3 升级教育资源

1. 打造一支适应 1+X 证书制度试点的师资队伍

打造师德高尚、技艺精湛、育人水平高超的教师队伍，是 1+X 证书制度试点的一项重大任务。1+X 证书制度的实施，对职业院校教师队伍无论是"1"的素养还是"X"的能力都提出了新的标准和要求，必须进一步提升教师的专业化水准，改变传统的能力和素质结构，进一步增强职场意识，提高实践能力和技术应用能力。要挖掘非专业教师、辅导员以及管理人员的技术技能潜能，调动他们在 1+X 证书试点中形成合力的积极性。

研究"X"培训师的资质要求，丰富"双师"标准内涵，将之与教师轮训制度、新教师实习制度和企业实践制度相结合。强化校企合作的支撑作用，支持教师参与挂职锻炼、顶岗实习、与合作企业协同开展技术开发与技术服务等，既可以提升教师的技术应用能力，又可以将"四新"要求通过校企合作不断融入职教领域。同时，积极打造校企混编双师团队，推进校企教师优化组合，实现专任教师专业技能补短、企业教师教学能力补缺。

组织教师参加"X"证书的相关技术技能培训，提升教师实施高含金量证书的培训教学能力。强化实践能力培养，将教师"X"技术技能水平作为重点，通过"X"定制研修、培训评价组织挂职锻炼等方式，实施复合型教师培养培训，鼓励教师在生产、工作、实训一线中提升技术技能，实现培训"X"的教师不仅其本人的技术技能水平达到高级证书水平，还要具备驾驭 1+X 证书的专业教学能力，具备运用技术标准和规则指导学生获取"X"证书（或做出产品、方案）的策划能力、实操能力。

压实培训课程开发和实施责任，对于承担"X"证书培训教学的教师要实施分级管理和配套奖励，完善相关约束与激励机制。要激励并锻炼一支熟练掌握专业开发方法、熟悉课程开发流程的专业带头人及骨干教师队伍，使他们具备将"X"中的技术知识、技术标准和实操规范整合到"1"中重组课程的能力，具备开发和制定新课程标准或专业人才培养新方案的能力。使得广大教师在技术技能提升的内涵领悟中，在专业知识与技术技能课程开发中，深入理解 1+X 证书制度试点的内涵，激发内生动力，迸发出强大的执行力。

探索从职称评定这一基础性制度改革入手，将教师个人发展与"1+X"证书制度试点结合起来，开辟教师晋升的新通道。同时也要清醒地看到，1+X 证书制度背景下，高等职业学校专业教学标准和职业技能等级标准的融合过程，本质是教师、教材、教法实现同频共振的过程，因此需要梳理现有规章制度，针对"三教"改革要求，构建完善的治理体系，提升职业院校治理效能。

2. 建设支撑 1+X 证书制度试点的实训基地

《试点方案》指出，要"推动学校建好用好学校自办、学校间联办、与企业合办、政府开办等各种类型的实训基地""产教融合实训基地和产教融合型企业要积极参与实施培训"。教育部明确，"X"证书的培训评价组织只负责培训教师，不直接培训院校学生。参培教师在获得培训师资格后，在校内实施学生或学员培训，因此必须建好适应 1+X 证书制度试点的实训基地。

试点院校一是要深化校企合作，强化校企联动，吸引行业组织、企业充分参与，共建"产学研"一体化的生产性实习实训基地，实现教学与生产的同步，在降低企业育人成本的同时，也可以更好地借助企业的资金资源优势，提升学校的职业技能培训能力，构建多元主体协同联动、校企"双元"育人的职业教育人才培养格局；二是要运用好国家、省市的各项资金扶持政策，基于专业群构建实训基地，打造产教融合集成大平台，集聚校内实训资源，将分散的优质实训资源集成于"池"，组建基础实验中心、专业大类实训中心，根据"一条主线、三个层面"实践教学体系要求（"一条主线"是指以职业能力培养为主线，"三个层面"分别为基本技能、专项能力和综合技术应用能力培养），校企共同开发单项、专项和综合等实训项目，形成与职业能力培养体系相对应的系列教学实训项目，以1+X 证书制度为纽带，根据"做中学、学中做"的职教教学规律，创建一大批集教学、讨论、实操、查询于一体的新型实训室，并开发相应的教材、教具，着力提高实训质量；三是要积极拓展实训基地的功能，面向中职、高职、本科院校及企业与政府开发培训、技术服务项目，提高实训基地的开放共享程度，使之成为教学中心、技术研发中心和技术服务中心，同时要应用物联网和云计算池化技术，建设智慧实训服务平台，实施透明管理，形成开放共享窗口，提升实训基地的使用绩效。

3. 开发满足 1+X 证书制度试点的课程资源

开发高质量的"书证融通"课程资源，这关系到"1"和"X"能否有机衔接，也是能否提升职业教育质量和学生就业能力的关键问题。课程资源可分素材性资源和条件性资源两大类。广义的课程资源是指有利于实现课程目标的各种因素，狭义的课程资源仅指教学内容的直接来源。此小节描述的课程资源特指狭义的、素材性资源，包括理论及实践类教材、各类习题集或题库、案例、微课、视频、动画等纸质资源与数字化教学资源。

基于 1+X 证书制度的"书证融通"教材开发既要符合专业教学标准的要求，又需覆盖职业技能等级证书要求，其开发目标是将专业目标和证书目标加以整合，既保证学历培养规格，又能促进"X"的技能提升。教材开发需要课程开发专家、培训评价组织的职业技能测评专家、本专业教学专家和企业专家共同进行。在教材内容组织形式上，最好采用工作过程导向的编写模式，既符合职业岗位工作的逻辑顺序，也符合职业技能提升的顺序，更有利于教材在体例上按照工作手册式、活页式编撰，也可以按照技能等级标准案例或按照工作领域编写单行本等；在教材内容呈现上，要符合职业院校学生的认知特点和教育规律，从简单到专项到综合，结合"四新"要求，做到图文并茂、层次清晰、科学准确。在资源配置上，考虑到教学过程与培训过程的同时性和复杂性，教材必须提供职业技能等级证书考核理论和操作模拟题库卷库资源，最好配套职业技能评价考核模拟系统以及必要的数字化教学资源、教学仪器设备清单。需要指出的是，因为"书证融通"课程门数需要根据职业技能等级证书的对接情况来确定，开发的教材种类也应该系统考虑，可能是一部教材，可能是若干部系列教材，也可能是若干份单行本等。

在课程资源开发上，以"X"证书的技能要求为依据，实现职业能力标准的持续迭代和整合，通过技教融合、国际融合和产教融合，不断开发素材资源、示范课程、微型课件、题库、案例库等优质教学资源。高度重视技术研究先行，将纵横向课题研究获取的新技术资源经教学化处理形成专业教学新资源，实现教学内容与企业转型发展对技术技能人才要求的实际同步。通过教学化改造后将技术研发形成的资源开发成教学资源，特别是形成与产业相关的核心技术、前瞻科技动态、科普介绍等课程资源群，实现技教融合。学习借鉴职教发达国家经验，通过开展跨境合作，引进发达国家优质教学资源，实现国内外两种教学资源的有效整合，丰富优质教学资源。校企合作共建共享，通过与行业企业开展跨界合作，积极参与产业相关的地方职业标准制定，将企业员工培训资源转换成实训项目，以实现协同开发与共享优质资源，实现产教融合。通过系统积累与开发，满足学生、教师、企业职工、社会人员四类用户不同层次、不同地点、不同方式的学习需求，实现资源的充分利用和有效共享。

第5章 专业群与"X"群的书证融通与人才培养方案优化
CHAPTER 5

2006 年以来，高职教育历次政策实施和质量提升路径均以专业群建设为主要抓手，从国家示范校到国家骨干校、再到优质校建设，均将专业群建设置于重要位置。多年来，全国职业院校的专业群建设一直处于探索实践之中。2019 年，国家"双高计划"进一步强化专业群建设，要求职业院校进一步充分认识专业群建设在人才培养中的重要性。专业群建设要兼顾市场需求侧和人才培养供给侧两方面要求，精准分析产业需求与人才培养供给之间的交集地带，或者以产业链（产业群）为依托，体现职业岗位在流程上、工作对象上、地域上的相关性，实现专业群与产业链或岗位群的有效对接。同时，也要充分应对1+X 证书制度试点的需要，实现专业群与"X"群的书证融通。因此，首先必须厘清专业群建设的现状、怎么组群等基本问题。

5.1 专业群建设现状

5.1.1 国家层面政策引导

2006 年，《关于实施国家示范性高等职业院校建设计划加快高等职业教育改革与发展的意见》明确列出"特色专业群"建设任务，这是高职专业群建设的元年。据统计，2006 ～ 2010 年，全国分 3 批共完成了 440 个重点专业群的试点建设。"以重点专业为龙头辐射带动相关专业"的专业群建设模式逐渐辐射到全国职业院校。2015 年，《高等职业教育创新发展行动计划（2015—2018 年）》提出，加强专科高等职业院校的专业建设，支持紧贴产业发展、校企深度合作、社会认可度高的骨干专业建设，依托重点专业（群），校企共建研发机构，促进区域产业结构调整和新兴产业发展。组织开展特色优势专业（群）建设，推进高职后示范时期的内涵建设，使得职业院校专业群从开始的示范性建设阶段迈入全面的高质量发展阶段。2019 年《国家职业教育改革实施方案》及《关于实施中国特色高水平高职学校和专业建设计划的意见》明确将专业群建设作为推动高职教育质量发展的基本抓手和动力支点，作为遴选和考核的基本单元，随后发布的《中国特色高水平高职学校和专业建设计划项目遴选管理办法（试行）》要求所有申报院校均以"专业群"的形式申报"双高"建设方案，最终公布的 197 所拟建单位共 389 个专业群列入国家高水平专业群建设。

5.1.2 地方层面实践探索

从 2006 年示范院校建设正式提出至今，专业群建设无论从数量上还是质量上都取得了一定的成效。重点专业群、示范性专业群、特色专业群等项目连续出现在各省、市、自治区职业教育重点项目的立项文件之中。许多省份坚持研究，积极探索，创新专业群建设思路，不断推出适合省情和具有行业特点的专业群建设新模式。如山东省 2013 年启动实施高等职业学校品牌专业群建设项目，按照"优化结构、突出重点，分批建设"的原则，分批分阶段实施品牌专业群建设，首批品牌专业群建设项目包括国家示范（骨干）高职学校 12 所，自筹建设技能型人才培养特色校立项建设单位 5 所，在校生规模达到 500人以上的民办高职学校 11 所。江苏省 2012 年启动职业院校重点专业群建设计划，提出积极探索有效的专业群建设机制，逐步形成服务方向明确、社会效益明显、具有自身特色和优势的人才培养结构，在全省遴选建设了 200 个左右的"十二五"重点专业群，同时在"十三五"期间，又建设了 350 个对接区域主导产业的现代化中职专业群和一批五年制高职专业群。湖南省 2014 年启动示范性特色专业群建设，全省中高职立项建设了省级示范性特色专业群 30 个，截至 2018 年全省共有专业群 120 个。从总体上看，在各省教育行政部门的有力指导下，职业院校在专业群建设中呈现多元发展格局，在提高人才培养质量和产业服务能力等方面取得了明显的成效。进入 2018 年之后，随着"双高计划"的启动，全国大部分省份又掀起了新一轮省级高水平专业群立项建设的高峰，基本形成了国家级高水平专业群、省级高水平专业群和校级高水平专业群的三级专业群建设体系。

5.2 建群原则及组群逻辑

专业群建设是推进专业集群化、资源集聚化、管理集约化的重要抓手，是提升专业竞争力和服务力的重要保障，是深化复合型技术技能人才培养模式的重要手段。专业群建设能否带动专业内涵建设和质量提升，放大集群优势，取决于专业群的构建原则是否清晰，组群逻辑是否科学。因此，必须首先明确建群原则和组群逻辑。

5.2.1 建群原则

为什么要建设专业群，建群原则是什么？在政府层面的文件中一般从人才培养供给侧和产业需求侧结构要素全方位融合、促进专业资源整合和结构优化等方面进行引导，如江苏省教育厅《关于印发加强全省高等职业教育专业群建设指导意见的通知》（苏教职〔2020〕8 号）中明确要求专业群建群原则为"对接产业彰显特色、统筹设计资源共享、名师引领团队支撑、完善机制持续发展"等。随着近年来专业群的建设和实践，国内诸多专家、学者或对国家文件进行了深层次的解读，或围绕各自院校实践探索也进行了很多论述，总体上可以归纳为两个导向，一是着眼外部服务的需求导向，二是着眼内部发展的问题导向。

1. 适应经济社会发展

对接区域产业集群发展的需要，服务产业发展对复合型技能人才的新需求，是专业群建设的根本原因。通过专业群建设，可以集聚相关群内专业，有效对接产业链或岗位群的要求，调整与完善人才培养的目标和规格，培养复合型技术技能人才，拓展学生可持续发展能力和综合发展能力，提升技术技能型人才适应性，提高人才供给的多面化和有效性，促进更高质量的就业。同时，通过群内专业协同与合作，凝练技术服务面向，为中小企业提供较为完整的综合性技术服务，提升专业服务技术创新与产业发展能力，为将学校打造成满足行业企业发展的技术技能创新服务中心提供基本支撑。

2. 推进学校内涵建设

从职业院校内部发展视角来看，以专业群建设为抓手，既可以促进专业结构优化，推进资源共建共享与整合强化，提升办学效益，又可以促进学校内部治理结构重构，强化特色，提升办学竞争力。通过专业组群发展，在保持共享部分稳定的基础上灵活调整，使群内专业关停并转有空间，新专业派生有基础，激发群内专业发展活力，形成良性竞争，在更高水平上形成新的平衡。同时，可破解单个专业教育资源分散和不平衡难题，集聚师资、设备、场地等资源，共建共享，实现资源效益最大化。通过以群建院或建立跨院系教学组织，将纵向的行政管理与横向的学术管理组织结合，实施动态矩阵式管理体系，可化解院系宏观调控瓶颈，推进院校内部治理体系变革。此外，专业群建设还可进一步汇聚各专业优势，凝聚发展特色，全面提升学校的核心竞争力和办学优势。

5.2.2　组群逻辑

职业院校专业群如何规划和建设是由院校的行业背景、地方经济社会发展水平、院校自身的办学条件和专业发展历程确定的。总体来说，专业群是一组结构有序、优势互补、资源共享的专业或专业方向的集合，专业群的内在组成决定了专业群外在的服务形式或者服务面向，不同学校的不同专业群有着不同的建设模式，既可以是强弱互补的联合，也可以是强强联合。

关于专业群的组群逻辑，专家学者也进行了很多研究和论述，总体上可以分为外部逻辑和内部逻辑两类，依然可以归纳为着眼外部的需求导向和着眼内部的问题导向。其中，外部逻辑有面向产业链构建专业群、面向岗位群构建专业群及面向技术领域或服务领域构建专业群等；内部逻辑有围绕共同基础构建专业群、围绕核心专业构建专业群等。

需要特别指出的是，专业群的组群逻辑没有定式，各校采用什么方式组群，取决于各校所服务地方的产业结构、专业基础和学校发展战略。以2019年"双高计划"公布的机电一体化技术专业群为例，在统计的10所"双高计划"院校中，机电一体化技术专业群的组成专业均不相同（表5-1）。各校服务需求、因校制宜组群，充分凸显了职业教育的服务地方性，同时也体现了校本特色。

表5-1　10所"双高计划"院校机电一体化技术专业群组群情况

序　号	学校名称	所含专业
1	北京工业职业技术学院	机电一体化技术、机械制造与自动化、工业机器人技术、无人机应用技术
2	哈尔滨职业技术学院	机电一体化技术、机械制造与自动化、工业机器人技术、电气自动化技术、焊接技术与自动化
3	芜湖职业技术学院	机电一体化技术、电气自动化技术、数控技术、应用电子技术、工业机器人技术
4	宁夏职业技术学院	机电一体化技术、电气自动化技术、数控技术、软件技术、物联网应用技术
5	济南职业技术学院	机电一体化技术、机械设计与制造、电气自动化技术、电梯工程技术、飞机机电设备维修
6	河南工业职业技术学院	机电一体化技术、机械设计与制造、电气自动化技术、数控技术、模具设计与制造

（续）

序 号	学校名称	所含专业
7	许昌职业技术学院	机电一体化技术、机械制造与自动化、电气自动化技术、数控技术、工业机器人技术
8	重庆工程职业技术学院	机电一体化技术、煤矿开采技术、工业机器人技术、智能控制技术、物联网应用技术
9	陕西国防工业职业技术学院	机电一体化技术、机械制造与自动化、数控技术、机械产品检测检验技术、工业机器人技术
10	云南机电职业技术学院	机电一体化技术、电气自动化技术、机电设备维修与管理、飞机机电设备维修、动车组检修技术

虽然专业群的组群逻辑没有定式，但总体上来讲，组群时应该满足教育部职成司提出的"外部适应、内部自洽、内外协同"要求。组群逻辑是否科学，要从"必要性是出发点、合理性是支撑点、可行性是立足点"等几个方面判断，也可以从浙江金融职业学院党委书记周建松提出的"学科基础相同、技术领域相近、职业岗位相关、基础课程共用、教学资源共享、教师队伍共育"等原则判定，否则就不能起到服务发展、集聚资源、放大优势的效果。

1. 外部逻辑

1）面向产业链构建专业群。通过分析产业链上的人才需求状况形成链式专业结构，从而构建专业群。该类专业群服务领域相对明确，专业链对接产业链，凸显职业性，能更好地提升专业服务发展的能力。通过建立覆盖产业链的实训体系和师资队伍，在提升服务产业发展能力的同时凸显行业特色，更有利于形成院校的办学优势和特色。但该类专业群往往跨越专业大类、跨行业领域、对应多个职业岗位（群），群内粘合性不足；且构建的人才培养体系比较复杂和庞大，故导致其师资队伍、课程体系和实训基地的建设成本较其他模式专业群的成本要高很多。因此，该类专业群的建设中要重点做好三个方面工作：一是做好专业群与区域经济内重点产业群对接，在满足企业发展需要的同时，建立相应的运行机制，使专业群与区域产业群有效对接，增强人才培养和技能形成的针对性和有效性；二是依据产业群结构实现群内专业的多元组合，尝试由多个任务对象相同、技术开发相近的相关专业构成，以核心专业或特色专业为核心，进行群内外的资源整合，实现相近专业的融合搭配与资源共享；三是推进集团化办学，有效聚集来自行业、政府、社会等各方信息资源，提高专业群对于市场需求变化、产业发展方向的敏感度。

2）面向岗位群构建专业群。主要针对某个行业相近或相关的职业岗位群，将人才培养职业定位、岗位方向相关的专业组织起来形成集群式专业结构，从而构建专业群。该类专业群依据职业岗位需求调整群内专业构成，凸显即时性，能较好地满足行业内企业岗位群的实际需要，并按照岗位群变化动态调整专业群结构。但随着技术革命不断加快，由于专业群对职业岗位群的依赖，受产业发展的冲击较大，往往不利于可持续、长期稳定的发展，稳定性稍显欠缺。因此，该类专业群的建设中要重点做好三个方面工作：一是要精准对接区域岗位需求，提升人才培养支撑，要结合当地企业的人才需求，设计出复合型技术技能人才的具体指标，以指导人才培养工作；二是以市场规格为指针，调整专业群课程结构与内容，将群内课程体系的开发作为人才培养方案的统一指导，最好能体现不同岗位的人才需求；三是要深化校企合作内涵，与区域龙头企业形成合作发展命运共同体，系统全面地推动专业群与岗位群对接，同时不断推动企业管理方式、技术革新、人员培训、产品创新等方面的发展，提升专业群的服务能力。

3）面向技术（服务）领域构建专业群。此类专业群需在政府、行业、企业调研的基础上，深入了解区域产业布局与结构调整规划，准确获知相关产业的相关技术（服务）领域及转型升级方向，精准定位产业转型升级背景下的技术需求、技术技能人才的职业岗位群，实现技术领域与岗位群兼顾。此类专业群适切回应了提高院校社会服务能力，为行业企业创造更多价值的现实需求。以智能制造类专业群为例，首先要研究智能制造系统架构，厘清产品生命周期、系统层级、智能特征三个维度的逻辑关系，然后围绕与本校专业发展方向聚集相符的应用技术集成区，进行专业群建设，以满足培养技术复合型、应用发展型、掌握特殊技能的技术技能人才的需求。如以智能装备、智能工厂等关键应用技术为学校主体专业发展方向时，重点技术（服务）领域应涉及产品生命周期的生产、物流、销售和服务，系统层级的设备、单元、车间和企业，专业群建设的主体内容涉及反映资源要素、互联互通、融合共享、系统集成等智能特征的核心集成区，可针对此技术集成区构建智能制造专业群，培养高素质技术技能人才，并不断提升创新人才培养服务能力。

2. 内部逻辑

1）围绕共同基础构建专业群。围绕共同基础构建专业群属于知识逻辑，该类专业群通常具有共同的学科或者共同的技术基础，在课程建设、实训基地建设等方面能充分进行资源共享，同时也能较好地支持新专业的开发。该类专业群能充分发挥资源集聚效应，在强学科背景下能够有效满足学生对于专业知识纵向深化与横向扩展的多重需求，但在应对产业发展方面的灵活性不足。因此，在专业群建设时要关注两个方面：一是以专业群课程为核心，打造共享资源平台，平台涉及课程、实训、企业案例、行业标准、政策法规等内容，它既是高水平专业群建设的基础，也为教师、学生以及社会学习者自主学习提供帮助；二是构建多元跨界的师资团队，实施校企混编团队管理模式，通过形成校企双元教师团队，能够从多角度深化专业群课程设置、教学方式，开发新形态教材、信息化学习资源包等教学资源，应对产业需求变化，强化人才培养与产业发展的紧密衔接。

2）围绕核心专业构建专业群。该类专业群是以教学改革成效明显、教学保障具有明显优势的核心专业为龙头来构建专业群，发挥龙头专业的辐射带动作用，促进群内专业水平整体提升的。该类专业群组群内在逻辑性不强，在专业群建设初期应用较多。其优点在于具有较好的协同效应，但容易出现建设资源、成效过于集中等问题，在建设中要重视专业群内部资源分配的均衡，鼓励核心专业承担带领非核心专业发展的重任，促进专业群内各专业平衡发展，提升专业群整体实力。

5.3 基于"X"群的专业群课程体系优化

课程体系构建是专业群建设的核心，课程重组是 1+X 书证融通的最后一公里。专业群与"X"证书群的书证融通与人才培养方案优化涉及众多要素，如课程体系、课程标准、教学评价、资源配置、校企合作、配套制度等，但关键是课程体系重构。首先，应根据《指导意见》的要求、课程开发原则与方法进行体系化设计，对接职业岗位的能力需求遴选教学内容，然后根据学习者的认知规律和心理特点将所选内容科学序化，形成体系。其次，要开发模块化课程，可按照"平台+模块"或"基础+平台+模块+方向"等模式建设，基础或平台类课程培养专业基础能力或通用能力，模块或方向课程培养更具针对性的岗位能力和职业迁移能力。最后，要构建项目化资源，着重将行业企业的优质资源转化成教育资源，将新技术、新工艺、新规范、新要求纳入教学标准和教学内容，形成项目化的平台或资源库。

5.3.1 "X"群的选择原则与依据

1. 有利于复合型人才培养

在1+X证书制度下，职业教育建构的是"多元型"的培养目标，一是因为"1"的内涵扩大和"X"群的不确定性导致目标多元；二是因为所培养的技术技能人才能够适应不同类型的职业岗位，而且"X"群中的"X"的不同组合为复合型技术技能人才的培养提供了可能。因此，"X"群的选择要有利于复合型人才培养，书证融通所确定的目标应同时涵盖三个方面的追求：一是"X"证书性价比高，所选的"X"证书必须是企业需要的证书；二是资源利用率高，即相关的教学资源与实训平台有着较高的共享度；三是体现成果导向，即遵循职业教育的人才培养规律，同时也要综合考虑学校师资配置、硬件配置等因素，实现"X"群与专业群基本契合。

2. 有利于服务学生成长

"X"群与专业群对接是"多对多"的关系，要为服务学生多元成长成才提供发展平台。由于专业群建设中相关课程、资源、基地的关联性，选择"X"群时需要注意几点：一是要考虑"X"是否聚焦群内共通岗位、能否提升学生完成工作任务的胜任力，从而体现"X"的针对性；二是"X"是否反映群内相关专业领域的新技术、新工艺、新规范、新要求，能否缩短毕业生适岗期，从而体现"X"的适应性；三是"X"能否适应专业群内结构调整，既方便实施又能快速迭代，从而体现"X"的灵活性。

3. 有利于提升企业认同

截至2020年9月，已有共三批73家培训评价组织经批准出台了92个职业技能等级标准，涉及16个重点领域。前两批的16个证书已经进行试点，覆盖了1800所院校的54万名学生，完成了2万多位教师的师资培训、近16万人次的证书考核。2020年9月23日，教育部职业技术教育中心研究所又公示了第四批290家职业教育培训评价组织的379个职业技能等级证书。经统计分析，这些培训评价组织来自不同地区、行业和企业，除华为技术有限公司、中国中车集团有限公司、武汉华中数控股份有限公司等少数企业外，大多数知名度不高。试点院校所选的"X"证书必须与毕业生用人单位需求契合，证书含金量要较高、培训评价组织公信力要较强，才能提升用人单位的认同感。因此，需要仔细调研企业对"X"证书的认可度，并向用人单位介绍所选证书内涵并听取相关意见和建议（表5-2）。若所选"X"证书获得大部分企业认可，方可开展下一步工作。

表 5-2 开展企业对"X"证书的认可度调研

序　号	调研内容
1	贵单位的名称、性质和人员规模？
2	您在贵单位所担任的职务？
3	您对职业技能等级标准中的 ×× 等证书有所了解吗？
4	您对人社部和行业组织开发的国家 ×× 工程师、×× 技术员等有所了解吗？
5	贵单位在招聘员工时是否优先录用拥有职业资格证书或品牌企业专业岗位证书者？
6	贵单位员工主要拥有哪个级别的职业资格证书或品牌企业专业岗位证书？
7	贵单位员工拥有职业资格证书或品牌企业专业岗位证书的比例？
8	贵单位鼓励员工考取职业技能等级证书吗？
9	贵单位员工在晋升中需要拥有职业技能等级证书吗？
10	您觉得贵单位员工需要拥有 ×× 等证书吗？
11	您觉得专科层次的毕业生应该拥有初级、中级和高级中哪一级职业技能等级证书为宜？
12	您对 ×× 等 × 个职业技能等级标准所描述的素质、知识和技能有哪些建议或意见？

5.3.2 专业群与"X"群的对接方法

专业群与"X"群的对接流程与第 4 章所阐述的专业与"X"证书的对接流程大部分相同，但由于专业群内有多个专业，需要对接多张证书，基于专业之间的关联性，使得证书之间也存在关联，在对接模式、对接路线上与单个专业对接不同，课程体系及内容梳理上也更为复杂一些，涉及群共享课程的打造、配伍关系的对应、学生的自由选择导致的学时学分的平衡等，下文重点针对相关难点进行阐述。

1. 对接模式

专业群与"X"证书群对接是书证融通的难点，也是书证融通绕不过去的坎。"X"群与专业群对接一般不采用"一对多"模式，即一张"X"证书对接一个专业群内的多个专业，原因在于专业群组群逻辑，即使该专业群是基于共同的学科基础、共同的岗位群组建，如果只对接同一张证书，"X"的深化、补充或拓展功能受限，使得专业群拓展学生可持续发展能力和综合发展能力的功能明显弱化。因此"多对多"是"X"群与专业群对接的常用模式，即由多张"X"证书对接专业群内的多个专业。

"X"群与专业群的对接方法一般用混搭法（图 5-1），融通时综合使用融入法、接口法和单列法等。这对专业群的课程体系结构提出了新要求。在控制好专业总学分的前提下，需要妥善考虑专业群的素质教育课程、公共平台课程、共享课程、各专业课程、互选课程等设置。

2. 对接路线

"X"证书对完善专业人才培养方案的三个功能：一是强化某一学习领域的素养、知识和技能；二是伴随企业转型升级而将新技术、新工艺、新规范、新要求纳入教学内容；三是依据学生选择，拓展其职业领域及职业能力。基于学生就业岗位需要，在"X"群对接专业群时，需要明确该"X"证书对该专业学生培养的主要功能，是体现"窄而深"的职业能力强化，还是体现"宽而广"的综合素质拓展，还是体现"兴趣使然"的跨专业复合，而且也要考虑该证书对群内其他专业学生培养的功能。因此，"多对多"书证融通的对接路线可以从深化路线、拓展路线和兴趣路线进行总体设计（图 5-2）。深化路线主要指毕业生就业的主要岗位能力要求与所选证书的能力要求基本吻合，书证融通采用的主要方法为融入法和接口法；拓展路线主要指毕业生就业的拓展岗位能力要求与所选证书能力要求基本吻合，书证融通采用的主要方法为接口法；兴趣路线是指学习者所选证书与本专业学习内容相关性不大，书证融通只能采用单列法。

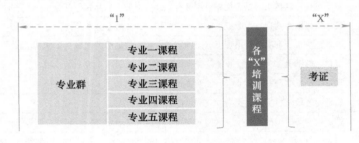

图 5-1　混搭法

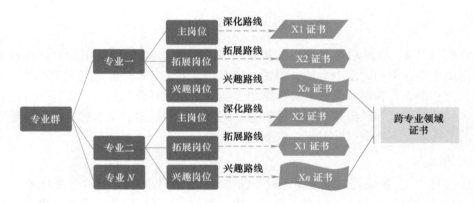

图 5-2　对接路线

5.3.3　课程结构梳理与教学内容整合

按照以上三种路线，1+X 书证融通与专业人才培养方案优化需要回答以下几个问题。

1）专业课程如何体现职业教育的规律——成果导向。需要分析毕业生就业主岗位和拓展岗位所需要的基础知识、工作对象、工具、工作规范、成果项目（质量标准）五要素。

2）支撑学生毕业主岗位、拓展岗位的职业能力是哪些，支撑人才培养目标和"X"证书的课程有哪些。

3）可整合的课程有哪些。

4）需要新增或删除的课程有哪些。

5）需要强化的实训课程有哪些。

6）资源配置要求，如师资要求、实训基地要求、教学软件等。

7）如何平衡选考"X"等级证书与不选考"X"等级证书的人才培养方案总学分问题。图 5-3 给出了专业群课程结构梳理与主要教学内容整合的参考目录清单。

图 5-3 专业群课程结构梳理与主要教学内容整合框图

如：要充分了解区域产业政策及国家职业标准要求，基于国家专业教学标准和专业认证等研究成果，通过调研专业群学生就业的主岗位、拓展岗位，采用五要素分析法，分析归纳学生应具备的基础知识、实际工作对象、使用工具、日常工作规范及工作成果项目（质量标准）等，对专业群对接的职业岗位进行再梳理，为与"X"对接奠定基础。要归纳提炼专业群通用岗位、拓展岗位的工作内容，分析需要的素质、知识及技能要求，形成四新（新技术、新工艺、新规范、新要求）清单，为课程开发奠定基础，明确各专业人才培养目标，厘清培养目标与毕业要求的支撑关系，梳理与"X"的关联课程、接口课程清单等。

在综合考虑以上要素后，方可进行证书群的对接。在进行充分调研后，可按照就业岗位群及技术领域的梳理、课程体系框架构建、"X"群与专业群课程配伍关系对照、课程地图绘制等步骤实施。

1. 梳理毕业生就业岗位群和关键技术领域

兼顾市场需求侧和人才培养供给侧两方面要求，精准分析产业需求与人才培养供给之间的交集地带，或者以产业链（产业群）为依托，体现职业岗位在流程上、工作对象上、地域上的相关性，实现专业群与产业链或岗位群的有效对接，以开放的理念科学组建专业群。要重点关注现有专业之间的相关相近性，通过调研专业群毕业生就业岗位（通用岗位、专业岗位及新兴交叉岗位）和专业群服务产业链的关键技术领域，厘清群内专业关系，才能实现以课程为核心重构群内资源，实现专业资源共享，发挥组群集聚效应。

以无锡职业技术学院数控技术专业群为例，经调研，专业群共同岗位包括数控设备操作员、运行维护员、机电产品售后服务与支持等，新岗位包括智能制造单元维护与调试、MES 下单与排程、工业机器人协同制造与编程等（图 5-4），专业群定位为对接长三角区域先进制造业企业高质量发展和中小微制造企业技术创新的人才需求，着重培养德技并修，满足工艺设计、机器人协同制造、智能制造单元维护维修等工作岗位要求的高素质复合型技术技能人才。

数控技术专业群以智能制造单元的生产组织方式为应用场景，以"两机"（此指航空发动机和燃气轮机）叶片等关键零部件工艺设计、工艺协同、工艺实施为主线（图 5-5），按所涉的核心技术和岗位能力要求进行专业分工。其中，机械制造与自动化专业主攻智能工装设计,材料成型与控制技术专业主攻近净成型技术,工业机器人技术专业主攻机器人与数控设备的协同制造,数控技术专业主攻多轴复杂零件加工技术,数控设备应用与维护专业主攻设备预测性维护等硬核技术,各专业核心技术自强、共性技术互补,协同发展,精准对接智能制造单元。

新兴交叉岗位 NEW	智能制造单元维护与调试		MES 下单与排程		工业机器人协同制造与编程
专业岗位	工艺技术员	造型工艺员	数控设备编程员	数控设备机械装调员	系统集成员
	工装技术员	铸锻工艺员	数控工艺员	数控设备电气装调员	控制系统安装员
通用岗位	数控设备操作员	运行维护员	机电产品售后服务与支持	生产管理员	质量检验员
专业	机械制造与自动化	材料成型与控制技术	数控技术	数控设备应用与维护	工业机器人技术

图 5-4 数控技术专业群学生就业岗位

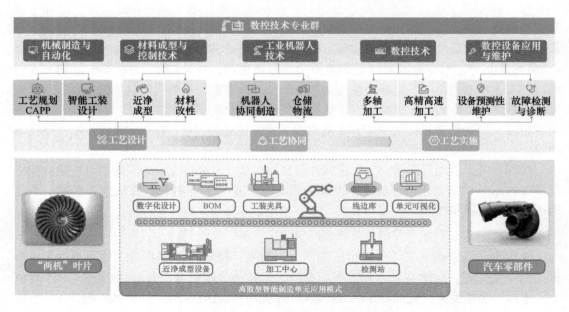

图 5-5 数控技术专业群与企业转型升级关键技术领域的关系

2. 形成对接"X"群的专业群课程体系框架

依据调研结果,根据专业群各专业核心技术领域和岗位工作领域,遴选具有代表性的典型工作任务,分析整合所需的岗位核心职业能力,按"基础、专项、综合"进行模块化划分,引入企业优秀工程案例,以此为载体,按照"由简到难,技术相近"的原则整合形成模块化课程群,覆盖专业群平台课、核心课程与选修课程,具体方法与第 4 章中的阐述基本相同,此处不再赘述。

在课程平台基础上,遵循"公共课程通用、基础课程共享、核心课程聚焦、选修课程融通"的课程体系构建原则,对接"X"群各证书的知识、技能和素质要求,最终形成"底层共享、中层互选、高层定岗"、对接"X"群的专业群课程体系框架案例,如图 5-6 所示。

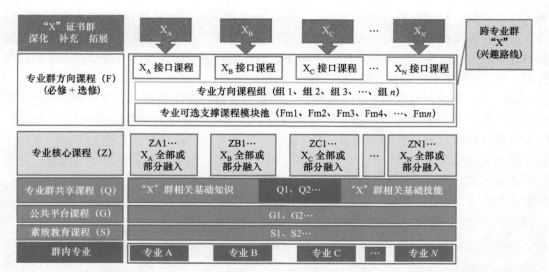

说明：1.此图重点反映课程结构，从素质教育、公共平台、专业群共享、专业核心、方向课程等维度对专业群课程进行梳理归类，从下而上的层级关系并不代表课程的实际开课顺序。

2.专业核心课程（6～8门）设置及课程主要内容需符合教育部《高等职业学校专业教学标准》相关要求，并融入对接"X"证书的素质、知识及技能要求。如专业对接证书更换，应及时迭代升级核心课程主要内容。

图 5-6　专业群课程体系框架案例

下面以接口式书证融通为例进行详细阐述。在该专业群课程体系框架中，素质教育课程（S）与公共平台课程（G）为底层共享平台，为专业群内各专业必修课程，一般主要包括军事理论、文化素质类、公共艺术类、体质健康等素质教育课程与大学生职业生涯规划与就业指导、基础英语、应用数学、大学物理等学科基础教育课程。专业群共享课程（Q）为各专业共享的专业基础课程及技能课程，要融入与"X"群相关的专业基础知识和基础技能，实现群内各专业共享。专业核心课程（Z）是教育部颁布的专业教学标准所指定的各专业必须组织教学的6～8门专业核心课程，其既包括理实一体课程，也包括实践课程。各专业将首选的有利于提升学生就业竞争力"X"证书（根据实际选择初、中、高级）的知识、素质、技能要求全部或部分融入相关课程，以充分发挥"X"的深化功能。专业群方向课程（F）平台包含专业可选支撑课程模块池、专业方向课程组及"X"证书接口课程，设置为必修与选修两类。其中，专业可选支撑课程模块池内重点开发对应"X"证书的支撑课程，对在核心课程中尚未融入"X"证书的知识、素质及技能要求进行补充，同时设置经济类、管理类、人工智能、双创实践等财务、管理或专业进阶课程，供学生进行自主选择，提升学生综合职业素养。专业方向课程组聚焦学生就业岗位，开发与学生就业方向高度吻合的专业课程，实现"高层定岗"。开发对应"X"证书接口课程，方便群内专业互选"X"证书，以发挥"X"证书的拓展功能，如 A 专业学生可通过 X_B、X_C、X_N 证书等某门接口课程，获取 X_B、X_C、X_N 证书等某项证书。同时，学生也可根据自身兴趣，选择跨专业群的"X"证书。

需要说明的是，由于各专业群的建群策略和组群逻辑未必相同，受专业群内课程共享程度、就业岗位的关联程度、教师课程开发能力及水平、"X"证书的类型丰富程度等因素所限，每个专业既可重点对接一个"X"证书，也可群内某几个专业共用一个"X"证书。总体来看，前者课程开发难度较高，但学生选择余地较大，有利于复合型人才培养；后者课程开发难度较低，培训及实施层面操作相对简单，但"X"证书的深化或拓展功能发挥受限，人才培养容易出现通而不专、聚焦不够的问题，因此要尽力避免整个专业群仅选用一个"X"证书的对接策略。

为体现引领性，本章在下文分析中以群内各专业首选深化路线、备选拓展路线进行阐述。以无锡职业技术学院数控技术专业群为例，遵循课程体系集约化、模块化建设思路，融入大思政教育与创新教育，结合"X"证书标准，开发了融通数控车铣加工的数控铣实训、融通工业机器人应用与编程的机器人技术综合实训、融通数控设备维护与维修的数控机床装配与调试等 10 门与数张中级证书融通的课程，构建了 1+X 书证融通的课程体系，如图 5-7 所示。

"X"证书群	数控车铣加工、工业机器人应用与编程、多轴数控加工、数控设备维护与维修等				
专业群方向课程（必修+选修）	"X"接口课程：数控铣实训、机器人技术综合实训、多轴数控加工实训、数控机床装配与调试等				
	数字化设计及仿真、液压与气压传动技术、金属切削加工及机床……	工业机器人系统集成、运动控制系统安装调试与运行、自动生产线的集成与控制……	复杂零件数字化造型、三维扫描与数据处理、工业机器人技术及应用……	液压与气压传动技术、电动机调速及应用、光机电设备应用与维护……	金属材料及热成形工艺、热加工智能检测技术、金属特种液态成形技术及装备……
	可选支撑课程：智能制造技术、制造信息化技术、精密检测技术、智能制造单元维护与维修、精益化数字生产管理、双创实践等				
专业核心课程	机械制造工艺、机床电气与PLC、自动夹具设计……	PLC控制系统的构建与运行、工业机器人编程、机器人控制技术……	数控加工编程、多轴加工技术、高速切削技术……	数控机床PLC装配与调试、数控机床机联调、数控机床诊断与维修	金属材料热处理工艺及装备、铸造合金熔炼及装备、材料成型CAE优化……
专业群共享课程	机加工实训、工程制图、机械设计基础、数字化设计基础、电工电子技术、智能制造导论、工业物联网基础、工业机器人操作、工程材料及热处理等				
公共平台课程	思想政治理论类、应用数学、基础英语、大学物理、大学体育、大学生职业生涯规划与就业指导等				
素质教育课程	文化素质类、公共艺术类、劳动教育、军事理论、体质健康、心理健康等				
专业	机械制造与自动化	工业机器人技术	数控技术	数控设备应用与维护	材料成型与控制技术

注：依据模块化理念，各专业根据具体情况选用专业群共享课程。

图 5-7　数控技术专业群课程体系

3. 绘制课程地图

课程地图是传递可视化、图像化课程信息的一种工具，因其能体现以学生学习为中心的理念，清晰地反映学生大学学习期间所修课程及学习路径，为学生学习规划提供参考，在我国台湾地区高校广泛应用。近年来大陆地区职业院校也开始进行校本特色课程地图的探索，共性的特点是均用简洁的图形和符号呈现学生三年所修课程名称、学分、学期分布及课程之间的关联，展示课程开设进程，协助学生选课及进行课程规划。课程地图的意义在于一方面为学生提供了一份清晰的学习菜单和一张学习导航图，让学生可以根据自己的职业生涯规划进行自主课程选择，充分体现了尊重学生的发展意愿，给予学生"知情权""选择权"及学习"自主权",另一方面也体现了该专业培养学生的全课程设计与规划思想,系统地、有逻辑地展现了专业人才培养的课程整体,同时也是学校向学生、家长及社会做出的三年培养期需完成培养目标的公开承诺。

（1）绘制"1"的课程地图　"1"的课程地图是绘制"1+X"课程地图的基础,下文简述课程地图的绘制步骤,如图 5-8 所示。首先要目标导向,明确专业培养目标、对应就业岗位及应获得的职业资格证书;然后依次梳理培养周期内支撑培养目标的所有课程,横向按照学习历程,纵向按照课程平台类别,形成全课程矩阵。高职学生学习历程分为六学期,课程平台按照素质教育平台、公共平台、专业群共享课程平台、专业方向平台、专业选修平台等进行分类。每门课程按照所属平台、所在学期在地图中进行定位,注明学分并反映课程类别（理论类及理实一体类或纯实践类等）,各课程平台分别进行理论（含理实一体）和实践课程学分汇总。再次,使用单箭头反映课程之间的延续关系,如基础英语Ⅰ与基础英语Ⅱ、应用数学Ⅰ与应用数学Ⅱ等,使用双向箭头反映课证融通课程与需获取的职业资格证书之间的关联,核心课程与专业限选课程用特殊符号进行标记。最后,在地图说明中明确需要修得的总学分要求及其他需要说明的情况。通过"1"的课程地图,清晰地向学生展示出三年期间需要修的课程、毕业后拟从事的专业岗位等信息,助力学生规划职业生涯,激发学生学习投入和动力。

（2）规划"1"与"X"群配伍课程体系框架　课程体系开发要考虑学生的学习选择权。"多对多"的书证融通需要符合配伍关系,专业群既要考虑从能力深化或拓展视角选择"X"证书,也要考虑学生的兴趣选择。为此需要考虑平衡选考"X"证书与不选考"X"证书的人才培养方案的总学分问题,以及为选修与本专业无关的"X"证书留出一定的学习空间等,以推动"学习者为中心"的学习新范式建构。《指导意见》要求三年制高职总学时数不低于 2500 学时,鼓励学生自主学习,公共基础课程学时应当不少于总学时的 1/4。中高职选修课教学时数占总学时的比例均应当不少于 10%。因此,原则上重组后的学时数要约等于原学时数,即使考虑到培训工作实际需要,总学分增加量也应 ≤ 5 学分,否则将过多增加学生的学业负担。表 5-3 给出了某专业群与"X"证书群配伍课程体系框架,每个专业人才培养方案的总学分都控制在 140 分左右。

（3）整理与"X"相关的课程框图　根据"1"与"X"群配伍课程体系框架,梳理"1"的课程与"X"之间的对应逻辑关系,整理出与"X"相关的课程框图（图 5-9）,重点要对这些课程进行建设。首先要仔细研究对照"X"的技能标准内涵与课程标准之间的关联,横向按照能力单元,纵向按照课程类别,在课程框图中依次定位直接相关课程,标明支撑的课程、内容升级的课程、新增的课程、学时删减的课程等。其次要结合对应课程教学目标,将"X"证书要求有机融入相关课程,一般采用加减法或迭代法。最后可形成一张课程变动汇总表,列出与"X"相关的所有课程,并列出每门课程的学分变化情况及总学分变化情况,通过此表明确主体责任,推动课程建设。

需要指出的是,对每个专业来讲,对接"X"的路线既有深化路线也有拓展路线,因此为了更为清晰简便,可分别针对两种情况整理该专业与不同"X"相关的课程框图,并分别梳理各门课程的建设清单,最终进行整合建设。

（4）绘制"1+X"课程地图　与"X"直接相关的课程须在原有"1"的课程地图中进行更新。要强化专业群共享课程建设,将"X"通用知识与技能融入共享理论课及实践

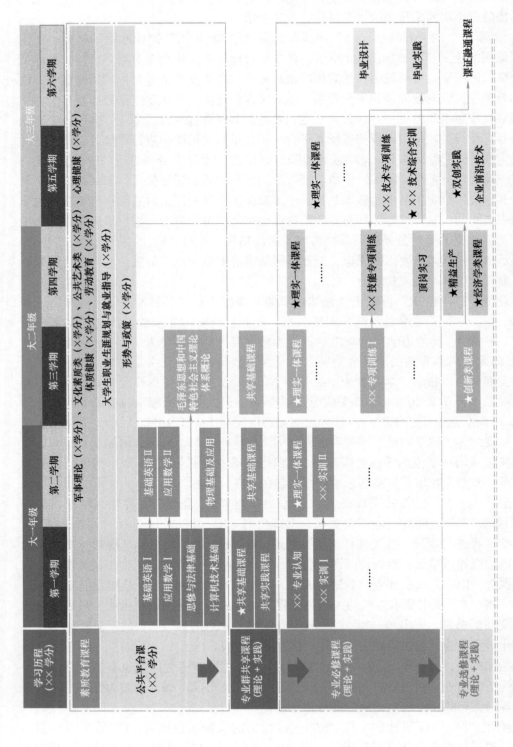

图 5-8　"1"的课程地图

说明：1. 必须修得所有课程（含专业选修）：理论课程学分+实践专用周学分（含军训）=××分，必须修得素质教育选修课××学分；2. 打"★"为专业核心课程。

表 5-3 某专业群与"X"证书群配伍课程体系框架

学习历程		大一年级		大二年级		大三年级		"X"证书相关说明	
		第一学期	第二学期	第三学期	第四学期	第五学期	第六学期		
专业群选修课程		创新创业实践、跨专业课程（如经济学类、精益生产、市场营销、信息安全、人工智能技术与应用等）（学分小计）						深化或拓展"X"证书	兴趣选择"X"证书
		"X"接口课程（学分小计）						X1、X2、X3、X4……	X1、X2、X3……
专业必修课程（核心课程+方向课程）	专业 A	专业课程1、专业课程2、专业课程3……（学分小计）							
	专业 B	专业课程1、专业课程2、专业课程3……（学分小计）							
	专业 C	专业课程1、专业课程2、专业课程3……（学分小计）							
	专业 D	专业课程1、专业课程2、专业课程3……（学分小计）							
	专业 E	专业课程1、专业课程2、专业课程3……（学分小计）							
专业群共享课程（必修）		共享课程1、共享课程2、共享课程3……（学分小计）							
公共平台课程（必修）		思想政治理论类、应用数学、基础英语、大学物理、大学体育、大学生职业生涯规划与就业指导等（学分小计）							
素质教育课程（必修）		文化素质类、公共艺术类、劳动教育、军事理论、体质健康、大学生职业生涯规划与就业指导、心理健康等（学分小计）							

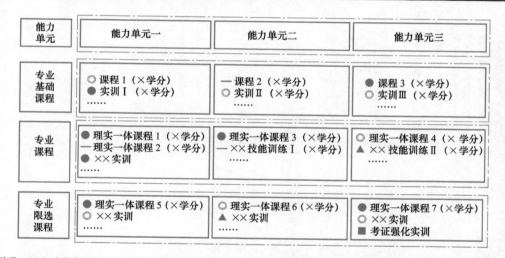

说明："●"为整合课程，"◎"为内容迭代课程，"一"为学时减少课程，"▲"为新增课程，"■"为考证强化课程。

图 5-9 "1"与"X"相关的课程框图

课，为学生群内选择拓展路线奠定坚实基础。针对各证书的中级或高级培训，在专业方向课程平台中，增加"X"任选模块，方便选择拓展路线的学生选择，体现中层分立；在专业互选平台增加"X"接口课程，用于拓展路线或兴趣路线的学生专项培训，体现高层定岗。用特殊符号标明内容整合课程、学时删减课程、新增课程，用双向箭头实线标明深化路线，用双向箭头虚线标明拓展路线，学生可以依据自己拟考的"X"证书，提前规划并选修相关课程，如图 5-10 所示。

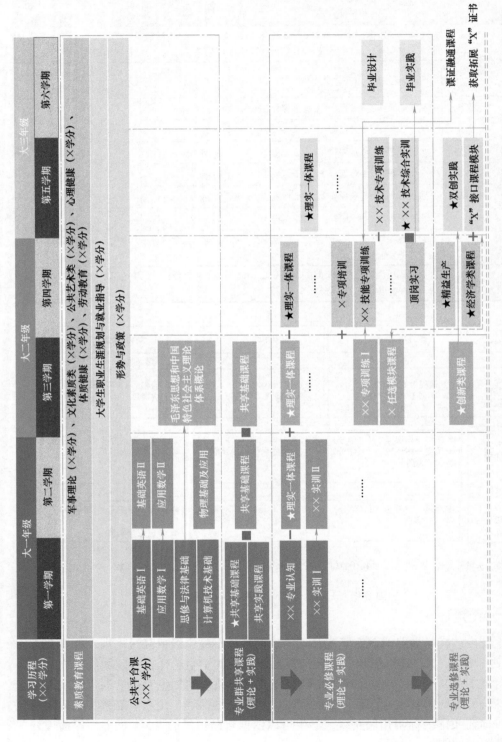

图 5-10 "1+X" 课程地图

说明：1. 必须修得所有课程（含专业选修）：理论课程学分＋实践专用周学分（含年训）＝××分，必须修得素质教育选修课××学分。2. "★"为专业核心课程。

5.4　书证融通与人才培养方案优化中需要注意的问题

书证融通是 1+X 证书制度试点的关键，但不是确保 1+X 证书制度试点成功的唯一要素。三分设计、七分落实，在进行书证融通、优化人才培养方案时，既需要兼顾实施层面进行系统性设计，也要考虑证书的引入与退出机制、学生的引导与选择，还需完善系列配套保障制度，需要学校层面进行统一协调，才能保证预期目标在人才培养各环节的落实落地。

5.4.1　系统一体化设计

人才培养方案的优化和实施执行，需要广大教师的思想认同和倾心参与，需要各种硬件条件支撑和系列制度政策保障，必须综合考虑后期实施层面的诸多因素，进行系统化的设计。

1. 夯实研究实践基础

思想认同是前提，要提升教育教学理念，组织全体教职工认真学习新时代职业教育思想，深刻认识国家实施 1+X 证书制度试点的目的，同时还要认真学习高职教育不同层次的育人特点，深入理解 1+X 证书制度试点的重要意义，形成广泛共识，凝聚集体智慧，营造良好的整体环境。核心团队是关键，提升专业负责人的专业及课程开发的能力是实现专业教学标准和职业技能等级标准相融合的基础，要打造一批教育教学改革实践及研究能力强，熟悉书证融通课程体系的开发方法及流程的高水平专业负责人。参与院校要发挥试点项目的示范辐射功能，边实践、边研究、边总结，及时宣传、推广院校实践经验，形成一批典型案例和高水平成果，为丰富和发展中国特色职业教育理论贡献力量。

2. 设计与实施一体化考虑

在书证融通时，除了从需求角度出发优化课程体系之外，还要从实施层面考虑各种条件因素的制约。在师资配置方面，应满足结构化教学创新团队要求，校内教师符合双师素质要求，有企业学习培训和工作经历的教师占比较高，一定比例的专业课程由企业专家授课，具备"X"培训资格的教师数要满足校内外培训要求等。实验和实训设备要围绕"X"培训需要，统筹考虑生产型和教学型两种类型，对照选定的证书等级，明确哪些设备拟升级改造、哪些设备需要新购、哪些设备可以自研、哪些软件需要采购等。信息化环境建设和数字化教学资源建设也应达到学校所在地的较高水平，以满足线上线下教学需要。同时要基于成果导向，进行课程评价模式多元、开放和整合改革，从专业、课程、教师、教学等诸多方面调整评价标准，由原有的岗位群向产业链、职业群拓展，将硬技能定量考核与软技能定性考核有机结合，充分体现一专多能。要积极主动与相关企业行业联系，向企业行业传递 1+X 证书制度试点育人优势，扩大"朋友圈"，赢得企业和社会的认可和支持。

3. 兼顾多元服务需求

秉持"多元服务"理念，在专业群对接"X"群时，既要考虑各专业选择对应"X"证书的技能深化，也要考虑群内其他专业的技能拓展与兴趣发展需要，因此需要为同一专业领域（或同一专业群）内的其他专业开发宽口径共享型接口课程，同时还要考虑社会人员技能提升需求，开辟社会人员通道，让其通过接口课程学习后实施培训，获得对应的"X"证书。因此，针对校内学生获得各类"X"证书的多元选择，要统筹建好专业群群共享课程，强化"X"群的基础知识与基础技能，开发对应的"X"课程模块群；也要兼顾校外具有一定实践经验和专业基础的社会人员考证需求，建好一批模块化的"X"接口课程；同时要开发配套丰富的线上资源，引导和激励校内校外学习者主动有效地学习。另外，还要正视培训评价组织作为企业的正常利益诉求，通过深入洽谈，明晰各方职责、协调各方利益，共同拟定培训与考核计划及相关文本资料，开展训练装备技术验证，测定训练装备标准量值，以此保障训练装备的先进性、可靠性、安全性和绿色低耗，提升试点工作成效。

5.4.2　证书审批与引导

需要注意的是，专业或专业群从需求调研、专业契合等角度选择拟对接"X"证书后，还需要学校层面的审批。第一批与第二批证书试点是各试点院校主动申报、省厅备案后报教育部职业技术教育中心研究所审核公布的。从第三批开始，各校通过与培训评价组织沟通，可自主选择试点证书，学校的审核显得更加重要。同时，也要考虑学生层面的考证选择与引导等因素。因此，需要从两个层面进行考虑。

1. 学校层面的"X"证书引入与退出

试点院校应健全 1+X 证书制度试点的组织机构，认真研判可能出现的新情况和新问题，预测并防范风险，严控"X"证书引入关。随着"X"证书的不断开发，同类证书或比较接近的证书逐渐增多，不同培训评价组织可以开发相同的证书，形成良性竞争态势。由于培训必然产生费用问题，在试点工作初期，各校都面临着投入大于收益的财务风险，因此需要完善管理制度，健全"X"证书审批、论证、评估流程，探索证书的引入与退出机制。

事前要综合考虑"X"证书的引入价值，要与培训评价组织充分沟通，既要了解各培训评价组织的企业资质信用及服务能力，也要精心对比各"X"证书的技能等级标准内涵，还要仔细核算需在培训设施建设、教师培训、培训课程开发、培训教学等方面列支的成本，最大程度提高证书性价比。在实施过程中要规范培训流程，提升培训质量，积累与培训评价组织合作的经验。培训完成后要组织进行效果评估，充分了解该"X"证书在社会认可、帮助学生更充分和更高质量就业等方面的实际效果如何，对滥发证或企业认可度较低、学生不愿选择的"X"证书要坚决退出，另选它证。

2. 学生层面的"X"考证引导与服务

在试点工作中，学生可根据自愿原则自主选择是否参加考证，然而试点工作是否取得成效的重要显性指标之一就是学生的参与率。根据试点工作要求，在第一批和第二批试点中，各级地方教育主管部门在相关预算中给予证书培训列支了专项费用，试点院校的学生不用支付相关的培训和考证费用。但随着试点规模的不断扩大，这种模式不可持续，给试点工作顺利推进也将带来一些压力。如何引导学生参加考证并合理承担适当的证书费，需要重点考虑。

一是加强宣传，提高学生对"X"证书的认可度。由于双证书制度已实施多年，职业资格证书的获取增加了学生的就业砝码，毕业生就业质量显著提升是不争的事实。因此要精选证书，联合主要合作企业或就业企业共同加强宣传，让学生了解"X"证书的功能、内涵及实施背景；完善证书学分的积累、转换制度，对考证学生进行"X"相关课程免修或免试，减轻学生的学业负担；不断提升培训质量和效果等。二是试点院校应当积极争取当地政府部门的支持，在试点宣传、社会受训人员组织渠道、专项经费等方面获得支持，一方面降低学校投入成本，也可为学生争取部分高技能人才专项资金奖补，提升学生考证的积极性。如无锡市政府为推进高技能人才培养，从 2018 年起就出台了相关政策，对在校生和企业员工获取相关证书给予政策支持，培训者和受训者可获得不同标准的政府奖补。

5.4.3 政策制度的保障

开展 1+X 证书制度试点主要涉及职业院校内部管理工作和院校与培训评价组织间的合作，需要构建院校内部的质量保证体系，从规划标准、运行管理、约束激励、研究实践四方面完善制度体系，全面融入保障 1+X 试点成效的要求，营造试点工作良好的制度环境，以保证试点工作目标全面有效达成，结合教学诊改工作，引入信息化手段，提高组织体系的运行效率。

1. 规划标准

规划标准方面的制度是实施 1+X 证书制度试点的逻辑起点，主要规范试点工作的各类工作标准与指标。院校的试点方案就是重要的源头文件，要对试点工作的工作原则、组织架构、任务要求等进行明确，因此制定方案时需要梳理院校现有组织机构能否满足试点工作需要，新的组织架构履职的具体工作有哪些、工作标准是什么等。除了试点方案外，规划标准方面的制度还有专业调研制度、专业（课程）建设规划原则意见、专业（课程）建设规范、专业带头人选拔与培养制度、双师素质培养与认定制度、学生成长发展规划、综合素质标准等。

2. 运行管理

运行管理制度按照事先、事中和事后进行设计，对试点工作的过程提出质量规范、方法路径、实施方法等。涉及 1+X 试点的各类业务运行通常都是跨组织机构的，如培训经费的申请、使用、审核等，校内外不同培训教师的酬金体系设计、培训实施等，需要优化管理流程，将学校管人（权）制度与管事流程匹配，研究建立或完善涉及院校多个部门及部门内多个环节的教学和管理制度（跨部门工作流程），提高运行效率。运行管理制度一般由制定（修订）人才培养方案原则意见、专业（课程）建设管理办法、专业（课程）诊改办法、实训基地管理办法、教研活动指南、教材开发及数字化教学资源建设管理办法、1+X 专项经费管理办法、教学及科研团队管理办法、兼职教师管理办法、教师培训进修管理办法、学分制管理办法、学分银行及学分积累、转换办法等组成。

3. 约束激励

约束激励方面的制度要针对试点工作的目标达成、工作质量、评价结果应用，对各参与主体进行约束与激励，如重点专业（群）遴选办法、精品在线课程遴选办法、重点教材评选办法、教师年度考核办法、教师岗位聘任办法、职称评审条例、教学质量奖评定办法、教学成果奖奖励办法、教学名师评选办法、院系学生工作考核办法、学生实践学分认定及成绩评定实施方案、学生学科创新创业及技能大赛奖励办法、学生单项奖学金评定办法等。

4. 研究实践

研究实践方面的制度主要指在试点工作推进中，通过创新研究且在运行中产生较大影响力与实效的校本特色制度，如创新班管理办法、学业导师聘任管理与考核办法、技能等级标准开发与书证融通专项研究课题管理办法、"X"证书遴选及退出管理办法等。

第6章 职业院校 1+X 证书制度试点的管理制度研究

CHAPTER 6

6.1 试点专业书证融通人才培养方案制订管理制度研究

1+X 书证融通人才培养方案开发成果只是完成了专业教学的顶层设计，真正落实到具体的教学与培训活动之中，仍需要研制配套的管理制度和基于课堂的教学活动。

6.1.1 书证融通相关配套管理制度文件梳理

1+X 书证融通人才培养方案开发涉及大量的前期准备工作，主要涉及指导类文件、工作类文件、工具类文件和培训类文件。这些文件既有来自中央、省市等各级政府的，也有试点院校根据自身工作实际研制的配套制度和相关文件。

1. 指导类文件

指导类文件主要指各级政府部门下发的指导 1+X 书证融通的文件。职业院校领导、部门领导和试点专业骨干教师首先要组织学习，理解文件精神，以有利于试点专业的人才培养方案开发。这些文件从各媒体平台可下载，主要包括：《国家职业教育改革实施方案》《关于在院校实施"学历证书＋若干职业技能等级证书"制度试点方案》《关于推进 1+X 证书制度试点工作的指导意见》《职业技能等级证书监督管理办法（试行）》《职业院校全面开展职业培训 促进就业创业行动计划》《现代职业教育质量提升计划资金管理办法》《关于在院校实施的职业技能等级证书考核成本上限设置方案的公告》《关于进一步做好在院校实施 1+X 证书制度试点有关经费使用管理工作的通知》《职业教育培训评价组织遴选与监督管理办法（试行）》《职业技能等级标准开发指南（试行）》《教育部等九部门关于印发〈职业教育提质培优行动计划（2020—2023 年）〉的通知》等。

2. 工作类文件

（1）试点专业工作指南　明确书证融通中各工作环节要求，为各专业做好 1+X 书证融通提供指导性意见。

1+X 书证融通涉及多个要素，课程是其核心要素。表 6-1 所列 1+X 书证融通课程矩阵是基于职业技能等级标准和证书模板内涵与原有专业课程体系实现对接的一种方式，但不是唯一的书证融通方式。表 6-2 罗列了 1+X 书证融通的前后课程对比关系，为专业教研室或专业教师开展教研活动时提供了"靶子"和案例。

1+X 书证融通后需要列出课程地图。这一方面便于专业教师开展教研活动；另一方面也是为学生了解专业学习的整体概况提供信息。

表 6-1　1+X 书证融通课程矩阵

课程类别		工作领域													
		工作领域一			工作领域二			工作领域三			…	专业特定能力			
		工作任务1	工作任务2	工作任务3	工作任务1	工作任务2	工作任务3	工作任务1	工作任务2	工作任务3	…	特定能力1	特定能力2	特定能力3	…
专业基础课	课1														
	课2														
	课N														
专业课	课1														
	课2														
	课N														
专业限选课	课1														
	课2														
	课N														

注：此表是书证融通的模板，仅供参考和借鉴。

表 6-2　××专业与××职业技能等级证书（×级）书证融通课程关系对比

专业名称		××专业			层　　次	中职/高职/本科	
二级学院		××学院					
原课程名称	原定学分	证书内容			书证融通后课程名称	书证融通后学分	备注
		强化内容	补充内容	拓展内容			
原课程1					新课程1		
原课程2					新课程2		
原课程3					新课程3		
原课程N					新课程N		

注：1. 层次栏只能在"中职/高职/本科"中选其一。

2. 为方便研究者比对研讨，根据原有课程在书证融通后的变化，辅以相关标识以说明课程性质和前后对比关系。建议在该表中采用这些标注：▲表示新增课程；◎表示内容迭代课程；●表示整合课程；■表示考证强化课程；☒表示删除课程；★表示专业核心课程；A表示理论类课程；B表示理实一体类课程；C表示实践类课程。

针对职业技能等级证书的考核，还应列出相应的考核方案，主要内容有：

1）考核环境。

①场地设置。

考核地点：实训楼。

场地要求：根据培训评价组织提出的要求落实。

②硬件配置。根据证书提出的要求配置，或结合现有硬件进行技术改造而达标。

③软件配置。根据证书提出的要求配置，也可辅以相关资源。

④安全防护用品配置。根据证书提出的要求并结合本校实训操作要求配置。

2）考核时长及要求。考核方式根据培训评价组织要求设定。一般理论考核为 120 分钟左右，实践操作为 3 ～ 4 小时。

3）考核过程材料。

① 考核评分表。由培训评价组织提供样本。

② 考核过程佐证材料。参照四级和六级英语考试要求提供考试过程视频，或提供其他佐证材料。

③ 考核试题样例。由培训评价组织提供考核试题样例及参考答案。

（2）部门工作指南　明确 1+X 试点工作对学校相关职能部门的工作要求，为顺利开展试点工作做好服务与协调工作。部门工作指南主要有：

1）教官 / 考官培训工作要求。

2）根据所选职业技能等级证书对硬件提出的配置要求，外购或改造相关仪器设备。

3）提出 1+X 书证融通教研活动 / "X"证书学习、指导、交流活动等工作要求。

4）出台实施职业技能等级证书专项培训的相关工作量计算与补贴方案。

5）提出实施 1+X 证书制度试点工作的年度经费预算。

6）提出与所选职业技能等级证书培训评价组织的合作谈判框架（如省、市有 1+X 证书制度试点联盟的校企合作文本则更好）。

3. 工具类文件

针对 1+X 证书制度试点各阶段的工作，设计系列用表，包括：

1）职业技能等级证书样本。

2）毕业生用户调研表（罗列拟选的职业技能等级标准与初、中、高级证书）。

3）职业技能等级证书引入报批表。

4）与所选职业技能等级证书相关的硬件和软件配置表（含所需配套经费）。

5）职业技能等级证书学习培训质量监测表。

6）1+X 证书制度试点工作进程表 / 汇总表。

4. 培训类文件

培训类文件主要针对三类培训对象：第一类是行政管理人员，研究"职教 20 条"及相关 1+X 证书制度试点类文件，编制相关文件汇编并组织学习培训，解决对上述文件精神的认识和理解上的问题，并为形成校本工作流程做准备；第二类是教学人员，学习"职教 20 条"等 1+X 证书制度试点文件汇编，学习 1+X 书证融通的原则与方法，解决认识上和技术上的问题。第三类是在校学生，宣贯"职教 20 条"及相关文件精神，引导学生积极参与 1+X 证书制度试点。

培训类文件包括相关的各种 PPT、校内外 1+X 证书制度试点案例和经验材料等。

6.1.2 试点专业 "X" 证书选择管理办法框架

根据第一批至第四批公布的职业技能等级标准和证书，对应职业教育专业大类目录，大致可梳理出职业技能等级标准与职业教育专业目录之间的配伍关系。表 6-3 为职业教育专业大类与职业技能等级标准分类对应表，表 6-4 以职业教育装备制造大类专业对应职业技能等级标准简表为例，为职业院校装备制造类专业选择合适的职业技能等级证书提供参考。

表 6-3　职业教育专业大类与职业技能等级标准分类对应表

序　号	职业教育专业大类	职业技能等级标准数（共 447 个）
1	农林牧渔	7
2	资源环境与安全	8
3	能源动力与材料	14
4	土木建筑	9
5	水利	4
6	装备制造	66
7	生物与化工	3
8	轻工纺织	6
9	食品药品与粮食	5
10	交通运输	36
11	电子与信息	149
12	医药卫生	11
13	财经商贸	56
14	旅游	15
15	文化艺术	18
16	新闻传播	16
17	教育与体育	5
18	公安与司法	0
19	公共管理与服务	19

表 6-4　职业教育装备制造大类专业对应职业技能等级标准简表

序　号	职业技能等级标准名称（批次）	培训评价组织
1	工业机器人操作与运维（二）	北京新奥时代科技有限责任公司
2	工业机器人应用编程（二）	北京赛育达科教有限责任公司
3	特殊焊接技术（二）	中船舰客教育科技（北京）有限公司
4	激光加工技术应用（三）	武汉天之逸科技有限公司
5	多轴数控加工（三）	武汉华中数控股份有限公司
6	数控设备维护与维修（三）	北京机床研究所有限公司
7	数控车铣加工（三）	武汉华中数控股份有限公司
8	运动控制系统开发与应用（三）	固高科技（深圳）有限公司
9	冶金机电设备点检（三）	北京诺斐释真管理咨询有限公司
10	工业机器人集成应用（三）	北京华航唯实机器人科技股份有限公司
11	工业机器人装调（三）	沈阳新松机器人自动化股份有限公司
12	轨道交通电气设备装调（三）	中国中车集团有限公司
13	轨道交通装备焊接（三）	中国中车集团有限公司
14	轨道交通装备无损检测（三）	中国中车集团有限公司
15	无人机驾驶（三）	北京优云智翔航空科技有限公司
16	制冷空调系统安装与维修（四）	青岛好品海智信息技术有限公司

（续）

序　号	职业技能等级标准名称（批次）	培训评价组织
17	装配式混凝土预制构件质量检验（四）	三一重工股份有限公司
18	智能仓储装备应用及维护（四）	北京京东乾石科技有限公司
19	机械数字化设计与制造（四）	北京机械工业自动化研究所有限公司
20	机械工程制图（四）	北京卓创至诚技术有限公司
21	注塑模具模流分析及工艺调试（四）	海尔智家股份有限公司
22	增材制造模型设计（四）	北京赛育达科教有限责任公司
23	拉延模具数字化设计（四）	武汉益模科技股份有限公司
24	增材制造设备操作与维护（四）	西安增材制造国家研究院有限公司
25	工程机械数字化管理和运维（四）	江苏徐工信息技术股份有限公司
26	精密数控加工（四）	北京精雕科技集团有限公司
27	多工序数控机床操作（四）	北方至信人力资源评价（北京）有限公司
28	数控机床安装与调试（四）	通用技术集团大连机床有限责任公司
29	燃油汽车总装与调试（四）	上海汽车集团股份有限公司
30	飞机机械系统装配（四）	上海飞机制造有限公司
31	车辆自动驾驶系统应用（四）	上海淞泓智能汽车科技有限公司
32	汽车智能制造系统集成应用（四）	上海景格科技股份有限公司
33	飞机铆接装配（四）	中国航空工业集团有限公司
34	航空发动机修理（四）	国营川西机器厂
35	航空柔性加工生产线管控与操作（四）	中航国际航空发展有限公司
36	特种机器人操作与运维（四）	徐州鑫科机器人有限公司
37	智能协作机器人技术及应用（四）	遨博（北京）智能科技有限公司
38	服务机器人应用开发（四）	深圳市优必选科技股份有限公司
39	焊接机器人编程与维护（四）	宁波摩科机器人科技有限公司
40	工业机器人产品质量安全检测（四）	中国科学院沈阳自动化研究所
41	服务机器人实施与运维（四）	深圳市优必选科技股份有限公司
42	商务流程自动化机器人应用（四）	成都康德世纪教育科技集团有限公司
43	无人机摄影测量（四）	天水三和数码测绘院有限公司
44	无人机操作应用（四）	深圳市大疆创新科技有限公司
45	无人机检测与维护（四）	北京优云智翔航空科技有限公司
46	无人机组装与调试（四）	中国航空工业集团有限公司
47	植保无人飞机应用（四）	北京韦加智能科技股份有限公司
48	无人机航空喷洒（四）	北京翔宇教育咨询有限公司
49	物流无人机操作与运维（四）	北京京东乾石科技有限公司
50	无人机拍摄（四）	中大国飞（北京）航空科技有限公司
51	智能网联电梯维护（四）	杭州市特种设备检测研究院
52	电梯维修保养（四）	杭州西奥电梯有限公司
53	数字化工厂产线装调与运维（四）	珠海格力智能装备有限公司
54	制造执行系统实施与应用（四）	北京新奥时代科技有限责任公司

（续）

序　号	职业技能等级标准名称（批次）	培训评价组织
55	智能运动控制系统集成与应用（四）	江苏哈工海渡教育科技集团有限公司
56	智能制造单元维护（四）	武汉华中数控股份有限公司
57	智能制造单元集成应用（四）	武汉华中数控股份有限公司
58	智能制造生产线集成应用（四）	沈机（上海）智能系统研发设计有限公司
59	智能制造生产管理与控制（四）	江苏汇博机器人技术股份有限公司
60	智能制造系统集成应用（四）	济南二机床集团有限公司
61	智能制造设备操作与维护（四）	沈阳新松机器人自动化股份有限公司
62	智能制造现场数据采集与应用（四）	联想（北京）有限公司
63	智能线集成与应用（四）	北京赛育达科教有限责任公司
64	智能产线控制与运维（四）	中船舰客教育科技（北京）有限公司
65	智能线运行与维护（四）	北京赛育达科教有限责任公司
66	智能制造设备安装与调试（四）	上海电气自动化设计研究所有限公司

当前，各职业院校参与 1+X 证书制度试点的"热度"不一。部分院校计划所有专业都进入试点领域；部分院校仅打算解决试点专业的有无问题；另有部分院校侧重于在重点专业或重点专业群中开展试点工作。笔者欣赏后者的规划，既然是试点，选择重点专业或专业群进行 1+X 证书制度试点，其探索的经验和典型案例对全校所有专业具有示范和引领作用。以无锡职业技术学院为例，他们在国家和省级重点专业群中率先开展 1+X 证书制度试点工作的前提下，关于证书选择和准入确定了六项原则。

1）大类专业对口。职业技能等级标准与证书应基本上根据表 6-3 所列范围选择。

2）发挥功能作用。职业技能等级证书对于专业而言具有强化、补充和拓展的功能，相关专业或专业群所选证书应明确发挥其什么功能，即功能指向须鲜明，不能"拉郎配"。

3）毕业生用户认可。拟选证书应采用"小样本"方法向当地企业开展认可度调研。应向毕业生主要用户介绍拟选证书的内涵，确认其价值。如认可度低于 2/3 者，不得引入，需要重新选择。

4）大投入证书慎重选择。装备制造大类专业对应的证书需要较大的经费投入，个别证书需要配套的硬件投入可达千万元，故需要考虑其性价比、资源利用率和投入总盘子等之间的关系。如通过校内自主技术改造就可达标的证书，或通过企业进校整合现有实训资源就可达标的证书优先。

5）校内外开放与共享。证书落地所在专业，必然需要有一系列的教官/考官、培训仪器/设备、数字化教学资源、活页式教材、场所、经费、管理制度等配套，这是一项系统工程，故资源利用率十分重要。所选证书应向校内各专业开放，也可向本区域相关院校开放，提升资源利用率和共享度。

6）研判证书入校。1+X 证书制度试点是采用市场机制来推动的，故职业院校有其选择权。培训评价组织的服务能力和服务态度决定了证书的市场存在度，故证书选择的前提之一就是拟选证书的开发者——培训评价组织背景调研。凡是服务不到位或者考核"放水"者均应拒绝入校。

6.1.3 试点专业书证融通人才培养方案制订工作流程

试点专业书证融通的人才培养方案一般情况下应按照《教育部关于职业院校专业人才培养方案制订与实施工作的指导意见》文件精神制订。图 6-1 给出了 1+X 书证融通人才培养方案开发流程参考图，各院校可根据院校专业建设实际开发适合校本特色的 1+X 书证融通人才培养方案。

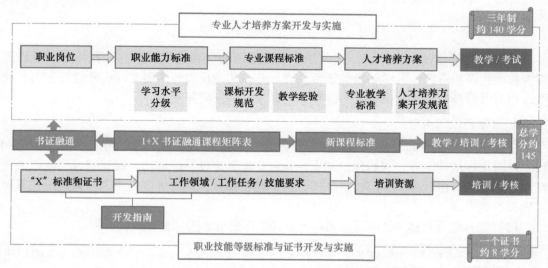

图 6-1　1+X 书证融通人才培养方案开发流程

目前各院校的实际情况是，一个专业 / 专业群往往与两个证书或多个证书对接。其中一个是"X"证书，一个是国家或地方的职业资格证书（水平类 / 准入类），也可能是一家社会公认的或世界 500 强企业的职业技能证书。在这种情况下，就有了一个专业 / 专业群与多类证书开展书证融通的现实需求，如图 6-2 所示。故真正的书证融通比单个专业与一个职业技能等级证书实施书证融通还要复杂，需要多次反复梳理才能达到既符合 1+X 证书制度试点的工作要求，也策应了职业院校的"当地离不开"的实际需求。

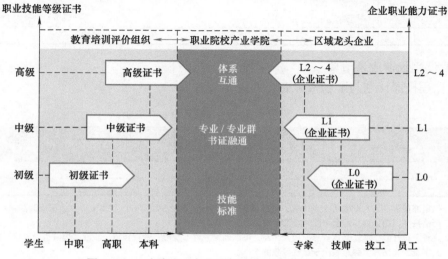

图 6-2　一个专业 / 专业群与多类证书开展书证融通

6.2   试点专业书证融通人才培养方案实施规范研究

试点专业 1+X 书证融通人才培养方案和课程体系开发任务结束后，其后续工作还有许多，如课程标准开发、活页式教材开发、学生专项和综合培训、学习培训成果考核等方面的策略、方法与规范的研究。

6.2.1   试点专业书证融通的课程建设标准研究

在新一代信息技术支持下，试点专业书证融通的课程建设必然与课程标准、纸质资源、数字化课程资源、教学环境等紧密关联。其相关建设内容主要有课程建设任务书、授课计划与课程资源配置、课程教案、数字化专业教学资源开发等。

1. 课程建设任务书

书证融通所形成的专业基础课程和专业课程数量视专业不同而不同，一般为 6 ~ 10门。在课程标准确定后，课程建设的主要任务有课程建设目标描述、课程建设团队组成及具体任务分担、课程建设预期成果描述、建设经费预算、建设进度安排等。其建设任务可以模板形式呈现。

（1）课程建设目标（具体课程名称）   其工作要求如图 6-3 所示。

（①课程简介；②新技术内容及课程内容优化；③关联职业资格标准；④课程标准；⑤学习成果及质量标准；⑥课程思政环节；⑦课程成绩评价；⑧课程资源开发。）
……
……

图 6-3   课程建设目标编制模板

（2）课程建设团队   其工作要求见表 6-5。

表 6-5   课程建设团队工作要求模板

团队成员姓名	职称	承担任务角色	承担具体课程建设任务
……		课程建设负责人	……
……		课程建设成员	……
……		……	……

（3）课程预期成果清单

1）课程授课计划与配套资源表，见表 6-6。

表 6-6   课程授课计划与配套资源编制模板

序号	授课章节与内容摘要 （含课程实验、课堂练习、课外作业等）	时数	配套资源（媒体格式）
	……		……
合计			

注：1. 保留原授课计划与配套资源表内容，对照授课计划与配套资源表填写标准在原文下方给出修改结果；新设计课程严格按照授课计划与配套资源表填写标准设计。

2. 几种资源性能参考：文本资源处理为 PDF，可以确保内容不变形；音视频擅长表现"边讲边做流程"的教学内容；文本资源和图片资源总数小于总资源数的 50%。

2）课程教学文件，见表 6-7。

表 6-7 编制课程授课计划的工作依据与规范

序号	成果名称（媒体格式）	数 量	预计完成日期
1	××课程标准 ××课程学习成果具体实施方案（范例、对应的质量标准） ××课程思政具体实施方案		
2	××课程学习记录和作业具体方案（含批阅强度）		
3	××课程学情调查问卷		
4	××所采用的课程平台公告栏使用具体方案		
5	××所采用的课程平台教学互动具体引导性设计方案		
6	××所采用的课程平台社区互动具体引导性设计方案		
7	××所采用的课程平台全部课件学习具体引导性方案		
8	××所采用的课程平台线上线下混合式教学实施点具体方案		
9	××课程学习成绩评价具体方案		
……	……		

3）经费预算，见表 6-8。

表 6-8 课程建设需要配套资源及耗材的经费预算模板

序号	配套资源	预算金额 / 元
	……	
	……	
	其他费用	
	……	
	合计	

4）课程建设工作进度，如图 6-4 所示。

（①阶段划分；②中期成果清单与检查日期；③课程报告、结题成果清单及验收日期。）
……
……
……

图 6-4 课程建设工作进度

2. 授课计划与课程资源配置

授课计划是对所授课程的教学内容、教学进度、教学资源利用、教学规范等的总体安排。授课计划是专业教研室教研活动的重要研讨内容，也是课程教学的重要依据，力图详尽与规范。认真研读和理解所授课程授课计划是对新教师和企业来校任课的兼职教师的基本工作要求。

为规范编制授课计划并有效使用教学资源，以《机床控制系统连接与检查》课程为例（表 6-9），简要介绍编制授课计划的工作要求。

表 6-9　编制授课计划的工作要求模板

序号	授课章节与内容摘要 （含课程实验、课堂练习、课外作业等）	时数	配套资源
1	课程导入①	2②	授课计划与配套资源表④
	课程标准③		⑥……
	课程教学资源使用⑤		⑧成果 1：减压起动电气控制工程图和屏接图绘制
	课程学习要求⑦		成果 2：CW6132 车床电气工程图和屏接图设计
全部资源 段落数为 6～18			成果 3：XA6132 铣床电气工程图和屏接图设计
	课程考核		
	正弦交流电波形和函数式		
	三相交流电源的产生		三相交流电源产生原理介绍（V17）.mp4
	三相交流电源的线制		
	本讲资源⑨		课程导入 .PPT⑩

注：资源段落每个颗粒应小于课程标准颗粒；配备资源颗粒应小于对应资源段落颗粒。

表 6-9 内涵解释如下：

第 1 条　表内采用课程名称、每讲（次）名称、每段落名称、配套资源四级结构。

第 2 条　为方便师生引用本课程及重组本课程，在课程名称、每讲（次）名称、每段落名称、配套资源四级结构中，每个结构的名称前不得编写顺序数字和顺序名称，所有配套资源不得编制顺序数字。

第 3 条　课程名称在表头中，黑体。

第 4 条　每讲（次）名称前有序号数，后面有时数值，配套资源为空，或者黑体、顶格占一行，见示例中①、②。

第 5 条　课程标准放置于第一讲名称的下一行，空二格，占一行，配套资源为课程全程使用的标准文件，如大纲、授课计划与配套资源表、课程学习成果清单等，课程标准不是第一讲的一个段落，见示例③、④。

第 6 条　每段落名称空二格，占一行，无配套资源时，段落名称用红色，见示例⑤、⑥；有配套资源时，段落名称用黑色，配套资源有两条或以上时，每一条资源名称各占一行，见示例⑦、⑧。

第 7 条　本讲尾部必须放置本讲资源，空二格，占一行，配套的资源为本讲全程公用资源，如本讲 .PPT，见示例⑨、⑩。

第 8 条　每一讲的时数为 2 学时，对于全程讲授的一讲，因每一个讲授段落学时应为5～15 分钟，所以全程段落数必须为 6～18。

第 9 条　每一讲名称必须高度概括本讲内容，第一讲名称不得用"课程导入"这种不概括本讲内容的名称，如示例中的"课程导入"应修改为"课程简介和三相交流电"，其中课程简介部分学时分配必须少于 45 分钟。

第 10 条　必须保持每讲名称、每段名称、每条资源名称之间命名的唯一性，不得用后缀一、二、三进行每讲名称、每段名称、每条资源名称之间的区分。

第 11 条　每一讲内的每段落名称不得与本讲的名称相同，本讲名称的内涵必须大于每段落名称的内涵。

第 12 条　每段落名称不得与对应的任何一条配套资源名称相同，每段落名称内涵必须大于任何一条配套资源名称内涵。

第 13 条　每一讲时数应为 2 学时，对于课程中的一次实训，每一次实训的时数为 2 学时或 4 学时或 6 学时。

第 14 条　对于实训段落，必须加明确的前缀"实训："或"实验："或"练习："或"实操："等进行标注，以免引起歧义。

第 15 条　对于课程中的一次实训，每一次实训的第一段落名称必须为讲授段落，除"本次资源"外的最后一个段落的名称也必须为讲授段落。

第 16 条　每一次实训教学，学时为 2、4、6，其中的每一个实训段落，学时分配原则上不得超过 45 分钟时，进行实训教学设计时也必须划分段落，一个 2 学时的实训段落，段落数为 3 或以上，段落内容一般按实际操作流程或步骤进行划分；无法划分流程和步骤时，则按学生实训中常见问题编制有名称的专题性学习指导段落，并配套相应指导资源。

第 17 条　每门课程必须进行"足学时"授课，不得安排"机动""复习""考试"等不进行实际讲授和实训的学时。

第 18 条　每门课程名称及总学时必须与相同版本的专业人才培养方案中的名称、学时严格一致，每讲（次）名称及学时必须与相同版本的课程大纲（标准）严格一致。

第 19 条 课程中的图片资源应放在 PPT 中，不能作为一条单独的资源使用。

第 20 条　一门课程资源配置方案的及格标准为每一次教学活动都配置一个演示文稿，每 16 学时配置的动画或高清音视频作品数至少一件；至少一个课程思政教学音视频作品；至少一件学习成果示范作品，每件学习成果作品均有对应的质量评判标准；配置课程学情调查问卷一套；每一次教学活动配套有课堂记录提交作业。

第 21 条　一门课程资源配置方案的 MOOC 标准为每一次教学活动都配置一个演示文稿，每次教学活动均录制全程教学录像，并据此形成各段落的微课化的高清音视频作品；每 1～2 学分至少配置一个课程思政教学音视频作品；每 1～2 学分至少配置一件学习成果示范作品，每件学习成果示范作品均有对应的质量评判标准；配置课程学情调查问卷一套；每一次教学活动配套有课堂记录提交作业。

3. 课程教案模板

编撰课程教案模板（表 6-10）的主要目的一是反映课程内容和教学进度；二是反映采用什么样的教学模式或教学方法。课程教案模板也反映了一所学校或课程所属专业的教学经验积累和教法改革成果。

4. 数字化专业教学资源开发规范

自 2010 年起，教育部用项目推动的办法指导职业院校开展专业教学资源库建设，目前数字化专业教学资源开发的力度、广度和水平都有了很大提高。1+X 书证融通也必然对此提出要求，故数字化专业教学资源作品开发也应有其规范性要求。

（1）数字化专业教学资源作品开发范围　该规范明确了数字化专业教学资源作品研制的基本规范、技术要求、质量标准和针对用户使用的调查与测试方法，推荐了数字化专业教学资源作品制作软件工具和数字格式，适用于文本、动画、录像、图像、工程图、数字模型、虚拟样机等数字化专业教学资源作品的研制、更新和使用。

表 6-10　课程教案模板

教学内容安排表		课程名称		××	
		本次名称		××	
课程总学时	××	总学分	××	总××讲	第××讲
本讲（次）学时	××	课程负责人	××		
主教材		××			
辅助教材		××			
教学目标		（素质、知识、技能）			
教学重点、难点		××			
学情分析		××			
序号	教法	本次教学内容		分　　钟	教学资源（工具）
	讲授	××			
	验证	××			
	示例	××			
	实操	××			
	示范	××			
	作业	××			
	……	××			
总计					
教学评价		××			
教学反思		××			

专业教学资源作品指在汇集职业院校专业教学资源和相应行业企业技术、生产、管理资源的基础上，依据教学与技术两方面的规范和标准系统设计、优化处理、集成而形成的用于专业教学的单件数字化作品。

（2）数字化专业教学资源文本作品　数字化专业教学资源文本作品主要涉及以下内容。

1）作品主要类型。专业教学资源库中文本作品主要有文稿、课程标准、授课计划、教案等。

2）处理软件与数据格式。文本作品原件推荐使用 Word 2007 软件处理，原件数据格式为：文件名 .docx。

文本作品成品推荐使用 Acrobat 软件处理，成品数据格式为：文件名 .pdf。

3）作品提交。提交作品原件的 docx 版及其文中插入的图片、动画、视频、二维工程图、三维模型等全部的原件数据。

4）作品规范参照。文稿参照教育部专业教学资源库文稿作品撰写标准撰写，课程标准参照教育部专业教学资源库课程标准样式撰写。提交课程标准时，文件名、摘要、关键词、中图分类号、文献标识码等参照教育部专业教学资源库文稿作品撰写标准撰写。

授课计划参照教育部专业教学资源库授课计划样式撰写。提交授课计划时，文件名、摘要、关键词、中图分类号、文献标识码等参照教育部专业教学资源库文稿作品撰写标准撰写。

教案参照教育部专业教学资源库课程教案样式撰写。提交教案时，文件名、摘要、关键词、中图分类号、文献标识码等参照教育部专业教学资源库文稿作品撰写标准进行撰写。

（3）数字化专业教学资源动画作品 数字化专业教学资源动画作品主要涉及以下内容。

1）动画定义。专业教学资源库中，动画定义为供人们观看与操作的一种数字化影像作品，该作品画面中存在有受控于鼠标、键盘或作品画面中的虚拟按钮等运动控制器的可视化虚拟运动对象。运动控制器触发后，虚拟运动对象伴随着时间变化产生位置、形状、力、光、热、磁等其他不同属性或状态的连续运动或变化。运动过程中，可通过运动控制器干预对象的运动或变化过程。

定义辨析 1：格式为 .swf 的数字化作品并不一定就是动画。如果画面中仅有 3 个以内的静态元件相互轮换显示，或仅是虚拟对象在画面中实现飞入飞出等运动的作品不是动画。

定义辨析 2：作品播放后，虚拟对象运动时如果不受控，仅是自行按照预定的程序进行运动或变化的作品不是动画，是录像。

定义辨析 3：虚拟三维模型在画面中的运动如果不受控，仅是按照预先设定的场景或动作进行运动的作品不是动画，是三维虚拟录像。

定义辨析 4：虚拟三维模型在画面中的运动如果受控，并在运动过程中可以进行适当干预的作品是动画，称为三维仿真动画。

定义辨析 5：虚拟装备（例如数控机床）是指能在虚拟环境中实现自建毛坯、自建夹具，并按照用户输入的数控加工程序完成切削虚拟加工的数控机床的可视化三维虚拟模型。虚拟数控机床带有与真实机床一致的数控系统引擎和数控加工程序输入画面。根据定义，虚拟数控机床是三维虚拟动画，因能实现程序驱动所以称为三维虚拟仿真作品。

2）动画分类。虚拟运动对象为平面画的动画称为平面动画；虚拟运动对象是由软件造型得到的三维模型的动画称为三维虚拟动画。

3）处理软件与数据格式。平面动画作品研制推荐使用 Flash 软件处理，原件数据格式为：文件名 .fla。成品数据格式推荐为：文件名 .swf。

4）作品研制要求。动画作品的画面中必须有确切反映本画面内容的标题（标题字推荐 32 号加粗），对于多个单画面集成的动画作品，必须设计封面，封面由动画名、研制者姓名、作品发布版本或日期等组成。动画成品画面如果有配音或音效，必须设置声音控制按钮。为使动画成品具有足够的清晰度，推荐成品（swf）画面尺寸为 1024mm×768mm。

5）作品提交。提交动画作品时，文件名与动画名或标题名必须一致。动画作品的摘要、关键词、中图分类号、文献标识码等参照教育部专业教学资源库文稿作品撰写标准。

（4）数字化专业教学资源录像作品 数字化专业教学资源录像作品主要涉及以下内容。

1）录像定义。专业教学资源库中录像定义为用录像方式制作的供人们观看的一种数字化影片作品。影片中的场景与对象是通过摄像机摄录而成的作品为写真录像；而影片中的场景与对象等为通过三维造型软件制成的作品称为三维虚拟录像。

2）主要类型。专业教学资源库中录像作品主要有教学组织指导录像、项目实施指导录像、精彩教学片断、生产现场实录、操作示范实录等。

① 教学组织指导录像。定义为针对"做中学"模式中课程教学实施的可操作方法、

手段及其过程进行研制的教学资源作品。该作品基于大多数高职院校能够达到的课程实训设备与环境配置条件以及单个班级学生数普遍在 40 名或以上的"大班制"现状，展示使每位学生都获得实践机会的可行性教学实施方案和教学组织方法。

② 项目实施指导录像。定义为依据一个学习单元中的项目完成全过程摄制的示范录像。该教学资源作品要求按一步一步的实际操作过程摄制，并对每一步的操作内容、操作规范、操作要求、操作结果、操作依据等加以说明，再通过配音、字幕等方式，使项目实施过程中的技术原理、操作规范以及现场安全、环保、管理等要素清晰明了，力求使教师与学生都能看懂、甚至学会。

③ 精彩教学片断。定义为教师针对一个具体教学难点问题进行的精彩讲授，播放时间严格限制在 3 ～ 10 分钟的教学录像作品。

④ 生产现场实录。定义为在企业生产现场环境下录制的，介绍企业具体生产技术、具体工艺、具体设备、具体装置、具体工具、具体夹具、具体量具、具体辅具等，播放时间严格限制在 3 ～ 10 分钟的教学录像作品。

⑤ 操作示范实录。定义为生产现场环境下实录的操作人员就一项具体操作技术进行的示范操作与讲解，播放时间严格限制在 3 ～ 10 分钟的教学录像作品。

3）数据格式。录像作品原件格式推荐为：mpeg-2，成品数据格式推荐为：文件名 .wmv。

4）研制要求。录像作品必须设计封面，封面由录像名、研制者姓名、作品发布版本或日期等组成。每段录像作品必须短小精悍，播放时间一般控制在 3 ～ 10 分钟，最长不能超过 15 分钟。录像作品必须用普通话进行配音，同时必须有同步解说字幕，解说字幕内容与配音内容相一致。为使录像作品成品具有足够的清晰度，推荐成品（wmv）界面尺寸为 720mm×576mm，码流为 1Mbit/s。

5）作品提交。提交录像作品时，文件名与录像名必须一致。录像作品的摘要、关键词、中图分类号、文献标识码等参照教育部专业教学资源库文稿作品撰写标准。

（5）数字化专业教学资源图像作品　数字化专业教学资源图像作品主要涉及以下内容。

1）图像定义。专业教学资源库中图像分为图片和展图两类。图片指用照相机等器材拍摄的图形文件，图片不能单独作为教学资源作品提交，只能附属于文稿、课件、动画作品，并作为教学资源作品的附件提交。展图指按照特定的主题设计的图文并茂的图像作品，展图可作为单独的教学资源作品提交。

2）研制要求。

① 设计要求。展图设计要精细，文字与图片要对应，文字要提炼，描述简洁、明了；图片要精选，能真正体现要说的主题，与主题紧紧相扣。可用主题句代替大段描述，突出关键词。展图要求以多图片、图表，少文字的方式来说明内容，展图内容力求通俗易懂。

② 处理软件与数据格式。展图作品推荐使用 Photoshop 软件处理，原件数据格式为：文件名 .psd。成品数据格式推荐为：文件名 .jpg，分辨率不低于 300 像素 /in（dpi）。

③ 制作要求。展图版面规格为：大 16 开（高 297mm，宽 210mm）。

3）作品提交。展图作品必须同时提交原件与成品数据文件。提交作品时，文件名与展图名必须一致。展图作品的摘要、关键词、中图分类号、文献标识码等参照教育部专业教学资源库文稿作品撰写标准。

6.2.2 活页式教材开发思路与规范研究

由专业和课程改革引发的教材开发呈现立体化、多样化、数字化趋势。按照"书证融通课程一体化、专业复合课程模块化、创新实践课程项目化、配套教材数字化"的课程与教材一体化建设原则，引入国家职业标准和行业技术标准，聚焦产业创新要素，以职业能力提高为目标、以典型职业活动为载体，学校和企业共同开发适用于不同生源类型、不同岗位发展的新型活页式、工作手册式特色教材是职业教育高质量发展的路径之一（图 6-5）。

图 6-5 多因素交织推动教材改革

1. 活页式教材开发的责任主体

活页式教材的开发主体主要来自两个方面：一是培训评价组织，按文件精神需要开发与"X"相关的活页式教材；二是职业院校。教材是教学活动的重要资源之一，书证融通后的关联作品。开发活页式教材需要回答几个问题。

1）为什么要开发活页式教材？"职教 20 条"指出："遴选认定一大批职业教育在线精品课程，建设一大批校企'双元'合作开发的国家规划教材，倡导使用新型活页式、工作手册式教材并配套开发信息化资源。每 3 年修订 1 次教材，其中专业教材随信息技术发展和产业升级情况及时动态更新。适应'互联网＋职业教育'发展需求，运用现代信息技术改进教学方式方法，推进虚拟工厂等网络学习空间建设和普遍应用。"

开发活页式教材具有三重意义：一是吸纳著名培训企业的有益经验，将其在制度层面固化；二是督导培训评价组织迭代"X"标准，紧跟行业企业转型升级步伐；三是本着精益求精的精神，不断将实践中的"巧招"（新开发出来的一招一式）纳入培训教材。

2）谁来开发活页式教材？教职成〔2019〕6 号文件指出："培训评价组织作为职业技能等级证书及标准的建设主体，对证书质量、声誉负总责，主要职责包括标准开发、教材和学习资源开发、考核站点建设、考核颁证等，并协助试点院校实施证书培训。"1+X 书证融通所生成的课程需要多种多样的活页式教材，这些教材的开发主体有些是培训评价组织，有些是职业院校，更多的是培训评价组织、职业院校、行业企业联合开发。

目前培训评价组织中能独立开发相关培训教材的并不多，除了一些有多年培训经验的公司外，许多公司需要与职业院校开展合作。有能力开发活页式教材的理想教师：相同领域横向课题的牵头人及其骨干；与培训评价组织紧密合作，参与"X"标准与证书内容迭代撰稿的课题组成员等。这些教师既是培训评价组织要吸纳的骨干，也是出版社寻找的合作伙伴。

3）谁来把关活页式教材质量？《关于组织开展"十三五"职业教育国家规划教材建设工作的通知》（教职成司函〔2019〕94 号）指出："进一步完善教材编写、审核、选用、更新、管理和服务机制，健全制度体系。建设一大批校企'双元'合作开发的优质教材，倡导使用新型活页式、工作手册式教材并配套开发信息化资源。每 3 年修订 1 次教材，其中专业教材随信息技术发展和产业升级情况及时动态更新。建设具备教材信息汇聚、发布、更新、服务、评价等功能，权威、规范、公开的职业教育教材管理信息服务平台。""所申报的教材应经出版单位相关主管部门审核通过，并出具审核意见。有关单位可委托熟悉职业教育和产业人才培养需求的第三方专业机构或专家团队进行审核认定。教材审核人员应包括相关专业领域专家、教科研专家、一线教师、行业企业专家等，具有较高的政策理论水平，客观公正，作风严谨，并经所在单位党组织审核同意。坚持编审分离原则，审核人员不得参与或者变相参与相关教材编写工作。"

2. 活页式教材开发趋势

教职成司函〔2019〕94 号文件指出："紧跟产业发展趋势和行业人才需求，及时将产业发展的新技术、新工艺、新规范纳入教材内容，反映典型岗位（群）职业能力要求。"

在职业院校的专业课程中，与"X"证书相关的培训课程主要为实训类课程，其次为理实一体课程，但并不排除理论课程。一些优秀的"X"证书因其内容迭代快的属性特点导致活页式教材被业界认同。因专业与"X"证书对接融合有着丰富的途径，可以预言活页式教材因与课程开发紧密相关，且又实际存在着的"一课多本"现状，"小批量，多品种"的活页式教材开发模式将成为教材发展的一个新趋势。

从培训评价组织开发活页式教材的视角分析，因职业技能等级标准和证书的学分约束，活页式教材主要集中在"考"的培训模块中。但"考"的内容绝大多数不是孤立存在的，需要前置课程支持。其每年迭代内容有时仅是一小块，出版社则面临着一个运营成本的问题。该问题在实际的 1+X 书证融通中大量存在，无法回避。解决问题的途径——开发足够的线上数字化培训资源。这就可能会形成培训评价组织与出版社共筑"命运共同体"。

3. 活页式教材开发模式

活页式教材开发仅从编撰方式上分析就已经是一件费时费力的工作了，其背后还需要大量的专业实践基础才能胜任此工作任务。基于国情，我国活页式教材不可能走高成本建设之路，因此以较低成本作为开发活页式教材的一项基本原则摆在了开发主体面前。顾名思义，典型活页式教材就是将需要迭代的教学 / 培训内容通过编辑后置换该教材中相应的章节。能否找到一种降低开发成本的方法呢？编者提出小成本理念，以降低活页式教材之间迭代内容的关联度。以下几种开发模式供读者"打靶"。

（1）按工作领域（横向）编制活页式教材　如图 6-6 所示，根据《职业技能等级标准开发指南（试行）》要求，一个职业技能等级证书由三大部分组成："工作领域"≥ 3个；每一个工作领域的"工作任务"≥ 3 项；每一项工作任务由 4 ～ 6 条职业技能要求组成。"工作领域"反映了"X"证书培训中的最小能力单元，如其培训与考核合格则掌握了一项独立的能力。按"X"证书要求成组考核通过这些能力单元，就可持有该"X"证书。

《开发指南》模板给了我们一个启发，若要降低活页式教材开发成本，可以按"工作领域"开发单行本教材，一个"X"证书的培训教材可由数本单行本组成（构成由数本单行本组成的成套教材）。除了新一代信息技术，大部分"X"证书的"工作领域"不可能处于日新月异之中，故每年将需要迭代的单行本进行置换，则购买书籍的代价不高，也便于出版社及时升级活页式教材。

工作领域	工作任务	职业技能要求
1. ×××××× ≥ 3 个	1.1 ××××× ≥ 3 项	1.1.1 ××××××××××××××××××××××××××××××××。 1.1.2 ××××××××××××××××××××××××××××××××。 4 ～ 6 条 1.1.3 ××××××××××××××××××××××××××××××××。 ……
	1.2 ×××××	1.2.1 ××××××××××××××××××××××××××××××××。 1.2.2 ××××××××××××××××××××××××××××××××。 ……
2. ××××××	……	……
……	……	……

图 6-6　按工作领域（横向）编制活页式教材示意图

（2）按等级证书案例（纵向）编制活页式教材　如图 6-7 所示，采用"案例导航"方法开发出来的活页式教材，一般学员比较喜欢，可在学习培训过程中边学边练，逐步加深对"X"证书内涵的理解并形成相应的技能。

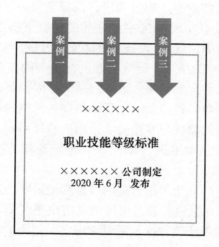

图 6-7　采用案例导航（纵向）编制活页式教材示意图

　　"案例导航"采用的是纵向开发模式，即一个"X"证书可安排 5 个左右的培训案例，每个案例都"贯穿"了该"X"证书的所有"工作领域"。一个案例可编撰一本单行本，单行本随案例更新而迭代。

　　（3）云端数字化＋单行本模式　这是一种混合式活页式教材开发模式，其亮点是可与横向开发模式和纵向开发模式混用，尤其适合于新一代信息技术这一类"X"证书配套使用（图 6-8）。

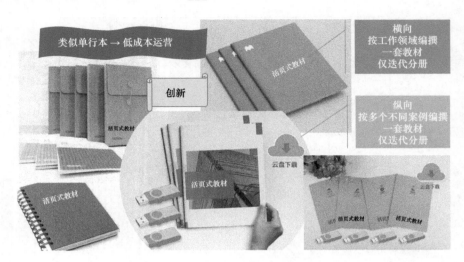

图 6-8　混合式活页式教材开发模式

6.2.3　学生培训与考核管理研究

学生培训与考核管理工作的核心是提升学生参与"X"证书学习培训的积极性和提升培训质量与效率。先看一个案例：

某高职院校工业机器人技术专业通过调研，选择了某一"机器人""X"中级证书开展试点。因时间约束，在没有实现 1+X 书证融通的情况下搞独立培训。有 104 名学生参与培训，经过 5 周的专门训练，仅 43 人报名参加证书考核，实际通过者 31 人，获证率为72.1%。是什么原因造成这样的结果？研究问题的视角不同，结论也会有差异。但从职业院校教学工作和管理工作入手开展调研，形成问题的原因如下：一是工业机器人技术专业的教学内容与考核内容有差异，教师和学生反映培训与考核的仪器设备与平时专业教学的实训装备不同，培训与考核的软件与专业教学采用的软件不同，培训与考核的案例与专业教学的案例不同等；二是大三学生想"升本"，不愿意花精力参加单独培训，他们的精力聚焦在升学考试上。

该问题引出的针对学生培训与考核管理的启发和拟采取的对策是：

1）一定要实现 1+X 书证融通。通过书证融通解决平时学习与独立培训之间的时间利用率问题；解决学生反映的考证软硬件与平时学习实训使用的软硬件不同而引起的体验不够问题。

2）实训基地的软硬件添置或技术改造。根据"X"证书开发指南要求，各"X"证书内容应有 30% 的弹性，以适应区域经济社会发展的需要。与试点专业相对应的实训基地建设需要对接"X"证书培训提出的软硬件要求，一是在有经费能力情况下购置新装备；二是职业院校试点专业可提出调整培训与考核内容并做相应技术改造实现证书培训与考核的要求。

3）实行学分银行制度。在职业院校实行学分制管理制度，实现学习培训成果的课证互认。此举有利于提升学生参与证书培训与考证的积极性，既节省了课证之间的重复学习培训时间，又不影响学生的"升学"准备，一举两得。

4）加强教师的技术培训。培训考核通过率与教师的本身素质也有关系。"X"证书反映了"四新"要求，对于先进技术的学习是职业院校教师如何跟跑行业企业转型升级步伐的必然要求。因为有些"X"证书的教官和考官培训不到位，其自身能力不足以满足指导学生的学习培训。因此，教师要成为合格的教官和考官，自己必须首先达到"X"证书的高级水平，以胜任指导学生参与"X"证书的学习培训。

6.3　试点专业校企合作与培训考核管理研究

6.3.1　试点专业校企合作方式与合作协议框架

1+X 证书制度试点院校与培训评价组织开展合作是一项新的创新活动，其合作要素及模式与职业院校先前的校企合作模式不同，需要积极探索。图 6-9 反映了这类新型的校企合作框架。

图 6-9　1+X 证书制度试点工作中的校企合作框架

这类新型的校企合作模式大概需要经历以下几个阶段。

1）第一阶段，证书选择阶段。职业院校根据教育部公布的职业技能等级标准和证书进行分类，分类依据教育部职业教育专业目录进行，通过研究职业技能等级标准与证书内容，梳理出与专业大类相适宜的"X"标准和证书群，之后再结合学校专业特点和区域经济社会发展需要，初选出数个"X"标准与证书。职业院校领导和骨干教师根据所选"X"标准与证书赴毕业生主要合作单位开展需求调研，根据小样本理论，一般按企业规模分别选择小微企业、中型企业和大企业，按企业性质分别选择国营企业、外资企业和民营企业，按矩阵罗列企业，总数为 30 个左右。若这些企业认可度超出 2/3，则可确定所选"X"标准和证书；若认可度不高，则需要重新选择"X"标准和证书。

2）第二阶段，"X"标准和证书拟定与培训评价组织谈判。该阶段工作是校企相互"推磨"的过程。根据 1+X 证书制度试点系列文件精神，培训评价组织在校企合作过程中的权利和义务是什么、职业院校在校企合作过程中的义务是什么必须商讨清楚。如果校企不能取得共识，则需要另做打算，"X"标准和证书随之另做安排。

3）第三阶段，签订校企合作协议。校企所签订协议的文本式样很多，很难一一枚举，本小节仅列其主要内容。

合作原则

根据"职教 20 条"和 1+X 证书制度试点相关文件精神,为促进校企"双元"育人,培养复合型技术技能人才,探索人才培养和培训模式改革,秉承"产教融合,校企合作,资源共享,利益分享,责任同担"的原则,甲乙双方经过友好协商,达成如下合作协议。

合作内容

合作内容主要涉及职业院校准备引入培训评价组织的一个或多个职业技能等级标准和证书(初级、中级、高级);引入职业技能等级标准和证书必然涉及相关的教育教学和培训资源,甲乙双方"出资"的内容和方式需要明确;需要明确是否在该院校设置面向学校所在地或面向省域同类专业的证书考核站点;需要明确拟准备参加证书培训和考核的在校生规模等。

双方权利与义务

甲乙双方涉及的权利和义务主要有:一是教官 / 考官的培训,其培训时数和应达到的水平,培训按什么标准收费等;二是明确与证书培训相关的活页式教材和数字化教学资源的供给方式;三是证书培训所涉及的专用硬件投入(培训评价组织可由自身或组织第三方对职业院校现有装备进行技术改造)、专用软件投入、环境建设投入等的方案设计和相关分摊费用界定;四是明确证书培训的责任主体和证书考核的责任主体,其相关费用分摊清单等;五是明确 1+X 书证融通的开发主体和相关责任,其成果的呈现方式及分享方式等;六是培训评价组织是否吸纳合作院校骨干教师参与职业技能等级标准的迭代和相关培训资源的开发,相关费用的分担清单等。

合作期限

校企合作期限不是一个简单的问题,涉及的主要内容有:一是如果校企均遵守协议内容开展试点工作,则可拟定一个比较固定的时间长度,但评价试点成效最有发言权的是用人单位,如果用人单位认为该证书不理想,则有可能面临职业技能等级标准的修订或取消,这将导致合作期限的变化,校企双方都应对此有心理准备;二是职业院校或培训评价组织没有按合作协议承担相关责任而导致试点工作受阻,经相关机构协调无果,则合作期限将有变更;三是如果省、市政府对试点工作和试点证书有新的考虑,相关随动措施则需要另外考虑。

其他事项

如果校企双方相互认可度高,抑或提出将该试点院校作为所选标准和证书的示范校 / 示范培训考核站点开展建设,其合作条款需要另行制订。如果校企双方将该培训站点作为对口支持中西部职业教育的支撑点,则应将相关内容纳入整个合作协议之中。

4)第四阶段,1+X 书证融通与实施。1+X 书证融通工作最理想的是校企共同开发课程体系和课程标准。书证融通的技术路线有多条,各校专业骨干教师有其开发习惯和呈现形式,但总体而言是殊途同归。校企合作开展 1+X 书证融通也可以校为单位进行,也可通过合作联盟的形式进行。培训评价组织对职业技能等级标准和证书的理解比院校教师深刻,但对教育教学规律的了解和掌握不如院校教师,两者合作开展 1+X 书证融通能有效提升课程体系和课程标准的质量。根据文件精神,教学实施与培训的主体是教师,经过高质量培训的教师既能承担教官的培训任务,其优秀者还能承担考官的任务。

6.3.2 培训考核的经费渠道与管理

与 1+X 证书制度试点相关的一项工作是培训与考核的经费来源和管理。该项工作分为经费来源渠道梳理、争取和经费到账后的具体管理。

1. 有关经费来源

教育部等四部门印发《关于在院校实施"学历证书＋若干职业技能等级证书"制度试点方案》的通知（教职成〔2019〕6 号）指出："中央财政建立奖补机制，通过相关转移支付对各省 1+X 证书制度试点工作予以奖补。各省（区、市）要加大资金投入，重点支持深化职业教育教学改革、加强技术技能人才培养培训等方面，并通过政府购买服务等方式支持开展职业技能等级证书培训和考核工作。参加职业技能等级证书考核的建档立卡等家庭经济困难学生免除有关考核费用。"

教育部办公厅等四部门《关于进一步做好在院校实施 1+X 证书制度试点有关经费使用管理工作的通知》（教财厅函〔2020〕12 号）指出："在用好中央财政奖补资金、加大地方财政投入的同时，通过调整优化支出结构、鼓励社会资本参与、完善成本分担机制等多种渠道筹措教育经费，优先支持 1+X 证书制度等试点工作。院校可统筹财政拨款、学费及其他事业收入等，保证 X 证书培训、考核颁证、教师培训、承担考核培训任务的教师绩效工资等正常的教育教学支出。"

依据以上文件精神，经费来源有三个渠道。

一是中央财政奖补资金。中央财政奖补资金不是参与试点的人头费，是对整个 1+X 证书制度试点工作的奖补，地方要统筹用好中央财政奖补资金和地方关于职业教育的专项经费。学校实施"1+X"的过程，就是教学改革的过程，不存在额外专门的经费支持。来年的奖补资金将依据本年度 1+X 证书制度试点任务完成绩效来确定。而上级资金下拨根据现代职业教育质量提升计划资金安排和 1+X 证书制度试点因素权重而定。

二是地方财政投入。按照《教育领域中央与地方财政事权和支出责任划分改革方案》，以及现行审计和财税体制改革要求，高等职业教育的投入责任在地方。故各地要按照财政部、教育部有关要求，切实履行投入主体责任，加大地方财政投入，统筹用好中央财政奖补资金，积极筹措社会资源，积极支持开展 1+X 证书制度试点工作。中央提出各省 2016 年建立了中职学校生均拨款制度，各省 2017 年实现了高职院校生均拨款水平达到 1.2 万元的目标，地方政府增加职业院校拨款额度本身就考虑了相关教改因素。

三是学费及其他事业收入。教财厅函〔2020〕12 号强调要通过完善成本分担机制筹措 1+X 证书制度试点所需经费。这是中央政府提出的实施非义务教育培养成本分担机制和建立健全教育收费标准动态调整机制。文件鼓励各地适应弹性学制下的教学组织模式，探索实行高校学分制收费管理。文件提出了职业院校通过校企合作、产教融合等方式吸引的社会资本、获得的其他事业收入等，都可以统筹起来用于推动 1+X 证书制度试点。

总而言之，开展 1+X 证书制度试点是学校教学改革和培养成本的一部分，要作为正常的教育教学支出列入学校预算。

2. 有关经费管理

财政部 教育部关于印发《现代职业教育质量提升计划资金管理办法》的通知（财教

〔2019〕258 号）指出："提升计划资金应当按照规定安排使用，建立'谁使用、谁负责'的责任机制。严禁将提升计划资金用于平衡预算、偿还债务、支付利息、对外投资等支出，不得从提升计划资金中提取工作经费或管理经费。"

教育部职成司关于印发《"1+X"有关经费使用情况座谈会会议纪要》的通知（教职成司函〔2019〕102 号）指出："统筹用好中央财政奖补资金。严禁将专项资金用于偿还债务、支付利息、对外投资、弥补其他资金缺口等，不得从专项资金中提取工作经费和管理经费。除上述规定的禁止事项外，用于 1+X 试点工作的经费支出，如师资培训、设备采购、证书考核等，各省市和试点院校均可据实列支。"

《教育部办公厅　国家发展改革委办公厅　财政部办公厅关于推进 1+X 证书制度试点工作的指导意见》（教职成厅函〔2019〕19 号）指出："试点院校可统筹财政拨款、学费及其他事业收入等办学经费分担培训考核费用，保障试点学生至少参与一个职业技能等级证书的考核。要严格按照国家有关规定，规范使用相关经费。承担考核站点任务的试点院校，应统筹用好学校场地、设备、耗材、人员等资源，降低考核颁证费用。"

3. 相关经费使用标准

2020 年 1 月 22 日，经公示并提请国务院职业教育工作部际联席会议审议通过后，教育部职业技术教育中心研究所受权发布了《关于在院校实施的职业技能等级证书考核成本上限设置方案的公告》（教职所〔2020〕22 号），规定了证书考核的四种收费标准。之后，2020 年 8 月 24 日，教育部办公厅《关于落实在院校实施的职业技能等级证书考核成本上限设置方案及相关说明的通知》（教职成厅函〔2020〕11 号）又针对四种收费标准提出了 5 点总体说明和 12 条职业技能等级证书考核费用支出范围和标准制定说明。

《教育部办公厅等四部门关于进一步做好在院校实施 1+X 证书制度试点有关经费使用管理工作的通知》（教财厅函〔2020〕12 号）指出："各省级教育行政部门要结合当地实际，指导培训评价组织依据上限公告及其说明，协商提出考核费用标准；对培训评价组织提出的考核费用标准，各省级教育行政部门可采取组织第三方机构或相关方面专家等方式予以核定。有关院校按照省级教育行政部门核定的考核费用标准向培训评价组织支付相应的费用，根据所承担的成本安排学校相应支出……各地要根据证书制度实施、考核成本变化等情况，不断完善 1+X 证书考核成本、支出标准的核定办法，建立动态调整机制。确有特殊情况需要提高考核费用标准的，有关培训评价组织按程序报省级教育行政部门审核后实施。"

4. 校本的培训考核管理规定

在 1+X 证书制度试点中，职业院校根据试点文件精神，积极开展探索，在培训考核经费管理方面推出了一些校本操作文件，主要有：

（1）管理机构与职能　1+X 证书制度试点是一项新的教改项目，该项工作将引起校内管理体制和机制的调整，主要内容涉及管理机构设置和相关职能界定，如成立试点工作领导小组，设立管理办公室和质量监控机构（也可与现有相关处室合署办公），其主要职能如下：

1）"X"证书对接专业、证书等级、考核人数、培训与考核站点等申报工作管理；

2）制订并公示各个专业的"X"证书考核计划；

3）负责审核参考人员（含校外）的资格、报名及缴费工作；

4）负责审核各"X"证书的培训计划并监控培训与考核过程；

5）组织各专业的"X"证书考核工作并审核培训评价组织出具的通过者名单；

6）将"X"证书获取者的等级和数量及名单上报省级管理机构（通常是省职教所）；

7）相关资料归档并按规定上报工作动态报告。

（2）考核管理　各校都有自己的管理模式和流程，但稍作归纳，其框架大致如下：

1）考核申请。办学规模较大的院校一般分二级学院和校级两个层面进行。

① 二级学院或系部通知参加过培训的学生填报名表及缴费（试点期间不收费）。

② 二级学院或系部汇总报名表、收齐费用后，经校 1+X 证书管理办公室审核后，将"X"证书相关考核资料录入指定报名系统并备审，办妥考核手续后根据学校财务管理程序，按校企合作协议规定将相关费用上缴培训评价组织。

2）"X"证书考核。考核工作需要校企合作共同完成。根据考核要求，校 1+X 证书管理办公室（也可授权二级学院）在规定时间内确定并联系好本次考核的试卷和考官；做好备案工作并做好接待准备工作，协调培训评价组织开展职业技能考核工作。同一"X"证书涉及多个专业学生参加考核的，由"X"证书管理办公室统一组考和进行考务安排，由试点专业具体落实。

（3）经费管理　试点期间按 1+X 证书制度试点的奖补资金相关文件精神，由学校按申报参加 1+X 证书培训与考核人员数进行划拨。根据文件精神，非试点批次"X"证书、一生多证及面向外校考生的培训考核费用按目前文件精神收取，主要有：

1）按教职所〔2020〕22 号执行考核收费标准。1+X 证书考核形式，主要分为四类，包括纸笔考试、机考、基于一般实训设备和场地的实操考试、基于特殊要求实训设备和场地的实操考试。试点期间，四类形式考核成本原则上分别不超过 200 元 / 人次、300 元 / 人次、500 元 / 人次、700 元 / 人次。若为混合型考试，则根据各类型考核分值所占比例确定成本上限。

2）免费范围。参加职业技能等级证书考核的建档立卡等家庭经济困难学生免除有关考核费用，试点期间不向参加考核的考生（学校自定每生一证或多证）收取任何费用。

3）考核费用的支出。根据教职成厅函〔2020〕11 号精神，考核成本包括考场租赁、考务保障（报名、考场布置、监考、设备调试、耗材、安保等）、题库建设、组卷、试卷印制、阅卷、证书印制及发放、考评员费用、考试系统的技术支持与运维等发生的费用。还有院校相关的后勤保障等方面的费用需要支出，但具体的支出范围需要根据校情酌情处理。

6.3.3　教师承担培训工作量绩效考核管理

1+X 证书制度试点工作需要职业院校教师投入较多精力，按照先前的教师绩效工资制度，相应的超工作量酬金没有来源。为此，中央政府对其相关的激励机制、运行机制和约束机制予以充分考虑并出台了相关文件。职业院校根据文件精神和自身实际推出了执行标准。

1. 关于师资（考评员）培训费用标准的文件精神

财政部　中共中央组织部　国家公务员局关于印发《中央和国家机关培训费管理办

法》（财行〔2016〕540 号）的通知第九条，除师资费外，培训费实行分类综合定额标准，分项核定、总额控制，各项费用之间可以调剂使用。综合定额标准见表 6-11。

表 6-11　中央和国家机关培训费用综合定额　　　（单位：元 / 人·天）

培训类别	住宿费	伙食费	场地、资料、交通费	其他费用	合　计
一类培训	500	150	80	30	760
二类培训	400	150	70	30	650
三类培训	340	130	50	30	550

一类、二类、三类培训分别指参训人员主要为省部级及相应人员、司局级人员、处级及以下人员的培训项目。

《中央和国家机关培训费管理办法（财行〔2016〕540 号）第十条，师资费在综合定额标准外单独核算——讲课费（税后）执行以下标准：副高级技术职称专业人员每学时最高不超过 500 元，正高级技术职称专业人员每学时最高不超过 1000 元，院士、全国知名专家每学时一般不超过 1500 元。

2. 关于鼓励教师投身试点的文件精神

《教育部办公厅 国家发展改革委办公厅 财政部办公厅关于推进 1+X 证书制度试点工作的指导意见》（教职成厅函〔2019〕19 号）指出："各省级教育行政部门要将职业技能等级证书有关师资培训纳入职业院校教师素质提高计划项目，对接陆续发布的职业技能等级证书和标准，结合 2019 年项目实施，统筹各方资源，及时调整培训计划、培训内容，积极开展 1+X 证书制度试点师资培训工作。从 2020 年起，发挥国家和地方教育行政部门师资培训项目的主渠道作用，将 1+X 证书制度试点师资培训纳入职业院校教师相关培训规划中。结合教师教学创新团队、"国家工匠之师"创新团队境外培训计划等项目，发挥引领作用，培育'种子'师资""试点院校可将教师额外承担的职业技能等级证书培训工作量，按一定比例折算成全日制学生培养工作量，纳入绩效工资分配因素范围；在内部绩效工资分配时向承担证书培训任务的一线教师倾斜"。

教育部等四部门关于印发《深化新时代职业教育"双师型"教师队伍建设改革实施方案》的通知（教师〔2019〕6 号）第十条："落实权益保障和激励机制提升社会地位——职业院校、应用型本科高校校企合作、技术服务、社会培训、自办企业等所得收入，可按一定比例作为绩效工资来源；教师依法取得的科技成果转化奖励收入不纳入绩效工资，不纳入单位工资总额基数。各地要结合职业院校承担扩招任务、职业培训的实际情况，核增绩效工资总量。教师外出参加培训的学时（学分）应核定工作量，作为绩效工资分配的参考因素。"

教财厅函〔2020〕12 号指出："各地教育、财政、人力资源社会保障部门要认真落实教育部、人力资源社会保障部等十四部门印发的《职业院校全面开展职业培训促进就业创业行动计划》（教职成厅〔2019〕5 号）等文件有关要求，根据教师工作量增加情况，适当核增 X 证书考核培训职业院校的绩效工资总量。院校在绩效工资总量中统筹考虑、合理确定承担 X 证书考核培训任务的教师薪酬，向承担培训任务的教师倾斜，建立健全激励机制。"

3. 试点地区和院校的探索实践

教育部 山东省人民政府《关于整省推进提质培优建设职业教育创新发展高地的意见》（鲁政发〔2020〕3号）提出："改革教师绩效工资制度。公办职业院校绩效工资水平最高可达到所在行政区域事业单位绩效工资基准线的5倍。"

教育部 江苏省人民政府《关于整体推进苏锡常都市圈职业教育改革创新打造高质量发展样板的实施意见》（苏政发〔2020〕75号）提出："建立健全职业院校教师发展激励机制，提高职业院校教师待遇，核增职业院校绩效工资总量和幅度，并在绩效分配时向承担职业技能等级证书培训及社会服务的教师倾斜。"

浙江省金华市政府为支持金华职业技术学院"双高"建设，出台了《关于推动金华职业技术学院建成中国特色高水平高职学校的若干意见》（金政发〔2020〕14号），提出："在编制核定、高级职称比例、绩效工资总量等方面给予政策倾斜，绩效工资总量参照省属高校和省重点建设高校考核政策，在现有基础上上浮10%予以核定"。

1+X 证书制度试点院校基于校情制订了鼓励教师参与教学改革的制度文件，主要内容有：

参与培训课时费发放规定。国家法定节假日培训费按国家规定工资发放系数 × 课时发放。平时培训费按 1.2 ～ 1.5 倍课时标准发放（各校不一）。不鼓励节假日组织培训，确需培训的应按酬金发放管理权限上报审批（二级学院或教务处或人事处）。凡已开展 1+X 书证融通的专业，其职业技能等级证书的主要培训内容已融入相关专业课程，故不存在专项培训任务，不能发培训课时费；但临考前的强化培训可归入培训费发放范围。如教师教育教学工作量不足，参与培训的工作量应用以补足学校规定的教育教学工作量，超工作量部分按规定取酬。

参与考核课时费发放规定。监考：按学校的"关于考试劳务费发放规定"文件执行，一般情况下监考教师费用为 200 ～ 300 元／人·场，具体发放额度按理论考核或实际操作考核时间长度而定。由培训评价组织指派的校外考评员和巡（督）考员一般按 1000 元／人·天执行；在上交培训评价组织的费用中，包含了考评员、巡（督）考员费用的，不重复发放。

参与考核相关服务课时费发放规定。现场考务、考前准备人员可参照监考教师执行，每天不超过 2 场。从事辅助性工作的外围、后勤工作人员，包括无线电监测、公安、保电、医务、城管、安全保卫、试卷搬运、读卡扫描、入场摄像、保洁等，参照监考教师执行。

以上相关考核发放费用仅供参考。

6.4 "X" 证书专项实训基地和考核站点建设管理制度研究

建设与管理与"X"证书配套的专项实训基地和考核站点是职业院校处于新发展阶段所面临的新情况和新问题，涉及的要素较多，需要逐步梳理并予以规范。

6.4.1 "X"证书专项实训基地建设基本要求

建设与"X"证书配套的专项实训基地主要涉及现有基地建设基础、新建的"1+X"

专项实训基地建设环境要求和相关的软件与硬件配套等。

1. "1+X"专项实训基地建设框架

一般而言，开展 1+X 证书制度试点的专业都具备较好的实训基地建设基础。因"1+X"专项实训基地的建设与现有专业的实训基地不同，故需要开展"1+X"专项实训基地建设的摸底调查和方案认证（表 6-12 和表 6-13）。

表 6-12　"1+X"专项实训基地基本情况

专业名称				
省级及以上重点专业情况				
省级及以上实训基地情况				
全日制在校学生 / 人				
实训基地负责人信息	姓名		职务职称	
	办公室电话		传　真	
	手　机		E-mail	
现有实训基地建筑面积 /m²				
现有实训基地教学仪器设备	总值 / 万元		现有实训基地大型教学仪器设备	数量 /（台 / 套）
	生均 / 元			总值 / 万元
为本校培训承载能力 /（人次 / 年）		为社会培训承载能力 /（人次 / 年）		
专业专任教师总数 / 人		"双师型"教师数 / 人		
兼职教师数 / 人		具有行业企业经历的教师数 / 人		
本"X"证书专项实训基地可共享主要专业				
校企共建本"X"证书专项实训基地情况简介				

表 6-13　"1+X"专项实训基地建设方案论证表

专家姓名	职　务	单　位	联系电话
论证意见（主要包括项目的必要性、可行性论证，项目建设方案论证，资金用向论证，成效预期等）			

专家组组长签名：

专家签名：

年　　月　　日

填报说明：

1）省级及以上重点专业：指省级品牌特色专业、国家重点建设专业（含中央财政重点建设专业、示范 / 骨干院校重点建设专业、中央财政实训基地重点建设专业、双高校专业群中专业）、省重点建设专业（包括省示范重点建设专业、省实训基地重点建设专业）。

2）教学仪器设备：单价在 1000 元以上的用于教学的仪器设备。

3）大型教学仪器设备：单价高于 5 万元的用于教学的仪器设备。

具有行业企业经历的教师：指专任教师中具有与本专业相关的行业、企业两年以上工作经历的教师。

4）兼职教师：指正式聘任来校授课的行业、企业及社会中的专业技术人员和能工巧匠，按承担教学任务 160 学时折算为 1 人标准计算。

5）"1+X"专项实训基地和考核站点建设，可以是对现有实训基地的整合与升级建设，也可以是新建项目。对于新建项目，无数据的空格可不填。

6）"1+X"专项实训基地共建单位需要介绍共建单位的性质、规模、行业地位与影响、社会声誉等；校企合作（共建）机制；未来发展打算。附：合作协议和相关清单；如有多个共建单位，请分述。如没有校企共建实训基地项目，则该项为空。

"1+X"专项实训基地建设与职业院校一般专业实训基地建设的流程基本相同，需要撰写立项报告和基地建设方案。基地建设方案主要内容包括建设的必要性、建设基础、建设目标与思路、主要举措和建设进度、建设资金预算及用向、实训基地管理、特色与创新等，字数视具体情况限 3000 ～ 5000 字。

"1+X"专项实训基地建设方案需要进行专家论证。论证会由学校组织，至少邀请 3 名校外专家。"1+X"专项实训基地建设方案论证表见表 6-13。

2. 专项实训基地建设环境要求

（1）环境要求

1）实训基地内的温度应保障在试计算机全部开机运行时的温度，夏季不高于 30℃，冬季不低于 15℃，并根据地区条件适当调整温度，以不结露为准。

2）实训基地内的照明要求应确保适度条件，但需避免直射手持终端屏幕引起眩光，实训基地向阳的区域应加装窗帘以遮挡强光。

（2）供电环境 实训基地应具有稳定的供电系统，条件允许时可采用双路系统以使考试不断进行，还需配备间电源确保所有计算机、手持终端在运行状态下不少于 4 小时的持续供电。

（3）网络环境 实训基地实操场所需拥有网络环境，即 10m 以上公共互联网及局域网。

（4）物理环境

1）考场应加强门窗的密闭性能，保持室内清洁和湿度，考生进退场时不能有扬尘。

2）技术场地内的噪声应小于 70dB，并远离振动源（如高噪声的空调机、风机、空气压缩机等设备）。

（5）其他环境 实训基地使用面积应根据特定的"X"证书所需要求配置，顶棚距离地面的高度也根据需要而定。与实训基地相关的建筑、消防、用电、照明、安全疏散等设施应满足国家有关标准和"X"证书指定的要求。

3. 实训基地软件和硬件配置要求

根据教育部发布的《高等职业学校×××专业仪器设备装备规范》要求，"X"证书专项实训基地建设应满足职业院校的培训规模要求，同时也应考虑对校外和社会成员承担学习培训任务的需求。因各个"X"证书的培训内容差异较大，此处仅提供实训基地软件和硬件配置的一个模板，供同行参考，见表6-14。

表6-14 "X"证书专项实训基地软件和硬件配置模板

序号	设备或软件名称	规格要求	单 位	数 量	经费/万元	备注（软件下载地址等）
1	××	主要性能指标：****** ******	台/套	……	……	……
2	××	主要性能指标：****** ******	台/套	……	……	……
N	××	主要性能指标：****** ******	台/套	……	……	…….

注：桌椅、文件档案柜、保险柜、计算机、打印机、复印机、电话等办公设备齐全。

实际情况是许多职业院校有部分适合X证书制度试点的软件和硬件，但缺乏系统性，可与培训评价组织或相关企业协商，通过升级改造学校现有软件和硬件设备参与X证书制度试点。另外，根据《职业技能等级标准开发指南（试行）》中4.4确定职业技能等级证书范围规定"职业技能等级证书的每一级别学习培训内容，原则上以不超过8学分为宜，其中30%左右的学习培训内容具有一定柔性，以适应区域产业发展对职业技能的差异化要求。"职业院校应基于当地产业发展实际向培训评价组织提出"X"证书专项实训基地软硬件针对性配置的建议，以更好地服务于学生技能提升和毕业生用人单位的实际需要。

6.4.2 "X"证书考核站点建设基本要求

1. 考核站点设置的基本要求

（1）考核站点布局 培训评价组织的考核站点布局应实行属地化建设，为方便交通与管理，一般不跨区域布点。

（2）告知考核站点装备配置 根据《职业技能等级标准开发指南（试行）》要求，职业技能等级标准和证书的内容不能与指定装备"捆绑"。故各考核站点内所配置的装备必然存在类型相同、但规格型号及品牌不一的实际情况。这些实际情况需要向该考核站点辐射的相关职业院校告知。

（3）考核站点信息化建设要求 考核站点在信息化建设方面应具备上令下达、横向沟通、下情上报等功能，满足相关信息对接和管理工作的需要。

（4）配备专职人员及工作职责 考核站点专职人员负责：①对本考核站点所负责区域

的试点院校组织初、中、高相应级别的考核和取证工作；②协调解决所划归区域及相关品牌装备的考核点内部场地、设备、人员配置等考务管理工作；③汇总各考核点学生成绩，并及时报送培训评价组织；④协助发放通过考核的学生证书，并将考核结果反馈给申请考证人员；⑤协助建立所划归区域的考证和获证学生考核信息档案；⑥负责做好考核的咨询服务、信息统计和资料归类存档等；⑦协助落实考核站点的考核和获证收费等问题，按照公示标准收取费用。

2. "X" 证书考场设备与资料配置

（1）考场装备配置　"X" 证书考核站点需根据相应职业技能等级标准和 "X" 证书要求，建设能满足 "X" 证书考试所需的标准考场，其考场装备配置一般可通过 "X" 证书考场装备配置清单来规定，其参考模板见表 6-15。

表 6-15　"X" 证书考场装备配置清单参考模板

序号	设备名称	单位	数量	经费	备注
1	"X" 证书理论考试专用计算机	台	30	……	
2	"X" 证书实操考试设备	……	……	……	
3	管理机	台	1	……	
4	视频监控计算机	台	1	……	
5	打印机	台	1	……	
6	USB 监控摄像头	套	2	……	
7	备用 "X" 证书理论考试专用计算机	套	3	……	
8	备用 "X" 证书实操考试设备	……	……	……	

注：实操考试所用仪器设备尽可能与平时实训装备共享，以减少 X 证书制度试点经费的总投入。

（2）考场装备配置与资料配置的基本要求

1）考位配置。一般情况下考场至少具备满足 30 位考生同时考试的条件，每个考生配置一个考位，并额外配置 10% 的备用考位，用于考试突发异常情况的备用和正常损耗，以保障 "X" 证书考试正常进行。即在 30 个考生同时考试时，考场至少配置 33 个考位。

2）考场布置。"X" 证书考试分为理论考试和实操考试两类。考场须为每位考生的考位配置一台计算机（其配置应符合相关考试软件和答题要求），每个考位之间的间距不得小于 0.8m，每个考位平均面积不少于 $3m^2$（图 6-10）；与 "X" 证书相关的实操考试设备可视具体情况配置，其场地布置（图 6-11）及具体要求由培训评价组织提出，职业院校负责实施。

3）监考工作台要求。理论考场正前方设监考工作台，供监考人员摆放试卷、答题卡、草稿纸及必备工作用具；实操考试现场布置由培训评价组织提出具体要求，职业院校据此执行。

4）监考管理系统。理论和实操考场应各配置一台管理机（用于管理考试机）、一台备用打印机（用于突发情况打印纸质考试材料）和一台视频监控计算机。其中管理机和打印机放置于考场前方的监考工作台上，视频监控计算机放置于考场后方。

5）监考信息系统。考场应配置至少两路 200 万像素以上的 USB 摄像头监控系统，其

图 6-10 "X"证书理论考试考场布置参考图

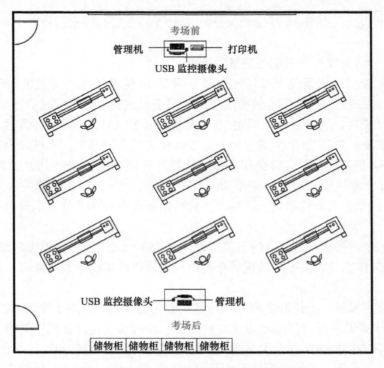

图 6-11 "X"证书实操考试考场布置参考图

中一路由放置于考场前方的管理机控制，另一路由放置于考场后方的视频监控计算机控制，两路视频监控一前一后覆盖整个考场，实现视频实时监控、录像及回放等功能。

6）考核认证资料。考核认证资料由培训评价组织提出，1+X 证书制度试点院校配合配备，主要有：①职业技能等级标准；②考核大纲；③考核认证规程；④相关管理文件和资料等。

3. 人员配置与管理制度

人员配置与管理制度涉及许多具体工作要求，主要内容如下：

（1）考核站点负责人　负责考核（考场）的全面管理工作，具有本专业中等技术职务或技师以上职业资格，大专以上文化程度，从事专业工作 3 年以上，熟悉职业技能考核认证有关政策和培训考核工作。

（2）工作人员

1）办公室人员：协助考核站点负责人管理考核认证所（考场）的日常事务，承担职业技能考核认证考场的具体工作，具有大专以上文化程度，熟悉职业技能考核认证考核工作。

2）考核人员：持有考评人员资格证的考核师不得少于 3 人（考核现场至少配置培训评价组织下派的校外考核师 2 名）。

3）考务人员：能熟练进行计算机操作，负责考核认证人员的报名、资格初审、考场安排、设备材料准备、辅助考核师和监考员工作、考务档案管理和办证等工作，具有大专以上文化程度，熟悉本职业技能考核认证工作。

4）设备维修、材料管理人员：负责技能考核认证所（考场）的设备、仪器仪表维修及材料管理工作，具有大专以上文化程度，熟悉设备原理及使用，并持有相关专业职业资格证书。

5）财务管理人员：按财务管理规定配备，负责考核认证收费和日常账务管理工作，必须持有财务人员资格证书。

以上人员配置可综合利用考核站点院校现有人员。

（3）管理制度　主要有：①财务管理制度；②考核认证工作规程（报名、收费、考核认证、办证）；③岗位职责；④档案管理制度；⑤各种设备安全操作规程；⑥考核师、考务员工作守则、考场规则；⑦安全、保卫制度；⑧设备、设施管理制度；⑨其他。

6.4.3　"X"证书专项实训基地与考核站点绩效评价办法

"X"证书专项实训基地与考核站点绩效评价办法分为两个部分。第一部分主要是职业院校为加强培训质量而对实训基地采取的评价和考核措施；第二部分是由培训评价组织根据考核工作的实际需要而制定的管理方案。

1. "1+X"证书专项实训基地与考核站点绩效评价标准

办学基础较好的职业院校可以将"1+X"证书专项实训基地与考核站点结合起来建设。为强化职业院校内部管理，需要构建专项评价考核指标，其模板见表 6-16。

2. 考核站点的运行与管理

考核站点的运行与管理由培训评价组织和考核站点所在院校共同负责，管理工作要求以培训评价组织为主提出，主要有以下几方面。

表 6-16 "1+X"证书专项实训基地与考核站点绩效评价标准

一级指标	二级指标	指标内涵与要求	权重（%）[4]
建设基础 12分	企业需求	开展调研，所选"X"证书受本专业主要毕业生就业单位欢迎	6
	专业基础	"1+X"试点专业（群）建设基础好，人才培养质量高，社会声誉好等	3
	校企合作基础	已与试点专业开展合作的企业，技术领先、设备先进，在相关行业具有较大影响力。企业已投入了部分设备设施等，有校企合作协议	3
建设思路 8分	目标定位	对接区域行业企业转型升级需求，服务专业（群）复合型技术技能人才培养，实训基地实现"专业人才培养、技能培训、社会服务"的三同步发展	4
	建设路径	建设思路清晰、路径明确，建设方式、方法可行有效，有严谨、科学、合理、准确的可行性论证	4
建设内容 32分	机制建设	与培训评价组织构建校企协同育人机制、培训资源共建机制、校企人员互兼互聘机制等	8
	设施设备建设	设备规格和质量应满足所选"X"证书的培训及考核要求，台套配置的数量要保证单班教学培训的需要	7
	实训资源建设	实训资源建设包括数字化教学培训资源建设与积累，物化成果资源和案例资源积累，注重职业技能和职业精神的融合，发挥企业文化育人功能	7
	队伍建设	制订合理的教官和考官培训计划，专项师资培训资金到位；配备数量充足、结构合理、指导能力强的专职实训指导教师，专职实训指导教师的双师素质比达100%	10
建设成效 40分	制度建设	实训基地建设责任明确，落实到人；专项建设资金使用科学、合理、规范；监督、检查、考核机制健全，执行有力；奖惩措施落实到位；运用现代信息手段管理实训平台	6
	书证融通	实现了1+X书证融通，课程设置合理，课程标准健全，实训基地有效支持专业（群）人才培养模式改革，专业（群）建设成效显著，满足当地相关产业发展对技术技能人才的需求	6
	培训教材开发	参与编撰职业技能等级证书的专门活页式教材和相关的数字化课件，具有自主开发的经1+X证书融通后的教材（含活页式教材）及数字化教学资源	4
	教师持证	所有实训指导教师（教官/考官）均应达到高级证书持证水平	4
	校内外培训	实训基地培训人数年平均不低于本校本专业总人数的40%[1]。实训基地向本校其他专业开放，向学校所在地兄弟职业院校和社会开放	8
	软硬件维护	保证实训基地正常运行，软硬件维护根据"5S"[2]管理要求纳入工作规范	4
	培训考核费用	培训费用符合预算要求，考核费用符合"关于在院校实施的职业技能等级证书考核成本上限设置方案的公示（教职所〔2019〕314号）"文件精神	4
	诊断与改进[3]	所有培训信息录入学校教学管理平台。质量管理与监控部门能实时采集动态信息和阶段性信息，并以此及时进行分析判断	4
特色与创新 8分	特色与创新	实训基地机制建设有特色，在服务校内证书培训、校外同行培训、社会培训、实训资源开发、校企合作等方面进一步拓展实训基地功能，建设成效显著，具有一定的推广应用价值	8
总计			100

注：不是每所职业院校都可以设置"X"证书考核站点的，故没有设置"X"证书考核站点的院校对本标准的指标可以修正，本标准供强化内部管理时做参考。

① 确定该指标的测算依据是试点专业的学生有年级之分，即使同一年级学生也不可能全部参与"X"证书的培训和考核，40%是个基本数据，各校可根据专业实际确定比例。

② "5S"是指实训基地现场对人员、机器、材料、方法、环境等生产要素进行有效的现场管理的方法，通过科学的定置管理，达到目视化管理的目标，从而提高现场作业的品质，实现安全、高效。

③ 2015年，教育部办公厅下发了《关于建立职业院校教学工作诊断与改进制度的通知》（教职成厅〔2015〕2号）。全国部分职业院校参与了诊断与改进的试点工作。诊断与改进工作对提升职业院校信息化水平、提升精细化管理等起到了积极的推进作用。

④ 权重可按A（优秀）、B（良好）、C（合格）、D（不合格）分等分级。

（1）考核站点日常运行　建立日常工作联系机制，确保有效运行。考核站点院校方负责人、培训评价组织考核部门负责人、联络员等构建常态化工作机制，通过网络平台及时沟通，确保工作业务信息规范和畅通，每年按项目、计划实施考核，做好考核评价，保障质量。

（2）考核信息发布与报名　考核站点根据培训评价组织的工作安排，面向社会公布每批次职业技能等级考核的计划及具体时间、场所与考务安排，以及考核基本规范与流程、考生须知等信息。考核站点对申请参加考核的考生进行身份信息审核验证，指导其登录考核管理信息平台填报个人信息，并获得考号及准考证。

考核站点不得以考生未参加本考核站点组织的考核咨询或职业技能培训，或未使用培训评价组织的教学资源等为理由，拒绝提供本考核站点业务范围内的考核服务，也不得向考生提出与考核活动无关的要求或限制条件。

（3）考核过程组织　考核站点应对每批次考核制定考核组织实施方案，明确组织机构与职责、人员配备、工作流程与标准、保障措施等。考核站点按照考核组织实施要求做好场地、设施设备及原材料等硬软件配备与调试，做好工作人员培训，并于考核前接受培训评价组织对考核准备工作的现场检查和指导。

考生按照规定流程进行检录、抽签和考核，考生考核过程和作品评判过程，应实行考生信息保密的措施。考核站点应当对考核过程做出完整记录，对考核试卷和考生作品归档留存，对考生考核全过程录像并保存。

考核站点向培训评价组织提交考核有关信息和资料。其中，考核成绩单须经考官签字，由考核站点负责人审核，由培训评价组织审定后发布。

（4）考核站点监督与激励　培训评价组织将邀请行业组织、企业、院校专家建立监督管理委员会或类似组织，对考核站点实施考核；培训评价组织派驻巡视人员对考核组织工作进行现场监督，特别是对考核现场秩序、考核评判、申诉处理等环节进行重点监督。培训评价组织每年对考核站点进行评比，对优秀考核点进行表彰。

（5）接受教育行政部门监督　根据 1+X 证书制度试点工作要求，任何单位和个人对考核站点考核活动中存在的违纪违法行为，有权向培训评价组织和各级教育行政部门举报。培训评价组织负责对其考核站点的违纪违法行为进行调查处理，并将调查结果及时报备教育部。

地方教育行政部门有权对培训评价组织及其考核站点的考核组织实施进行监督，对出现的违纪违法行为及时报告教育部，由教育部责令培训评价组织进行调查处理。

考核站点必须接受教育部会同地方教育行政部门定期对职业技能考核站点进行"双随机、一公开"抽查和监督。

（6）考核站点的费用管理　培训评价组织应严格按照向相关主管部门备案的收费标准向考核站点收取费用，收费总额根据试点院校参加考核人员的数量和等级确定。费用包含考核所需场地、设备、人员等各方面经费。试点期间除考核费用外，不向学生收取培训费和相关费用。

第 7 章
CHAPTER 7
1+X 书证融通与专业人才培养方案优化案例

7.1 工业机器人技术专业与工业机器人应用编程中级证书书证融通案例（深化型）

工业机器人技术专业（以下简称"机器人专业"）与工业机器人应用编程中级证书（以下简称"机器人证书"）书证融通案例是基于无锡职业技术学院在1+X证书制度试点中的阶段性实践总结，以抛砖引玉。

7.1.1 机器人专业与机器人证书书证融通思路

1. 机器人专业与机器人证书书证融通的原则

（1）强化与补短 针对原有人才培养方案中教学内容更新不及时、技能培训不到位等问题，机器人专业与机器人证书书证融通的重点是对"1"中的现场编程、离线编程、系统集成等企业关注的职业核心能力要素进行强化学习和训练，有效实现学校教育教学、人才培养水平与企业工作岗位需求的有效对接。同时，强化职业能力中的基础性要求和关键工作领域中典型工作任务所需的素质、知识和技能等，将与机器人证书相关的职业技能培训融入专业教育教学中，以此夯实学生专业学习、自主学习、职业素养和可持续发展的职业基础。

（2）成果导向 机器人证书的学习培训内容涉及互联网、大数据、物联网和智能制造等新技术、新工艺、新规范、新要求，并以若干项目、任务作为载体贯穿于技能培训全过程。在机器人证书的三大工作领域中，"工业机器人参数设置"安排了三个典型工作任务，"工业机器人系统编程"安排了四个典型工作任务，"工业机器人系统离线编程与测试"安排了四个典型工作任务。以学习成果为导向，将这些典型工作任务融入专业课程，形成一批理实一体课程和实践类课程，既可强化职业技能培养，又可体现现代职教理念、遵循教学规律。

（3）系统设计 1+X书证融通中"1"和"X"作用互补、不可分离，是一个有机整体，需共同构建完整的职业教育体系和专业人才培养目标。从机器人专业培育人才的角度看，学历证书是基础，"X"对"1"具有强化、补充、拓展作用，"1"对"X"起支撑和完善作用，两者相互促进、相互提升。在机器人专业与机器人证书书证融通过程中，专业人才培养方案是纽带，课程体系和课程标准是关键。在专业人才培养方案的开发设计中要贯彻《教育部关于职业院校专业人才培养方案制订与实施工作的指导意见》（教职成〔2019〕13号）精神，系统设计，确保学生在德、智、体、美、劳等方面得到全面发展，并在机器人应用编程方面拥有"一技之长"。

2. 机器人专业与机器人证书书证融通的目标与定位

（1）满足产业转型升级对人才的需求　随着先进技术的不断发展，机器人的应用越来越广泛，深深地影响着现代工业的生产格局。特别是在上料和送料等自动机床加工控制系统中，机器人一次就能抓取数吨重的加工材料，显著提高了生产效率，在高危或各种不适合人力工作的环境下，机器人体现了其优越性。机器人替代普通工人，不仅可以实现更精确的控制，而且利用其柔性控制技术，可以轻易实现不同工位、不同产品生产制造的灵活性。机器人的广泛使用，实现了对传统产业的技术改造和升级，提升了企业制造的智能水平。我国的工业生产需要由传统制造向智能制造转型升级，因此对从业人员的工作技能要求也会有所改变。一线从业人员不仅要掌握本岗位的传统工作技能，还需要熟悉与掌握工作岗位中的新工艺、新技术等。而通过书证融通，培养符合现代产业政策的人才，可实现产业升级对人才的需求。

（2）深化复合型技术技能人才培养培训模式改革　人才培养模式改革涉及诸多要素，而 1+X 书证融通过程中必然涉及课程开发、教学资源开发、实训基地建设、评价模式改革等要素和要素作用的发挥。机器人专业和机器人证书源自不同的责任主体，但通过 1+X 实现了书证融通，推进了两个主体、两种理念、两种资源、两种利益的融合，创新了校企合作的新模式。相对于院校单方面的教育教学模式改革，通过 1+X 书证融通，职业技能等级证书对技术技能型人才培养在强化技能培养、补充"四新"、拓展就业岗位等方面发挥了独特作用。机器人证书对于机器人专业而言，在强化机器人应用编程方面，发挥了独到的功能作用。这是 1+X 证书制度为提高人才培养质量而形成的制度创新红利，也是机器人专业与机器人证书书证融通的目的之一。

（3）支撑机器人证书的内容适宜性实验——证书含金量　职业技能等级证书是新近开发出来的一款服务职业院校人才培养，提升人才培养质量，满足毕业生就业单位用人需要的证书。对于这一新生事物，总会在标准与证书的内容描述、内容定位、培训资源、培训流程、考核模式等方面存在着待完善的空间，需要通过实践来验证其合理性，不断丰富和完善职业技能等级标准和证书。机器人专业与机器人证书的书证融通从校企合作视角为机器人证书的内容适宜性提供了一个良好的实验环境。通过众多职业院校开展的书证融通和学习培训，充分发挥学校在资源配套、师资队伍的教研和科研力量、管理创新等方面的优势，在不断微调职业技能等级标准和证书的过程中，实现职业技能等级证书的年际迭代，反映职业技能等级证书在职业院校推广的适宜性和含金量。1+X 书证融通的过程也是校企双赢合作的过程。

3. 机器人专业与机器人证书书证融通思路

2019 年 9 月 12 日和 2019 年 12 月 27 日，教育部职业技术教育中心研究所分别发布了第二批和第三批职业技能等级标准，其中与机器人专业相关的标准与证书共计 4 个，工业机器人应用编程职业技能等级标准、工业机器人操作与运维职业技能等级标准、工业机器人集成应用技能等级标准、工业机器人装调职业技能等级标准，分别对应着工业机器人行业的操作、编程、系统集成及装调等领域。

无锡职业技术学院机器人专业的毕业生 60% 以上在无锡地区就业。无锡地区第二产业中最大的行业是机械制造业，占比达 39.2%。近十年来，无锡市政府通过产业扶持政策，引导机械行业走工业化与信息化相融合之路，"十三五"期间鼓励机械行业企业提档升级，向智能化方向发展。2019 年机械行业营销超过了 7000 亿元。无锡机械行业企业在数字化车间建设、柔性制造系统应用、工业互联网推广应用等方面取得了许多成果，一大批企业正在走智能化技术改造之路，对机器人专业毕业生的需求量较大，且对机器人专业的高职毕业生岗位能力要求主要集中在具有一定的机电一体化知识与技能基础上的工业机器人应用编程领域。为此，通过对毕业生用人市场的调研，在分析比较了四个机器人标准与证书的工作领域和工作任务（表 7-1）之后，无锡职业技术学院确定了机器人专业，选择工业机器人应用编程职业技能等级证书（中级）为 1+X 书证融通的对象，以此强化机器人专业的职业能力培养，提升毕业生就业竞争力。

表 7-1　四个工业机器人职业技能中级证书的工作领域与工作任务

证书名称	工作领域	工作任务
工业机器人应用编程	1. 参数配置	1.1 工业机器人系统参数配置 1.2 示教盒配置 1.3 外部设备参数配置
	2. 操作编程	2.1 IO 信号应用 2.2 机器人高级编程 2.3 外部设备通信
	3. 离线编程	3.1 仿真环境搭建 3.2 机器人工具配置 3.3 编程仿真
工业机器人操作与运维	1. 工业机器人操作安全保护	1.1 执行通用安全操作规范 1.2 安全操作要求
	2. 机器人安装	2.1 机械拆装与测量 2.2 识读技术文件 2.3 安装工业机器人 2.4 安装工业机器人系统
	3. 工业机器人校对与调试	3.1 工业机器人零点校对 3.2 工业机器人调试
	4. 工业机器人操作与编程	4.1 运用示教器完成工业机器人的基本操作 4.2 工业机器人操作 4.3 运用示教器完成工业机器人简单动作的编程
	5. 工业机器人数据备份及恢复	5.1 工业机器人数据备份 5.2 工业机器人数据恢复
	6. 工业机器人系统维护	6.1 工业机器人常规检查 6.2 工业机器人本体定期维护 6.3 工业机器人控制柜维护 6.4 工业机器人运行状态监测 6.5 工业机器人部件更换
	7. 工业机器人系统故障诊断及处理	7.1 工业机器人本体故障诊断及处理 7.2 工业机器人控制柜故障诊断 7.3 常用传感器故障诊断

（续）

证书名称	工作领域	工作任务
工业机器人集成应用	1. 工业机器人系统集成设计	1.1 工作站方案适配 1.2 工作站原理图绘制 1.3 工作站说明文件编制
	2. 工业机器人集成系统程序开发	2.1 工业机器人通信模块的配置与操作 2.2 工业机器人典型工作任务示教编程 2.3 工业机器人周边设备编程 2.4 视觉系统应用
	3. 工业机器人集成系统调试与优化	3.1 工作站虚拟仿真 3.2 常用电动机参数设置 3.3 常用传感器调试 3.4 工作站调试与优化
	4. 工业机器人集成系统维护维修	4.1 工作站维护 4.2 工作站机械故障维修 4.3 工作站电气故障维修
工业机器人装调	1. 安全与规范	安装质量检查
	2. 机械装置装配	2.1 装配准备 2.2 装配
	3. 电气装置装配	3.1 装配准备 3.2 装配
	4. 调试	4.1 调试准备 4.2 性能调试
	5. 校准	5.1 校准准备 5.2 校准补偿 5.3 参数与位置修正 5.4 环境识别
	6. 标定	6.1 标定准备 6.2 坐标系对准 6.3 测量采样 6.4 性能评价

　　根据融入法的要求，专业与行业龙头企业、培训认证机构和专家学者密切合作，通过确定专业培养目标，明确专业核心课程，结合本校机器人专业毕业生的就业特点和趋势，研究其所对应的专业教学标准具体内容以及如何在人才培养过程中实现 1+X 证书制度。同时积极开展试点，应用研究成果，总结工作经验，为后续的研究和实践打下了坚实的基础。完整的书证融通思路如图 7-1 所示。

　　4. 机器人专业与机器人证书书证融通工作流程

　　目前与机器人专业相关的 X 标准与证书有四个，为了便于对比，现在把四个标准与证书各自对应的工作领域和工作任务列表（表 7-1），从表 7-1 中可以看出，工业机器人应用编程标准与证书除了机器人本体的操作与编程以外，更加侧重于工业机器人系统的系统集成与二次开发，工业机器人操作与运维标准与证书主要侧重于机器人本体的安装与维护，工业机器人集成应用标准与证书则侧重于工业机器人系统的集成设计与调试优化，工业机器人装调标准与证书主要侧重于工业机器人本体及系统的安装和调试。

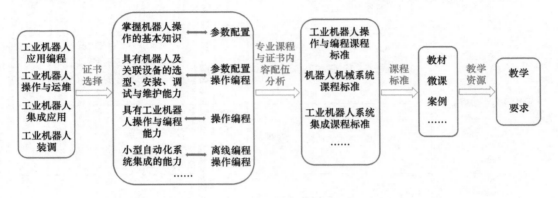

图 7-1　书证融通思路

　　无锡是全国制造业的高地，正面临由"无锡制造"向"无锡智造"转型的关键期，工业机器人技术是智能装备的关键技术之一，机器人专业应该主动呼应无锡产业强市战略，以服务区域经济发展和产业转型升级为导向，紧密围绕中小微型离散制造企业在智能生产、智能物流等环节转型升级、研发技术，努力提升行业和区域职业教育人才在智能制造升级方面的技术技能和培养质量，而工业机器人应用编程中级证书从内涵上更符合无锡经济发展和产业转型的需求。

　　为了更科学合理地选择好"X"证书，针对工业机器人应用编程中级等四个证书内容，对用人单位进行了调研。本次调研单位主要有无锡信捷电气股份有限公司、无锡威孚高科技集团股份有限公司、无锡埃姆维工业控制设备有限公司、无锡雪浪环境科技股份有限公司等 21 家单位，涵盖了国企、民企、外商独资企业，企业规模包括大中小型企业，主要行业领域涉及装备制造、自动化技术、机器人技术研发等领域，具体单位见表 7-2，部分调研内容和结果见表 7-3。

表 7-2　调研单位

序号	调研单位	序号	调研单位
1	苏州江锦自动化科技有限公司	12	希捷国际科技（无锡）有限公司
2	联合汽车电子有限公司（UAES）	13	苏州钧信自动控制有限公司
3	无锡埃姆维工业控制设备有限公司	14	苏州迪纳精密设备有限公司
4	无锡黎曼机器人科技有限公司	15	江苏和亿智能科技有限公司
5	无锡雪浪环境科技股份有限公司	16	同方股份有限公司
6	无锡南方声学工程有限公司	17	上海宝冶冶金工程有限公司
7	中国工程物理研究院机械制造工艺研究所	18	无锡信捷电气股份有限公司
8	无锡威孚高科技集团股份有限公司	19	无锡泰艾普科技有限公司
9	大连锂工科技有限公司	20	无锡格林司通自动化设备有限公司
10	无锡米洛智能工业科技有限公司	21	无锡源立自动化科技有限公司
11	无锡斯普伦特智能设备有限公司		

表 7-3　调研内容及调研结果

序号	调研内容	调研结果
1	单位名称	见表 7-2
2	联系人	略
3	联系电话	略
4	您的工作职位	略
5	您的企业规模	微型企业（<20 人）9.52%；小型企业（20～100 人）19.05%；中型企业（101～500 人）28.58%；大型企业（>500 人）42.86%
6	您的企业性质	国企 23.81%；民营企业 57.14%；中外合资企业 9.52%；外商独资企业 9.52%
7	证书的培训内容是否适合贵单位对入职人员的需求	基本适合以上 95.24%；不适合 4.76%
8	贵单位需要持有哪一种证书的人才	初级 4.76%；中级 38.1%；高级 19.05%；都需要 38.1%
9	您在招聘时，对持有证书的应聘人员会优先考虑吗	会 66.67%；不会 14.29%；不确定 19.05%
10	您认为持有证书和不持有证书的人员工资差距有多大	10%：19.05%；20%～30%：57.14%；50%：9.52%；50% 以上：9.52%；没差距：4.76%
11	对于企业内部员工您会出资为他们培训获得该证书吗	会：71.43%；不会：28.57%
12	贵单位最需要四个证书中的哪个证书	工业机器人应用编程 42.86%；工业机器人操作与运维 19.05%；工业机器人集成应用 23.81%；工业机器人装调 14.29%
13	您认为除了上述证书培训内容外，我们还应该侧重于哪方面的技术培训	机器人和视觉等其他系统之间的集成调试、机器人的不同应用场景化、现场安装调试、电缆线路及硬件设施故障排除等

根据本次调研结果，可以看出：

1）总体上企业对 1+X 证书制度试点是持认可态度的。从调研表中的选项，如培训内容、招聘选择、薪资差距都可以看出受过培训和未受过培训人员之间在认可度方面不同。

2）在参与调研的四个机器人证书中，工业机器人应用编程证书更受企业欢迎，其认可度更高，这也为后续选择证书方向提供了参考。

3）有近 30% 的企业不会为自己员工出资进行机器人证书的普及性培训。其中原因，一是机器人证书尚未成为企业员工基本素质要求；二是企业负责人也有防范企业之间挖人的心理。但毕业生一旦拥有机器人证书，企业人力资源经理则会优先录用该生，即拥有机器人证书者拥有就业竞争力。这在引导学生选择机器人证书进行修学方面是个好的信息。

4）对于企业的一些建议，如增加相关方面的技术培训要引起重视，后面可以作为机器人证书和相关专业课程的新增或补充内容加入到专项、综合培训项目中，以完善机器人专业教学内容并细化证书的培训内容，提升机器人证书的培训质量。

经过专业讨论、用人单位调研、专家论证以及本专业办学基础，无锡职业技术学院最终选择工业机器人应用编程中级证书作为书证融通对象。

根据职业技能等级证书的考核内容，机器人专业对 2020 级专业人才培养方案做了修订，对部分课程以及课程内涵做了调整，使之与 "1+X" 背景下的书证融通体系相对应。详细的融通步骤如图 7-2 所示。

图 7-2　融通步骤

7.1.2　机器人专业双证书方案 2018 版

1. 机器人专业双证书方案 2018 版开发背景及存在的问题

根据《国务院关于加快发展现代职业教育的决定》（国发〔2014〕19 号）精神，毕业证书需要与职业资格证书对接，即职业院校需要实施双证书制度。

机器人专业是个新兴专业，2014 年开始第一批招生，距今仅 6 年多时间，培养了 4 届毕业生。工业机器人也是个新兴行业，国内尽管很早就有使用工业机器人的经验，但整个行业是在 2015 年《中国制造 2025》出台后才得到了快速发展，因此不论从时间上还是资源上都没有适合该专业进行书证融通的相关资格证书，只能借鉴相近专业所选择的证书开展双证书教改探索。显然，这种做法仅是机器人专业双证书工作的权宜之计。

2. 机器人专业选择职业资格证书的过程简介

基于机器人专业的双证书教学改革要求，根据无锡地方产业发展的现状和企业"两化融合"对专业人才培养的需要，2014 级至 2017 级机器人专业选择了行业认可的"可编程序控制系统设计师"作为双证书对接证书的选项。"可编程序控制系统设计师"证书的内涵主要是培养员工从事可编程序控制器选型、编程，并对应用系统进行设计、整体集成和维护，以提升其职业能力。该职业资格证书分为初级、中级和高级三个等级，机器人专业选择中级资格证书开展对接。对于部分获得中级证书的学生则创造条件提供高级证书培训，拓展学生的成长空间，服务学生发展需要。通过该证书内容的学习培训，学生能够掌握 PLC 编程和设置技能，能够完成 PLC 应用系统的总体设计和 PLC 的配置设计，能够进行外围设备参数设定及配套程序设计，实现小型自动化控制系统的设计、整体集成、调试与维护。

2018 年，根据《人力资源社会保障部关于减少职业资格许可和认定有关问题的通知》精神，无锡市人社局取消了"可编程序控制系统设计师"职业资格证书，机器人专业所选的职业资格证书调整为维修电工。维修电工职业标准所指工作岗位是从事机械设备和电气系统线路及器件等的安装、调试与维护、修理等。该职业资格证书分为初级（五级）、中级（四级）、高级（三级）、技师（二级）、高级技师（一级）5 个等级。机器人专业的学生主要选择中级资格证书，部分获得中级证书的学生也可继续选择高级证书。中级证书的考核内容主要有三部分，继电控制电路装调维修、基本电子电路装调维修和自动控制电路装调维修。获得该证书后，学生可从事维修电工、电机维修工、电子装配工、发配电、继电保护、工厂用电、数控维修、家用电器维修等工作。

在 2018 年版的人才培养方案中，机器人专业人才培养目标为培养拥护党的基本路线，德、智、体、美、劳等方面全面发展，具有良好的团队协作、职业规范和人文社会科学素养，掌握机器人应用技术专业必备的基础理论和专门知识，具有从事本专业实际工作的综合职业能力和全面素质，能在生产一线从事工业机器人及其相关机电设备的安装、编程、调试、系统集成、运行维护和设备管理等工作，适应产业转型升级和企业技术创新需要的，胜任工业机器人及其关联设备系统集成等相关岗位的高素质技术技能人才。

学生的就业岗位为：

主要岗位：

1）工业机器人及其相关机电设备的安装调试。

2）工业机器人及其相关机电设备的运行维护。

3）工业机器人及其相关机电设备的维修。

次要岗位：

1）工业机器人及其相关机电设备系统集成。

2）工业机器人及其相关机电设备的销售和技术支持。

根据人才培养目标和岗位面向，可以看出当时主要要求学生具有工业机器人及其相关机电设备的安装调试、运行维护和维修的能力，因此选择了维修电工职业资格证书，该证书的培训内容与对学生的技能要求在同类证书中是比较吻合的。

3. 基于双证书的机器人专业人才培养方案简介

机器人专业经过一个周期的完整建设，第一届毕业生已经顺利毕业并受到用人单位好评，在首批毕业生培养的基础上，通过调研听取用人单位和毕业生的意见和建议，对机器人专业的人才培养方案做了较大修订，修订后的教学计划如下。

无锡职业技术学院
2018 级 ____工业机器人技术____ 专业教学计划表

培养目标：高素质技术技能型人才　　　　招生对象：__高中__ 毕业生
学　　制：三年　　　　　　　　　　　　学制代码：　3
专业代码：__560309__　　　　　　　　　制定单位：__控制技术__ 学院
证书名称：维修电工中级职业资格证书
适用班级：__机器人 21831/2__　　　　　制表日期：2018 年 4 月

一、教学总安排（周）

学期	理论教学周	实践专用周	考试	毕业教育	运动会	军训	学分	顶岗实习	假期	周数合计
一	14.5	1.5	1		(0.5)	2	24.5		5	24
二	15	3	1				27		9	28
三	16	2	1		(0.5)		22.5		5	24
四	13	5	1				23		9	28
五	9	9	1		(0.5)		20		5	24
六	0	18	0	1			18			19
小计	67.5	38.5	5	1	(1.5)	2	135+9		33	147

二、实践专用周安排（周）

序号	课程名称	模 块 号	学分	学 期 一	二	三	四	五	六	隶属部门
1	智能装备技术类专业认知	ZCC200014	0.5	0.5						控制技术学院
2	车工实训 I	ZAC102018	1	1						
3	钳工实训 I	ZAC102010	1		1					
4	电工电子实训	ZBC202002	2		2					控制技术学院
5	电气图样的识读与绘制专项训练	ZCC200004	2			2				控制技术学院
6	机器人机械系统专项训练	ZCC206005	1				1			控制技术学院
7	工业机器人技能训练	ZCC206029	2				2			控制技术学院
8	自动生产线的集成与控制	ZCC206027	2				2			控制技术学院
9	★机器人技术综合实训	ZCC206009	4					4		控制技术学院
10	机器人技术专业综合实践专项训练	ZCC206006	2（属特殊规定）					5		控制技术学院
11	工业机器人专业毕业设计	ZCC206007	8						8	控制技术学院
12	工业机器人专业毕业实践	ZCC206008	10						10	控制技术学院
小 计			35.5	1.5	3	2	5	9	18	

注："机器人技术专业综合实践专项训练"在第五学期15～19周每天上午集中安排。

三、理论教学周安排表（含实验课程、课程实验和非专用周的理论实践一体化教学）

课程类别		课程名称	模 块 号	学分	学时	考核类型	学期教学安排（学时数） 一	二	三	四	五	六	隶属部门	备注
公共平台课程	必修	思想道德修养与法律基础	ZAA022001	3	48	S	48						思政部	
		毛泽东思想和中国特色社会主义理论体系概论	ZAA021001	4	64	S			64				思政部	
		形势与政策	ZAA023001	1	16	C		8		8			思政部	
		应用数学 A I	ZAA011001	3.5	56	S	56						基础部	
		应用数学 A II	ZAA011002	4	64	C		64					基础部	
		基础英语 I	ZAA601001	4	64	C	64						外旅学院	
		基础英语 II	ZAA601002	4	64	S		64					外旅学院	
		大学体育 I	ZAB041001	2	32	C	32						体育部	
		大学体育 II	ZAB041002	2	32	C		32					体育部	
		体育选项 I	ZAB041088	2	32	C			32				体育部	
		体育选项 II	ZAB041089	1	16	C				16			体育部	

（续）

课程类别		课程名称	模块号	学分	学时	考核类型	学期教学安排（学时数）						隶属部门	备注
							一	二	三	四	五	六		
公共平台课程	必修	物理基础及应用	ZAB012002	3.5	56	C	56						基础部	
		计算机信息技术基础	ZAB301001	3	48	C		48					物联网学院	
		大学生职业生涯规划与就业指导	SAB002001	2	32	C	(8)	(8)	(8)	(8)			学生处	
		应修小计		39	624			224	104	32				
素质教育类课程	选修	文化素质类	SEA091000	3	48	C	√	√	√	√	√		艺术中心	
		公共艺术类	SEA701000	2	32	C	√	√	√	√	√		艺术中心	
		军事理论	SEA003001	1.5	24	C	√	√					人武部	
		大学生心理健康教育	SEB001001	2	32	C	√	√					学生处	
		体质健康类	SEC031000	0.5	8	C	√	√	√	√	√		体育部	
		应修小计		9	144									
专业群共享课程	必修	★电工技术基础 A	ZBA201001	4	64	S	64						控制技术学院	
		电工实验	ZBB201007	1	16	C	16						控制技术学院	
		电子技术基础 A	ZBA201003	5	80	S		80					控制技术学院	
		电子实验 A	ZBB201008	1	16	C		16					控制技术学院	
		C 语言程序设计基础 B	ZBB200002	3	48	C			48				控制技术学院	
		应修小计		14	224		80	96	48	0	0			
专业必修课程	必修	★电气控制技术	ZCB206017	4	64	S		64					控制技术学院	
		气动系统的控制	ZCB206022	2	32	C			32				控制技术学院	
		工程识图与制图	ZCB200010	3	48	C			48				控制技术学院	
		★机器人机械系统	ZCB206020	3	48	S			48				控制技术学院	★
		★机器人视觉与传感技术	ZCB206021	3	48	S			48				控制技术学院	★
		PLC 控制系统的构建与运行 A	ZCB200005	3	48	S				48			控制技术学院	
		★机器人控制技术	ZCB206013	4	64	S				64			控制技术学院	★
		★工业机器人操作与编程	ZCB206018	4	64	S				64			控制技术学院	★
		运动控制系统安装调试与运行 A	ZCB200015	3	48	S					48		控制技术学院	
		总线控制与系统集成 A	ZDB200018	2	32	C					32		控制技术学院	
		数控技术基础及应用	ZCB206023	3	48	C					48		控制技术学院	
		精益化数字生产管理	ZCA206002	3	48	C				48			控制技术学院	
		应修小计		37	592		0	64	176	224	128			

（续）

课程类别		课程名称	模块号	学分	学时	考核类型	学期教学安排（学时数）						隶属部门	备注
							一	二	三	四	五	六		
专业选修课程	选修	经济学类课程	SEA411000	3	48	C					48		财经学院	☆
		先进制造技术	ZDB206027	2.5	40	C					40		控制技术学院	☆
		专业英语	ZDA200017	2	32	C				32			控制技术学院	☆
		应修小计		7.5	120		0	0	0	32	88			
合计				106.5	1704		344	384	328	288	216			
毕业学分说明		1. 必须修得所有课程（含专业选修）：理论课程学分＋实践专用周学分（含军训）=135 学分 2. 必须修得素质教育类选修课 9 学分，其中文化素质类 3 学分，公共艺术类 2 学分，大学生心理健康教育 2 学分，军事理论 1.5 学分，体质健康类 0.5 学分 因此，须获得共计 135+9=144 学分后方可毕业												
备注		打"★"为专业核心课程；打"☆"为限选课程												

在 2018 版人才培养方案中，专业核心课程为电工技术基础 A、机器人机械系统、机器人视觉与传感技术、机器人控制技术、电气控制技术、工业机器人操作与编程、机器人技术综合实训 7 门课程，其中机器人技术综合实训为实践类课程。表 7-4 为 7 门专业核心课程的课程说明。

表 7-4 专业核心课程说明

序号	课程名称与模块代号	课程主要内容	学时与学分	课程性质
1	★电工技术基础 A ZBA201001	本课程主要内容包括电路的基本定律，电路元件的基本特性，直流电路分析，正弦交流电路的相量分析法，三相电路，一阶电路的过渡过程，互感耦合电路，非正弦周期电路分析及常用电工测量仪表的操作与使用、常用元器件的特性测试、电路有关定律的验证、直流电路和交流电路的连接和参数的测量、电路故障的诊断方法等	64 学时 4 学分	必修
2	★机器人机械系统 ZCB206020	本课程介绍机器人的组成、结构、驱动方式、材料的构成以及确定位置检测或其他信号检测的方式、方法，使学生掌握一般机器人机构、机械的设计和选用的基本方法	48 学时 3 学分	必修
3	★机器人视觉与传感技术 ZCB206021	传感器使得机器人初步具有类似于人的感知能力，不同类型的传感器组合构成了机器人的感觉系统。本课程主要介绍机器人技术中常用的视觉、听觉、触觉、力觉和接近觉传感器的种类、结构、原理、功能和应用	48 学时 3 学分	必修
4	★机器人控制技术 ZCB206013	本课程以 STR11-280 教学机器人为载体，主要讲授小型机器人的基本结构、工作原理、51 单片机的组成和应用程序的开发设计等知识，使学生具备小型机器人系统的使用、维护、调试与设计等基本技能，进一步提高学生对机电一体化技术相关知识综合运用的能力和自主创新能力	64 学时 4 学分	必修

（续）

序号	课程名称与模块代号	课程主要内容	学时与学分	课程性质
5	★电气控制技术 ZCB206017	讲述继电器、接触器控制系统的基本环节、生产机械电力设备的工作原理、分析方法及控制线路的设计思路，具有一定的设计、安装、调试、运行及维护、维修的能力	64 学时 4 学分	必修
6	★工业机器人操作与编程 ZCB206018	本课程以安川 MOTOMAN 机器人为例，较全面地介绍工业机器人的硬件组成、坐标系统、示教编程方法、常用参数设置以及机器人日常维护等内容，使学生具备一般工业机器人的操作、编程等能力	64 学时 4 学分	必修
7	★机器人技术综合实训 ZCC206009	将机器人、组态技术、接口技术、网络技术、现场生产过程系统地结合在一起，是系统分析、方案论证、系统集成方面的一次综合训练，旨在培养和提高学生独立工作的能力和创造能力	4 周 4 学分	必修

7.1.3　工业机器人应用编程中级证书主要学习培训内容

工业机器人应用编程职业技能等级标准有三个等级：初级、中级、高级，依次递进，高级别涵盖低级别技能要求。其三个级别的技能要求涵盖了工业机器人参数配置、设备操作、操作编程、示教编程、离线编程等各个工作领域，其中高级证书还包含仿真开发的内容。各级别的技能要求依据相关企业岗位操作与技能标准逐级递进。标准的分级并不意味初级、中级、高级一定对应着中职学校、高职学校和高职本科学校。初级、中级、高级是个统计概念，是一种数据分布，并不是院校专业特定证书的唯一选择，但在开发具体的人才培养方案时需要确定某等级证书作为书证融通的对象。在本案例中，选择工业机器人应用编程中级证书作为书证融通的对象。表 7-5 为工业机器人应用编程职业技能中级证书的培训内容，其中机器人高级编程和外部设备通信等工作任务在机器人专业人才培养方案中较少涉及，需要在整个课程体系中予以强化，在相关课程标准内予以落实。

表 7-5　工业机器人应用编程中级证书的培训内容

工作领域	工作任务	技能要求
1. 参数配置	1.1 工业机器人系统参数配置	1.1.1 能够配置总线模块
		1.1.2 能够配置常用 IO
		1.1.3 能够添加和编辑信号
	1.2 示教盒配置	1.2.1 能够配置示教盒使用环境参数
		1.2.2 能够配置示教盒预定义键
		1.2.3 能够配置示教盒语言环境
	1.3 外部设备参数配置	1.3.1 能够安装典型外部设备
		1.3.2 能够设定外部典型设备机械电气参数
		1.3.3 能够设定外部典型设备软件参数
2. 操作编程	2.1 IO 信号应用	2.1.1 能够对数字量信号进行应用
		2.1.2 能够对模拟量信号进行应用
		2.1.3 能够对组信号进行应用

（续）

工作领域	工作任务	技能要求
2. 操作编程	2.2 机器人高级编程	2.2.1 能够使用特殊功能调整程序位置
		2.2.2 能够进行中断程序的编制
		2.2.3 能够完成程序变换
	2.3 外部设备通信	2.3.1 能够配置系统兼容的设备
		2.3.2 能够通过协议转换使用其他设备
3. 离线编程	3.1 仿真环境搭建	3.1.1 能够创建基础工作站
		3.1.2 能够导入模块及工具模型
		3.1.3 能够完成模块及工具指定位置的放置
	3.2 机器人工具配置	3.2.1 能够正确配置工具参数
		3.2.2 能够生成对应工具的库文件
	3.3 编程仿真	3.3.1 能够搭建典型工作站系统
		3.3.2 能够对典型工作站系统进行离线编程

7.1.4 机器人专业与工业机器人应用编程中级证书书证融通关联课程

1. 智能制造背景下机器人专业职业面向分析

近年来，随着科学技术的发展，工业机器人的应用领域不断扩大，从传统的汽车及零部件加工、机械加工、电子电气行业到核能、航空、航天、医药、生化等高科技领域，均有广泛应用。同时，为改善传统企业技术落后、用工多、生产成本高等行业突出问题，传统劳动密集型企业向自动化、智能化生产转型升级的欲望强烈，以实现自动化生产、降低运营成本、提高生产效率、提升产品质量、降低能耗。另一方面，企业通过技术创新来提升产品竞争力和应用智能制造模式来降本增效、迈向产业链中高端的意愿突出。新一代信息技术和先进制造业的深度融合已成为制造业转型升级的重要推力。以工业机器人协同制造及视觉、传感、检测技术在工业机器人上的多技术融合应用为代表的智能制造转型升级已经成为一种必然趋势。

产业转型升级带来相应的工作岗位和人才技术技能要求也同步提升。对应产业发展需求，机器人专业也亟须随产业升级而加速升级，调整培养目标、培养模式，重构课程体系，以满足新兴岗位的需求。工业机器人人才需求主要集中在三类企业：机器人制造厂商、机器人系统集成商和机器人应用企业。智能制造背景下机器人专业的职业面向如下：

主要就业岗位：机器人安装调试、机器人集成应用、机器人售后维护。

拓展就业岗位：机器人算法开发。

2. 无锡职业技术学院 1+X 证书制度试点工作安排

开展 1+X 书证融通并不是一项简单的课程开发工作，涉及学校各个部门的协作与密切配合。为此，学校颁发了"锡职院委〔2019〕38 号《关于成立学校 1+X 证书制度试点领导小组和工作机构的通知》"，明确了相关工作部门的主体责任。如学校办公室主要职责为：组织全校 1+X 证书制度试点申报、推进工作，协调教务、人事、财务、继教、质控等职能处室，共同推进 1+X 试点工作；教务处主要职责为牵头试点申报、组织进行课程体系优化及人才培养方案制订、教学条件建设、教学管理制度完善等工作；继教院主要负责 "1+X" 师资培训基地申报、"1+X" 考核点申报、学生培训与考证的组织、数据报送等工作；人事处主要负责 "1+X" 师资培训组织、双师型教学团队建设、教师考核与激励机制完善等工作；质控部主要负责 "1+X" 试点项目的质量监督；财务处主要负责 "1+X" 项目经费管理与绩效考核等。

学校还成立了书证融通研究工作组，主要负责职业技能等级证书的引入及评估机制研究、专业课程体系优化与书证融通方法研究、学分制与学分银行建设研究等，并指导各专业进行课程体系优化与书证融通实践。

3. 机器人专业与机器人证书书证融通关联课程分析

根据机器人专业与机器人证书的书证融通要求，机器人专业对 2020 级专业人才培养方案做了修订，对部分课程以及课程内涵做了调整，使 "1" 与 "X" 高度融合。

以工业机器人应用编程中级证书为例，该证书有三个工作领域：工业机器人参数配置、工业机器人离线编程、工业机器人操作编程，对应了 9 项工作任务（图 7-3），其为融通后的课程框图。在融通课程中，总计有 15 门课程与该证书对应，其中核心专业课程 8 门。除此之外，在考核开始前安排 2 周实践专项周，作为对考核内容的强化培训。表 7-6 为书证融通关联内容分析，在该表中详细列出了 15 门融通课程与工业机器人应用编程中级证书所要求掌握的 24 项技能要求的对应关系，详细的技能要求参见表 7-5。

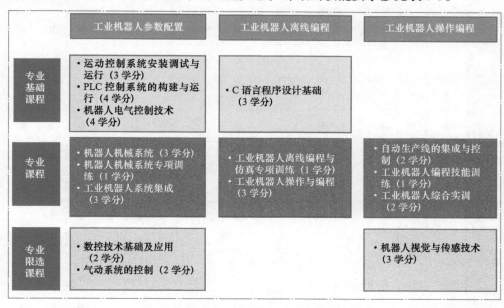

图 7-3　机器人专业与工业机器人应用编程证书（中级）融通课程框图

图 7-4 为融通后的机器人专业课程地图。该培养方案中，必须修得所有课程（含专业选修）：理论课程学分 + 实践专用周学分（含军训）=134 分（中级）或 136 分（高级）。必须修得素质教育类选修课 9 学分。因此，须获得共计 134（136）学分 +9 学分 =143 学分（中级）或 145 学分（高级）后方可毕业。

表7-6 机器人专业与机器人证书证融通关联内容分析

课程	技能要求1.1.1	技能要求1.1.2	技能要求1.1.3	技能要求1.2.1	技能要求1.2.2	技能要求1.2.3	技能要求1.3.1	技能要求1.3.2	技能要求1.3.3	技能要求2.1.1	技能要求2.1.2	技能要求2.1.3	技能要求2.2.1	技能要求2.2.2	技能要求2.2.3	技能要求2.3.1	技能要求2.3.2	技能要求3.1.1	技能要求3.1.2	技能要求3.1.3	技能要求3.2.1	技能要求3.2.2	技能要求3.3.1	技能要求3.3.2
运动控制系统安装调试与运行																●	●							
PLC控制系统的构建与运行							●	●	●							●	●							
机器人电气控制技术		●						●	●															
C语言程序设计基础							●	●	●				●	●	●									●
数控技术基础及应用								●	●															
气动系统的控制							●	●	●															
机器人视觉与传感技术	●						●	●	●			●												
工业机器人操作与编程			●	●	●	●	●	●	●	●	●	●	●	●	●	●	●							
工业机器人编程技能训练										●	●	●	●	●	●	●	●							
工业机器人离线编程与仿真专项训练																		●	●	●	●	●	●	●
机器人机械系统				●	●	●																		
机器人机械系统专项训练				●	●	●																		
工业机器人系统集成				●	●		●	●	●	●	●	●	●	●	●	●	●							
自动生产线的集成与控制	●		●	●	●		●	●	●	●	●	●	●	●	●	●	●							
工业机器人综合实训	●	●	●	●	●	●	●	●	●	●	●	●	●	●	●	●	●		●	●	●	●	●	●
实践专项周（新增）	●	●	●	●	●	●	●	●	●	●	●	●	●	●	●	●	●		●	●	●	●	●	●

学习历程

素质教育课程（9学分）

军事理论（1.5学分）、文化素质类、公共艺术类（3学分）、心理健康（2学分）、体质健康（0.5学分）

大学生职业生涯规划与就业指导（1学分）

形势与政策（1学分）

大一年级		大二年级		大三年级	
第一学期	第二学期	第三学期	第四学期	第五学期	第六学期

公共平台课（37学分）

- 基础英语 I（3学分）
- 应用数学 AI（3.5学分）
- 思想道德修养与法律基础（3学分）
- 计算机信息技术基础 B（2.5学分）
- 大学体育 I（2学分）

- 基础英语 II（4学分）
- 应用数学 A II（3.5学分）
- 物理基础及应用（3.5学分）
- 大学体育 II（2学分）

- 毛泽东思想和中国特色社会主义理论体系概论（4学分）
- 体育选项 I（2学分）

- 体育选项 II（1学分）

专业群共享课程（11+3学分）

- 电工技术基础 A ★（4学分）
- 电工实验（1学分）

- 电子技术基础 A（5学分）
- 电工实验 A（1学分）

- C 语言程序设计 B（3学分）

专业必修课（36学分+35.5学分+2(4)学分）

- 智能装备类专业认知（0.5学分）
- 车工实训 I（1学分）

- 机器人电气控制技术 A ★◎（4学分）
- 钳工实训 I（1学分）
- 电工电子实训（2学分）

- 气动系统的控制（2学分）
- 工程识图与制图（3学分）
- 机器人机械系统（3学分）★
- 机器人视觉与编程技术（3学分）●
- 电气系统的照明与综制专项训练（3学分）
- 工业机器人编程及能训练（1学分）▲
- 自动生产线的集成与控制（2学分）◎

- PLC 控制系统的构建与运行 A ★◎（4学分）
- 机器人控制技术（3学分）★
- 工业机器人操作与编程（2学分）★◎
- 精益化数字生产管理（2学分）
- 工业机器人技能训练（2学分）★
- 机器人机械系统专项训练（2学分）▲
- "X"证书（中级）综合实训（2学分）▲
- "X"证书（高级）综合实训（4学分）▲

- 运动控制系统安装调试与运行 A（3学分）
- 工业机器人系统集成（3学分）◎
- 数控技术基础及应用（2学分）
- 工业机器人离线编程与仿真专项训练（1学分）
- 机器人专业综合实践技术综 ★
- 工业技术综合实训（2.5学分）
- 先进制造技术（2学分）

- 机器人专业毕业设计（8学分）

- 机器人专业毕业实践（10学分）

专业选修课程（7.5学分）

- VB 程序设计（2学分）

- 专业英语（2学分）

- 金融与管理类网络课程（3学分）
- 网络技术（2.5学分）

图 7-4　机器人专业与工业机器人应用编程证书书证融通后的专业课程地图

注：标"★"为专业核心课程，▲为新增课程，●为整合课程，◎为迭代课程。

7.1.5 机器人专业与机器人证书书证融通人才培养方案

工业机器人技术专业人才培养方案

本专业根据《教育部关于职业院校专业人才培养方案制订与实施工作的指导意见》（教职成〔2019〕13 号）文件精神制订了人才培养方案。

一、专业名称（专业代码）

工业机器人技术专业（560309）。

二、入学要求

普通高级中学毕业、中等职业学校毕业或具备同等学力。

三、基本修业年限

三年。

四、职业面向

本专业所属普通高等学校高等职业教育（专科）专业目录（2015 年）：56 装备制造大类、5603 自动化类、560309 工业机器人技术。

本专业主要面向 GB/T 4754—2017《国民经济行业分类》中制造业（门类 C）中的通用设备制造业（C34）和专用设备制造业（C35）两个制造业大类。

本专业主要服务的职业类别为工业机器人系统操作员（6-30-99-00）、工业机器人系统运维员（6-31-01-10）、智能制造工程技术人员（2-02-07-13）。根据长三角区域，特别是江苏省企业发展需要，本专业主要服务的技术领域为工业机器人应用系统集成、工业机器人应用系统运行维护、自动化控制系统安装调试。

本专业选用工业机器人应用编程职业技能中级证书。

五、培养目标

本专业培养拥护党的基本路线，德、智、体、美、劳等方面全面发展，具有良好的团队协作、职业规范和人文社会科学素养，掌握工业机器人技术专业必备的基础理论和专门知识，具有从事本专业实际工作的综合职业能力和全面素质，能在生产一线从事工业机器人及其相关机电设备的安装、编程、调试、系统集成、运行维护和设备管理等工作，适应产业转型升级和企业技术创新需要的，胜任工业机器人及其关联设备系统集成等相关岗位的高素质技术技能人才。

六、培养规格

本专业毕业生应在素质、知识和能力等方面达到以下要求。

（一）素质

1）坚定拥护中国共产党领导和我国社会主义制度，在习近平新时代中国特色社会主义思想指引下，践行社会主义核心价值观，具有深厚的爱国情感和中华民族自豪感。

2）遵法守纪、崇德向善、诚实守信、尊重生命、热爱劳动、履行道德准则和行为规范，具有社会责任感和社会参与意识。

3）具有质量意识、环保意识、安全意识、信息素养、工匠精神、创新思维。

4）勇于奋斗、乐观向上，具有自我管理能力、职业生涯规划意识、较强的集体意识和团队合作精神。

5）具有健康的体魄、心理和健全的人格，掌握基本运动知识和一两项运动技能，养成良好的健身与卫生习惯、良好的行为习惯。

6）具有一定的审美和人文素养，能够形成一两项艺术特长或爱好。

（二）知识

1）掌握必备的思想政治理论、科学文化基础知识和中华优秀传统文化知识。

2）机械制图和电气制图的基础知识。

3）工业机器人技术、电工电子技术、电机及电气控制、液压与气动的基础知识。

4）工业机器人编程、PLC 控制技术、人机接口及工控网络通信的相关知识。

5）工业机器人辅助设计、制造的相关知识。

6）机器视觉、传感器、MES（制造执行系统）的相关知识。

7）工业机器人应用系统集成的相关知识。

8）工业机器人典型应用及系统维护的相关知识。

9）产品销售、项目管理、企业管理等相关知识。

（三）能力

1）能读懂工业机器人系统机械结构图和液压、气动、电气系统图。

2）使用电工、电子常用工具和仪表，安装、调试工业机器人机械、电气系统。

3）能进行工业机器人应用系统电气设计与三维模型构建。

4）能使用视觉系统进行尺寸检测、位置检测。

5）能熟练对工业机器人进行现场编程、离线编程及仿真。

6）能组建工控网络，编写基本人机界面程序。

7）能按照工艺要求对工业机器人典型应用系统进行集成、编程、调试、运行和维护。

8）能进行 MES 基本操作。

七、课程设置及学时安排

（一）课程设置

主要包括公共基础课程和专业（技能）课程。

1.公共基础课程

（1）必修

思想政治理论课程：毛泽东思想和中国特色社会主义理论体系概论、思想道德修养与法律基础。

通识课程：应用数学、基础英语、物理基础及应用、计算机信息技术基础。

体育课程：大学体育、体育专项。

军事课程：军事理论与军训。

心理健康教育课程：大学生心理健康教育。

职业发展与就业指导：大学生职业生涯规划与就业指导。

（2）限定选修

国史国情课程：包括党史、国史、形势与政策、国家安全教育、节能减排、绿色环保、人口资源、海洋科学、社会责任等专题。

文化美育课程：中华优秀传统文化、吴文化、艺术等专题。

管理金融课程：金融知识、管理等专题。

2.专业课程

（1）专业基础课程

气动系统的控制、运动控制系统安装调试与运行 A、数控技术基础及应用、机器人控制技术、电工技术基础 A、C 语言程序设计基础 B。

（2）专业核心课程

工业机器人操作与编程 B、机器人电气控制技术、机器人视觉与传感技术、机器人机械系统、PLC 控制系统的构建与运行 A、工业机器人系统集成、工程识图与制图、机器人技术综合实训。其主要教学内容与要求见表 7-7。

表 7-7　专业核心课程主要教学内容与要求

序号	专业核心课程	主要教学内容与要求
1	工业机器人操作与编程 B	以安川 MOTOMAN 机器人为例，较全面地介绍工业机器人的硬件组成、坐标系统、示教编程方法、常用参数设置以及机器人日常维护等内容，使学生具备一般工业机器人的操作、编程等能力
2	机器人电气控制技术	讲述机器人常用电气元件的原理与使用方法，机器人电气控制系统的组成、工作原理、分析方法及电路设计、机器人电气系统常见故障的诊断与保养方法，使学生具有一定的机器人电气系统设计、安装、调试、运行及维护的能力，培养学生吃苦耐劳的精神，弘扬爱国、敬业、诚信、友善的社会主义核心价值观
3	机器人视觉与传感技术	机器人技术中常用的视觉、听觉、触觉、力觉和接近觉传感器的种类、结构、原理、功能和应用
4	机器人机械系统	介绍机器人的组成、结构、驱动方式、材料的构成以及确定位置检测或其他信号检测的方式、方法，使学生掌握一般机器人机构、机械的设计和选用的基本方法
5	PLC 控制系统的构建与运行 A	掌握 PLC 工作原理与基本编程指令知识，学会 PLC 选型、I/O 分配及硬件接线、小型 PLC 控制系统构建及调试方法，能够完成 PLC 控制系统设计制作与调试的全过程
6	工业机器人系统集成	学习现场总线的发展和应用概况、现场总线控制网络的通信基础、工业机器人 I/O 接口技术、工业机器人外围通信技术等。通过本课程的学习，学生能了解工业机器人系统程序调试、运行及自动化系统的综合集成
7	工程识图与制图	主要讲授投影作图基础、机械图样、装配图识读、AutoCAD 绘图等相关内容，使学生掌握投影理论、表达方法、工程规范、常用机械图样及装配图的分析方法，为学生提供比较宽阔的大工程背景，为学习后续课程奠定基础
8	机器人技术综合实训	将机器人、组态技术、接口技术、网络技术、现场生产过程系统地结合在一起，在系统分析、方案论证、系统集成方面受到一次综合训练，从而培养和提高学生独立工作的能力和创造能力

（3）专业拓展课程

网络技术、专业英语、先进制造技术、金融与管理类网络课程、精益化数字生产管理。

3. 实践性教学环节

包括智能装备技术类专业认知、车工实训Ⅰ、钳工实训Ⅰ、电工电子实训、电气图样的识读与绘制专项训练、机器人机械系统专项训练、工业机器人技能训练、自动生产线的集成与控制、工业机器人编程技能训练、工业机器人综合实训、工业机器人离线编程与仿真专项训练、机器人技术专业综合实践专项训练、工业机器人专业毕业设计、工业机器人专业毕业实践。

4. 相关要求

结合实际,开设安全教育、社会责任、绿色环保、管理等方面的选修课程、拓展课程或专题讲座(活动),并将有关内容融入专业课程教学中;将创新创业教育融入专业课程教学和有关实践性教学环节中;专业课程教学融入"X"证书培训内容,根据证书培训内容升级课程或删减课时;增加"X"证书实践操作课程;自主开设其他特色课程;组织开展德育活动、志愿服务活动和其他实践活动。

(二)学时安排

总学时为 2792 学时(中级)或 2848 学时(高级),总学分为 143 学分(中级)或 145 学分(高级)。其中,公共平台课程 592 学时,素质教育类课程 148 学时,实践专用周 38.5 周(38.5×28 学时 =1078 学时),专业群共享课程 224 学时,专业必修课程 574 学时,专业选修课程 120 学时,"X"证书综合强化实训周 2 周(中级,56 学时)或 4 周(高级,112 学时)。

八、教学基本条件

(一)师资队伍

1. 队伍结构

本专业学生数与专业专任教师数比例≤ 25 ∶ 1,双师素质教师占专业教师比例≥ 70%。

2. 专任教师

具有高校教师任职资格;有理想信念、有道德情操、有扎实学识、有仁爱之心;具有自动化等相关专业本科及以上学历,具有扎实的本专业相关理论功底和实践能力;具有较强的信息化教学能力,能够开展课程教学改革和科学研究;每 5 年累计不少于 6 个月的企业实践经历。

3. 专业带头人

原则上应具有副高级及以上职称,能够较好地把握国内外通用、专用设备制造行业和专业发展信息,能广泛联系行业企业,了解行业企业对机械装备制造技术专业人才的需求实际,教学设计、专业研究能力强,组织开展教科研工作能力强,在本区域或本领域有一定的专业影响力。

4. 兼职教师

主要从本专业相关的行业企业聘任,具备良好的思想政治素质、职业道德和工匠精神,具有扎实的专业知识和丰富的实际工作经验,具有中级以上相关专业职称或持有技师以上职业资格证书,能承担专业课程教学、实习实训指导和学生职业发展规划指导等教学任务。

（二）教学设施

主要包括能够满足正常的课程教学、实习实训所需的专业教室、实训室和实训基地。

1. 专业教室基本条件

一般配备黑（白）板、多媒体计算机、投影设备、音响设备，互联网接入或 WiFi 环境，并具有网络安全防护措施，安装应急照明装置并保持良好状态，符合紧急疏散要求，标志明显，保持逃生通道畅通无阻。

2. 校内实训室基本要求

（1）电工电子实训室

配备电工工具、通用示波器、万用表和配套电子元器件等，按上课学生 1 人／套配置，配备电工电子综合试验台等。

（2）工业机器人应用编程实训室

配备 ABB、安川、FANUC 等主流品牌机器人不低于 8 套，包含工业机器人搬运、装配、码垛等常见应用及相关周边设备。

（3）CAD 实训室

实验计算机按上课学生 1 人／台配置；配备投影设备、多媒体教学设备等、Eplan/SolidWorks/AutoCAD 等工具软件。

（4）电气控制实验室

配备西门子 PLC、机床电气控制实训台、机床控制电路接线板（开放式）、电动机、接线工具、电线电缆等，按上课学生 5 人／套配置。

（5）工业机器人装调实训室

配备直角坐标机器人、六关节机器人分别不低于 6 套，配备常用机器人拆装工具等。

（6）工业机器人仿真实训室

配备计算机、投影设备、白板等，接入互联网，配备工业机器人编程及仿真、应用系统集成设计相关软件。

（7）液压与气压传动实训室

配备液压与气动实训装置，按上课学生 5 人／台套配置。

本专业校内实训室具体设备配置遵循教育部颁布的《高等职业学校工业机器人技术专业仪器设备装备规范》。

根据先进企业现场管理要求，校内实践教学场所借鉴 5S 管理模式建立相应管理制度并予以实施。

3. 校外实训基地基本要求

本专业具有国有企业、私营企业、国际化企业等稳定的校外实训基地 5 个，用于开展工业机器人技术专业相关实习活动，校外实训基地内设施齐备，实训岗位、实训指导教师确定，实训管理及实施规章制度齐全。

4. 学生实习基地基本要求

具有稳定的校外实习基地，能够提供涵盖当前先进制造业发展主流技术的工业机器人安装调试、维护维修、系统集成、售后服务、现场技术服务等相关实习岗位，可接纳一定规模的学生实习；能够配备相应数量的指导教师对学生实习进行指导和管理；有保证实习生日常工作、学习、生活的规章制度；有安全、保险保障。

5. 支持信息化教学方面的基本要求

具有利用数字化教学资源库、文献资料对常见问题进行解答等的信息化条件，引导鼓励教师开发并利用信息化教学资源、教学平台创新教学方法，提升教学效果。

（三）教学资源

主要包括能够满足学生专业学习、教师专业教学研究和教学实施需要的教材、图书及数字化资源等。

1. 教材选用基本要求

按照国家规定选用优质教材，禁止不合格的教材进入课堂。学校应建立由专业教师、行业专家和教研人员等参与的教材选用机构，完善教材选用制度，经过规范程序择优选用教材。

2. 图书文献配备基本要求

纸质图书生均 80 册，当年新增新生 ≥ 3 册 / 生。

3. 数字化教学资源配置基本要求

全部课程在智慧职教和云课堂平台、爱课程平台、超星课程平台上按 1 生 1 课 1 空间的要求，配置网络课程，配足课余学习的数字化资源。

九、质量保障

1）建立专业建设和教学质量诊断与改进机制，健全专业教学质量监控管理制度，完善课堂教学、教学评价、实习实训、毕业设计以及专业调研、人才培养方案更新、资源建设等方面的质量标准建设，通过教学实施、过程监控、质量评价和持续改进，达成人才培养规格。

2）完善教学管理机制，加强日常教学组织运行与管理，定期开展课程建设水平和教学质量诊断与改进，建立健全巡课、听课、评教、评学等制度，建立与企业联动的实践教学环节督导制度，严明教学纪律，强化教学组织功能，定期开展公开课、示范课等教研活动。

3）建立毕业生跟踪反馈机制及社会评价机制，并对生源情况、在校生学业水平、毕业生就业情况等进行分析，定期评价人才培养质量和培养目标达成情况。

4）专业教研组织应充分利用评价分析结果有效改进专业教学，持续提高人才培养质量。

7.1.6 机器人专业与机器人证书学分认定与转换方案

1. 学分认定与转换实施要点

为贯彻落实《国家职业教育改革实施方案》的相关精神，学院针对机器人专业特点进行了梳理，将专业目前开展学分银行试点（学分互换）的互换课程与学分进行了归类，见表 7-8。

表 7-8　学分互换课程

专业名称	学分互换课程名称		学分数	培训辅导学时数
	2018 级	2019 级		
工业机器人技术	机器人技术综合实训	工业机器人综合实训	4/2	56/28
	工业机器人操作与编程		3	42
	工业机器人系统集成		3	42

为规范学分互换相关流程，专业严格按照互换课程学时安排学生获取相关职业资格证书前的业余时间辅导培训。2 学分的互换课程安排不少于 28 学时的培训辅导，3 学分的互换课程安排不少于 42 学时的培训辅导，辅导教师应严格实施课程要求，做好培训过程管理，按照课程要求提交相关资料。为保证教学的一致性，若学生参加技能鉴定补考后仍未通过，将严格按照教学计划进行课程学习。

2. 学分认定与转换工作流程

1）学分互换由控制技术学院教学工作委员会负责学分认定、审核及互换，教学秘书负责互换学分的登记、档案资料的归档等。

2）学分互换由学生本人申请，填写控制技术学院学分互换申请表，并附相关材料的复印件。

3）学分互换实行公示制度，每学期开学后两周之内进行公示，公示期为 2 周，经公示无异议后予以学分互换认定。

4）对于在学分互换过程中弄虚作假的学生，按照学校违纪处理办法处理。

5）对于在学分互换过程中弄虚作假的工作人员，按照学校教学事故处理办法处理。

7.1.7　机器人专业与机器人证书书证融通中的问题与思考

1. 机器人专业与机器人证书书证融通试点现状

2019 年 10 月 12 日，教育部职业技术教育中心研究所发布"关于第二批 1+X 证书制度试点院校名单的公告"，学校确定由工业机器人技术、机械制造与自动化等 4 个专业参加该证书试点工作。同年 11 月，由学校教务处和控制技术学院确定 1+X 证书制度试点工作组，负责机器人专业 1+X 书证融通相关事宜。

目前专业已经制订了机器人专业 2020 版人才培养方案，在 2020 级学生中执行该方案。同时也针对现有的二、三年级学生制订了机器人证书培训考核计划。

为顺利完成机器人专业的 1+X 证书制度试点工作，加强师资队伍建设，本年度已选派 5 名教师参加了工业机器人应用编程的考核师培训并获得考核师资质证明，无锡职业技术学院同时成功申请为工业机器人应用编程江苏省考核管理中心和考核点。

2. 机器人专业与机器人证书书证融通试点中遇到的问题

（1）学校对 1+X 证书制度试点的工作要求与保障　1+X 证书制度试点是一项全新的、涉及面较广的工作。在试点起步阶段就需要学校加强规范管理，制定规章制度，落实各项保证措施，这样才能有利于确保试点工作的顺利进行，并获得各方的认可与支持。从目前的初步实践来看，规范管理主要体现在以下三个方面。

一是制度建设。通过制度的建立完善，形成"激励 + 实施 + 约束"的组合式机制，让试点专业勇于承担试点任务；在试点专业内部，对于承担"X"证书培训教学的教师要实施分级管理和配套奖励，让教师愿意干、干得好。

二是流程管理。随着 1+X 证书制度的开展，每个试点专业一般都会有两个以上的证书供选择，例如工业机器人技术专业现在就有"工业机器人应用编程""工业机器人操作与运维""工业机器人集成应用"等四个证书。如何选择合适的证书，需要综合各种因素后做出决策。对于每个试点专业"X"证书的申报和遴选，学校应该要求试点专业首先做好行业企业用人需求调研，选定"X"；开展与培训评价组织的商讨，签订合作协议；选好试点班级，做好动员工作，组织力量开发 1+X 书证融通的人才培养方案；完善或新建与"X"相关的培训场所；培养一批符合"X"要求的骨干培训教师；从长计议，关注重点摆置"枝叶"；遵循循序渐进的规律，重在试点成效。

三是配套服务。配套服务就是树立周到服务理念和开展专业化服务，及时了解试点工作信息，帮助试点专业做好启动工作，统筹安排专业课程考试与职业技能等级考核的考核时间，同步开展考试与评价，获得学历证书的相应学分和职业技能等级证书，出台学分互换的相关政策和制度，积极探索证书考核评价的科学开展，总结经验，分析不足，改进完善。

（2）专业群建设与试点工作的协调关系处理　机器人专业隶属于数控技术专业群。数控技术专业群由数控技术、机械制造与自动化、材料成型与控制技术、工业机器人技术和数控设备应用与维护五个专业组成，2019 年入选中国特色高水平专业群。专业群与"X"证书对接是书证融通的难点，也是书证融通绕不过去的坎。最近教育部推出的高职双高建设的重要内容就是专业群建设。专业群与"X"证书对接不可能采用"多对一"模式，即一个专业群仅对接一个"X"证书。"多对多"是常态，即由符合组群逻辑的多个专业组成的专业群对接多个"X"证书。这种"多对多"的书证融通也是需要符合配伍关系的。

1+X 书证融通所确定的目标应同时涵盖三个方面的追求：一是证书性价比高，所选的"X"证书必须是企业需要的证书；二是资源利用率高，即相关的教学资源与实训平台有着较高的共享度；三是体现成果导向，即遵循职业教育的人才培养规律。

数控技术专业群的五个专业中，根据专业内涵与就业岗位面向，结合上述三方面的追求，工业机器人技术专业与机械制造与自动化专业根据证书的功能不同均选择了"工业机器人应用编程"证书。在课程体系结构上，以"底层共享专业课"保证专业群的基本规格和全面发展的共性要求，以"岗位对应专业核心课程"保证各专业的专业内涵和岗位对应的个性要求，同时对非工业机器人技术专业，根据"X"证书的三个功能，分别进行个性化的书证融通梳理，有合有分地积极开展 1+X 证书制度试点工作，确保试点质量。

3. 思考与建议

（1）考核时间的选取问题　机器人专业的证书考核需要考核学生的工业机器人应用编程、离线编程、系统集成等综合性知识，根据人才培养方案，全部学完这些知识是在第五学期的上半学期，而从第五学期的下半学期开始，部分学生就要去企业参加顶岗实习，这样在第五学期就没有时间来安排证书的强化训练与考核，而安排在第四学期很多专业内容并没有学完，安排考核效果会打折扣。如何合理选取考核时间是目前 1+X 书证融通面临的一个主要问题。如需要将考核时间安排在第五学期，可以将强化训练和工业机器人综合实训实践专用周合在一起，适当延长专用周时间。

（2）"X" 证书的选择问题 从 2019 年 4 月 17 日开始，教育部批准了三批共 92 个 "X" 标准和证书，其中很多专业都包含两个以上标准和证书，比如机器人专业就有 "工业机器人应用编程" 等四个证书，根据现有的实际条件，每个专业基本都是选择一个证书，那么如何根据自己学校的专业特点和服务地方经济的情况选择最适合自己专业的证书就变得非常关键了。建议在选择证书之前一定要做好企业调研，选择企业认可度高的证书来进行书证融通，因为企业认可才是书证融通取得成功的关键，同时也要根据自己学校实训条件的实际情况来选择证书，不要好高骛远。

（3）学生不选 "X" 证书的课程体系处理 "X" 和 "1" 是两个并行的体系，对于每一名学生，"X" 证书不是必选项，而是根据自己实际情况所做的一个可选项，这样必然有部分学生不选 "X" 证书，所以如何构建学生不选 "X" 证书的课程体系，也是 1+X 书证融通面临的一个问题。建议在制订人才培养方案时，包含 "X" 证书与不包含 "X" 证书的人才培养方案在课程设置上除了强化训练课程外，尽量相同。

（4）培训与收费问题 执行 1+X 证书制度，需要对原来的人才培养方案进行修改，增加实践操作学时，这必然会增加教师的额外工作量，同时考核时一半以上的考核人员需要外聘，包括外聘企业考评员、考评专家，这必然涉及收费问题，如何制定合理的收费政策是 1+X 书证融通制度下面临的另一个问题。考虑学生的承受能力，建议收费不宜过高。

（5）如何提高 "X" 证书的竞争力 1+X 证书制度最终能不能变成一项制度长久执行下去，最关键的是 "X" 证书能否获得用人单位的认可。没有用人单位认可，该制度的生命周期是不会长久的，就像某些职业资格证书一样，用人单位不认可，学生获得证书后并不会获得额外收益，最终只能失去其存在的意义。因此，如何使 "X" 证书获得企业认可，使学生获得与其持有的 "X" 证书相对应的技能水平，是目前 1+X 证书制度下最关键的问题。建议要做好企业调研，同时要引入企业工程师参与培训，培训内容也要尽量与企业需求接轨。

（6）师资队伍的建设 1+X 证书制度的执行，对当前师资力量建设提出了新挑战。以机器人专业为例，"X" 证书的很多培训内容已经超出了原定人才培养方案的内容，很多实操内容需要教师利用业余时间去培训、学习，在当前教师工作量已经饱和的情况下，又要抽大量时间去做额外的工作。同时，随着 X 证书制度的推行，将会有更多的社会人员和外专业学生参与到证书的学习中来，对能胜任证书内容授课的教师需求也会大幅增加。因此，如何培养一批能胜任 1+X 证书制度教学的教师是当前书证融通制度下面临的另一主要问题。建议为鼓励教师取得教官和考官证书制定相应激励政策，对于取得 "X" 证书培训资格的教师要适当在薪酬发放、职称评定等方面予以倾斜。

7.2　机械制造与自动化专业与工业机器人应用编程中级证书书证融通案例（拓展型）

7.2.1　机制专业与机器人证书书证融通思路

1+X 证书制度作为《国家职业教育改革实施方案》的重要内容，是新时期职业教育改革的重要制度创新与设计，它将学历证书与职业技能等级证书相互融通，给职业教育发展及其人才培养模式、考评模式等带来了重大革新。高职机械制造与自动化专业（以下简称"机制专业"）作为经典长线专业，在各高职院校中面大量广，服务国家支柱产业——制造业。新一代信息技术和先进制造业的深度融合已成为制造业转型升级的重要推力。企业通过技术创新来提升产品竞争力和应用智能制造模式来降本增效、迈向产业链中高端的意愿突显。机制专业目前亟须随产业升级而加速升级，调整培养目标、重构课程体系、升级课程内容，以满足岗位变迁与新兴岗位的要求。

工业机器人应用编程职业技能等级证书（中级）（以下简称"机器人证书"）要求受训学员能遵守安全规范，对工业机器人单元进行参数设定；能够对工业机器人及常用外围设备进行连接和控制；能够按照实际需求编写工业机器人单元应用程序；能按照实际工作站搭建对应的仿真环境，对典型工业机器人单元进行离线编程，可以在相关工作岗位从事工业机器人系统操作编程、自动化系统设计、工业机器人单元离线编程及仿真、工业机器人单元运维、工业机器人测试等工作。

工业机器人技术作为智能制造关键支撑技术，对机制专业内涵升级有着至关重要的影响与作用。通过引入机器人证书这一途径，满足工业机器人技术有机融入机制专业课程体系日益迫切的需求。

1. 机制专业与机器人证书书证融通的目标与定位

目标：以《国家职业教育改革实施方案》等政策文件为指导，依据机制专业教学标准和职业技能等级标准为基本要求，将机器人证书培训内容有机融入机制专业人才培养方案，优化课程设置和教学内容，深化三教改革，培养适应智能制造技术领域发展与应用，能在生产一线从事数控设备操作、工艺编制与实施、工装设计与验证、质量检测与控制、设备维修与保养等工作，胜任机械设计制造相关领域岗位需求的高素质技术技能人才，通过获取机器人证书，也可从事工业机器人应用编程、系统集成、安装调试、运行维护等相关岗位工作。

定位：机制专业工业机器人方向的人才培养定位于工业机器人技术应用，即具备在离散制造系统加工、检测、装配、物流环节中进行工业机器人现场编程、系统集成、安装调试、运行维护能力，从而对机制专业"工艺、工装、检测"核心能力进行补充与提高。

2. 机制专业与机器人证书书证融通思路

无锡职业技术学院数控技术专业群面向先进制造业，聚焦航空发动机、燃气轮机（"两机"）叶片制造、汽车零部件等区域高端产业转型升级过程中带来的生产组织方式的变革，以难加工零部件制造工艺、离散型智能制造单元在智能工厂的应用等为主攻方向，围绕产品工艺实施过程中智能设计、智能生产和智能物流等环节，对接数字化设计、毛坯制造、智能工装制造、协同制造、单元安装调试、产线维护维修等技术链，精准服务长三角及无锡地区先进制造业企业高质量发展和中小微制造企业技术创新的人才需求，着重培养德技并修，满足工艺设计、智能工装制造、工业机器人协同数控机床加工、数字化设备和智能制造单元维护维修、品质管控、加工工艺及生产过程优化等工作岗位要求，掌握共性技术、精于核心技术的复合型技术技能人才。其中机制专业关注"高端智能制造装备"领域中设计、工艺、试验与检验共性关键全技术链，聚焦数字化设计与制造、智能工装、智能检测与质量控制三大技术，培养符合企业数字化制造岗位需求，适应企业急需的具有数字化、自动化等技术素养的复合型高素质技术技能人才需求。

基于无锡职业技术学院数控技术专业群的组群逻辑和专业特点，通过分析教育部已发布的前三批共计92个职业技能等级标准与证书，数控技术专业群选择了数控车铣加工（中级）、多轴数控加工（中级）、工业机器人应用编程（中级）、数控设备维护与维修（中级）这四个职业技能等级证书作为专业群与证书群对接的试点项目。根据专业群内各专业每年招生规模的不同确定专业对接的"X"证书，如果专业平行班较多，则通过毕业生用人市场调研，一个专业可能选择几个不同的证书进行对接。

以机制专业为例，其试点任务之一是对接工业机器人应用编程职业技能等级证书。机制专业与机器人证书书证融通以"需求导向、校企合作、集群统筹、育训并重、持续提升"为原则，以"补充升级、拓展提高"为目标，通过在机制专业课程体系中结合课程升级引入机器人证书培训内容，将工业机器人技术融入课程体系中，促进专业内容、标准、规范、教学资源、教师、教材、教法、实践条件等建设，实现补充升级；同时新增专业选修创新课程，对接机器人证书考证要求，提高学生对工业机器人岗位的适应性，实现拓展提高，有效地支撑专业人才培养随产业技术发展而升级与拓展。

3. 机制专业与机器人证书书证融通步骤

机制专业与机器人证书书证融通步骤主要分为需求调研、岗位与证书职业能力关联分析、课程体系构建、课程内容升级迭代、诊改提高五个步骤。

1）需求调研：调研包括专业岗位调研分析、职业技能等级证书分析、用人单位证书认可度调研，充分了解专业、企业对证书的需求，选择的职业技能等级证书应被行业企业认同，专业契合度高。

2）岗位与证书职业能力关联分析：应把岗位要求与职业技能等级证书的能力点进行关联分析，确保职业技能等级证书能覆盖对应的岗位要求，从而帮助学生更好地对接岗位。在开发专业人才培养方案时，往往通过岗位职业能力梳理分析形成课程。进行岗位与证书职业能力关联分析，可以将证书培训内容与课程进行关联分析，从而为课程体系构建打好基础。

3）课程体系构建：在《教育部关于职业院校专业人才培养方案制订与实施工作的指导意见》（教职成〔2019〕13号）等文件指引下，依据岗位与证书职业能力关联分析结果，结合专业建设规划与实际情况，确定课程体系中对接职业技能等级证书的融合课程（包含新增、升级），以及少量删除课程，尽量使专业人才培养方案总学分保持一致或少量增加。

4）课程内容升级迭代：将职业技能等级证书培训内容进行教学转化，以学习成果为导向，以项目化为组织形式，开发课程学习成果评价标准，将新技术、新工艺、新规范深度融入课程学习成果标准，构建多元考核评价机制，持续提升学生学习性投入与获得感。

5）诊改提高：基于专业诊改"8"字螺旋理念，以提高学生就业三性（灵活性、适应性、针对性）与质量为目标，通过用人单位、毕业生、证书考核等反馈数据，不断进行分析与改进，持续提升专业与"X"证书书证融通形成的合力效果。

7.2.2　机制专业双证书方案 2018 版

为响应教育部提出的深化职业教育人才培养模式改革五个对接的基本要求，即专业与产业、职业岗位对接，专业课程内容与职业标准对接，教学过程与生产过程对接，学历证书与职业资格证书对接，职业教育与终身学习对接，机制专业从 1999 年开始探索双证书制度，通过课证融通等教改实践，已形成较为成熟稳定的课程体系，学生的双证书获取率超过 90%，部分解决了学生技能水平缺乏衡量标准与社会认可的问题。

1. 机制专业双证书方案 2018 版开发背景

为贯彻《国务院关于加快发展现代职业教育的决定》（国发〔2014〕19 号）精神，积极推进学历证书和职业资格证书"双证书"制度，从机制专业人才培养目标来讲，该专业培养拥护党的基本路线，德、智、体、美、劳等方面全面发展，具有良好的团队协作、职业规范和人文社会科学素养，掌握机械设计制造相关领域必备的基础理论和专门知识，具有从事实际工作的综合职业能力、创新能力和全面素质，能在生产一线从事数控设备操作、工艺编制与实施、工装设计与验证、质量检测与控制、设备维修与保养等工作，适应产业转型升级和企业技术创新需要的，胜任机械设计制造相关领域岗位需求的高素质技术技能人才，服务于长三角尤其苏南区域内中小企业智能制造转型升级。

（1）机制专业主要就业岗位

1）数控设备操作人员：操作、调整数控设备，对工件进行编程、切削加工的技术人员。

2）工艺编制与实施人员：根据产品设计方案，对产品加工制造的具体方法、技术、工艺过程进行制订、优化和监督实施的技术人员。

3）工装设计人员：依据产品加工工艺要求，从事夹具开发与设计、设备优化的技术人员。

（2）机制专业拓展就业岗位

1）质量检测人员：使用设备、工具或运用感官，检验、检查确定原料、燃料、材料和半成品、成品质量的技术人员。

2）设备维保人员：从事机械设备、产线的维修、保养等工作的技术人员。

机制专业就业岗位围绕机械产品加工、工艺、检测、设备维保等环节，对技术技能、岗位经验要求高，存在较高的就业门槛。企业将院校毕业生培养成合格的机械从业人员需要两年以上的时间，为提高学生技术技能水平，较好对接岗位要求，急需引入相关岗位职业资格证书。

2. 机制专业选择职业资格证书的过程简介

结合专业人才培养目标与服务面向、主要就业岗位与现行人社部颁布的职业资格证书，考虑学生初次就业岗位主要集中在数控设备操作人员，其中数控铣工（包含加工中心）相对于数控车工技术适应性与难度更高，机制专业选择融通数控铣工职业资格证书。

数控铣工是从事编制数控加工程序并操作数控铣床进行零件铣削加工的人员，该职业共分四个等级，即中级（国家职业资格四级）、高级（国家职业资格三级）、技师（国家职业资格二级）、高级技师（国家职业资格一级）。机制专业通常选择中级或高级证书。

对照《数控铣工国家职业标准》，数控铣工中、高级均覆盖加工准备、数控编程、数控铣床操作、零件加工、维护与故障诊断五个工作领域，但各工作领域的内容与要求存在技能要求依次递进、高级别涵盖低级别的情况。如在读图与绘图工作内容部分，中级要求读懂中等复杂零件、绘制简单零件与装配图，而高级则要求读懂装配图并测绘零件；在数控加工技术方面，高级要求掌握相应数控加工仿真、配合件加工、数控机床故障排除与精度检验等数控技术专业方向内容，这要求相对中级要求更高、更全面。数控铣工职业资格证书除要求学生掌握机械加工相关基础知识外，还要在加工技能上反复训练。限于教学时间和装备条件约束，依据专业人才培养目标与定位，无锡职业技术学院机制专业选择数控铣工职业资格证书（中级）。

3. 基于双证书的机制专业人才培养方案简介

机制专业培养拥护党的基本路线，德、智、体、美、劳等方面全面发展，适应生产、面向经济社会发展需要和生产服务一线的高素质技术技能型人才。毕业生初始就业阶段可以胜任机床操作（中级）等岗位，从业 2～3 年后，能够胜任工艺编制、工装设计、质量检测等岗位；根据本地区企业用人要求，毕业生还可向质量管理、设备维护保养等生产一线技术管理岗位顺利迁移。

（1）毕业生职业能力要求

1）具有良好的职业道德和较高的职业规范素养。

2）胜任工艺编制与实施、产品质量控制及生产技术管理工作，掌握一定的现代制造技术（数控加工及 CAD/CAM 的应用）。

3）掌握操作维护通用加工设备的技能，具有操作数控加工设备的基本能力和进行数控编程的初步能力。

4）能够在相关工程活动中与团队良好沟通、有效交流并具有项目小组的管理能力。

5）能够在机械制造相关领域取得良好的职业发展及终身学习能力。

其中机制专业开设课证融通课程"数控铣床操作实训"（课程代码：ZAC102020），学生在通过相关前导专业课程与本课证融通课程学习后，须参加职业资格鉴定，并取得"数控铣工中级"职业资格证书，其课程体系框架如图 7-5 所示。

（2）2018 级机械制造与自动化专业专业课程（双证书）说明（表 7-9）

学习历程（138学分）

素质教育课程（9学分）

公共平台课（37学分+2学分）

专业群共享课程（27学分+2学分）

专业必修课（24学分+31学分）

专业选修课程（9学分）

| 大一年级 | | 大二年级 | | 大三年级 | |
| 第一学期 | 第二学期 | 第三学期 | 第四学期 | 第五学期 | 第六学期 |

军事理论（1.5学分）、文化素质类（3学分）、公共艺术类（2学分）、心理健康（2学分）、体质健康（0.5学分）

大学生职业生涯规划与就业指导（2学分）

形势与政策（1学分）

基础英语 I（4学分）
应用数学 A I（3.5学分）
思想道德修养与法律基础（3学分）
计算机信息技术基础（2.5学分）
大学体育 I（2学分）

基础英语 II（4学分）
应用数学 A II（3.5学分）
物理基础及应用（3.5学分）
大学体育 II（2学分）

毛泽东思想和中国特色社会主义理论体系概论（4学分）
体育选项 I（1学分）

体育选项 II（1学分）

机械制图与零部件造型与测绘 A（4学分）
工程力学 A（4学分）

机械制图与零部件造型与测绘 II（4学分）
工程材料反热成型工艺基础 A（3学分）
机械设计 II（3学分）

金属切削加工机床（2学分）
机械制图测绘（1学分）
机械设计课程设计（1学分）
机械设计 A（1学分）

几何量精密测量（3学分）★
数字化设计基础（3学分）
数字化设计应用专用周 A（1学分）

电工基础（3学分）

机械制造与自动化专业认知（0.5学分）
钳工实训 I（1学分）
车工实训 I（1学分）

轮工种实训（1学分）

机械制造工艺 A（4学分）★
数控编程与 CAM 技术（4学分）★
数控车床操作实训 I（1学分）
数控铣床操作实训（2学分）
机械制造工艺课程设计（2学分）

机械设备控制及 PLC（3学分）
液压与气压传动控制技术（3学分）
自动夹具设计（4学分）★

机械制造与自动化专业毕业设计（8学分）
机械制造与自动化专业毕业实践（9.5学分）

先进测量技术（2学分）☆

NX 运动仿真（2学分）☆

机床夹具课程设计（2学分）
机制专业综合实践专项训练（2学分）
经济学类课程（3学分）☆
机制创新项目综合训练（2学分）☆

课证融通：
职业资格证书：
数控铣工（中级）

课程地图说明：
1. 必须修得所有课程（含专业选修）：理论课程学分 +9 学分 =140 学分可毕业。
须求得共计 131 学分 +实践专用周学分（含军训 2 学分）=131 分。必须修得素质教育选修课 9 学分，因此，
2. 打 "★" 为专业核心课程；打 "☆" 为限选课程。
3. 蓝色字体表示纯实训课程。

图 7-5 2018 级机械制造与自动化专业课程（双证书）地图

表 7-9 2018 级机械制造与自动化专业专业课程（双证书）说明

序号	课程名称	模块号	教学基本要求	学分	学时	课程性质
1	机械制造与自动化专业认知	ZCC103103	通过参观企业、参观实验室和实训室等初步了解毕业生工作环境、就业岗位和本专业就业前景；通过教师和专家介绍，了解本专业人才培养方案；通过大学学习指导，初步体验专业学习，认识专业等	0.5	0.5 周	必修
2	钳工实训 I	ZAC102010	学生通过一周实训课程的学习，了解钳工操作的基本要领和基本知识，熟悉安全操作规程和防护要求，了解锯、锉、钻孔、攻螺纹等部分钳加工基本知识并具备基本操作技能，能正确地使用刃具、量具、台钻及附件，能根据零件图和工艺文件对技术要求简单的零件进行独立加工	1	1 周	必修
3	车工实训 I	ZAC102018	学生通过车工实训 I 的实训，了解车床操作的基本要领和基本知识，能掌握车床操作要领，掌握车床上的几种工件装夹方法，掌握车外圆、车端面、钻中心孔和车槽的方法	1	1 周	必修
4	轮换工种实训	ZAC102008	学生通过轮换工种实训，能初步了解铣削、刨削、磨削的基础知识和基本操作技能，初步掌握铣削平行面、垂直面、直角槽、键槽的加工方法和测量方法，了解磨平面、刨斜面、加工直齿齿轮的加工过程	1	1 周	必修
5	机械制图测绘	ZBC101007	完成中等复杂程度装配体的测绘，包括装配体拆装，大部分零件的零件草图、装配草图、标准件明细表、装配图、部分零件的零件图测绘，查阅相关技术资料	1	1 周	必修
6	机械设计课程设计	ZBC101013	通过综合运用"机械设计基础"等有关先修课程和实践知识，以齿轮减速器的结构设计为载体，使学生掌握常用机械零件和简单机械传动装置结构设计的一般方法和步骤，初步具有查阅标准、规范、手册、图册等技术资料的能力和较熟练的绘图能力	1	1 周	必修
7	数字化设计应用专用周 A	ZCC103001	本专用周实训通过一个机械产品的数字化创新设计过程，对 NX 造型、装配、工程图等基本模块进行强化训练，最终完成该产品的零件、装配和工程图的设计	1	1 周	必修
8	数控车床操作实训 I	ZAC102012	学生通过本实训课程的学习，了解数控机床操作的基本要领和基本知识，熟悉安全操作规程及程序编制方法，能正确操作数控机床加工简单的零件及使用量具调整尺寸误差	1	1 周	必修

（续）

序号	课程名称	模块号	教学基本要求	学分	学时	课程性质
9	数控铣床操作实训	ZAC102020	学生通过该实训课程的学习，了解数控铣床程序编制的基础，熟练掌握程序编制中基本指令的应用，对零件进行工艺分析，确定合理的走刀路线，能熟练操作数控铣床加工零件。其课程内容与职业资格认定对接，实现课证融通	2	2周	必修
10	机械制造工艺课程设计	ZCC103101	完成典型零件机械加工工艺分析，确定毛坯、加工余量、切削用量、工序尺寸及公差、工、夹、量具等，分析工件的定位与夹紧方式，按工艺规范及标准编制机械加工工艺文件	2	2周	必修
11	机床夹具课程设计	ZCC103102	训练学生掌握典型机床夹具设计的方法和步骤，通过查阅手册选择夹具标准件，绘制夹具总装图和非标零件图，并进行夹具定位误差分析和计算以及夹紧力的计算，学习说明书的编写方法和规范	2	2周	必修
12	机制专业综合实践专项训练	ZCC103107	该课程可结合企业顶岗岗位完成，也可在校完成项目练习，增加学生的制图、工艺编制、夹具设计等能力的培养，主要为三个方向：一是数字化设计与制造方向，二是机构、设备的设计方向，三是数控加工工艺方向	2	2周	必修
13	机械制造与自动化专业毕业设计	ZCC103104	本项目实施要求全方位融合基础课与实践课的各项技能完成来自企业的实际课题，通过毕业设计更好地应用专业理论知识，按工艺规范及标准编制机械加工工艺文件，完成毕业设计论文并通过答辩	8	8周	必修
14	工程力学 A	ZBB101014	本课程介绍物体在载荷作用下的平衡、运动规律和承载能力，主要内容包括：物体受力分析、力系平衡条件及应用；构件四种基本变形和组合变形的强度、刚度计算及压杆稳定性问题；点与刚体的运动力学简介	4	64	必修
15	机械制图与零部件造型与测绘 I	ZBB101001	遵守机械制图国家标准的有关规定；掌握正投影的基本理论，绘制基本体（含切割及相交）以及组合体的三视图；学会轴测图的绘制；学会运用各种图样画法表达机件	3	48	必修
16	机械制图与零部件造型与测绘 II	ZBB101002	学习标准件、常用件的规定画法、标记及查表选用方法；学习零件图的画法，能进行典型零件测绘，并利用 CAD 软件进行二维绘图及三维基本造型；能绘制和识读中等复杂程度的部件装配图	4	64	必修

（续）

序号	课程名称	模块号	教学基本要求	学分	学时	课程性质
17	机械设计 I	ZBB101011	主要介绍平面连杆机构、齿轮机构、凸轮机构、螺旋机构、间歇运动机构等常用机构的工作原理、类型、运动特性、应用及设计方法等基本知识和基本方法；齿轮系统传动比计算；机械创新设计简介等	3	48	必修
18	机械设计 II	ZBB101012	主要介绍带传动、链传动、齿轮传动等常用机械传动和轴、轴承、联轴器、键、螺纹联接件等通用机械零部件的工作原理、结构特点、标准规范、选用、设计计算方法及使用维护等基本知识和基本方法	3	48	必修
19	数字化设计基础	ZBA101018	本课程主要讲述三维 CAD/CAM 基础知识，学习一种三维 CAD/CAM 软件的常用命令和功能，进行草绘设计、产品三维造型、三维零件装配和绘制零件工程图	3	48	必修
20	工程材料及热成型工艺基础 A	ZBB106012	本课程是介绍工程材料及其成型工艺方法的一门综合性专业技术基础课，通过本课程的学习使学生了解常用工程材料及其成型工艺方法的基础知识，培养学生综合运用材料及成型工艺知识选择材料与改性方法、选择毛坯生产方法以及进行工艺路线分析的初步能力，并为学习其他有关课程和从事工业工程生产第一线技术工作奠定必要的基础	3	48	必修
21	金属切削加工及机床	ZCB104006	以机械加工方法为主线，讲述各类金属切削加工方法及加工装备的相关知识，内容包括：车、铣、镗、刨、插、拉、钳、磨、滚压、线切割、电火花等常规加工方法及装备	2	32	必修
22	几何量精密测量	ZBB101016	公差部分介绍光滑圆柱公差配合、几何公差、表面粗糙度和圆锥等常用结合件的公差与配合；测量部分讲授测量技术基础知识，了解常用测量仪器的种类、应用范围和检测方法	3	48	必修
23	机械制造工艺 A	ZCB103001	结合机械加工过程涉及的机床、夹具、刀具和量具，讲授工艺规范及其标准、典型零件（轴、套、箱、齿轮、异形件）的工艺分析，确定毛坯、余量、工夹量具、切削用量、加工基准及其装夹，机械加工工艺过程卡及工序卡编制等，培养学生的机械加工工艺文件识读与编制能力	4	64	必修
24	液压与气压传动控制技术	ZCB103004	介绍常用液压元件的结构与应用，液压基本回路组成及应用，液压伺服系统的应用，气动基本回路及几种典型回路，液压和气动系统的检测与维护	3	48	必修

（续）

序号	课程名称	模 块 号	教学基本要求	学分	学时	课程性质
25	机械设备控制及 PLC	ZCB104004	本课程基于工作过程系统化的学习单元，以全压起动控制连接与检查、减压起动控制、正反转控制、制动控制、车床控制系统的控制、数控车床控制系统的连接与检查等学习单元为教学内容，通过"教、学、做一体化"的教学方式指导学生完成相应的工作任务	3	48	必修
26	自动夹具设计	ZCB103101	主要讲授机床夹具的设计要点，包括对设计任务的分析，工件的定位原理和定位装置的设计，工件的夹紧，刀具导向和对刀装置的设计，夹具图样设计、夹具精度校核以及各类专用夹具的设计方法和步骤，同时对现代机床夹具也做了重点介绍，如成组夹具、通用可调夹具、数控机床夹具等	4	64	必修
27	数控编程与 CAM 技术	ZCB103008	本课程介绍基本数控编程指令和各类数控机床的编程方法，从中等复杂程度的典型零件引出 CAM 技术和数控加工工艺中与先进刀具相关的应用技术，讲授按照数控加工工艺应用 CAM 软件编制轴类、平面类、型芯型腔类、曲面类、孔加工和多轴加工类等零件数控程序的基本技能和方法	4	64	必修

7.2.3　机制专业 1+X 书证融通方案

1. 智能制造背景下机制专业职业面向分析

面对智能制造这一发展机遇与挑战时，长三角地区制造业对人才需求存在结构性过剩与短缺并存的发展矛盾，比如传统基础技术技能人才数量庞大，亟待转型与提高，而高端技术技能人才数量紧缺，智能制造及相关领域领军人才稀缺，不足以支撑区域制造转型与升级。制造业企业在智能制造转型升级过程中，对人才类型与内涵需求存在以下变化。

（1）支撑制造信息化建设与应用的关键是技术技能人才　企业制造信息化主要通过 MES 系统实现，而学习和掌握 MES 系统的应是具有丰富生产经验、掌握大量生产数据信息的一线技术技能人才，这是有效推进 MES 系统建设与应用的基础。

（2）熟悉智能制造内涵的物联网人才需求量大　智能制造系统中人、设备、信息三个要素要结合起来，其中人与信息之间结合相对容易实现，而人与设备、设备与设备、设备与网络互联互通就绝非易事，需要大量熟悉智能制造的物联网人才。

（3）"设备维保"岗位对数据化维保人才需求日益突出　智能制造系统中对设备状态信息监控、预维护、故障诊断要求极高，原大量生产人员离开岗位，而设备维保岗位需求则呈现增加势态，且需具备数据维保、远程诊断与维修等数据化维保技术技能。

机制专业面向智能制造装备业的工艺装备研制、工艺规划与实施、质量控制、管理等岗位群，主要专业技术技能包括机械工艺装备及零部件数字化设计、工艺规划与实施、数控加工工艺研制、质量检测与控制、数字化协同制造等，从事机械工艺装备及零部件数字化设计、工艺规划与实施、高端数控设备（包括工业机器人）编程与操作、质量检测与控制、技术管理等工作。

依据对长三角地区先进制造业代表企业进行的调研数据分析，结合高职机械制造与自动化专业基本教学要求等，经过梳理，机械行业企业对机制专业岗位能力要求分析见表7-10。

表 7-10　机制专业岗位能力要求分析

工作项目（岗位）	工作任务	职业能力
1. 机电设备编程与操作	1.1 CAD/CAM 软件的应用	会使用至少一种 CAD/CAM 软件 会根据加工材料选用切削用量 会根据工件选用切削刀具 会根据工件要求选用加工方法
	1.2 零件加工质量、效率分析	会分析影响加工质量的因素及影响程度 会分析影响加工效率的因素以及影响程度
	1.3 数控设备操作	清楚设备的基本配置及作用 清楚数控设备的工作原理 规范地掌握数控设备的具体操作方法 能够使用数控设备的使用说明书 具备工件的装夹、定位能力 清楚设备的使用条件和安全注意事项
	1.4 工业机器人应用编程	工业机器人示教、离线编程与调试 工业机器人应用调整（手动自动模式下抓取、焊接、打磨、喷涂等典型应用场景） AGV 操作与调整
2. 加工工艺规划与设计	2.1 零件加工工艺流程设计	熟悉常见数控设备及工业机器人的性能特点 熟悉自动产线、柔性加工系统、柔性加工单元的特点 会根据加工要求选择加工设备 清楚数控设备与通用设备选择的差异性 会分析零件的结构特点 清楚零件的加工工艺要求 熟悉整体工艺设计原则 会合理划分工序
	2.2 零件加工工艺分析	会分析加工基准的合理性 会按照数控加工特点标注尺寸 会对零件各几何要素做出分析 会根据零件材料和要求分析数控机床和刀具选择的合理性 会分析工序先后的合理性
	2.3 零件工序工艺文件编制（工艺卡、作业指导书等）	熟悉工艺文件编辑的基本格式 能够明确文件编辑的主要要素及数据 会使用相关软件编制文件

（续）

工作项目（岗位）	工作任务	职业能力
3. 工装设计	3.1 工装方案设计	能选择定位夹紧方案 能进行定位误差与夹紧力分析 能进行工装零件选用与设计
	3.2 标准夹具选用	能对台虎钳、卡盘、心轴、吸盘等合理选用 能熟悉自动夹具及零点快换等柔性夹具的特点
	3.3 专用夹具设计	能进行钻、车、铣等典型夹具设计 能进行工业机器人末端执行器设计 能进行夹具的防错设计
4. 产品质量检测	4.1 制订质量检测方案	熟悉零件材料性能 了解零件工艺要求与流程 能依据测量原则制订方案
	4.2 检具设计	能合理选择测量基准 能进行零件检测定位方案设计 能依据零件尺寸及几何要求设计非标检具
	4.3 检具使用	掌握游标卡尺等通用检具的使用方法 熟悉三坐标测量机、影像测量仪等高精测量设备 熟悉在线自动测量设备性能与特点
	4.4 质量管理体系运行与实施	熟悉 ISO9000 系列等质量标准体系 树立标准化理念
5. 机电设备装配、调试、管理与维护	5.1 机电设备维护保养的制度制订	清楚机电设备的使用环境和安全注意事项 清楚机电设备的性能特点和使用要求 清楚机电设备相关配件的使用、保养要求
	5.2 设备的故障处理、维修	熟悉机电设备的基本结构和工作原理 熟悉机电设备配件、电气元件的检测方法和作用 能够分析各种报警信息提示内容并进行解决 能够分析气路、液路、主轴及机械常见故障 掌握机电设备基本测试和检测方法及评价依据 具有专业英语知识
	5.3 改进及提高设备的使用效率	清楚设备的使用性能 能够进行工艺分析和改进
	5.4 机电设备装配	清楚机电设备装配的标准 具有一定的装配钳工基础
	5.5 机电设备调试	能够操作机电设备 掌握机电设备调试的基本方法和评价依据 熟悉常见调试设备和工具的使用 会进行机电设备控制系统的连接和调整 会进行机电设备精度和性能的测试

注：表中机电设备包含数控机床、工业机器人、自动生产线等。

分析以上岗位职责和工作任务，对机制专业毕业生的职业能力有如下新要求。

1）机电设备编程与操作（原数控设备操作）岗位为专业初次岗位，增加了工业机器人应用编程工作任务，以适应目前数控设备与工业机器人协同制造的需求。

2）加工工艺规划与设计（原工艺员）岗位为专业主岗位，对以工业机器人为连接节点的自动产线、柔性制造系统及柔性制造单元工艺规划能力提出新要求。

3）工装设计（原工装设计员）岗位为专业主岗位，增加适应小批量多品种的柔性制造系统或单元，以及适应大批量生产的自动产线中作为节点的工业机器人末端执行器设计，以适应搬运、焊接、打磨、喷涂、检测等应用场景。

4）产品质量检测（原质量检测员）岗位为专业主岗位，增加适应自动产线、柔性制造系统或单元的在线测量设备应用能力，包含先进传感器、机器视觉等。

5）机电设备装配、调试、管理与维护（原设备管理工程师）岗位拓展原机床管理工作任务，包含机床、工业机器人、工装、自动产线、检测设备等。

以上岗位的能力新要求是先进制造业向智能制造技术、模式升级所带来的必然趋势，其核心是围绕工业机器人在加工、检测、物流等生产环节的应用，因此专业人才培养方案应以智能制造单元构建为应用场景，积极引入工业机器人技术。

2. 无锡职业技术学院重点专业 1+X 证书制度试点要求与做法

无锡职业技术学院围绕智能制造技术链，以机电类专业群建设为重点，服务智能制造系统和产业链的智能设备、智能工厂、智能使能、工业互联网、智能服务等关键技术领域，面向长三角一体化经济圈，形成数控技术、物联网应用技术、控制技术、制造业服务、汽车与交通技术五大专业群。1+X 证书制度试点作为国家深化产教融合、校企合作的制度创新，是引导企业深度参与职业教育的长效机制，是多主体参与职业教育治理的有效载体，因此对于学校五大专业群中的重点专业均要求试点对接至少一个"X"证书，组建"X"证书培训师资团队，探索开发书证融通人才培养方案，探索"三教"改革，建设相应的教学资源与教材，建设相应的"X"证书实训室。从专业群集约建设与人才多途径培养成才角度，各专业群围绕群内核心专业，形成多个专业对接多个证书，细化到某个具体专业来讲，形成一个专业主要对接一个证书，拓展对接多个证书的架构。

3. 机制专业与机器人证书书证融通关联课程分析

机制专业与机器人证书按拓展关系进行对接，首先通过专业培养目标与能力点与职业技能等级证书中对应的工作领域、工作任务、职业技能、职业素养等进行关联分析，最终得到人才培养方案课程与机器人证书之间的关联结论，明确"X"证书培训要求中有缺项或者需要强化的，可以通过新增课程、迭代课程，或者在后期强化培训中实现。机制专业与机器人证书书证融通专业关联课程如图 7-6 所示，专业关联课程分析见表 7-11。

（1）迭代课程内涵升级调整举例

1）"液压与气动技术"（3 学分），原课程内容主要以液压与气压传动内容为主，以掌握通用机械、数控机床、工程机械、小型非标自动化设备相关液压或气动系统原理、组成、使用、维护等为主。课程应在原基础上引入工业机器人及其工装气动系统原理、组成、应用设计、使用、维护等案例。

2）"电气控制与 PLC"（3 学分），原课程内容主要以继电器 - 接触器电气控制内容为主，PLC 部分以 PLC 工作原理、软硬件资源、基本指令、程序方法设计（经验法与顺序功能图法）为主。课程应调整部分继电器 - 接触器电气控制内容至"电工电子技术"课程中，重点增加 PLC 内容，引入工业机器人与数控机床或其他自动设备 PLC 控制案例，补充 PLC 功能指令、子程序与中断、模拟量、运动控制、通信等内容，适应工业机器人与数控设备协同制造场景。

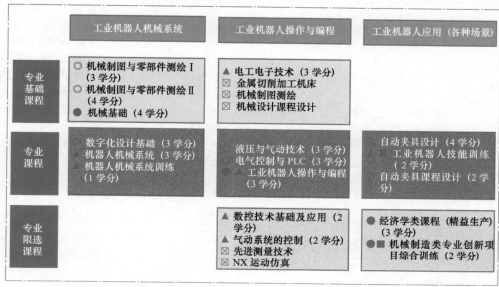

注：◎表示迭代课程，●表示整合课程，▲表示新增课程，■表示强化实训课程，⊠表示删除课程。

图 7-6　机械专业与机器人证书书证融通专业关联课程

表 7-11　机械制造与自动化专业与工业机器人应用编程证书书证融通关联课程分析

序号	课程名称	类型	与人才培养关联分析（职业技能、知识、素养）	对接"X"证书工作任务
1	电工电子技术	新增课程	强化 5.5 机电设备调试——会进行机电设备控制系统的连接和调整	
2	数字化设计基础	迭代课程	强化 1.1 CAD/CAM 软件的应用——会使用至少一种 CAD/CAM 软件	对接 5.1 仿真环境搭建
3	机器人机械系统	新增课程	强化 5.2 设备的故障处理、维修——熟悉机电设备的基本结构和工作原理 5.4 机电设备装配——清楚机电设备装配的标准 5.5 机电设备调试——能够操作机电设备、熟悉常见调试设备和工具的使用	对接 1.1.3 能够选择机械单元 对接 1.5.1 能够安装典型外部设备 对接 2.1.1 能够安全规范地操作工业机器人
4	机器人机械系统训练	新增课程	同上	同上
5	液压与气动技术	迭代课程	强化 5.5 机电设备调试——会进行机电设备控制系统的连接和调整 5.2 设备的故障处理、维修——能够分析气路、液路、主轴及机械常见故障	对接 1.5.2 能够设定外部典型设备机械电气参数

（续）

序号	课程名称	类型	与人才培养关联分析（职业技能、知识、素养）	对接"X"证书工作任务
6	电气控制与PLC	迭代课程	拓展 1.4 工业机器人应用编程——工业机器人示教、离线编程与调试 强化 5.2 设备的故障处理、维修——熟悉机电设备配件、电气元件的检测方法和作用 强化 5.5 机电设备调试——会进行机电设备控制系统的连接和调整	对接1.3.1 能够配置总线模块 1.3.2 能够配置常用IO 1.3.3 能够添加和编辑信号 1.5.2 能够设定外部典型设备机械电气参数 3.1.1 能够对数字量信号进行应用 3.1.2 能够对模拟量信号进行应用 3.1.3 能够对组信号进行应用 对接4.3 逻辑指令编程
7	工业机器人操作与编程	新增课程	拓展 1.4 工业机器人应用编程	证书接口模块课程（初级）
8	自动夹具设计	迭代课程	补充 3.3 专用夹具设计——能进行工业机器人末端执行器设计	对接5.3.1 能够搭建典型工作站系统
9	自动夹具课程设计	迭代课程	同上	同上
10	工业机器人技能训练	新增课程	拓展 1.4 工业机器人应用编程	证书接口模块课程（中级）
11	机制专业基础创新课程——机器人视觉与传感技术	新增课程	补充 4.3 检具使用——熟悉在线自动测量设备性能与特点	对接5.3.1 能够搭建典型工作站系统
12	机制专业基础综合课程——总线控制与系统集成	新增课程	补充 2.1 零件加工工艺流程设计——熟悉自动产线、柔性加工系统、柔性加工单元的特点	对接3.3.1 能够配置系统兼容的设备 3.3.2 能够通过协议转换使用其他设备
13	机械制造类专业创新项目综合训练	整合课程	拓展 1.4 工业机器人应用编程——工业机器人应用调整（手动自动模式下抓取、焊接、打磨、喷涂等典型应用场景）和AGV操作与调整	对接5.3.1 能够搭建典型工作站系统

3）"自动夹具设计"（4学分）、"自动夹具课程设计"（2周）主要引入工业机器人末端执行器设计、随行工装设计、零点定位夹具选用内容。

（2）整合课程内容举例

1）"机制制造类专业创新项目综合训练"（2学分），针对工业机器人应用编程证书要求，覆盖工业机器人典型工装、典型应用工艺等内容开设若干项目模块，对学生考证进行技能强化。

2）"经济学类课程（精益生产）"（3学分），主要引入智能制造模式下精益生产模式，了解工业机器人在自动甚至柔性产线上的应用，介绍精益生产模式下数字生产体系的概念与构成，以及通过数字管控、工业机器人、自动化控制实现先进制造，在作业计划、现场管理、设备管理等方面的应用原则与设计方法。

（3）新增课程内容举例

1）"机器人机械系统"（3学分）及"机器人机械系统训练"（1周）课程主要介绍机器人的组成、结构、驱动方式、材料的构成，以及确定位置检测或其他信号检测的方式、方法，使学生掌握一般机器人机构、机械的设计和选用基本方法，机器人机械系统的组成、常见故障分析及排除方法。

2）"工业机器人操作与编程"（3学分）课程较全面地介绍工业机器人的硬件组成、坐标系统、示教编程方法、常用参数设置以及机器人日常维护等内容，使学生具备对一般工业机器人在搬运、码垛、焊接、涂胶、打标、雕刻等场景的操作、编程等能力。

3）"工业机器人技能训练"（2周）将机器人、组态技术、接口技术、网络技术、现场生产过程系统地结合在一起，在系统分析、方案论证、系统集成方面进行训练，并使学生具备对工业机器人应用系统进行仿真及离线编程、工业机器人参数标定能力。

4）"机器人视觉与传感技术"（2学分）课程主要介绍机器人技术中常用的视觉、听觉、触觉、力觉和接近觉传感器的种类、结构、原理、功能和应用，通过不同类型的传感器，将其组合构成机器人的感觉系统。

5）"总线控制与系统集成"（2学分）学习现场总线的发展和应用概况、通信基础、应用技术。通过本课程的学习，学生能了解现场总线这种可构成全分布式控制系统的技术，及基于现场总线的自动化系统的综合集成。

7.2.4 机制专业与机器人证书书证融通人才培养方案

1. 机制专业人才培养目标与规格

本专业培养理想信念坚定，德、智、体、美、劳全面发展，具有一定的科学文化水平，良好的人文素养、职业道德和创新意识，精益求精的工匠精神，较强的就业能力和可持续发展能力；掌握本专业知识和技术技能，面向长三角经济圈先进制造行业的机械工程技术人员、机械冷加工人员等职业群，能够从事数控设备操作、工艺编制与实施、工装设计与验证、质量检测与控制、设备维修与保养等工作的高素质技术技能人才。

本专业毕业生应在素质、知识和能力等方面达到以下要求。

（1）素质

1）坚定拥护中国共产党领导和我国社会主义制度，在习近平新时代中国特色社会主义思想指引下，践行社会主义核心价值观，具有深厚的爱国情感和民族自豪感。

2）遵法守纪、崇德向善、诚实守信、尊重生命、热爱劳动，履行道德准则和行为规范，具有社会责任感和社会参与意识。

3）具有质量意识、环保意识、安全意识、信息素养、工匠精神、创新思维。

4）勇于奋斗、乐观向上，具有自我管理能力、职业生涯规划的意识、较强的集体意识和团队合作精神。

5）具有健康的体魄、心理和健全的人格，掌握基本运动知识和一两项运动技能，养成良好的健身与卫生习惯、良好的行为习惯。

6）具有一定的审美和人文素养，能够形成一两项艺术特长或爱好。

（2）知识

1）掌握必备的思想政治理论、科学文化基础知识和中华优秀传统文化知识。

2）熟悉与本专业相关的法律法规以及环境保护、安全消防等相关知识。

3）掌握机械制图、工程力学、金属材料及热处理、公差配合与测量技术、机械设计基础、电工电子技术、智能制造概论等基本知识。

4）掌握普通机床及数控机床基本结构、组成、工作原理、应用及维护保养的基本知识。

5）掌握典型零件的加工工艺编制、自动化工装设计等专业理论知识。

6）掌握 CAD/CAM 技术应用知识。

7）掌握液压与气压传动技术、机床电气与 PLC 的基本知识。

8）掌握生产技术管理相关知识。

9）了解机械制造，尤其智能制造方面最新发展动态和前沿技术。

（3）能力

1）具有探究学习、终身学习、分析问题和解决问题的能力。

2）具有良好的语言、文字表达能力和沟通能力。

3）具有绘制、识读机械装备零部件图样的能力，能够用工程语言（图样）与专业人员进行有效的沟通、交流。

4）具有熟练使用三维设计软件进行零部件与工装设计的能力。

5）具有普通及数控机床熟练操作、维护保养的能力。

6）具有机械零件工艺编制、数控程序编制与工艺实施能力。

7）具有机械零部件自动化工装设计能力。

8）具有机械零部件加工质量检测、控制与管理的能力。

9）具有生产技术管理的初步能力。

注：机器人证书是机制专业向本专业学生推荐和引导的证书，鼓励学生参与学习培训和考证，但不做强行规定。

2. 机制专业人才培养课程体系

机制专业人才培养思路：深化产教融合，创建校企双主体协同，德技融合、专创融合，多通道发展的"双主体两融合多通道"人才培养模式，服务紧缺复合创新型技术技能人才培养，构建"C-C-I"人才培养体系。"C-C-I"人才培养体系将人才培养分为三个层级，包含双证实用型（Certified）、专业复合型（Compound）、创新创业型（Innovative）。从服务学生全面成长成才角度，其中 100% 的学生完成双证实用型培养，70% 的学生达到专业复合型，15% 的学生达到创新创业型。基于此，机制专业要构建"基础＋平台＋方向＋模块"的书证融通课程体系，并在专业选修模块课程开设"机械制造类专业创新项目综合训练"课程，以项目制、赛训制、双创项目、"X"证书衔接模块等为内容。

结合机制专业与机器人证书书证融通关联课程分析结果，考虑其课程教学实施安排、课程之间的衔接与支撑，可以获得如图 7-7 所示的机制专业书证融通课程体系，形成如图 7-8 所示的机制专业对接机器人证书课程地图。在进行机制专业与机器人证书书证融通

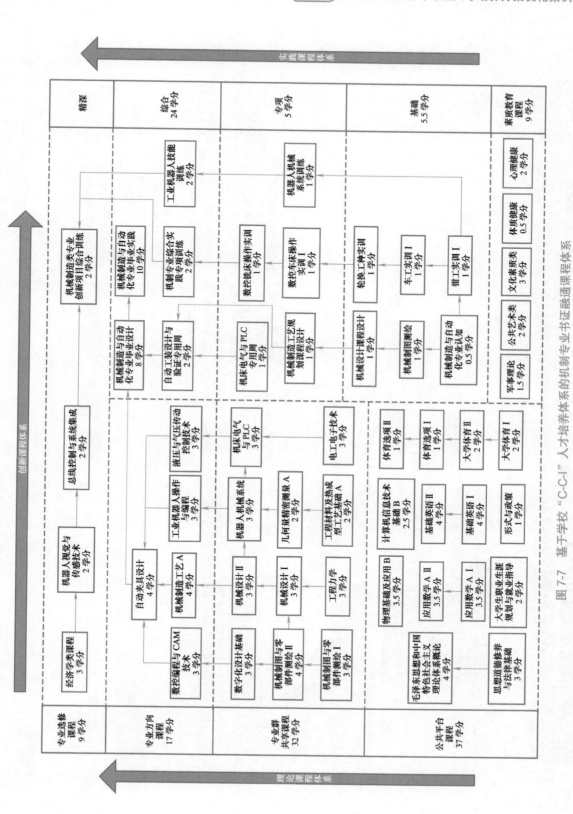

图 7-7 基于学校 "C-C-I" 人才培养体系的机制专业书证融通课程体系

图 7-8 机械制造与自动化专业与工业机器人应用编程（中级）书证融通课程地图

课程地图说明：

1. 必须修得所有课程（含专业选修）；理论课程学分＋实践专用周学分（含军训）=132.5 分。必须修得素质教育选修课 9 学分，因此，须获得共计 132.5 学分＋9 学分 =141.5 学分后方可毕业。

2. 标记 ★ 为专业核心课程；▲ 为新增课程；● 为整合课程；◎ 为迭代课程。

分析的基础上，除了新增课程、迭代整合课程调整基础上，为使人才培养方案总学分基本不变，整合课程"金属切削加工及机床"（2 学分）、"机械制图测绘"（1 学分）、"机械设计课程设计"（1 学分）、"先进测量技术"（2 学分）、"NX 运动仿真"（2 学分）。其中"金属切削加工及机床"（2 学分）课程内容与"机械制造工艺 A"（4 学分）整合，"机械制图测绘"（1 学分）课程内容与"机械制图与零部件测绘 II"整合，"机械设计课程设计"（1 学分）课程内容与"机械基础"（4 学分）整合，"先进测量技术"（2 学分）课程内容与"几何量精密测量"（2 学分）整合，"NX 运动仿真"（2 学分）与"数字化设计基础"（3 学分）整合。

3. 机制专业教学基本条件配置要求

主要包括师资队伍、教学设施、教学资源、教学方法、学习评价、质量管理等方面。

（1）师资队伍

1）队伍结构。学生数与本专业专任教师数比例不高于 25 : 1，双师素质教师占专业教师比例一般不低于 80%，专任教师队伍要考虑职称、年龄，形成合理的梯队。

2）专任教师。专任教师应具有高校教师资格；有理想信念、有道德情操、有扎实学识、有仁爱之心；具有机械设计与制造等相关专业本科及以上学历；具有扎实的本专业相关理论功底和实践能力；具有较强的信息化教学能力，能够开展课程教学改革和科学研究；有每 5 年累计不少于 6 个月的企业实践经历。

3）专业带头人。专业带头人应具有副高及以上职称，能够较好地把握国内外机械设计与制造行业、专业发展，能广泛联系行业企业，了解行业企业对本专业人才的需求实际，教学设计、专业研究能力强，组织开展教科研工作能力强，在本区域或本领域具有一定的专业影响力。

4）兼职教师。兼职教师主要从本专业相关的行业企业聘任，具备良好的思想政治素质、职业道德和工匠精神，具有扎实的专业知识和丰富的实际工作经验，具有中级及以上相关专业职称，能承担专业课程教学、实习实训指导和学生职业发展规划指导等教学任务。

（2）教学设施　教学设施主要包括能够满足正常的课程教学、实习实训所需的专业教室、校内实训室和校外实训基地等。

1）专业教室基本条件。专业教室配备黑（白）板、多媒体计算机、投影设备、音响设备，互联网接入或 WiFi 环境，并实施网络安全防护措施；安装应急照明装置并保持良好状态，符合紧急疏散要求，标志明显，保持逃生通道畅通无阻。

2）校内实训室基本要求。

① 金工实训室。金工实训室应配备普通车床、普通铣床、钳工类相关工具及设备，保证上课学生 2 人 / 台。

② 机械设计实训室。机械设计实训室应配备齿轮范成仪、机械传动性能综合测试实验台、轴系结构设计与分析实验箱、三维机构创新设计及虚拟设计综合实验台、减速器、机械传动创新组合及综合测试参数分析实验台、各种传动系统等设备。

③ 机械 CAD/CAM 实训室。机械 CAD/CAM 实训室应配备计算机（保证上课学生 1 人 / 台）、投影设备、多媒体等教学设备和主流 CAD/CAM 软件。

④ 数控加工实训中心。数控加工实训中心尽可能配备理论实践一体化实训室；应配备数控车床和数控铣床，每台机床均配备计算机，保证上课学生 3 人 / 台。

⑤ 电加工实训中心。电加工实训中心应配备电火花加工机床和线切割加工机床 4 台以上。

⑥ 机械产品测量实训室。机械产品测量实训室应配备游标卡尺，保证上课学生 1 人 / 套；配备三坐标测量机，并要求配备其他常规量具以及工具显微镜、水平仪、圆度仪、表面粗糙度测量仪等。

⑦ 液压与气动技术实训室。液压与气动技术实训室应配备液压气动实训装置，保证上课学生 3 人 / 台（套）。

⑧ 工业机器人实训室。工业机器人实训室应配备工业机器人 6 台（套）以上，编程仿真系统保证上课学生 2 人 / 台（套）。

⑨ 机械制造装备虚拟现实（VR）数字化仿真实训室。机械制造装备虚拟现实（VR）数字化仿真实训室应配备可以实现 VR 的图形工作站、VR 一体机、交互触控一体教学电子黑板以及一体智能制造工厂生产现场体验软件、三轴和五轴数控加工数字化虚拟仿真实训软件、三坐标测量机数字化虚拟仿真实训系统软件等。

⑩ 逆向工程实训室。逆向工程实训室应配备 3D 打印机、三维扫描仪等相关的逆向工程设备和软件。

3）校外实训基地基本要求。具有稳定的校外实训基地；能够开展机械绘图、结构设计、工艺技术、数控编程、产品检验和质量管理、生产管理、销售与技术支持、机械加工等实训活动，实训设施齐备，实训岗位、实训指导教师确定，实训管理及实训规章制度齐全。

4）学生实习基地基本要求。具有稳定的校外实习基地；能提供机械绘图、结构设计、工艺技术、数控编程、产品检验和质量管理、生产管理、销售与技术支持、机械加工等相关实习岗位，能涵盖当前相关产业发展的主流技术，可接纳一定规模的学生实习；能够配备相应数量的指导教师对学生实习进行指导和管理；有保证实习生日常工作、学习、生活的规章制度，有安全、保险保障。

5）支持信息化教学方面的基本要求。具有可利用的数字化教学资源库、文献资料、常见问题解答等信息化条件；鼓励教师开发并利用信息化教学资源、教学平台，创新教学方法，引导学生利用信息化教学条件自主学习，提升教学效果。

（3）教学资源 教学资源主要包括能够满足学生专业学习、教师专业教学研究和教学实施所需的教材、图书文献及数字化教学资源等。

1）教材选用基本要求。按照国家规定选用优质教材，禁止不合格的教材进入课堂（学校建立了专业教师、行业专家和教研人员等参与的教材选用机构，完善教材选用制度，经过规范程序择优选用教材）。

2）图书文献配备基本要求。图书文献配备能满足人才培养、专业建设、教科研等工作的需要，方便师生查询、借阅。专业类图书文献主要包括：装备制造行业政策法规、行业标准、行业规范以及机械工程手册、机械设计手册、机械加工工艺手册、机械制造计量检测技术手册、机械计量管理手册等；机械产品设计、制造、机械产品检测检验等专业技术类图书和实务案例类图书；5 种以上专业学术期刊。

3）数字化教学资源配置基本要求。建设、配备与本专业有关的音视频素材、教学课件、数字化教学案例库、虚拟仿真软件、数字化教材等专业教学资源库，应种类丰富、形式多样、使用便捷、动态更新，能满足教学要求。

（4）教学方法　从"以学生为中心"的课堂教学角度，探索满足深度学习的课堂设计方法，强化立德树人意识，让中国特色社会主义和中国梦、社会主义核心价值观、法治教育、劳动教育、心理健康教育、中华优秀传统文化、工匠精神、职业素养等进入课程、融入课堂，利用多媒体、网络、虚拟仿真等信息化技术推行线上线下混合教学，广泛运用启发式、探究式、讨论式、参与式等教学方法，形成师生学习共同体。

1）职业基础类课程的教学方法。注重培养学生的人文精神，紧紧围绕专业学习所必需的基本能力改进课程内容，采用启发式、讨论式、案例式、项目式等多种教学形式，提高学生的学习兴趣，提高教学效果。如计算机教学采用案例教学法，从易到难，培养学生的软件应用基础能力；数学教学以适用够用为原则确定教学内容的深广度，注重数学思想的培养，注重数学在工程中的应用；写作课程采用案例教学法，着重培养学生技术文件与报告的编写能力。

2）专业平台课程的教学方法。该类课程内容理论性较强，在教学设计上要注重将专业基础理论与实际操作有机结合起来，利用典型的教学载体，采用项目教学法，实行教、学、做一体化。

3）专业课程与专项实训的教学方法。注重职业能力的培养，以培养专业服务面向主要工作岗位群的职业能力为主线设计教学内容，选取企业典型岗位工作案例，经改造后作为教学载体，采用项目引领、任务驱动方式实施教学。在教学组织上，注重教学情境的创设，以学习小组团队、企业服务团队的形式进行学习和实践，充分利用多媒体、录像、网络等教学工具，利用案例分析、角色扮演等多种教学方法，有效提高学生的职业素养与实际工作能力。

（5）学习评价　探索全程多元评价，发挥学校信息化平台和技术优势，学生成绩来源于学习平台数据，综合教师点评、小组互评等评价方式跟踪学生学习全程，实现科学考核。

（6）质量管理

1）在学校和二级院系建立的专业建设和教学质量诊断与改进机制基础上，不断健全专业教学质量监控管理制度，完善课堂教学、教学评价、实习实训、毕业设计以及专业调研、人才培养方案更新、资源建设等方面的质量标准建设，通过教学实施、过程监控、质量评价和持续改进，达成人才培养规格。

2）根据学校和二级院系的教学管理制度，加强日常教学组织运行与管理，定期开展课程建设水平和教学质量诊断与改进，建立健全巡课、听课、评教、评学等制度，建立与企业联动的实践教学环节督导制度，严明教学纪律，强化教学组织功能，定期开展公开课、示范课等教研活动。

3）根据学校建立的毕业生跟踪反馈机制及社会评价制度，对生源情况、在校生学业水平、毕业生就业情况等进行分析，定期评价人才培养质量和培养目标达成情况。

4）专业教研组织应充分利用评价分析结果有效改进专业教学，持续提高人才培养质量。

4. 机制专业人才培养方案的特点

（1）设计思路　以培养高素质复合型技术技能人才为目标，将习近平新时代中国特色社会主义思想和社会主义核心价值观贯穿专业人才培养全过程，强化劳动教育在立德树人、全面育人方面的重要地位和作用，服务学生全面发展、多元成长成才，服务苏南地区制造类中小企业，以专业硬核技术引领，围绕学生"技术技能＋创新能力"培养，强化技能技术应用能力，从理论、实践、创新三个维度构建知识、技能、创新能力培养体系，即按照公共、平台、方向、选修构建四层理论课程体系，按照基础、专项、综合、精深构架四层实践和创新教育体系。

（2）特色与创新

1）深化产教融合，实践校企双主体协同，德技融合、专创融合，多通道发展的"双主体两融合多通道"人才培养模式，服务区域、行业紧缺复合与创新型机制专业技术技能人才培养。

2）以"课程共享突出、核心技术突出、综合能力突出"为指导，遵循专业群课程体系集约化建设思路，专业课程"基础共享、特色聚焦、选修融通"，并融入大思政教育与创新教育。

3）打造课程经纬线，体系动态调整。作为工科经典长线专业，长期建设过程中形成系列经典专业课程，例如机械设计、工程材料及热成型工艺基础等，这些课程是课程体系中相对稳定的对象，构成课程体系的纬线；同时，对接智能制造转型升级的发展需求，开设了自动夹具设计、数字化设计基础等新兴课程，这些课程随产业技术发展而动态更新，是课程体系调整的重点对象，构成课程体系的经线。秉承"传承传统优势、持续技术升级"的理念，开发形成专业可动态调整的经纬线课程体系。

（3）成效与不足

1）成效：基于数控技术专业群，融合思政、技术技能、创新能力三条主线，技术引领，服务区域与产业发展，引入并聚焦"数字化设计与制造、高端智能工装、智能检测与质量控制"三大硬核技术，构建经纬动态课程体系，进行课程与资源建设，紧跟产业技术发展与岗位要求变迁。

2）不足：新一代信息技术和先进制造业的深度融合已成为制造业转型升级的重要推力，制造技术交融发展，以离散型智能制造单元为例，相关的工艺设计与调整、柔性自动工装技术、工业机器人协同制造技术、智能信息管理与可视化技术等在同一应用场景中融合，形成了交叉融合的新兴岗位，专业对这种新兴岗位技术复合或综合运用能力培养仍显不足。

7.2.5　机制专业与机器人证书学分认定与转换方案

机制专业总学分为 140。经书证融通后的总学分为 138（内含机器人证书 8 学分），专业课学习难度有所增加。

1. 学分认定与转换实施要点

1＋X 证书制度以学习成果为导向，借助学分认定、积累与转换机制，实现职业教育的学历教育与技能培训两者之间的学习成果互认与连通。1＋X 证书制度鼓励学生在完成学历教育和获得学历证书的同时，积极学习和获得更多的代表职业技能技术水平的等级证书，为此职业院校需要对原有的课程设置进行重构和优化，构建全新的教学内容、教学方式与教学方法体系，致力于书证融通的课程建设，实现"1"与"X"的内在融合与贯通，满足社会、用人单位、学生等多方的需求与关切，提高高素质复合型技术技能人才的培养质量与适应性。

（1）学分认定与转换实施原则

1）学分互换遵循学校规定的学分与学时对应关系，即理论课程每 16 学时计 1 学分，实验（实践）课程每周计 1 学分。

2）同一学生，同一项目成果，只按最高等级或分数认定一次学分，不能重复认定。

3）互换课程（项目）学分必须高于或等于被互换课程（项目）的学分，确保毕业时必须达到培养方案规定的总学分要求。

4）互换课程（项目）成绩按项目成果等级或分数高的取值。

（2）可互换学分课程与项目

1）学生参加省级以上学科竞赛、职业技能大赛、创新创业大赛、大学生工程训练综合能力竞赛等项目，获得省级以上荣誉，可申请学分认定与转换。

2）学生申获省级大学生创新创业训练计划等项目，结题后主要完成人可申请学分认定与转换。

3）学生参加机械技术学院技术技能培训计划内的项目，并获得培训合格证书（江苏省和无锡市职业资格证书、职业技能等级证书、著名行企证书等），可申请学分认定与转换。

4）学生选修机械技术学院人才培养方案中规定的创新能力训练课程，其超额部分学分可以申请学分认定与转换。

5）学生在校期间申获专利（以授权号为准）、在学校认可期刊上发表本专业技术论文等，成果第一完成人可以申请学分认定与转换。

6）学生获得机械技术学院合作培养人才企业的实习岗位，在实习岗位上完成的企业课程与项目可申请学分认定与转换。

7）因人才培养方案修订，部分选修课程调整或停开，导致某门课程无法修读或补修时，学生可申请修读教学内容及要求相近的其他课程互换原课程。

8）学生因转专业等学籍异动原因，对照新编入专业和班级所开设课程，可申请用修合格的教学内容及要求相近的课程进行学分认定与转换。

9）经机械技术学院及学校教务处、国际文化交流学院批准，学生赴境外学习的交流项目（含暑期学校）所修课程，可申请学分认定与转换。

10）校企合作订单培养中，单独设立的企业课程需要进行专门认证后（标准另定）才能进入认定与转换流程。

11）其余未列课程和项目，学生可向机械技术学院递交学分认定与转换申请。

表 7-12 为机制专业与机器人证书之间学分认定与转化对应表，其中"X"证书可认定 8 学分，可与表中对应的专业理论、实践、选修课程学分进行互换。

表 7-12　机制专业与机器人证书之间学分认定与转化对应表

序　号	职业技能等级证书名称	学分	对接课程名称	课程属性	学分
1			机器人机械系统	理实一体	3
2			工业机器人应用编程	理实一体	3
3			机床电气与 PLC	理实一体	3
4			液压与气压传动控制技术	理实一体	3
5			机器人视觉与传感技术	选修	2
6	工业机器人应用编程（中级）	8	总线控制与系统集成	选修	2
7			机床电气与 PLC 专用周	实践	1
8			机器人机械系统训练	实践	1
9			工业机器人技能训练	实践	2
10			机械制造类专业创新项目综合训练	选修	2
11			机制专业综合实践专项训练	实践	2

2. 学分转换工作流程

1）学生应于学期末前两周或学期初两周内提出学分认定与转换申请，填写机械技术学院学分认定与转换申请表，并附相关证明材料原件和复印件（原件分院审核后退回），交机械技术学院教学秘书汇总。

2）机械技术学院召开教学工作组会议专题认定学分互换申请，并形成认定意见。

3）认定意见交由党政联席会议审核，并形成最终决议，进行公示。

4）教学秘书根据决议实施具体学分认定与转换成绩登记工作，并交教务处备案。

7.2.6　机制专业与机器人证书书证融通中的问题与思考

1. 机制专业与机器人证书书证融通试点现状

依托数控技术专业群，机制专业对接机器人证书。目前机制专业依托数控技术专业群中机器人专业资源，完成机器人证书师资培训 9 人，拥有对接工业机器人应用编程"X"证书师资培训基地、考核点，工业机器人机械结构、操作编程、故障维修、工业视觉、综合项目等实训室，满足工业机器人应用编程"X"证书实施硬件平台条件需求。在机器人专业学生考证实施基础上，根据机制专业人才培养方案，机制专业在 2020 年开始实施1+X 证书制度试点，选择参与试点的学生参与机器人证书的学习培训与考证。

2. 机制专业与机器人证书书证融通试点中遇到的问题

（1）培训评价组织入校合作情况　机器人证书培训评价组织——北京赛育达科教有限责任公司与无锡职业技术学院共建工业机器人应用编程"X"证书师资培训基地与考核点，在师资培训、教学资源建设、教材开发、教法改革、人才培养等方面形成深入合作。在工业机器人证书推行过程中，由于试点院校体量巨大，在推行机器人证书标准过程中如何保障证书质量，尤其是经过师资培训的教师是否掌握工业机器人主流技术并获得高级证书，获取机器人证书的学生是否能适应企业对工业机器人应用编程岗位的要求，需要在工程实践或岗位中进行验证、改进和提高。

（2）学校对 1+X 证书制度试点的工作要求与保障 学校需对 1+X 证书制度试点提供制度、组织与经费保障，制订相关学分认定与转换制度，推动从"双证"向"书证融通"人才培养模式转化，支持跨专业、跨群或分院选用课程模块（尤其是"X"证书模块），共享实验室和实训室；在教务处统筹下，组建一支稳定的专职、企业兼职、项目管理教师队伍，成员数量、比例需符合 1+X 证书制度试点要求，二级分院或专业群具体组织实施，明确分工与职责，教师相应培训工作量应与教学工作量可互换；对 1+X 证书制度试点班级采用灵活的组班方式，支持学生按报考"X"证书情况组班，并设班级人数底限，实施对应的人才培养方案；在原有实践条件基础上，投入一定相关实践条件升级更新建设经费，提供 X 证书制度试点激励、运行、管理经费保障。

（3）专业建设与试点工作的协调关系处理 机制专业建设主要围绕人才培养、教学团队、教学资源、实践条件、技术技能、教育国际化等要素展开。机制专业所在专业群以 1+X 证书制度试点工作为核心，使专业群建设要素与各专业内涵建设之间相互促进。通过 1+X 证书制度试点深化产教融合、校企合作，提高人才培养质量、提升就业质量，解决产业人才结构性短缺问题；推进教学团队教师工程实践与技术技能能力提升，促进"双师"素质提升；引入"X"证书与培训资源，转化为教学案例与资源，推进项目化与学习成果导向教学模式改革；促进产业、企业要素融入实践条件建设，推进校企共建实验实训室，共同开发实训项目，尤其综合性实训项目。专业群建设与 1+X 证书制度试点工作之间相互融合、相互促进。

3. 思考与建议

进入目录管理的"X"证书已有四批，其规模越来越大。在具体实施 1+X 证书制度试点时，除学校统筹之外，专业起到关键而决定性的作用，必然会面临若干问题。

（1）同类证书选择问题 在 1+X 证书制度试点前期，证书的质量、社会认可度等关键指标与成效均存在未知因素，如何选择证书成为专业要面对的第一道难题。应以专业发展规划与目标为导向，做好前期调研工作，尤其是行业、企业调研。

（2）不参与 1+X 证书制度试点的学生课程体系构建问题 课程体系分为公共课程、专业平台课程、专业核心课程、专业选修课程四层，应尽量将"X"证书融通课程安排在专业平台课程、专业核心课程两层，"X"证书新增课程及强化培训课程模块安排在专业选修课程层。若有学生不选择"X"证书，可通过其他专业选修课程方向获取学分，不影响其毕业。

（3）"X"证书培训与收费问题 前期为动员学生参与"X"证书制度试点，可适当在课程体系中设置相应的课证融通强化培训综合课程，即将"X"证书培训内容以课程形式出现，有效降低学生的证书获取成本。随着"X"证书质量与社会认可度逐步提高，学生报名参与"X"证书考证的规模将越来越大，经批准可按学分收取相应的培训费用。

（4）"X"证书质量提高问题 职业技能等级标准和证书的开发与运行主体为培训评价组织，而学校作为"X"证书的实施主体，学校和培训评价组织之间需要积极互动，发挥各自的作用与优势。同时，应由具有公信力的第三方证书评价机构对"X"证书进行评价，通过建立科学合理的评价指标体系，对"X"证书进行内部与外部评价，提高"X"证书的质量。

7.3　物联网应用技术专业群与"X"证书群书证融通案例（混搭型）

专业群建设和 1+X 证书制度试点是对职业院校教学教育改革提出的重要内容，如何实现专业群与若干个"X"证书融通，发挥专业群的专业协同效应，重构专业群模块化课程体系，实现创新复合型人才培养与学生多通道成才，是目前双高建设院校都要解决的课题。本节以无锡职业技术学院物联网应用技术专业群为例，将传感网应用开发、Web 前端开发、网络系统建设与运维等多个职业技能等级证书的职业能力要求融入专业职业能力标准的制定中，开发专业群课程体系和课程标准，明确教师、教材和教法三大改革的具体要求，提供专业群与"X"证书群的"多对多"书证融通案例。

7.3.1　物联网应用技术专业群

1. 智能制造专业群建设

党的十九大报告指出，"加快建设制造强国，加快发展先进制造业，推动互联网、大数据、人工智能和实体经济深度融合"。长三角是世界级的制造基地，也是智能制造发展的先行区。江苏省提出，到 2025 年建成制造强省，无锡的制造业尤其是装备制造业，在全省、全国都具有突出的比较优势。《中国制造 2025 江苏行动纲要》明确要以加快新一代信息技术与制造业深度融合为切入点，以促进制造业创新发展为着力点，以推进智能制造和突破关键核心技术为主攻方向，强化工业基础，推进集成应用，提升制造水平，促进提质增效升级。《无锡市"十三五"规划》明确要以智能化、绿色化、服务化、高端化为引领，打造无锡现代产业发展新高地，提出要大力推进制造业转型升级，提升制造业核心竞争力，抢占先进制造业发展制高点，努力打造一批先进制造业产业集群，把无锡打造成为国内一流、具有国际影响力的制造业强市。

无锡职业技术学院紧紧围绕经济高质量发展，主动策应长三角区域一体化对高素质技术技能人才的迫切需求，确立"高水平建成领军全国、国际知名的智能制造特色校"的总体目标，系统构建智能制造专业集群；研究国家、区域智能制造及职业教育的发展规划，以及国内外智能制造关键技术的发展方向，借助全国智能制造职教集团等产教融合平台，依托行业研究机构，深入制造行业企业一线，重点调研产业发展、产业布局、技术应用、人才结构、劳动组织、企业管理等对专业人才培养、教学改革和专业建设所产生的影响；对接江苏制造强省战略，服务国家智能制造战略核心和江苏行动纲要，发挥学校机电类专业传统优势和新一代信息技术专业区域强势，重点建设五个集人才培养、科研创新、科技服务、继续教育与培训为一体、以智能制造为特色、对接区域产业发展的智能制造专业群，协同培养智能制造领域紧缺复合型技术技能人才，服务智能制造系统和产业链的智能设备、智能工厂、智能使能、工业互联网、智能服务等智能制造关键技术领域（图 7-9）。根据各专业群的核心技术方向及技术应用领域，统筹调整专业核心能力培养和就业岗位面向，精准服务区域支柱产业发展规划中"做强做优先进制造业，加快发展智能制造"的需求。

伴随智能制造技术发展多年的技术技能人才培养实践探索，学校始终坚持走技术引

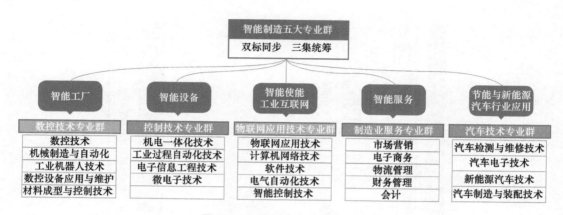

图 7-9 智能制造专业集群架构

领、并跑产业的发展之路，以自主组装的数控机床、自主研发的柔性生产线和智能工厂为标志，实现了与行业企业的并跑。通过对专业群建设的主题、要素、功能和支持系统等方面的研究，构建"双标同步、三集统筹"的专业群建设模式，对接智能制造国家标准技术内涵，以高水平服务智能制造技术研发与应用为牵引，实现智能制造类专业群教学标准优化同步，实现专业集群、资源集成、管理集约（"双标同步、三集统筹"），全力打造基于技术创新与技能积累、支撑机械行业智能制造转型发展，全国领先、示范同行的专业群"无锡职院"建设模式（图 7-10），重点将数控技术专业群、物联网应用技术专业群两大专业群打造成全国样板，带动其他专业群同步建设，形成核心引领、群间协同、群内融合的专业群协同机制。

2. 物联网应用技术专业群组群逻辑

（1）物联网应用技术专业群面临的机遇与挑战

1）面临的机遇。习近平总书记在党的十九大报告中指出："加快建设制造强国，加快发展先进制造业，推动互联网、大数据、人工智能和实体经济深度融合"。而制造业向智能制造提升需依靠三大核心技术：大数据、物联网、人工智能，即智能制造的发展需要新一代信息技术与制造业技术进行融合、集成、应用，才能不断打破知识领域边界、实现创新。

① 制造业数字化转型急需新一代信息技术赋能。《"十三五"国家战略性新兴产业发展规划》和《国务院关于深化"互联网＋先进制造业"发展工业互联网的指导意见》（2017 年）中提出，加快建设"数字中国"，推动物联网、云计算和人工智能等技术向各行业全面融合渗透，构建万物互联、融合创新、智能协同、安全可控的新一代信息技术产业体系。《中国制造 2025 江苏行动纲要》指出：以信息化与工业化深度融合为主线，积极发展新产业、新技术、新业态和新模式，大力推进产业智能化、绿色化、服务化、高端化发展。

企业通过信息化与智能化改造，提升制造业产品全生命周期管控，强化供应链集成运作，帮助制造企业提升创新活力、资源配置水平及业务效率，是目前中国制造企业关注的焦点。物联网应用技术专业群可借助政策和地域优势，服务企业对信息化及智能化改造的需求。

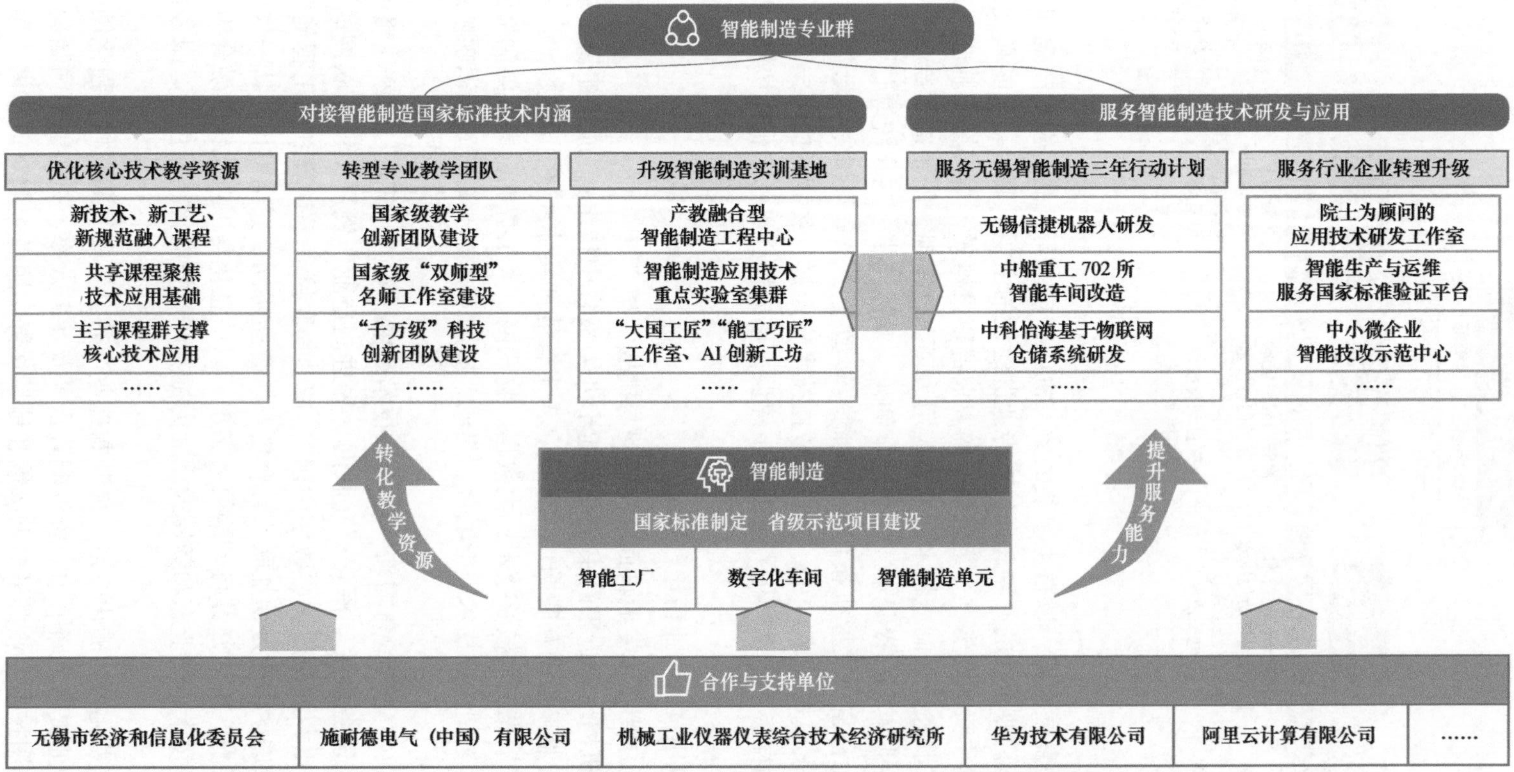

智能制造专业群

对接智能制造国家标准技术内涵

优化核心技术教学资源
- 新技术、新工艺、新规范融入课程
- 共享课程聚焦技术应用基础
- 主干课程群支撑核心技术应用
- ……

转型专业教学团队
- 国家级教学创新团队建设
- 国家级"双师型"名师工作室建设
- "千万级"科技创新团队建设

升级智能制造实训基地
- 产教融合型智能制造工程中心
- 智能制造应用技术重点实验室集群
- "大国工匠""能工巧匠"工作室、AI创新工坊
- ……

服务智能制造技术研发与应用

服务无锡智能制造三年行动计划
- 无锡信捷机器人研发
- 中船重工702所智能车间改造
- 中科怡海基于物联网仓储系统研发

服务行业企业转型升级
- 院士为顾问的应用技术研发工作室
- 智能生产与运维服务国家标准验证平台
- 中小微企业智能技改示范中心
- ……

转化教学资源　　提升服务能力

智能制造

国家标准制定		省级示范项目建设	
智能工厂	数字化车间	智能制造单元	

合作与支持单位

无锡市经济和信息化委员会	施耐德电气(中国)有限公司	机械工业仪器仪表综合技术经济研究所	华为技术有限公司	阿里云计算有限公司	……

图 7-10 智能制造专业群建设模式

② 制造业转型升级急需各专业交叉融合、协同发展。据调查，中国制造业有三大核心痛点：首先是工业设备终端的连接率低，数字化程度低；其次是缺乏互通互联的数据标准；再次是企业信息安全性低与设备数据安全性低。据无锡市工业与信息化局不完全统计，在无锡制造业领域有32.35%的企业处于信息化准备阶段，52.94%的企业处于单项业务信息化阶段，只有8.82%的企业形成了信息集成平台。无锡地区制造业转型的痛点包括设备多样性而标准化工作滞后，各种数据缺乏标准规范，难以互通互联与集成，数据分析与大数据应用能力不足，信息系统数据实时性与安全性难以保证。

由于痛点涉及的技术交叉融合，需要专业群内各专业对接产业需求，共建共享、优势互补、协同发展。

③ 新一代信息技术赋能智能制造需要大量ICT技术技能人才。随着数字化、网络化、智能化技术的应用，制造业与新一代信息产业间的衔接、跨界促使各知名企业纷纷涌入该领域，如阿里巴巴、腾讯、百度等企业都相继推出了工业物联网应用平台，在智能制造领域开展了很多应用，如阿里云与攀钢集团等制造企业合作开展了"阿里云ET工业大脑+AI+IoT"应用，腾讯云和三一重工打造了工业数据"根云"平台等。这些应用催生了复合型人才的强烈需求。据教育部、人力资源社会保障部、工业和信息化部印发的《制造业人才发展规划指南》显示，制造业从业人员数量缺口巨大，预计2025年制造业ICT技术人才缺口达950万人。

大量的人才需求，为物联网应用技术专业群毕业生提供了良好的就业前景。"十三五"以来，无锡职业技术学院精准对接物联网技术赋能智能制造产业链，面向制造业信息化改造和应用，围绕智能制造关键技术，构建物联网应用技术专业群，培养面向工业物联网的紧缺复合型技术技能人才。

2）新的挑战。我国制造强国战略旨在实现从"中国制造"向"中国创造"的跨越，其对世界政治经济格局的影响将超过以往的任何一次工业革命，也将使物联网应用技术专业群的人才培养工作置身于变化中的社会经济和治理的背景中，定然会形成诸多的挑战。

① 专业融合与学生多通道成才机制需再创新。当前高职学生的显著特点是自主意识强，个性发展意愿强烈。一方面，为满足学生多元成长成才的诉求，学校需进一步拓展学习途径，创新人才培养模式。另一方面，物联网应用技术赋能智能制造中诸如设备智联、数据融合、数据智能、人机交互等痛点需要人才的知识和技能等综合能力较强，且技术的应用更加依赖于知识和技能的集成与创新，人才培养规格需要迭代，创新精神培养需要加强。传统培养模式下的专业人才，培养质量达不到产业应用需要，创新能力不够，这将迫使物联网应用技术专业群进一步改革创新，加快探索以物联网应用技术为龙头的新一代信息技术赋能制造产业的多专业抱团式发展模式，同时拓展学生成才通道，在全国率先形成服务于新一代信息技术产业，赋能制造业的复合型创新性人才培养的经验。

② 新技术新规范融入课程的工作知识开发需再提效。随着信息技术的更新迭代不断加快，以物联网应用技术为龙头的新一代信息技术支撑传统制造业向智能制造转型，产生众多的新业态，新业态孕育新技术。例如设备智联、边缘计算、数字化管控、移动互联、工业系统集成、数据融合以及工业信息安全等，这些技术交叉融合，其显著特征是不断快速更新迭代。专业群应创新产教融合、校企合作机制，校企共建实训基地，及时将新技术、新工艺、新规范纳入课程内容，进行工作知识开发，实现专业群课程内容与毕业生就业岗位工作任务快速对接。

③ 师资队伍技术跨界融合与结构化能力需再提升。以物联网应用技术为龙头的新一代信息技术赋能制造业，需要师资队伍既高度了解制造业，又对新一代信息技术有足够的掌握。既要熟悉制造业的设备和功能，又要懂得如何将信息技术的最新成果应用到产业中去。这种跨界融合应用对师资队伍的技术技能水平提出了更高的要求，即要求现有专业群教师进一步优化知识结构，进一步加快技术技能更新的速度，"双师四能型"（双师是指同时具备理论教学和实践教学能力的教师，四能是指具备执教能力、技术研发能力、国际化能力和资源整合能力）教师团队建设迫在眉睫。同时这也要求领军人物需具备更强的技术技能水平，以带领团队不断适应产业发展的步伐。

（2）物联网应用技术专业群定位　在打造高水平智能制造专业集群的过程中，基于以物联网为龙头的新一代信息技术面临的跨界融合的机遇与挑战，围绕智能制造中数字化车间的"智能使能和工业互联网"关键技术，突出服务"多网融合和硬件智联、边缘计算与数字化管控、工业网络与信息安全"等工业物联网应用技术领域，进驻工业物联网深水区，对接无锡地区以物联网为龙头的新一代信息技术产业、赋能工业，支撑制造业转型升级，凸显物联网高地区域特色，打造国家级高水平物联网应用技术专业群。

物联网应用技术专业群面向长三角、特别是无锡地区以物联网为龙头的新一代信息技术产业，立足于信息技术赋能制造业，服务于制造业企业"两化融合"转型升级，支撑制造业高质量发展人才需求。近年来，专业群在智能制造数据融合、系统集成方案等方面开展的技术研发与创新已初具品牌效应，形成的"双标同步、三集统筹"技术引领型专业群建设模式具有示范作用。

专业群基于新一代信息技术迭代更新快、复合型人才需求迫切的特点，依托无锡国家物联网基地的优势和姚建铨院士为顾问的工作室，与华为、思科等世界 500 强企业紧密合作。在无锡市工业和信息化局等单位的支持下，针对中小微企业智能化技术改造需求，开展设备智联、数据融合等工业物联网应用技术研究与服务，主持和参与智能制造领域国家与行业技术标准制定，实现技术领跑并为地方企业转型升级提供优质服务，创建年到账千万元级的工业物联网技术研究所。到 2023 年，将物联网应用技术专业群建成工业物联网技术应用与服务领域全国同行的典范、高素质复合型创新型人才培养的高地、与欧洲诸国同类专业可交流的样板。到 2035 年，专业群的办学水平、服务能力达到国际水平。

（3）物联网应用技术专业群与产业的对应性　为加快建设制造强国，加快发展先进制造业，推动互联网、大数据、人工智能和实体经济深度融合，物联网应用技术专业群面向以物联网为龙头的新一代信息技术产业，服务离散型制造产业高端领域，着力于新一代信息技术赋能制造业的服务型制造业人才需求。其专业与产业的对应关系如图 7-11 所示。

新一代信息技术产业赋能制造业，以智能化车间为典型代表，其核心是从单个设备的设计、生产和运维转变为多个设备的互联、协同和优化。物联网应用技术专业群聚力离散型制造业领域，主攻物联网、云计算、大数据等新一代信息技术在智能工厂数字化车间的应用，即制造车间数字化生产线、制造单元等不同层次上的设备、过程的自动化、数字化和智能化，聚焦工业物联网在数字化车间设备智能互联、人机协作、数据融合、数据智能等关键环节的技术创新和人才培养。

（4）专业群人才培养定位　精准对接长三角及无锡地区中小微制造企业开展以物联网为龙头的新一代信息技术赋能制造业转型升级的人才需求，着重培养德技并修，满足自动化生产线运维、精益生产管控、智能设备集成、物联网工程实施、微应用开发等工作岗位要求的高素质复合型技术技能人才。

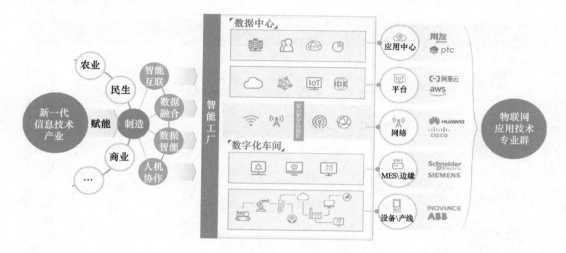

图 7-11 专业与产业的对应关系

以新一代信息技术在数字化车间中的应用为主线，对接岗位需求，面向数字化车间设备智联、数字管控、互联互通、数据融合、数据智能等环节的核心技术设置各专业。专业群内五个专业的工作岗位关系如图 7-12 所示。

新兴交叉岗位	人工智能工程技术员	物联网信息安全员		工业网络工程技术员	大数据工程技术员
专业岗位	物联网工程技术员	网络工程技术员	程序员	自动化系统集成员	智能设备系统集成技术员
	物联网应用开发技术员	云计算工程技术员	前端开发程序员	自动化系统技术服务员	精益生产管控技术员
通用岗位	设备安装调试员		设备运维技术员		系统管理员
专业	物联网应用技术	计算机网络技术	软件技术	电气自动化技术	智能控制技术

图 7-12 物联网应用技术专业群毕业生工作岗位关系图

专业群通用岗位包括数字化车间的设备安装调试员、设备运维技术员和系统管理员等。

物联网应用技术专业岗位为物联网工程技术员、物联网应用开发技术员。计算机网络技术专业岗位为网络工程技术员、云计算工程技术员。软件技术专业岗位为程序员、前端开发程序员。电气自动化技术专业岗位为自动化系统集成员、自动化系统技术服务员。智能控制技术专业岗位为智能设备系统集成技术员、精益生产管控技术员。

专业群新兴交叉岗位包括智能工厂急需的人工智能工程技术员、工业网络工程技术员、大数据工程技术员等。

（5）群内专业的逻辑性 新一代信息技术发展与应用不断催生新岗位。为快速适应新技术发展对人才的需求，以物联网技术在离散型制造企业的应用为主线，面向数字化车间设备智联、数字管控、互联互通、数据融合、数据智能等环节的核心技术与岗位构建专业群。群内各专业协同服务于"互联网＋"模式下的智能制造产业，随动岗位细化和新兴岗位衍生进行系统优化，形成由三个电子与信息大类专业和两个装备制造大类专业相融合的专业群，群内各专业的逻辑关系如图 7-13 所示。

图 7-13　物联网应用技术专业群专业逻辑关系

电气自动化技术专业聚焦智能设备及控制系统集成，智能控制技术专业聚焦智能设备信息融合、MES 数字化管控，计算机网络技术专业聚焦工业网络安全及其云平台搭建，物联网应用技术专业聚焦物联网平台、工业数据采集和数据可视化，软件技术专业聚焦数据智能分析和定制化开发等技术。

物联网技术在不同层面（感知、网络、平台、应用）与群内各专业关键技术有机集成，形成培养复合型人才的技术路径。

7.3.2　物联网应用技术专业群选择"X"证书群的理由和过程

1. 物联网应用技术专业群岗位及职业能力分析

（1）专业群工作岗位分析

专业群建设需要兼顾市场需求侧和人才培养供给侧两方面要求，精准分析产业需求与人才培养供给之间的交集地带，以产业链（产业群）为依托，体现职业岗位在流程上、工作对象上、地域上的相关性，实现专业群与产业链或岗位群的有效对接。通过分析新一代信息技术在数字化车间中应用的关键技术，归纳和提炼具有代表性的典型岗位群，面向数字化车间设备智联、数字管控、互联互通、数据融合、数据智能等环节的核心技术设置物联网应用技术专业群各专业。通过调研长三角及无锡地区 40 家中小微智能制造与物联网技术企业，对具体岗位数据进行分析，提炼典型工作岗位，按照通用岗位、专业岗位、复合型交叉岗位、毕业后 3～5 年的升迁岗位归纳出物联网应用技术专业群对应的岗位群，见表 7-13。

表 7-13 物联网应用技术专业群对应的岗位群

专业	物联网应用技术专业群 基于生产管控类、数据传输类、系统集成类、研发管理类等企业技术、生产和管理等工作领域				
通用岗位	设备安装调试员　设备运维技术员　系统管理员				
专业岗位	物联网工程技术员 物联网应用开发技术员	网络工程技术员 云计算工程技术员	程序员 前端开发程序员	自动化系统集成员 自动化系统技术服务员	智能设备系统集成技术员 精益生产管控技术员
新兴 交叉岗位	人工智能工程技术员　物联网信息安全员　工业网络工程技术员　大数据工程技术员				
升迁岗位	电气工程师　互联网专家　物联网项目工程师　系统架构设计师				

由于智能制造中数字化车间的物联网应用技术研究范围内的典型岗位对学历最低要求为中职以上，高职毕业生就业的主岗位为专业群通用岗位（顶岗实习期、初就业期）和专业岗位（按职业培养分类为生产管控、数据传输、系统集成、研发管理四个类别）。复合型交叉岗位需要在通用岗位、专业岗位的基础上进行专业复合知识学习与能力训练；升迁岗位主要是技术管理或组织管理岗位，此岗位的知识学习、技术技能训练不能直接通过学历教育获取，而必须在企业经过 3～5 年的实战进行积累。

（2）岗位职业能力分析　基于就业岗位调研，可知毕业生就业岗位所属工作领域（岗位工作内容的主要方面），分析不同工作领域中完成工作任务所涉及的工作对象、工作内容、工作手段、工作组织、工作规范、工作方法及工作产品等要素，将工作任务信息按照工作领域进行归纳，提炼出典型工作任务，并形成与就业岗位工作任务紧密关联的职业能力，进而以此作为依据来确定物联网应用技术专业群各专业的能力标准。表 7-14 为物联网应用技术专业的职业能力标准。

表 7-14 物联网应用技术专业的职业能力标准示例

职 业 能 力		学 习 水 平
工作领域 1　传感网应用开发		
模块 1-1　数据采集		
职业能力 1-1-1	能描述各种传感器的工作原理，并根据需求处理信号	L1
职业能力 1-1-2	能根据 A/D 转换接口说明文件，运用 A/D 采样技术准确地采集电信号	L1
职业能力 1-1-3	能将 A/D 采样获得的数据换算成相应的带单位的物理量	L2
职业能力 1-1-4	能根据 MCU 编程手册，准确地完成传感器的各类数据采集，实现自动报警提示和控制	L3
职业能力 1-1-5	能安装调试控制设备，实现控制信号上报	L2
职业能力 1-1-6	能对采样得到的数据样本进行误差分析	L1
模块 1-2　有线组网通信		
职业能力 1-2-1	能根据 ModBus 协议，运用 RS485 总线原理、串口通信技术等进行基于 ModBus 串行通信协议软件的开发	L1
职业能力 1-2-2	能根据 ModBus 协议，运用串口通信技术，搭建 RS485 总线并编程实现组网通信	L2

（续）

职 业 能 力		学 习 水 平
模块 1-2　有线组网通信		
职业能力 1-2-3	能根据 CAN 总线协议，运用 CAN 总线通信技术，进行基于 CAN 总线协议软件的开发	L1
职业能力 1-2-4	能根据 CAN 总线协议，运用 CAN 总线通信技术，搭建 CAN 总线并编程实现组网通信	L2
模块 1-3　短距离无线通信		
职业能力 1-3-1	能根据 ZigBee 开发指南，运用 ZigBee 开发知识，按照需求使用 MCU 进行驱动开发	L1
职业能力 1-3-2	能根据数据手册和电路图，运用编程和电路知识进行参数配置和调试	L2
职业能力 1-3-3	能根据 MCU 编程手册，完成串口数据通信、定时 / 计数器配置、数据采集等工作	L1
职业能力 1-3-4	能运用无线射频通信编程手册、技术，独立编码实现点对点通信并进行系统调试	L2
职业能力 1-3-5	能根据 WiFi AT 指令手册，完成热点功能验证，进行无线数据传输等操作	L2
模块 1-4　短距离无线通信		
职业能力 1-4-1	能根据 NB-IoT 开发指南，搭建开发环境并使用仿真器进行调试下载	L1
职业能力 1-4-2	能根据 MCU 编程手册，完成驱动外围电路、串口数据通信、配置定时 / 计数等操作	L1
职业能力 1-4-3	能运用串口通信技术，使用云平台并创建 NB-IoT 工程，编程实现云端数据传输和外设控制	L2
职业能力 1-4-4	能根据 LoRaWAN 协议栈，运用 LoRa 调制解调技术和 MCU 编程技术，实现节点的数据采集和传输	L2
职业能力 1-4-5	能根据 MCU 编程手册和 LoRa 数据手册，配置 LoRa 的各项参数，实现通信距离与速率的调整	L3
模块 1-5　通信协议应用		
职业能力 1-5-1	能根据通信协议，编程生成写配置参数指令、解析指令、响应写配置参数指令	L1
职业能力 1-5-2	能根据通信协议，编程生成读配置参数指令、解析指令、响应读配置参数指令	L2
职业能力 1-5-3	能根据通信协议，编程生成控制指令、解析指令、生成响应控制的指令	L2
职业能力 1-5-4	能根据通信协议，实现协议的正向、逆向转换	L1
工作领域 2　物联网系统集成		
……		
工作领域 3　物联网应用系统开发		
……		

注：L1 表示能在教师指导下完成学习任务；L2 表示能独立完成学习任务；L3 表示能灵活处理工作中的问题，创造性完成学习任务。

2. 职业技能等级证书标准分析

前三批入围教育部目录管理的 73 家培训评价组织经批准出台了 92 个职业技能等级标准和证书，其中有 23 个职业技能等级证书标准与物联网应用技术专业群相关。这些培训评价组织来自不同地区、行业和企业，学校所选的 "X" 证书是否与毕业生用人单位的需求契合，需要进行全面的调研。在进行调研之前，首先要认真分析每一个相关职业技能等级证书的标准，并与专业职业能力标准进行分析对比，从中选出与专业匹配度较高的职业技能等级证书（如 Web 前端开发、传感网应用开发、网络系统建设与运维、云计算平台运维与开发、工业互联网实施与运维等）。选择证书应同时涵盖三方面的要求：一是证书性价比高，所选的 "X" 证书必须是企业需要的证书；二是资源利用率高， 即相关的教学资源与实训平台有着较高的共享度；三是体现成果导向，即遵循职业教育的人才培养规律。

表 7-15 为传感网应用开发（中级）的职业技能等级要求描述，其工作任务对应的职业技能要求与表 7-14 "物联网应用技术专业职业能力标准" 中 "传感网应用开发" 工作领域中的职业能力要求吻合度极高，且学校现有的实训条件、教学资源等能基本满足证书考核的要求，因此专业群将其列为初步遴选的职业技能等级证书之一。

表 7-15　传感网应用开发（中级）的职业技能等级要求描述（部分）

工作领域	工作任务	职业技能要求
1. 数据采集	1.1 模拟量传感数据采集	1.1.1 能根据各种传感器的基本参数、主要特性，运用信号处理的知识选择处理方法，根据需求科学地处理信号 1.1.2 能根据 MCU 编程手册，运用 A/D 采样技术，准确地采集电信号 1.1.3 能根据电路原理图和传感器技术手册，运用电路知识，将 A/D 采样获得的数据换算成相应的带单位的物理量 1.1.4 能根据数学统计方法，运用数学知识，对采样得到的数据样本进行误差分析
	1.2 数字量传感数据采集	1.2.1 能根据 MCU 编程手册，运用 MCU 的 GPIO 驱动技术，准确地获取传感器输出的电平信号的脉宽和频率 1.2.2 能根据 MCU 编程手册，运用 MCU 的 GPIO 驱动技术，操作 MCU 的 I²C、SPI 接口，以获取传感器芯片输出的数据 1.2.3 能根据 MCU 编程手册和传感器用户手册，运用 MCU 的串口通信技术，操作串口读取传感器数据
	1.3 开关量传感数据采集	1.3.1 能根据 MCU 编程手册，运用 MCU 的 GPIO 驱动技术和去抖动算法，操作 MCU 的 GPIO 口，准确获取传感器模块输出的开关量电平信号 1.3.2 能根据 MCU 编程手册，运用 MCU 的逻辑控制和 GPIO 驱动技术，准确地获取传感器输出的开关信号，实现自动报警提示和控制
2. 有线组网通信	2.1 RS485 总线通信开发	2.1.1 能根据 ModBus 协议，运用 RS485 总线原理、串口通信技术，进行基于 ModBus 串行通信协议软件的开发 2.1.2 能根据 ModBus 协议，运用串口通信技术，搭建 RS485 总线并编程实现组网通信
	2.2 CAN 总线通信开发	2.2.1 能根据 CAN 总线协议，运用 CAN 总线通信技术，进行基于 CAN 总线协议软件的开发 2.2.2 能根据 CAN 总线协议，运用 CAN 总线通信技术，搭建 CAN 总线并编程实现组网通信

（续）

工 作 领 域	工 作 任 务	职业技能要求
3. 短距离无线通信	……	……
4. 低功耗窄带组网通信	……	……
5. 通信协议应用	……	……

3. 用人单位调研

在初步遴选了专业对接的职业技能等级证书后，向用人单位介绍所选"X"证书内涵并设计调查问卷（表 7-16），听取相关意见和建议，了解所选的"X"证书是否与用人单位的需求契合。根据小样本理论，选择 30 家左右主要用人单位聚集区的大型企业、中型企业和小微企业，并依据国有企业、外资企业和民营企业的用人特点等实际展开调研。若所选"X"证书获得大部分企业认可，则可开展下一步工作。

表 7-16　物联网应用技术专业群开展企业对"X"证书的认可度调研表

序　　号	调研内容
1	贵单位的名称、性质和人员规模
2	您在贵单位所担任的职务
3	您对职业技能等级标准中的 Web 前端开发、传感网应用开发、云计算平台运维与开发等有所了解吗
4	您对人社部、行业企业组织的国家软考、物联网系统工程师、云计算工程师等有所了解吗
5	贵单位在招聘员工时是否优先录用拥有职业资格证书或品牌企业专业岗位证书者
6	贵单位员工主要拥有哪个级别的职业资格证书或品牌企业专业岗位证书
7	贵单位员工拥有职业资格证书或品牌企业专业岗位证书的比例
8	贵单位鼓励员工考取职业技能等级证书吗
9	贵单位员工在晋升中需要拥有职业技能等级证书吗
10	您觉得贵单位员工需要拥有 Web 前端开发、传感网应用开发、云计算平台运维与开发等证书吗
11	您觉得专科层次的毕业生应该拥有初级、中级和高级中哪一级职业技能等级证书为宜
12	您对 Web 前端开发等三个职业技能等级标准所描述的素质、知识和技能有哪些建议或意见

通过图 7-14 所示的调研结果分析，企业认为目前学校遴选的职业技能等级证书基本适应企业需求，且企业认为专科层次毕业生应具备中级职业技能等级证书。

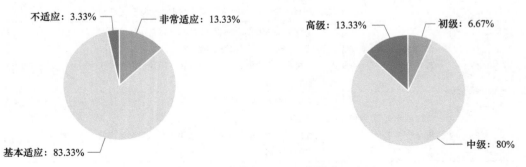

图 7-14　用人单位"X"证书需求示意图

同时由于信息技术自身的迅速发展、赋能工业制造技术的不断提升，企业对复合型人才需求量大。如图 7-15 所示，93.33% 的企业认为对于物联网应用技术专业群的毕业生，有必要考取多个不同类型的职业技能等级证书（例如物联网应用技术专业学生除获得传感网应用开发职业技能等级证书以外，还应获得工业互联网实施与运维、网络系统建设与运维等职业技能等级证书）。

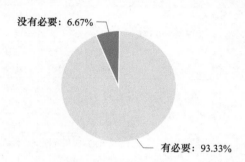

图 7-15 用人单位对复合型人才的需求

4. 专业群与职业技能等级证书群多对多的对接路线设计

专业群与 "X" 证书群对接采用 "多对多" 的模式，即由符合组群逻辑的多个专业组成的专业群对接多个 "X" 证书。图 7-16 所示的是 "多对多" 课证融通的三条路线。深化路线主要指毕业生就业的主要岗位能力要求与所选证书的能力要求基本吻合，拓展路线主要指毕业生就业的拓展岗位能力要求与所选证书能力要求基本吻合，兴趣路线是指学习者所选证书与本专业学习内容相关性不大。

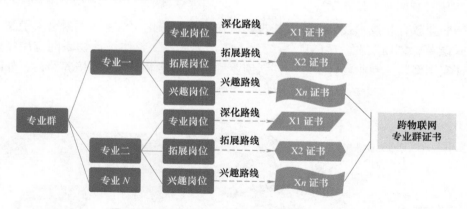

图 7-16 专业群与 "X" 证书群对接的三条路线

物联网应用技术专业群按专业岗位的深化路线、拓展岗位的拓展路线以及兴趣岗位的兴趣路线实现专业与一个或多个职业技能等级证书标准衔接（表 7-17）。

以物联网应用技术专业为例，通过书证融通的职业技能模块化课程组学习传感网应用开发等证书标准中的新技术、新规范和新工艺，实现对专业岗位职业技能的深化学习；通过复合型和创新型模块化课程组学习网络系统建设与运维、工业互联网实施与运维等 "X" 证书的技能点，实现对拓展岗位职业技能的拓展学习；同时为满足学生个性化成长需求，学生还可通过兴趣路线选择与本专业相关性不大的跨专业领域的"X"证书，如汽车运用与维修、物流管理、计算机视觉应用开发等。

表 7-17 物联网应用技术专业群与"X"证书对接的路径

专 业	深 化 路 线		拓 展 路 线		兴 趣 路 线
	专业岗位	所选"X"证书	拓展岗位	所选"X"证书	
物联网应用技术	物联网应用开发技术员	传感网应用开发（中级）	网络工程技术员	网络系统建设与运维（初级）	汽车运用与维修 物流管理 计算机视觉应用开发等
			智能设备系统集成技术员	工业互联网实施与运维（初级）	
计算机网络技术	网络工程技术员	网络系统建设与运维（中级）	程序员	Web 前端开发（初级）	
			……	……	
软件技术	前端开发程序员	Web 前端开发（中级）	物联网应用开发技术员	传感网应用开发（初级）	
			……	……	
电气自动化技术	自动化系统集成员	工业机器人应用编程（中级）	网络工程技术员	网络系统建设与运维（初级）	
智能控制技术	智能设备系统集成技术员	工业互联网实施与运维（中级）	物联网应用开发技术员	传感网应用开发（初级）	

7.3.3 物联网应用技术专业群与"X"证书群书证融通配伍关系

1. 构建物联网应用技术专业群的 C-C-I 人才培养体系

遵循职业教育和技术技能人才成长规律，在专业群深化"双主体两融合多通道"人才培养模式改革，创新实践"C-C-I"系统化人才培养体系，整体设计物联网应用技术专业群"双证实用型""专业复合型""创新创业型"三类技术技能人才培养路径，如图 7-17 所示。

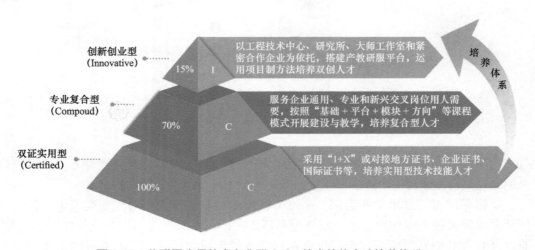

图 7-17 物联网应用技术专业群 C-C-I 技术技能人才培养体系

1）双证实用型（Certified）：在各个专业人才培养方案中选择引入深化其职业技能训练的职业技能等级证书（或企业证书、国际证书等），培养具有较高技能水平和就业能力的双证实用型技术技能人才。

2）专业复合型（Compound）：专业群按照"基础＋平台＋模块＋方向"等课程模式开展建设与教学，通过 "底层共享、中层互选、高层定岗"构建专业群课程体系，鼓励学生积极取得多个职业技能等级证书（或企业证书、国际证书等），以培养一专多能的专业复合型技术技能人才。

3）创新创业型（Innovative）：以工程技术中心、研究所、大师工作室和紧密合作企业为依托，搭建产教研服务平台，基于实际生产任务、研发项目、赛项、高级职业技能等级证书培训等方法培养产业急需、技艺高超的创新创业型技术技能人才。

通过与新大陆、华为、东软等多家企业深度合作，依据教育部《关于职业院校专业人才培养方案制订与实施工作的指导意见》及相关规范，参照国内通用的高职专业人才培养方案，制订专业群 C-C-I 人才培养方案。专业群内各专业组合仍为 3 年基本学制，分为三个阶段。以物联网应用技术专业为例，第一阶段公共平台、专业群共享课程占总学分的 44.3%，主要培养学生的专业基础和可持续发展能力；第二阶段专业核心课程占总学分的 14.3%，通过模块化课程学习，主要培养学生专业岗位需要的职业技术技能；第三阶段专业群方向课程占总学分的 41.4%，该阶段学生可以根据自身特点自主选择复合型模块课程和创新创业型模块课程。复合型模块课程以校企双元育人为主，创新创业型模块课程依托企业现代学徒制中心、研习生岗位等产教融合新载体，产教研合作培养，其中顶岗实习占总学分的 14.3%，学生在校企双导师指导下，开展企业真实生产项目实践，实现从学习到工作的有效衔接。

2. 构建物联网应用技术专业群的"群对群"1+X 课程体系

根据物联网应用技术专业群基于"自动化生产""智能管控""数据传输""系统集成""研发辅助与管理"等职业培养路径，结合 1+X 证书制度，改革创新模块化教学模式，建立专业教学标准与职业技能等级标准对接、职业教育与职业培训融通的模块化课程体系，如图 7-18 所示。

课程体系中包括全校性素质教育课程、公共平台课程、专业群共享课程、专业核心课程、专业群方向课程等。

1）专业群共享课程包括工业物联网技术、人工智能、数据库等 21 世纪新技能课程，主要是让学生掌握智能制造和新一代信息技术领域相关基础知识与基本技能。

2）专业核心课程面向典型职业岗位方向，包括 6～8 门理实一体化课程，主要培养学生相关岗位的职业能力。在专业核心课程中包含"X"证书学习模块，学生完成"X"融通课程学习与相应的接口课程后可考取相应专业的职业技能等级证书。

3）专业群方向课程设置了多种类型的专业复合学习模块，主要分为以下类型：

① 专业可选课程模块池。在专业群共享的"X"群相关基础知识与基本技能学习的基础上，为学生选择与专业相关的课程模块和扩大知识面或扩大就业面提供课程服务。

② 专业方向课程组。该部分课程通过校企双元、协同并重的方式进行职业能力的培养。在模块中将交叉融合性的新技术新技能纳入其中，主要训练学生解决复杂问题的综合能力。

传感网应用开发　网络系统建设与运维　Web前端开发　工业机器人应用与编程　工业互联网实施与运维

"X"证书群　深化 补充 拓展

专业群方向课程

X_A 接口课程
嵌入式开发实训
通信协议专项实训

X_B 接口课程
网络设备配置与调试
网络工程实训

X_C 接口课程
PHP开发及框架应用
Web应用开发专用周

X_D 接口课程
小型综合自动化系统集成

X_E 接口课程
工业互联网综合实训

必修44~50学分
选修10~12学分

创新创业课程
创新发明与专利实务、创业管理、人工智能创新项目设计、营销管理策划、生产数据孪生技术应用、高级路由交换技术、物联网创新创业课程……

专业方向课程组（含各专业周期）
物联网组：物联网设备编程与实施、数据可视化技术……　　网络组：网络自动化运维、CAM 生产技术……
软件组：移动应用程序开发、工业数据应用技术……　　电气组：自动化系统集成、……
智控组：电气控制技术、工业机器人技术与应用……

专业可选课程模块池
智能硬件、信息安全技术、智能楼宇工程制图、网络设备配置与管理、Python 应用开发、工厂供电、电机与拖动基础、工业物联网技术、工业机器人技术与应用、自动检测与传感技术、JavaScript 程序设计……

专业核心课程
（"X"部分融入
18~24学分）

物联网通信协议应用 X_A
物联网平台技术
嵌入式系统开发 X_A
自动检测与传感技术 X_A
……

网络交换与路由 X_B
智能化综合布线
无线网络部署 X_B
服务器配置与管理 X_B
……

UI 设计
可视化程序设计
企业级 Web 应用开发 X_C
大数据分析与应用
……

PLC 技术与应用 X_D
运动控制系统
总线控制与系统集成
工厂电气控制设备
……

视觉检测技术与应用 X_E
工业软件应用
组态技术及应用
精益化生产管理
……

专业群共享课程 16学分
网络基础、程序设计基础、数据库基础、人工智能基础（电子信息类 "X" 群相关基础知识与基础技能）
电工技术基础、工业物联网技术基础（装备制造类 "X" 群相关基础知识与基础技能）

公共平台课程 39学分
思想政治类、应用数学、基础英语、大学体育、物理基础、信息技术基础、就业教育、军训

素质教育课程 9学分
文化素质类、公共艺术类、军事理论、心理健康、体质健康课程

群内专业
物联网应用技术　计算机网络技术　软件技术　电气自动化技术　智能控制技术

图 7-18　物联网应用技术专业群课程体系框架

③ 创新创业课程。贯彻实施"人工智能＋"创新教育与 AI 微证书制度，通过构建人工智能教学、研究、创新平台，在新一代信息技术专业中形成人工智能特色方向，加快培养人工智能应用领域的开发人才，为区域经济发展及时提供人工智能相关人才支撑及技术技能服务支撑。围绕智能制造全过程开发系列创新项目，覆盖设备（巡检机器人及预测性维护）、加工（数控智能补偿、自诊断）、产品（缺陷检测、分拣）、物流（路径规划、搬运机器人）、工厂（服务机器人、迎宾机器人）等技术领域，全面推进 AI 类创新教育实践。

④ "X"接口课程。为做好"1"和"X"间的桥梁衔接作用，增设各职业技能等级证书的接口课程。本专业群的接口课程主要是为迎接考证而设置的强化实训课程模块。

近日，"新基建"内涵被首次明确，其不仅包含以工业互联网等为代表的信息基础设施，也包括深度应用人工智能等技术支撑传统基建转型升级的融合基础设施。物联网应用技术专业群模块化课程体系将代际随动，推动"工业互联网＋智能制造"的深度融合，助力"新基建"建设与发展。

7.3.4 物联网应用技术专业与传感网应用开发职业技能中级证书书证融通课程地图

1. 物联网应用技术专业 2018 版课程地图

无锡职业技术学院在全国高职院校中率先成立物联网技术学院并开设物联网应用技术专业，该专业源于电子信息工程技术（物联网方向）。多年来，无锡职业技术学院聚力物联网应用技术领域教学改革与质量工程建设，牵头建设了职业教育国家物联网应用技术专业教学资源库、首个国家物联网实训基地，牵头修订高等职业学校物联网应用技术专业教学标准、高等职业学校物联网应用技术专业仪器设备装备规范标准等。物联网应用技术专业属于电子信息大类，在 2019 年前被定位为智能电子设备设计与开发，该专业核心技术涉及传感与检测技术、RFID 技术、无线组网技术、嵌入式技术、物联网系统集成技术等。

根据《国务院关于加快发展现代职业教育的决定》（国发〔2014〕19 号）精神，物联网应用技术专业将"双证书"作为教育教学改革的重要抓手，选择了企业认证证书——华为物联网助理工程师 HCNA-IoT 证书作为书证融通的载体，形成了 2018 版的人才培养方案。

2018 版的物联网应用技术专业人才培养方案所确定的人才培养目标是培养拥护党的基本路线，德、智、体、美、劳等方面全面发展，具有一定的科学文化水平、良好的职业道德和工匠精神、较强的就业创业能力，具有支撑终身发展、适应时代要求的关键能力，掌握物联网智能电子设备设计与开发方面的专业知识和技术技能，能够从事物联网系统设备安装、调试，物联网工程项目的规划、测试、维护、管理和服务，物联网系统运行管理和维护，物联网智能终端产品的生产制造与辅助设计，物联网项目应用软件开发等工作的高素质技术技能人才。

（1）物联网应用技术专业的主要就业岗位

1）物联网安装调试员：利用检测仪器和专用工具，从事安装、配置、调试物联网产品与设备等工作。

2）智能终端产品技术员：从事物联网智能终端设备的生产制造与辅助设计等工作。

3）物联网工程技术员：从事物联网工程项目实施、测试、维护、管理和服务等工作。

（2）毕业生能力要求

1）具有良好的职业道德和较高的职业规范素养。

2）具备系统集成（服务）工程技术员、安装调试员、技术支持人员的基本素质和能力，能独立进行物联网工程项目的运行维护、管理监控、优化及故障排除等工作。

3）具备物联网智能终端产品的生产制造与辅助设计的能力。

4）能够在相关工程活动中与团队良好沟通、有效交流并具有项目小组的管理能力。

5）能够在物联网相关设备制造的工艺技术及物联网工程项目的实施等领域取得良好的职业发展及终身学习能力。

2018 年，物联网应用技术专业的专业课程按照物联网系统的四层架构设计，见表 7-18。

表 7-18　物联网应用技术专业课程设置（2018 版）

物联网四层结构	专业基础课程	专业课程
应用层	C++ 程序设计 I	数据库原理与应用
	C++ 程序设计 II	Java 程序设计
		物联网设备编程与实施
平台层	Huawei LiteOS 操作系统	物联网平台技术
	窄带物联网技术	
传输层	计算机网络技术	网络设备配置与调试
		网络工程实训
感知层	电工电子技术	自动检测与传感器
	物联网硬件基础	RFID 技术
	单片机原理与接口	嵌入式系统开发

物联网应用技术专业选择企业认证证书——华为物联网助理工程师 HCNA-IoT 证书为专业的职业资格证书，其定位于物联网技术普及，物联网基础开发与运维能力的构建、考核和认证，在窄带物联网技术、Huawei LiteOS 操作系统、物联网平台技术等课程中融入证书考核内容，通过企业工程师讲授的校企合作课程"网络工程实训"进行证书考核的强化训练，并实行书证融通。

结合通识课程、专业群共享课程、专业必修课程、专业选修课程、职业资格认证的物联网应用技术专业课程地图（2018 版）如图 7-19 所示。

2. 物联网应用技术专业 1+X 书证融通的专业教学标准和课程标准

随着物联网应用技术双高专业群的建设，物联网应用技术专业聚焦数字化车间中的物联网平台、工业数据采集和数据可视化，专业重新梳理定位，将其从智能电子设备设计与开发转化成物联网系统集成方向，核心技术定位在工业数据采集传感网应用开发和物联网平台集成应用。

物联网系统的四层结构也在技术发展的过程中转变为如图 7-20 所示的最新架构模式，物联网应用技术专业也更加明确专业的服务面向为数据采集与传感器应用开发、系统集成与平台应用。

图 7-19 物联网应用技术专业课程地图（2018 版）

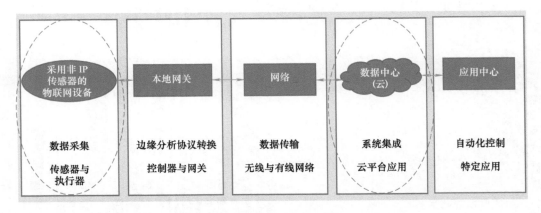

图 7-20   物联网系统的最新架构图

在 2018 版人才培养方案中设定的职业资格证书 HCNA-IoT 在内容选取上偏重于物联网系统架构、理论性介绍，与专业技能要求有所偏差，达不到新技术、新工艺、新规范的要求。随着传感网应用开发职业技能等级证书的出现，为物联网应用技术专业的人才培养提供了更多的途径。相比于之前的企业认证证书，其优势在于：

1）传感网应用开发职业技能等级证书侧重于技能培养，有助于学校教学的扩展和深入，有助于扩宽学生的认知和视野，提高学生的学习能力和创新能力。

2）传感网应用开发职业技能等级证书依托于市场认可的硬件平台 SMT32，达到了新技术、新工艺、新规范的要求。

3）传感网应用开发职业技能等级证书内容与专业培养目标中的"物联网智能终端产品的生产制造与辅助设计"技能要求相符。

针对拟选的传感网应用开发技能等级证书（中级），对物联网应用技术专业的课程设置进行了系统梳理，分析出了支撑人才培养目标和"X"证书的课程，如图 7-21 所示。

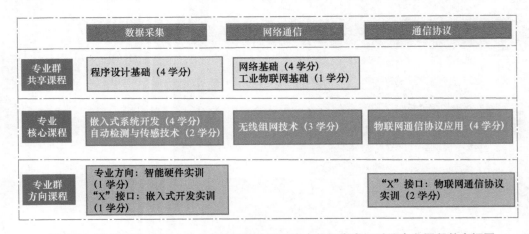

图 7-21   物联网应用技术专业与传感网应用开发中级证书书证融通专业课程整合框图

对于上述课程，在课程标准中将传感网应用开发标准及培训内容融入教学的情况如下：

程序设计基础（增加 C 语言底层控制程序设计内容）；

嵌入式系统开发、智能硬件实训（迭代更新为 STM32 内容）；

无线组网技术（新增课程）；

网络基础、工业物联网基础、自动检测与传感技术、物联网通信协议应用（与原课程内容一致）；

嵌入式开发实训、物联网通信协议实训（职业技能等级证书强化实训课程）。

其中"嵌入式系统开发"为迭代更新幅度较大的课程，原课程内容以 Cortex-A8 硬件架构微处理器为基础，以 Linux 为操作系统，结合"X"证书标准中的新技术，增加新规范、新工艺的内容，将教学内容调整为 Cortex-M3 硬件架构为基础、STM32 微处理器为主，具体内容包括 STM32 常用硬件资源原理及应用，并结合通信协议接口（CAN 通信、ModBus 通信，NB-IoT 通信和 LoRa 通信）。

"无线组网技术"是一门新增的课程，其替换了原人才培养方案中的"窄带物联网技术"。其以无线单片机 CC2530 常用硬件资源原理及应用为教学内容，包括基于 BasicRF 协议进行自组网技术。

配套课程教学内容的任务设置分别与传感网应用开发职业技能等级证书的考核项目模块相对应，将职业技能模块中要求的职业技能点、知识点对接到课程教学任务中，使课程教学内容与职业技能等级标准对接。在此基础上，调整理论和实验实训课时，制订教学实施方案，将传感网应用开发职业技能培训和考核认证等环节融入教学实施中，让学生在获取课程相应学分的同时取得传感网应用开发技能等级证书，从而推进 1+X 证书制度改革，实现真正的书证融通。

3. 物联网应用技术专业 2020 版课程地图

在物联网应用技术专业 2020 版人才培养方案制订过程中，以物联网技术综合应用为主线，专业建设与物联网产业相伴相长，对接职业标准，有机衔接"X"证书，融合大思政教育理念，构建了由"专业学历教育课程（含'X'前置课程）"+"'1+X'接口课程"+"X 证书培训专门课程"组成的结构化、模块化课程体系，如图 7-22 所示。

"1"为物联网应用技术专业学历教育部分，聚焦智能工厂数字化车间的物联网典型应用场景，按照"云、管、端"三个协作课程群进行组织，由"公共平台课程、专业群共享平台课程、专业核心课程、专业群方向课程、创新创业平台课程"组成，培养德、智、体、美、劳全面发展，掌握对接产业发展的专业技术技能，并具备可持续发展能力的物联网领域高端技术技能人才。"X"为按物联网应用技术专业就业岗位分级能力划分的初、中、高等级的职业技能等级证书，强化、补充、拓展学生职业技能、职业素质或新技术新技能，培养具有"一招先""一技之长"的复合型技术技能人才。为实现"1"与"X"的有机衔接，根据"X"职业技能等级证书研发专家的建议，在"1"和"X"间做好衔接、桥梁，增设各等级的接口课程，同时在"1"的课程体系中开设"X"前置课程，通过学分银行建立"1"与"X"课程的学分互换机制。

对比 2018 级人才培养方案，针对传感网应用开发职业技能等级证书（初级和中级）的课程变动见表 7-19。

结合公共平台课程、专业群共享课程、专业必修课程、专业选修课程、职业技能等级证书认证的物联网应用技术专业课程地图（2020 版）如图 7-23 所示。

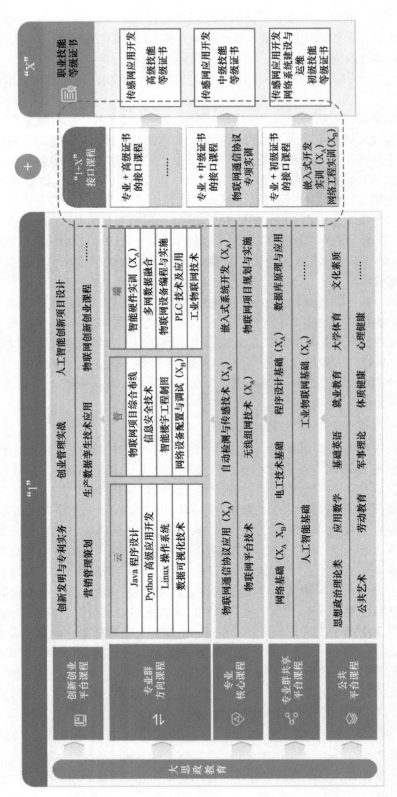

图 7-22 物联网应用技术专业 "1+X" 课程体系框图

表 7-19 物联网应用技术专业与传感网应用开发职业技能等级证书书证融通 "1+X" 课程总学分表（2020 版）

课 程 变 动		学 分 变 动	总 学 分
新增课程	无线组网技术	+3	"1" 的课程——139 "1+X" 课程（初级）——140 "1+X" 课程（中级）——142
	嵌入式开发实训	+2（初级）	
	物联网通信协议专项实训	+2（中级）	
删除课程	窄带物联网技术	−3	
	模拟电子技术课程设计	−1	
	传感节点专项实训	−1	
迭代课程	程序设计基础		
	嵌入式系统开发		
	智能硬件专项实训		

图 7-23 物联网应用技术专业课程地图（2020 版）

学习历程 (142学分)	素质教育课程 (9学分)	公共平台课程 (37学分+2学分)	专业群共享 课程(16学分)	专业必修课程 (32学分+ 35.5学分)	专业选修课程 (10.5学分)

（图中课程地图内容，按学期排列）

大一年级

第一学期：军事理论（2学分）、大学体育I（2学分）、计算机信息技术基础B（2.5学分）、思想道德修养与法律基础（3学分）、应用数学A I（3.5学分）、基础英语I（3学分）、网络基础（4学分）、程序设计基础（4学分）、电子电工实训（2学分）、物联网专业认知（0.5学分）

第二学期：文化素质类（2.5学分）、大学体育II（2学分）、物理基础及应用（3.5学分）、应用数学A II（3.5学分）、基础英语II（4学分）、电工技术基础C（3学分）、物联网设备编程与实施A（4学分）、物联网项目综合实训（1学分）、Linux 操作系统（2学分）、CAD 实训（1学分）、智能传感工程制图（3学分）

大二年级

第三学期：公共艺术类（2.5学分）、毛泽东思想和中国特色社会主义理论体系概论（4学分）、体育选项I（2学分）、数据库原理与应用B（3学分）、工业物联网基础（1学分）、Java 程序设计 A（3学分）、物联网通信协议应用（4学分）、智能硬件专项实训（1学分）、Java 程序设计课程设计（1学分）、网络设备配置与调试（3学分）、工业物联网技术（2学分）、智慧管理政策（2学分）

第四学期：公共艺术类（2学分）、心理健康（2学分）、大学生职业生涯规划与就业指导（1学分）、体育选项II（1学分）、人工智能基础（1学分）、Python 应用开发（2学分）、自动检测与传感技术（2学分）★、嵌入式系统开发（3学分）★、网络工程实训（1学分）、多网数据融合专项（1学分）、嵌入式开发实训 A（2学分）、物联网通信协议专项实训（2学分）、信息安全技术（3学分）、PLC技术及应用（3学分）、人工智能创新项目设计（2.5学分）

大三年级

第五学期：体质健康（0.5学分）、无线组网技术（3学分）★、物联网平台技术（3学分）★、物联网项目规划与实施（4学分）★、物联网项目综合实训（3学分）、物联网系统集成实训（2学分）、金融管理表网络课程（3学分）、数据可视化（3学分）、物联网创新创业（2.5学分）

第六学期：物联网应用技术专业毕业设计（8学分）、物联网应用技术专业毕业实践（10学分）

形势与政策（1学分）

"X" 证书
传感网应用开发
(中级)

课证衔接

课程地图图说明：

1. 必须修得所有课程（含专业选修）：理论课程学分+实践专用周学分（含军训）= 133学分 +9学分 = 142学分。必须修得素质教育选修课 9学分，因此，须获得共计 133学分 +9学分 = 142学分。必须修得素质教育选修课 9学分，因此，须获得共计 = 133学分。

2. 打 "★" 为本专业核心课程。

258

7.3.5　物联网应用技术专业与传感网应用开发职业技能中级证书书证融通人才培养方案

本专业根据《教育部关于职业院校专业人才培养方案制订与实施工作的指导意见》（教职成〔2019〕13 号）精神制订人才培养方案。

1. 专业名称（专业代码）

物联网应用技术（610119）。

2. 入学要求

普通高级中学毕业、中等职业学校毕业或具备同等学力。

3. 基本修业年限

三年。

4. 职业面向

职业面向见表 7-20。

表 7-20　职业面向

所属专业大类（代码）	所属专业类（代码）	对应行业（代码）	主要职业类别（代码）	主要岗位群或技术领域举例	职业资格证书和职业技能等级证书举例
电子信息大类（61）	电子信息类（6101）	软件和信息技术服务业（65）计算机、通信和其他电子设备制造业（39）通用设备制造业（34）专用设备制造业（35）	物联网工程技术人员（2-02-10-10）物联网安装调试员（6-25-04-09）信息通信网络运行管理人员（4-04-04）软件与信息技术服务人员（4-04-05）	物联网安装调试员物联网系统运行管理、维护物联网系统应用软件开发物联网工程技术人员	传感网应用开发职业技能等级证书物联网工程师认证（华为等）人社部高新技术考试物联网应用模块职业工种

5. 培养目标

本专业培养理想信念坚定，德、智、体、美、劳全面发展，具有一定的科学文化水平，良好的人文素养、职业道德和创新意识，精益求精的工匠精神，较强的就业能力和可持续发展能力；掌握本专业知识和技术技能，面向智能制造行业的物联网应用技术领域，能够从事智能制造领域工业物联网工程项目规划、施工管理，物联网设备安装、调试与维护，物联网通信协议适配与物联网云平台应用开发，物联网智能终端产品的生产制造与辅助设计等技术领域工作的高素质技术技能人才。

6. 培养规格

本专业毕业生应在素质、知识和能力等方面达到以下要求。

（1）素质

1）坚定拥护中国共产党领导和我国社会主义制度，在习近平新时代中国特色社会主义思想指引下，践行社会主义核心价值观，具有深厚的爱国情感和民族自豪感。

2）遵纪守法、崇德向善、诚实守信、尊重生命、热爱劳动，履行道德准则和行为规范，具有社会责任感和社会参与意识。

3）具有质量意识、环保意识、安全意识、信息素养、工匠精神、创新思维。

4）勇于奋斗、乐观向上，具有自我管理能力、职业生涯规划的意识、较强的集体意识和团队合作精神。

5）具有健康的体魄、心理和健全的人格，掌握基本运动知识和一两项运动技能，养成良好的健身与卫生习惯、良好的行为习惯。

6）具有一定的审美和人文素养，能够形成一两项艺术特长或爱好。

（2）知识

1）掌握必备的思想政治理论、科学文化基础知识和中华优秀传统文化知识。

2）熟悉与本专业相关的法律法规以及环境保护、安全消防等相关知识。

3）掌握电工、电子技术基础知识。

4）掌握传感器、自动识别技术、感知节点等感知设备的原理和应用方法。

5）掌握单片机、嵌入式技术相关知识。

6）掌握无线网络相关知识。

7）掌握物联网系统设备工作原理和设备选型方法。

8）掌握物联网 IoT 运营平台应用与基础管理知识。

9）掌握物联网应用软件开发技术和方法。

10）掌握物联网 IoT 平台信息安全基础知识。

11）掌握项目管理的相关知识。

12）了解物联网国家和国际相关标准、最新发展动态和前沿技术。

（3）能力

1）具有探究学习、终身学习、分析问题和解决问题的能力。

2）具有良好的语言、文字表达能力和沟通能力。

3）具有团队合作能力、环境适应能力、对待困难或逆境的抗压能力。

4）具有良好的文字、表格、图像的计算机处理能力。

5）具备运用计算思维描述问题，阅读并正确理解需求分析报告和项目建设方案的能力。

6）熟练查阅各种资料，并加以整理、分析与处理，进行文档管理的信息技术应用能力。

7）具备综合应用专业知识、综合性知识和工具性知识进行问题定位与求解的能力。

8）具备物联网相关设备性能测试、检修能力。

9）具备物联网硬件设备的安装能力。

10）具有使用网络管理软件及网络编程工具的能力。

11）具备物联网网络规划、调试和维护能力。

12）具备对物联网系统软硬件操作系统进行安装、调试和维护能力。

13）具备物联网应用系统界面设计和应用程序设计的基本能力。

14）具备物联网应用系统工程施工管理能力。

15）具备物联网应用系统规划的基本能力。

16）具备物联网 IoT 运营平台应用与管理的基本能力。

17）具备物联网 IoT 平台信息安全应用的基本能力。

18）具备通过调研，对物联网应用系统进行比较分析，确定解决问题关键步骤的创新创业能力。

7. 课程设置及学时安排

围绕学校"建设国内领先、国际知名智能制造特色校"的建设目标，服务于双高专业"物联网应用技术"群的建设任务，课程设置对接专业群中"数字化车间"场景中设备安装调试、数据采集、数据融合、物联网平台等核心技术应用；以数字化车间中涉及的各类硬件装调、数据采集和物联网平台的集成应用为教学主线，通过课程的学习，使学生了解工业物联网架构、核心产品和技术类型，具备项目的搭建、集成能力，培养技术技能融合型卓越人才。

（1）课程体系结构　为培养德、智、体、美、劳等方面全面发展，具有良好的"团队协作、网络道德、和谐发展"等职业精神、职业规范和人文社会科学素养的社会主义建设技术人才，开设了理论、实践及人文素质三大类课程；体系上形成了公共平台课程、素质教育类课程、专业群共享课程、专业必修课程、专业选修课程的课程体系，其中公共平台课程、素质教育类课程以通识和素质培养为目标，专业群共享课程服务于工业物联网行业通识类知识体系认知，为交叉融合技术技能人才培养奠定基础，让学生清楚自己在行业中的位置；专业必修课程着重数字化车间场景中涉及的各类硬件装调、数据采集和物联网平台的集成应用技能的培养；专业选修课程扩展学生的认知、迁移能力，培养拔尖人才。物联网应用技术专业课程体系如图 7-24 所示。

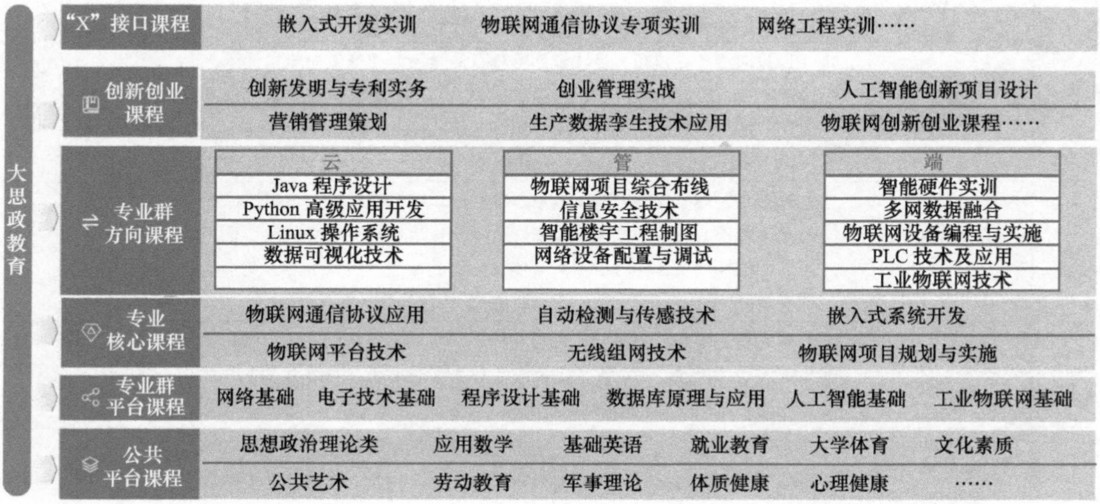

图 7-24　物联网应用技术专业课程体系

（2）课程模块表　本专业必须修满课程总学分（含专业选修）142 分方能毕业，其中含素质教育选修课 9 学分（文化素质 3 学分、公共艺术 2 学分、心理健康 2 学分、军事理论 1.5 学分、体质健康 0.5 学分），见表 7-21。

表 7-21　课程模块表

序号	课程名称与模块代号	课程主要内容	学时与学分	课程性质
1	思想道德修养与法律基础 ZAA022001	本课程是高等学校思想政治理论课必修课程，是依据大学生成长基本规律，以社会主义核心价值观教育为主线，教育、引导大学生培养、提高思想道德素质和法律素质的一门课程	48 学时 3 学分	必修
2	毛泽东思想和中国特色社会主义理论体系概论 ZAA021001	本课程主要讲授马克思主义中国化的理论成果，中国各代领导集体的治国理政方略，党和国家的路线、方针、政策，进而帮助学生树立"四个自信"，培养运用马克思主义的立场、观点和方法去看待、分析各种社会现象、社会问题的能力	64 学时 4 学分	必修
3	形势与政策 ZAA023005	形势与政策课是高校思想政治理论课的重要组成部分，是对学生进行形势与政策教育的主渠道、主阵地，是每个学生的必修课程，在大学生思想政治教育中担负着重要使命，具有不可替代的重要作用	16 学时 1 学分	必修
4	应用数学 A I ZAA011001	"应用数学 AI"是高职工科、经管等专业必修的一门公共基础课程，主要内容包括一元函数的极限、连续、微分、积分及其应用等。它为学生学习后继课程和解决实际问题提供必不可少的数学基础知识及常用的数学方法	56 学时 3.5 学分	必修
5	应用数学 A II ZAA011007	"应用数学 AII"是高职工科各专业必修的一门公共基础课程。它为学生学习后继课程和解决实际问题提供必不可少的数学基础知识及常用的数学方法，包含机械类、机电类和计算机类三个模块	56 学时 3.5 学分	必修
6	基础英语 I ZAA601005	1）能熟练运用新增的 620 个单词及 2200 个以上的词组；2）基本掌握英语语法规则；3）初步掌握主要听说技巧、阅读技巧、英译汉技巧；4）初步掌握常见应用文语言使用特点、格式并进行简单写作	48 学时 3 学分	必修
7	基础英语 II ZAA601002	1）能熟练运用新增的 300 个单词及 2500 个以上的词组；2）掌握英语语法规则，并能进行运用；3）掌握主要听说技巧、阅读技巧、英译汉技巧；4）基本掌握常见应用文语言使用特点、格式并进行写作	64 学时 4 学分	必修
8	大学体育 I ZAB041001	通过对篮球、技巧、身体素质等项目的学习，使学生初步掌握体育的基本知识、技术和技能，增强学生体质，培养学生顽强进取、永不言弃的精神气质；同时对"大学体育的目的任务"进行学习，使学生明确学习目的，掌握规范，培养学生的纪律性和终身体育意识	32 学时 2 学分	必修
9	大学体育 II ZAB041002	通过对足球、田径、身体素质等项目的学习，使学生初步掌握体育的基本知识、技术和技能，增强学生体质，培养学生顽强进取、永不言弃的精神气质；同时对"大学体育的目的任务"进行学习，使学生明确学习目的，掌握规范，培养学生的纪律性和终身体育意识	32 学时 2 学分	必修
10	体育选项 I ZAB041088	通过所选项目专项练习，一方面照顾学生的本身运动兴趣，提高学生锻炼的积极性，另一方面激发学生体育锻炼特长，对培养学生终身体育的兴趣和能力发挥积极的作用	32 学时 2 学分	必修
11	体育选项 II ZAB041089	通过所选项目专项练习，一方面照顾学生的本身运动兴趣，提高学生锻炼的积极性，另一方面激发学生体育锻炼特长，对培养学生终身体育的兴趣和能力发挥积极的作用	16 学时 1 学分	必修
12	物理基础及应用 ZAB012002	"物理基础及应用"是一门重要的高职基础课，将为高职各专业课及其技术基础课打下基础。本课程精简了物理学教学内容，降低了教学难度，拓展了知识广度，增加物理技术在实际生活中的应用内容，注重培养学生应用物理知识的能力	56 学时 3.5 学分	必修

（续）

序号	课程名称与模块代号	课程主要内容	学时与学分	课程性质
13	计算机信息技术基础 B ZAB301005	介绍计算机硬件、软件、网络、多媒体和信息系统中 54 个最基本和最重要的概念和知识；中英文输入技术、计算机系统的基本概念；信息在计算机内的表示；计算机网络及多媒体等现代计算机技术的基本概念及原理；Internet 接入与信息浏览、操作系统（Windows）、信息交流与发布、文字处理、电子表格、演示文稿制作等内容	40 学时 2.5 学分	必修
14	大学生职业生涯规划与就业指导 SAB002001	本课程的主要目标旨在引导学生掌握职业生涯发展的基本理论和方法，促使大学生理性规划自身发展，在学习过程中自觉提高就业能力和生涯管理能力，有效促进大学生求职择业与自主创业	32 学时 2 学分	必修
15	军事理论 SAA000001	本课程以国防教育为主线，通过军事课教学，使大学生掌握基本军事理论，达到增强国防观念和国家安全意识，强化爱国主义、集体主义观念，加强组织纪律性，促进大学生综合素质的提高，为中国人民解放军训练后备兵源和培养预备役军官打下坚实基础的目的	36 学时 2 学分	选修
16	大学生心理健康教育 SEB001001	本课程系统、重点地介绍心理学和大学生心理健康教育的基本理论和基本知识，让学生掌握维护心理健康的基本方法，掌握训练良好心理素质的基本技能，充分地认识到心理健康对成长成才的重要意义	32 学时 2 学分	选修
17	网络基础 A ZBB303533	介绍基本的网络概念和技术，包括通信的基本知识、OSI 和 TCP/IP 模型以及数据封装过程、网络模型的各层功能、以太网技术及其运作原理、网络设计和布线、路由器和交换机的基本 Cisco IOS 命令连接并配置一个小型网络	64 学时 4 学分	必修
18	程序设计基础 B ZBB300004	介绍运算符、表达式、列表、类、对象、修饰符的使用，分析排序、最值、查找、添加、删除等基本算法，介绍分支、循环、子程序等模块化程序设计方法	64 学时 4 学分	必修
19	电工技术基础 C ZBB306027	本课程的任务是使学生掌握电类初级应用型技术人员所必须具备的电工基础理论及电路分析计算的基本方法，为学习后续课程及从事实际工作打下良好的基础。结合本课程的学习，树立学生辩证唯物主义的观点并培养其科学的思维活动，使学生具有分析与解决实际问题的能力。本课程主要讲授稳态电路及动态电路的分析计算方法	48 学时 3 学分	必修
20	数据库原理与应用 B ZBB304027	本课程学习关系型数据库的基本原理和数据结构设计、SQL Server 的基本操作和基本编程（存储过程、事务和触发器）技术	48 学时 3 学分	必修
21	工业物联网基础 ZAB305032	本课程的任务是以工业物联网构架为主线系统介绍边缘层、平台层、应用层基础知识和技术，结合智慧制造、iMES 系统等介绍三个层面的相应应用开发	16 学时 1 学分	必修
22	人工智能基础 ZAB308001	本课程的目标是为学生提供一个深入理解人工智能的入门基础，使学生初步了解人工智能技术的基本概念、发展历史、经典算法、应用领域和对人类社会的深远影响，从而打开学习人工智能的大门，为学生今后在人工智能相关领域进行深入研究奠定基础	16 学时 1 学分	必修
23	物联网设备编程与实施 A ZCB305006	本课程以理实一体讲授为主，主要讲授传感器、执行器设备连接、数据获取及编程方法。教学中采取以学生为中心、教师辅助指导的项目式教学方法，尤其重视学生的创新精神。同时，在教学过程中，本课程注意反映物联网技术领域的新知识、新技术、新设备，将每个应用场景分解为若干个子工作任务，注重培养学生的软件编程实践技能，满足物联网工程专业高技能人才的培养要求	64 学时 4 学分	必修

（续）

序号	课程名称与模块代号	课程主要内容	学时与学分	课程性质
24	Linux 操作系统 ZCB303018	本课程的任务是向学生介绍 Linux 操作系统的发展、构成、功能及特点，重点介绍 Linux 操作系统的结构、安装、日常管理、常用命令、Shell 编程，要求学生通过学习上述知识，能熟悉 Linux 操作系统的工作环境，并且能够完成对 RHEL 用户环境的一般系统管理	32 学时 2 学分	必修
25	Java 程序设计 A ZCB305019	本课程的任务是使学生掌握 Java 程序设计语言的基本概念、基本语法和编程规范，重点理解面向对象的编程思想，掌握 Java API、异常处理、单元测试、IO 处理以及图形用户界面编程，掌握多线程的概念，掌握访问数据库的 JDBC 技术，初步掌握网络编程技术，为提高学生专业素质和继续学习，从事专业实践工作打下良好基础	48 学时 3 学分	必修
26	★物联网通信协议应用 ZCC305031	通过本课程的学习，使学生了解物联网通信协议两大类协议：接入协议和通信协议；重点聚焦于 HTTP、CoAP、MQTT 和 XMPP 等通信协议的概念、结构、工作原理，掌握协议在物联网工程中的应用，要求学生通过学习上述知识，能较好地为物联网工程项目进行通信协议选型、适配及服务架设，为物联网平台学习、应用打下坚实基础	64 学时 4 学分	必修
27	Python 应用开发 ZCB303603	本课程面向具有 Python 编程基础的学习者，通过项目、任务讲解利用 Python 语言及第三方开发框架 Django、搭建简单网络服务（Web Service）的方法、开发简易 Web 平台、云端系统和云地交互接口的技术和方法；学习第三方库 MongoEngine，讲解使用第三方开源 NoSQL 数据库 MongoDB 的方法；帮助学习者掌握设计和开发简易云后端系统的全栈能力	64 学时 4 学分	必修
28	★自动检测与传感技术 A ZCB307032	本课程针对物联网领域的对传感器的新要求，讲授传感器的简单原理，重点是传感器（尤其是新型传感器）的选型、标定、典型测量电路、传感信号的标准化和传递过程以及信号的发送等方面的技能	32 学时 2 学分	必修
29	★嵌入式系统开发 ZCB305022	培养学生了解嵌入式系统的基本概念、组成结构、硬件平台、操作系统及开发流程；掌握基于 ARM 技术芯片的硬件平台和软件编程，以及嵌入式 Linux 内核、文件系统、Android 等可视化设计与开发应用	48 学时 3 学分	必修
30	★无线组网技术 ZCB305018	通过本课程，使学生掌握 ZigBee 网络的基本原理、概念、技术和开发流程，掌握实现 ZigBee 网络的 SOC 无线单片机的基本结构、基本原理、接口技术，实现基于 ZigBee 网络的物联网应用系统	48 学时 3 学分	必修
31	★物联网平台技术 ZCB305026	本课程的任务是使学生能够了解物联网平台的发展以及平台的主要功能，掌握物联网平台规划方法及集成部署方案，以及华为物联网平台日常操作维护方法和常用问题定位手段等内容	48 学时 3 学分	必修
32	★物联网项目规划与实施 ZCB305035	本课程融入大量社会生产、生活中的真实物联网项目案例及应用场景，从招投标、需求分析、方案设计、工程实施四大模块展开，将物联网项目规划与实施各知识点与技能点融合在多个任务实施的过程中，培养学生在物联网项目规划与实施过程中的方案设计能力、设备安装调试能力、工程实施能力以及标准意识与规范操作能力	64 学时 4 学分	必修
33	物联网专业认知 ZCC305016	通过讲课、参观、实践、讲座等多种形式，介绍专业的人才培养目标、就业岗位、人才业务规格要求、课程设置、主干课程内容、教学方法、实践教学、学习方法，初步了解企业运作流程，加深学生对专业的认识，提高学生的专业学习兴趣	0.5 周 0.5 学分	必修

（续）

序号	课程名称与模块代号	课程主要内容	学时与学分	课程性质
34	电工电子实训 ZBC202002	电工工具和仪表的使用；导线的对接工艺与技巧；照明电路的安装工艺和检修方法；三相异步电动机的简单控制原理和故障检查及常规电气测绘；常用电子元器件的识别和检测；手工焊接工艺、小功率电子电路的原理分析、安装工艺、调试及检修方法	2 周 2 学分	必修
35	CAD 实训 ZCC303531	训练学生使用电子 CAD 软件完成电路原理图设计、印制电路板设计	1 周 1 学分	必修
36	物联网综合布线实训 ZCC303516	课程介绍了物联网综合布线系统的基础知识、设计方法、施工技术、测试、验收鉴定过程和标准规范，智能系统项目的招投标、工程概预算及项目管理技能等知识，以及网络系统集成的规划设计方法	1 周 1 学分	必修
37	智能硬件专项实训 ZCC305029	本课程的任务是通过对学生进行 ARM 或 RaspberryPI 等开发板进行强化训练，使学生的智能设备安装、调试、设计、开发能力有较大的提高，初步具备智能设备编程、安装调试、产品功能模块设计的能力，基本适应物联网应用技术工作对底层设备开发及维护的要求	1 周 1 学分	必修
38	Java 程序设计 课程设计 ZCC304006	课程设计使学生深入理解和掌握面向对象的程序设计思想，掌握基于测试的编程思想，掌握 Java 常用类库、异常处理、IO 处理以及图形界面程序设计方面的知识	1 周 1 学分	必修
39	网络工程实训 ZCC303508	本课程内容包括局域网技术、广域网技术、网络互联技术和 Internet 接入技术及网络安装调试技术，通过课程实训，使学生初步掌握局域网组建、常用网络互联设备的使用和配置以及网络互联技术，初步掌握广域网技术和因特网技术，使学生初步具备局域网各类设备维护、调试的能力，具备小型局域网规划与组网的能力	1 周 1 学分	必修
40	多网数据融合专项 ZCC305030	本课程的任务是通过对学生进行串口、TCP、HTTP 通信、数据规范进行强化训练，使学生的通信数据规范定义、解析能力有较大的提高，初步具备多网络、多接口、多数据融合的能力，基本适应物联网应用技术工作对数据规范定义、解析、融合的要求	1 周 1 学分	必修
41	嵌入式开发实训 A ZCC305036	本课程的任务是使学生掌握智能设备应用程序设计的基本概念、基本开发过程，初步掌握数据库编程、多线程、网络编程、串口编程及数据可视化技术，为提高学生专业素质和继续学习，从事专业实践工作打下良好基础	2 周 2 学分	必修
42	物联网通信协议 专项实训 ZCC305031	本课程的任务是通过对学生进行 HTTP、CoAP、MQTT 和 XMPP 等物联网通信协议进行强化训练，使学生的物联网通信协议应用能力有较大的提高，初步具备物联网通信协议服务搭建及应用的能力，基本适应物联网应用技术工作对设备通信协议适配的要求	2 周 2 学分	必修
43	物联网综合训练 ZCC305010	本课程通过智能设备、传感器、执行器的连接，物联网平台的协议匹配及设备接入，完成工业物联网项目的集成	3 周 3 学分	必修
44	物联网系统集成实训 ZCC305015	在物联网设备安装与调试和物联网布线课程学习的基础上，通过实践完成食品溯源、智能安防、智慧农业和智能家居、车联网系统的设计、系统选型和配置、设备选购、实施、调试等综合训练	5 周 2 学分 （属特别规定）	必修

（续）

序号	课程名称与模块代号	课程主要内容	学时与学分	课程性质
45	物联网应用技术专业毕业设计 ZCC305011	使学生在初步掌握物联网的三层结构，完成传感层、传输层、应用层等技术的设计方法、设计过程及设计工具，还有编写技术文件和查阅技术文献等方面受到一次综合训练，提高分析问题和解决问题的能力	8周 8学分	必修
46	物联网应用技术专业毕业实践 ZCC305012	在指导教师辅导下，培养学生在各自的实践单位进行计算机应用或计算机销售的训练，遵守实践单位的规章制度，虚心学习本岗位的工作技术，培养职业道德观念、团队合作精神、刻苦钻研毅力，提高实践能力和敬业素质，为正式就业上岗做好充分准备	10周 10学分	必修
47	智能楼宇工程制图 ZCB303011	介绍工程制图的基本知识与技能，国家标准规定的制图基本规范，用正投影法表达空间形体的方法，制图国家标准中有关符号、图样画法、尺寸标注等有关规定，绘制和识读建筑平、立、剖面图和智能楼宇弱电系统工程图	48学时 3学分	选修
48	网络设备配置与调试 ZCB303512	课程介绍了设计和构建中小企业网络所需要掌握的交换机的配置与调试、路由器的配置与调试、网络安全基础配置与调试等内容	48学时 3学分	选修
49	工业物联网技术 ZCB305042	熟悉工业物联网的主要应用技术，完成典型工业物联网控制系统的工艺实施、安装、调试和维护等环节的训练	32学时 2学分	选修
50	信息安全技术 ZCB303535	本课程的任务是以 TCP/IP 结构为主线系统介绍计算机网络各个层次安全基础知识和技术，包括计算机接入安全技术、访问控制列表技术、防火墙、VPN 技术、QoS 技术、信息加密与解密、应用程序漏洞攻击及防范。通过这门课程的学习，使学生了解信息安全领域中相关方面的知识，从而培养学生建立安全意识，掌握相关技术并应用这些技术为中小企业构建安全的、高性能的网络	48学时 3学分	选修
51	PLC 技术及应用 ZCB307001	通过本课程的学习，学生能够掌握 PLC 基本结构和原理，阅读和分析简短的 PLC 程序，能够根据生产实际需要进行小型 PLC 控制系统的分析和设计并能够完成调试和排故	48学时 3学分	选修
52	数据可视化技术 ZCB308007	介绍基于Python的数据可视化编程技术，针对实际应用中时间数据、比例数据、关系数据、文本数据、复杂数据等各种不同数据，创建美观的数据可视化效果，包括绘制并定制图表、创建 3D 可视化图表、用图像和地图绘制图表、使用正确的图表理解数据等	48学时 3学分	选修
53	营销管理策略 BCB404009	该课程主要讲述营销策划的概念、营销策划的流程、营销调研策划、企业战略策划、产品策划、价格策划、营销渠道策划和促销策划等内容，并要求学生能结合企业实际市场问题，撰写和汇报营销策划方案	32学时 2学分	选修
54	人工智能创新项目设计 ZDB308020	介绍最新大数据、人工智能相关技术，并从技术层面向创业与就业能力发展，借助于在线虚拟平台，练习从技能转化为创业所需的其他能力与素质要求，能够提高学生在商务、人际交往、创业精神方面的技巧与素养	32学时 2学分	选修
55	金融与管理类网络课程 SEA411001	该课程主要包括金融与管理类常识性内容，培养学生掌握经济、金融、财税、管理等方面的基本知识与技能，具备基本的金融、管理素养，提升学生对生产制造领域项目与技术方案的经济分析与评价能力，从而促进技术、生产、效益之间的有机融合，提升项目与技术方案的市场前景和经济价值	48学时 3学分	选修

（续）

序号	课程名称与模块代号	课程主要内容	学时与学分	课程性质
56	物联网创新创业 ZDB305020	课程基于在掌握一定网络技术的基础上，从技术层面向创业与就业能力发展。借助于在线虚拟平台，学生在完成任务的同时，可以学习从技能转化为创业所需的其他能力与素质要求，能够提高学生在商务、人际交往、创业精神方面的技巧与素养	40 学时 2.5 学分	选修

注：带★者为主干课程。

8. 教学基本条件

（1）师资队伍　实施"青·蓝·蓝"工程。针对新引进的青年教师，推行校企双导师制培养模式：校内导师指导，加快提升执教能力；企业导师指导，提升工程实践经验和实践教学能力。双师四能型教师占比 90% 以上，建立校企混编教师团队，校外兼职教师占比 20%，本专业学生数与专业专任教师数比例 ≤ 25∶1。

专任教师具有高校教师资格；有理想信念、有道德情操、有扎实学识、有仁爱之心；具有电气自动化相关专业本科及以上学历；具有扎实的本专业相关理论功底和实践能力；具有较强的信息化教学能力，能够开展课程建设改革和科学研究；有每 5 年累计 ≥ 6 个月的企业实践经历。

（2）教学设施　以数字化车间中涉及的各类硬件装调、数据采集和物联网平台的集成应用为教学主线；以设备层、边缘层、网络层、平台层、应用层为技术主线，聚焦设备层、平台层建设相关的实训室建设。

1）专业教室基本条件。专业教室配备黑/白板，多媒体计算机、投影设备、音响设备，互联网接入，并实施网络安全防护措施；安装应急照明装置，符合紧急疏散要求，标志明显，保持逃生通道畅通无阻。

2）校内实训室基本要求。专业拥有国家级物联网示范实训基地 1 个、江苏省"工业领域物联网产教融合平台" 1 个，无锡市"无锡智能制造公共实训基地" 1 个，4 个实训中心，18 个专业实训室；学生实践课程（含理实一体课程）占比为 75%，实验实训开出率 100%；实训设备先进，更新及时，设备完好，使用记录完整。

3）校外实训实习基地基本要求。本专业具有江苏省无线电科学研究所有限公司、中科怡海高新技术发展江苏股份公司、无锡信捷电气股份有限公司、无锡华云数据技术服务有限公司、无锡科尔华电子有限公司等 10 余家稳定的校外实训实习基地，能够开展智能设备的生产、安装、技术改造、调试与维护、营销及技术服务等实训，能够开展物联网设备生产、安装、技术改造、调试与维护、营销及技术服务等实训，以及顶岗实习和毕业实践；设施齐备，岗位、指导教师确定，管理及实施规章制度齐全。

（3）教学资源　与行业龙头企业如新大陆、华为、思科等企业技术专家组建校企混编市场化开发团队，将物联网产业新技术、新规范纳入物联网应用技术专业资源建设范围，不断充实教学资源库，开发引领性教材并建设相应的信息化课程资源。领衔全国 20 余所院校建成了国家级"物联网应用技术"专业教学资源库，拥有在线课程 12 门，精品资源20000 余件，新编国家级、省部级教材 10 余部；主导建成了高职院校"物联网应用技术"专业教学标准和实训设备标准。

1）教材选用基本要求。优先选用高职教育国家规划教材、省级规划教材，禁止不合格的教材进入课堂。学校应建立由专业教师、行业专家和教研人员等参与的教材选用机构，完善教材选用制度，经过规范程序择优选用教材。

2）图书、文献配备基本要求。图书、文献配备应能满足学生全面培养、教科研工作、专业建设等的需要，方便师生查询、借阅。其中，专业类图书主要包括：有关电子信息大类的技术、标准、方法、操作规范以及实务案例类图书等。学校应建立图书采购制度，确保最新图书入库。

3）数字化资源配备基本要求。建设、配备与本专业有关的音视频素材、教学课件、数字化教学案例库、虚拟仿真软件、数字教材等数字化资源，种类丰富、形式多样、使用便捷、动态更新、满足教学。

（4）教学方法

1）学习成果导向教学方法。每门课程按学时设置 1 ~ 3 项学习成果，每项学习成果达到规定的质量评判标准为合格。

2）线上线下混合式教学方法。课堂学习和课外学习相结合，课程设置线上学习项目3 项以上，在课外进行线上网络课程的再学习。

（5）学习评价

1）三项基础评价。每门课程采用学习过程评价、期末考核评价、学习成果产出评价三项，其中各课程学习成果成绩单列，用于学生学习获得感诊改。

2）及格双约束制。课程评价加大过程评价权重，同时配合及格双约束制，即课程评价及格的条件为同时满足：期末考核及格、课程总评及格。

通过三年的在校学习，学生须达到专业毕业所需的学分并完成相应的人文素质选修课，并获取专业相关的技能证书。

（6）质量要求　对接学校整体规划提出的将学校建成"学生的家园、企业的伙伴"的办学理念，体系建设聚焦人才培养，将服务"学生成长成才"作为质保体系的核心，在组织实施环节采集实时信息，进行大数据分析，开展监测、预警，形成一个快速"纠偏循环"，从而形成 8 字形质量螺旋。每年度开展专业自诊，根据自诊结果进行持续改进。

1）学校和二级院系应建立专业建设和教学过程质量监控机制，建全专业教学质量监控管理制度，完善课堂教学、教学评价、实习实训、毕业设计以及专业调研、人才培养方案更新、资源建设等方面的质量标准建设，通过教学实施、过程监控、质量评价和持续改进，达成人才培养规格。

2）学校、二级院系及专业应完善教学管理机制，加强日常教学组织运行与管理，定期开展课程建设水平和教学质量诊改，建立健全巡课、听课、评教、评学等制度，建立与企业联动的实践教学环节督导制度，严明教学纪律和课堂纪律，强化教学组织功能，定期开展公开课、示范课等教研活动。

3）学校应建立专业毕业生跟踪反馈机制及社会评价机制，并对生源情况、在校生学业水平、毕业生就业情况等进行分析，定期评价人才培养质量和培养目标达成情况。

4）专业教研组织应充分利用评价分析结果有效改进专业教学，针对人才培养过程中存在的问题，制定诊断与改进措施，持续提高人才培养质量。

9. 人才培养方案其他说明

（1）专业建设方案的实施 校企共建产业学院，双主体协同培养人才。依托无锡物联网高地的地域优势，引入行业和企业资源，聚焦数据与分析、设备智联、工业软件等关键技术，校企共建新大陆产业学院，共建企业工作室、实训室、创新工坊，组建校企混编团队，创新学校与本领域领军企业协同的人才培养模式，并进行有效推广。

深化1+X人才培养模式探索，拓展学生发展空间。引入X职业技能等级证书、行业认证证书、企业认证证书等，拓展学生认知面，探索1个毕业证书和多个技能等级证书的培养模式，通过技能等级证书的引入和学生的自主学习，学生根据自己喜好参与相应的认证考试，扩展学生发展空间。

优化课程体系，开发优质资源。以数字化车间中涉及的各类硬件装调、数据采集和物联网平台的集成应用为主线，开展1+X证书制度试点，拓展学生发展空间，实施"金资源"工程，提升人才培养质量，升级国家物联网教学资源库，推进教学资源共享，提高人才培养质量。

实施"金课堂"工程，开展成果导向教学改革。以"互联网＋""智能＋"信息化手段，推进以学生为中心的教学设计与教法改革，着力打造高职"金课堂"。多维度设计教学内容，探索项目式、案例式、情景式等教学内容设计，开展启发式、参与式、探究式的课堂教学方法设计。积极推进自主知识产权"物联网虚拟仿真实训中心"2.0建设，借助国家教学资源库、精品资源共享课、精品在线开放课程、微课等各类在线资源，开展线上线下混合式、项目式、情景式、实践式教学。进行成果导向专业教学改革，借助智慧教室、虚拟仿真实训中心、产教融合实训基地等，拓展教学空间和时间，促进学生自主的、个性化的学习与实践。

实施"金种子"工程，打造"双师四能"型师资队伍。与新大陆、华为、思科等企业合作，构建"四能型"教师队伍梯队培养体系。开展专业平台课程教师跨专业教学能力培训，提升平台课程教师教学针对性。

（2）课程建设方案的实施 以数字化车间中涉及的各类硬件装调、数据采集和物联网平台的集成应用为主线，以技术融合、聚焦核心为依据，设计专业人才知识、能力、素质结构，构建基于工业物联网应用要求的连贯性课程体系。校企合作开发"单项、专项、综合、创新融合"四阶递进的课程体系与课程标准，开发引领性教材及配套资源，打造新技术随动迭代的专业群平台课程，构建典范案例。

升级国家物联网教学资源库。与行业龙头企业新大陆、华为、思科等企业技术专家组建校企混编市场化开发团队，将物联网产业新技术、新规范纳入物联网应用技术专业资源建设范围，不断开发新资源，充实专业教学资源库。

校企合作开发引领性教材。以国家和省级自然科学基金项目、省级工程中心、物联网应用示范项目和横向课题等为基础，通过校企合作开发，将国家与行业标准、专利、技改方案和新技术、新规范等工作知识改造成教学案例，同时纳入教材内容，编写基于成果导向的引领性教材，活页式、工作手册式和工单式校本教材。

（3）书证融通要求 本专业开设一系列书证融通课程，如"网络设备配置与调试""嵌入式系统开发""物联网平台技术"等，学生在通过相关前导专业课程与书证融通课程学习后，自主选择参加考证。

同时对平台基础课程、国家精品课程开展线上线下混合教学，探索教学新模式，满足不同层次学习者的需求，同时丰富教学手段。

7.3.6 物联网应用技术专业群与"X"证书群学分认定与转换方案

1. 学分转换实施要点

1+X 证书制度以学习成果为导向，借助学分认定、积累与转换机制，实现职业教育的学历教育与技能培训两者之间的学习成果互认与连通。1+X 证书制度鼓励学生在完成学历教育和获得学历证书的同时，积极学习和获得更多的代表职业技能技术水平的等级证书，为此职业院校需要对原有的课程设置进行重构和优化，构建全新的教学内容、教学方式与教学方法体系，致力于书证融通的课程建设，实现"1"与"X"的内在融合与贯通，满足社会、用人单位、学生等多方的需求与关切，提高高素质复合型技术技能人才的培养质量与适应性。

（1）学分认定与转换实施原则

1）学分互换遵循学校规定的学分与学时对应关系，即理论课程每 16 学时计 1 学分，实验（实践）课程每周计 1 学分。

2）同一学生，同一项目成果，只按最高等级或分数认定一次学分，不能重复认定。

3）互换课程（项目）学分必须高于或等于被互换课程（项目）的学分，确保毕业时必须达到培养方案规定的总学分要求。

4）互换课程（项目）成绩按项目成果等级或分数高的取值。

（2）可互换学分课程与项目

1）学生参加省级以上学科竞赛、职业技能大赛、创新创业大赛、大学生工程训练综合能力竞赛等项目，获得省级以上荣誉，可申请学分认定与转换。

2）学生申获省级大学生创新创业训练计划等项目，结题后主要完成人可申请学分认定与转换。

3）学生参加技术技能培训计划内的项目，并获得培训合格证书（包括职业资格证书、职业技能等级证书、行业企业证书等），可申请学分认定与转换。学生取得专业群内其他专业培训合格证书的，可申请专业群内相应互选课程（即对应的复合模块课程）学分认定与转换。

4）学生选修人才培养方案中规定的创新能力训练课程，其超额部分学分可以申请学分认定与转换。

5）学生在校期间申获专利（以授权号为准）、在学校认可的期刊上发表本专业相关论文等，成果第一完成人可以申请学分认定与转换。

6）学生获得合作培养人才企业的实习岗位，在实习岗位上完成的企业课程与项目可申请学分认定与转换。

7）因人才培养方案修订，部分选修课程调整或停开，导致某门课程无法修读或补修时，学生可申请修读教学内容及要求相近的其他课程互换原课程。

8）学生因转专业等学籍异动，对照新编入专业和班级所开设课程，可申请用修合格的教学内容及要求相近的课程进行学分认定与转换。

9）经教学分院及学校教务处、国际文化交流学院批准，学生赴境外学习的交流项目（含暑期学校）所修课程，可申请学分认定与转换。

10）校企合作订单培养中，单独设立的企业课程不得进行学分认定与转换。

11）其余未列课程和项目，学生可向专业群所在分院递交学分认定与转换申请。

表 7-22 为物联网应用技术专业与传感网应用开发职业技能等级证书（中级）之间学分认定与转化对应表，其中"X"证书可认定 8 学分，可与表中对应的专业理论、实践、选修课程学分进行互换。

表 7-22 物联网应用技术专业与传感网应用开发证书之间学分认定与转化对应表

序号	职业技能等级证书名称	学分	对接课程名称	课程属性	学分
1	传感网应用开发（中级）	8	程序设计基础	理实一体	4
2			嵌入式系统开发	理实一体	3
3			无线组网技术	理实一体	3
4			网络基础	理实一体	4
5			工业物联网基础	理实一体	1
6			自动检测与传感技术	理实一体	2
7			物联网通信协议应用	理实一体	4
8			物联网创新创业	选修	2.5
9			智能硬件专项实训	实践	1
10			嵌入式开发实训	实践	2
11			物联网通信协议专项实训	实践	2

2. 学分认定与转换工作流程

1）学生应于学期末前两周或学期初两周内向所在专业群所在分院提出学分认定与转换申请，填写"学分认定与转换申请表"，并附相关证明材料原件和复印件（原件分院审核后退回），交专业群所在分院教学秘书汇总。

2）专业群所在分院召开教学工作组会议专题认定学分互换申请，并形成认定意见。跨学院的学分互换申请，由专业群教学指导委员会开会讨论，形成认定意见。

3）认定意见交由专业群所在分院党政联席会议审核，形成最终决议并进行公示。

4）专业群所在分院教学秘书根据决议实施具体学分认定与转换成绩登记工作，并交教务处备案。

7.3.7 物联网应用技术专业群与"X"证书群书证融通中的问题与思考

1. 物联网应用技术专业群与"X"证书群书证融通试点现状

（1）"1+X"人才培养方案制订、实施情况 物联网应用技术专业群目前参加了 Web 前端开发、传感网应用开发、云计算平台运维与开发、网络系统建设与运维四个职业技能等级证书的试点，涉及软件技术、物联网应用技术、计算机网络技术、智能控制技术等专业。

学校召开 1+X 证书制度试点工作推进会，成立学校 1+X 证书制度试点领导小组和工作机构，在此基础上专业群也成立了 Web 前端开发、传感网应用开发、云计算平台运维与开发、网络系统建设与运维四个工作小组，全面展开企业调研，进行人才培养方案梳理，绘制融合后的专业课程地图。软件技术、物联网应用技术、计算机网络技术三个专业在物联网应用技术专业群和职业技能证书的基础上，制订了各专业的"1+X"人才培养方案，基本确立了人才培养方案中的"X"前置课程和"X"接口课程。

（2）教师参加培训和参加或组织开展各类教研活动情况　截至 2020 年 8 月，共有 16 名教师参与 1+X 职业技能等级证书师资培训，其中 Web 前端开发共培训教师 8 人（参与国培项目 2 人，参与培训评价组织培训 6 人）、传感网应用开发共培训教师 5 人（全国金牌讲师 1 人、银牌讲师 1 人、考评员 2 人），云计算平台运维与开发共培训教师 3 人，网络系统建设与运维共培训教师 4 人。

专业群在 2019 年度召开三次集体教研活动，集中进行 1+X 职业技能等级证书试点推进，并分专业对各证书的试点样题、考核大纲进行分析，形成首次培训资料。

（3）教学条件建设完善情况　截至 2019 年年底，在学校建成了 Web 前端开发、传感网应用开发的考核点，云计算平台运维与开发、网络系统建设与运维考核点正在建设中。

（4）学生参与专门培训与考核等方面的进展情况　2019 年 12 月 21 日、28 日完成 Web 前端开发职业技能等级证书中级、初级考试，其中中级考核人数 34 人，初级考核人数 66 人。2020 年 12 月 3 日完成 Web 前端开发职业技能等级证书中级、初级考核人数各 25 人。

2020 年 1 月 4 日完成传感网应用开发职业技能等级证书初级考试，考核人数 20 人。2020 年 10 月 24 日～25 日完成传感网应用开发职业技能等级证书初级考核 52 人，12 月 19 日～20 日完成传感网应用开发职业技能等级证书初级考核 58 人。

2020 年 6 月完成云计算平台运维与开发职业技能等级证书培训的有 50 人，2020 年 7 月 3 日 31 人参加初级职业技能等级证书考核。

2. 物联网应用技术专业群与"X"证书群书证融通试点中遇到的问题

（1）培训评价组织与学校合作情况

1）Web 前端开发。培训评价组织为工业和信息化部教育与考试中心，该组织分别在常州、长沙、吉林等地举行多场次 Web 前端开发职业技能等级证书标准研讨交流会，指导教师学习标准的核心知识点和综合教学案例。江苏省高等职业教育教师培训中心设立了首批 Web 前端开发 1+X 证书制度试点国家级培训项目，首批培训在常州信息职业技术学院举行。该培训由企业工程师（TCL 教育科技）较为系统地讲解，通过一个真实的工程项将中级、初级考核中的知识点进行贯通，培训效果良好。

工业和信息化部教育与考试中心主要通过 QQ 群、江苏省协作组微信群公布考核资料和通知，暂时没有和学校进行合作。

2）传感网应用开发。培训评价组织为北京新大陆时代教育科技有限公司。在专业群建设中，依托无锡物联网高地的地域优势，引入行业和企业资源，中国联通、阿里云等世界 500 强企业以及新大陆等国内行业领军企业投入 2000 万元以上，聚焦数据与分析、设备智联、工业软件等关键技术，校企共建阿里云、新大陆等 3 个产业学院，在专业群课程体系建设、课程设计与开发，新兴技术在教育领域的应用与研发等方面进行合作，共建企业工作室、实训室、创新工坊，组建校企混编团队。

在传感网应用开发证书研发过程中，无锡职业技术学院物联网应用技术专业的骨干教师参与其中。在全国最初的几次师资培训中，无锡职业技术学院积极派教师进行职业技能等级证书的培训，获得全国金牌讲师 1 人、银牌讲师 1 人、考评员 2 人，同时在全国范围内较早地建成了考点，并成为传感网应用开发全国师资培训基地。

（2）学校对 1+X 证书制度试点的工作要求与保障（制度层面）　学校召开 1+X 证书制度试点工作推进会，成立学校 1+X 证书制度试点领导小组和工作机构，并且针对各个证书设立专项经费，用于 1+X 证书制度试点（包括考点建设、资源建设、教材建设、考核工作费用等）。为推进 1+X 证书制度试点工作，对于学生取得首个"X"证书给予一定的经费支持。

（3）试点过程中存在的问题

1）部分培训评价组织与学校线下沟通不多，某些技能技术点选择太过单一。

2）目前的职业技能等级证书涉及的内容较多，需要 10 门左右的课程支撑，学生只能在大三才能参加中级考试（由于学制的限制，加上高职学生专转本的意愿强烈，报考人数可能会受影响）。

3）部分职业技能等级证书培训教材配套电子资源不到位，强化性实训的资源不到位，展开实操类的培训困难较大。

4）每个证书考核时涉及的考务管理等一系列的软件平台多达 5～6 个，考试工具和环境清单也列举了大量的安装软件，考核站点技术支持人员工作量非常之大，且在安装过程中出现问题时只能通过 QQ 群的方式寻找帮助。

3. 物联网应用技术专业群与"X"证书群书证融通试点工作建议

（1）宏观政策层面

1）建议重视"1+X"师资培训，对配套实训室建设和相关课程资源建设采购，教育主管部门和学校应给予经费和政策支持。

2）建议培训评价组织尽早推出与培训相关的教学资源与实训平台，有利于后续培训工作的开展。

3）建议强化实训课程要有企业参与，将职业技能、素养、规范贯穿其中。

4）建议培训评价组织对认证考试系统按地区进行面授培训，今后对认证考试系统进行优化处理，尽可能方便各学校考务、技术人员进行操作。

（2）微观技术层面

1）建议培训评价组织能多与学校进行沟通，在某些技能技术点选择上能兼顾地域差异化与平台多样化，如在"Web 前端开发"的动态网站上可以让学生选择 Java Web、PHP、.net 等方向中的一种。

2）建议"云计算平台运维与开发"职业技能等级证书重新审定技能标准，与学校深度合作，将证书支撑的课程控制在 5 门以内。

3）建议"传感网应用开发"职业技能等级证书开展新型一体化教材、教学资源、强化性实训资源的建设，校企合作指导校内专任教师展开实操类培训。

参 考 文 献

[1] 任占营. 高职院校专业群建设的变革意蕴探析 [J]. 高等工程教育研究，2019（6）：4-8.

[2] 唐以志. 1+X 证书制度新时代职业教育制度设计的创新 [J]. 中国职业技术教育，2019（16）：5-11.

[3] 孙善学. 对 1+X 证书制度的几点认识 [J]. 中国职业技术教育，2019（7）：72-76.

[4] 徐国庆，伏梦瑶. "1+X" 是智能化时代职业教育人才培养模式的重要创新 [J]. 教育发展研究，2019（7）：21-26.

[5] 戴勇，张铮，郭琼. 职业院校实施 1+X 证书制度的思考与举措 [J]. 中国职业技术教育，2019（10）：29-32.

[6] 戴勇. 1+X 课证融通与专业人才培养方案优化的原则与方法 [J]. 机械职业教育，2020（2）：1-5.

[7] 戴勇. 高职专业课程内容与发达国家职业标准对接方法研究 [J]. 机械职业教育，2016（1）：1-6.

[8] 戴勇. 高职专业国际通用职业资格证书对接模式开发 [M]. 北京：机械工业出版社，2017：85-92.

[9] 戴勇. 职业技能等级标准开发探究 [J]. 中国职业技术教育，2020（16）：25-30.

[10] 李萍，蔡建军，刘法虎. 走向融合的物联网应用技术专业群 "1+X" 制度改革路径探析 [J]. 中国职业技术教育，2019（26）：18-25.

[11] 胡俊平，钱晓忠，顾京. 基于智能制造系统架构的高职专业集群建设 [J]. 中国职业技术教育，2019（17）：67-72.

[12] 吴南中，夏海鹰，胡彦. 1+X 证书制度下教学变革的诉求、特征与路径 [J]. 中国职业技术教育，2020（18）：5-11.

[13] 宋志敏. "双高" 建设中职业院校专业群建设及其指标体系构建 [J]. 职业技术教育，2020（13）：12-16.

[14] 余彬. "大职教观" 视域下职业教育 1+X 证书制度的实施 [J]. 教育与职业，2020（11）：20-27.

[15] 周建松. 高水平专业群建设：政策、理论与实践 [J]. 天津职业大学学报，2020（6）：3-11.

[16] 刘晓. 高职学校高水平专业群建设：组群逻辑与行动方略 [J]. 中国高教研究，2020（6）：104-108.

[17] 李伟只. "双高计划" 背景下职业院校特色专业群建设策略 [J]. 中国职业技术教育，2020（5）：34-38.

[18] 邢海玲. 课程地图——来自中国台湾地区的经验 [J]. 北京经济管理职业学院学报，2020（2）：48-53.

[19] 覃川. 1+X 证书制度：促进类型教育内涵发展的重要保障 [J]. 中国高教研究，2020（1）：104-108.

[20] 林夕宝，余景波，刘美云. 1+X 证书制度下高职专业教学标准与职业技能等级标准融合探究 [J]. 职业教育研究，2020（1）：4-11.

[21] 赵坚，罗尧成. 推进 1+X 证书制度试点工作的若干思考与初步实践 [J]. 中国职业技术教育，2019（27）：5-11.

[22] 许远. 基于 "1+X" 证书的 "课证融合" 教材开发研究 [J]. 职业教育研究，2019（7）：32-40.

[23] 邵名果，李传伟. 1+X 证书制度与高职人才培养方案的融合性研究 [J]. 北京财贸职业学院学报，2019（6）：68-72.

[24] 米高磊，郭福春. "双高" 背景下高职专业群建设的内涵逻辑与实践取向：以浙江金融职业学院为例 [J]. 高等工程教育研究，2019（6）：138-144.

[25] 刘晓. 职业院校高水平专业群建设路径选择 [J]. 中国高教研究，2019（6）：105-108.

[26] 王亚盛，赵林. 1+X 证书制度与书证融通实施方法探索 [J]. 中国职业技术教育，2020（6）：13-17.

[27] 吴宜平，曹冬美. 无锡职业技术学院实行职业资格证书制度的调查与研究 [J]. 无锡职业技术学院学报，

2006（12）：4-6.

[28] 张红 . 高职院校高水平专业群建设路径选择法 [J]. 中国高教研究，2019（6）：105-108.

[29] 周桂瑾 . 高职院校专业群建设模式的研究与实践 [J]. 职业技术教育，2017（29）：24-27.

[30] 龚方红 . 并跑产业发展　推进"双高计划"学校高质量发展 [J]. 中国职业技术教育，2020（1）：31-34，50.

[31] 教育部职业技能等级证书信息管理服务平台 . 传感网应用开发职业技能等级标准 [EB/OL]. （2019-08-27）[2020-09-08]. https://vslc.ncb.edu.cn/csr-home.

[32] 教育部职业技能等级证书信息管理服务平台 . 网络系统建设与运维职业技能等级标准 [EB/OL]. （2020-01-22）[2020-09-08]. https://vslc.ncb.edu.cn/csr-home2.

[33] 教育部职业技能等级证书信息管理服务平台 . Web 前端开发职业技能等级标准 [EB/OL]. （2019-03-06）[2020-09-08]. https://vslc.ncb.edu.cn/csr-home.

[34] 教育部职业技能等级证书信息管理服务平台 . 工业互联网实施与运维职业技能等级标准 [EB/OL]. （2020-01-22）[2020-09-08]. https://vslc.ncb.edu.cn/csr-home.

[35] 鄢小平 . 学分银行制度建设：模式选择与制度设计 [M]. 北京：中央广播电视大学出版社，2017：1-26，96-178.